Klaus Klüber

Bildungsnot
Ursachen und Auswege

Die fatale Normalität unseres
Bildungswesens und deren Folgen

Damit das Schlechte in der Welt siegt,
braucht es nur genügend guter Menschen,
die nichts tun.

Edmund Burke 1729 - 1797

BILDUNGSNOT
Ursachen und Auswege

Die fatale Normalität unseres
Bildungswesens und deren Folgen

Dargestellt aus Erfahrungen, Beobachtungen und
Rückschlüssen über Ursachen und Wirkungen

von Klaus Klüber

Bibliografische Information der Deutschen Nationalbibliothek:
Die Deutsche Nationalbibliothek verzeichnet diese Publikation in der Deutschen Nationalbibliografie; detaillierte bibliografische Daten sind im Internet über **http://dnb.dnb.de** abrufbar.

© 2017 Klaus Klüber

Covergestaltung: Klaus Klüber
Mit besonderem Dank an den freischaffenden Künstler
Eckhard Kowalke - **www.art-kowalke.com**,
zur freundlichen Genehmigung, die Abbildung seiner Skulptur:
"Heiliger Geist" verwenden zu dürfen.

Herstellung und Verlag: BoD – Books on Demand, Norderstedt

ISBN: 978-3-7431-7316-3

Inhaltsverzeichnis **Teil 1**

9	Vorwort
15	Einführung
22	Belasteter Start ins Leben
45	Einweisung in Kinderpsychiatrie
54	Erziehungsheim Gotteshütte
103	Ausbildung zum Maler und Lackierer
109	Elende Missbrauchsbetroffenheit
118	Verpatzte Volljährigkeit
126	Suizid des Vaters
134	Bruch mit Mutter und Familie
137	Wohnen im Forsthaus zur Zeit der Gesellenprüfung
141	Dienstzeit bei Bundeswehr
147	Eigener Suizidversuch
165	Gelderwerb im Tiefbau
171	Helmut und kriminelle Handlungen
175	Abreise aus Deutschland
179	Zurück in Deutschland - Erika
182	Arbeit über Arbeit
184	Panikattacken und psychosomatische Klinik

191	Zeugen Jehovas – Neuer Lebensbeginn
196	Arbeit mit überragenden Chefs
201	Marokko - Erster Urlaub
204	Suche nach Lebenspartnerin - Heirat
208	Hausmeister in edlem Seniorenstift
212	Geburt der Kinder
219	Bau unseres Hauses
223	Hausmeisterstelle an Gymnasium - Einschulung Julia
225	Schulkiosk mit Folgen
231	Das ganze Ausmaß der familiären Katastrophe
237	Letzte Begegnung - Tod der Mutter
241	Schlusswort - **Ende Teil 1**

Inhaltsverzeichnis **Teil 2**

243	Warum kaum gesellschaftliches Interesse
250	Drei Primärforderungen
253	**Punkt 1** - Gewaltprävention
260	Ausgrenzung – Schweigen - Kriminalisierung
264	Bisher ineffektive Strafen und die bessere Alternative
266	**Punkt 2** - Bildung von Verantwortungsbewusstsein
268	Finanzen
271	Werbung
273	Ernährung
275	Sexuelle Aufklärung
283	**Punkt 3** - Elternvorbereitung
289	**Anerkennungsdefizite – Volksseuche Nr. 1**
302	Destruktive Schuleinflüsse
318	Obrigkeitshörigkeit - Teil vieler Probleme
322	Schülernachhilfe - Skandal erster Güte
326	Lehrkräfte zum Schweigen verdonnert
328	Folgen erlittener Demütigungen
332	Berufliche Hürden
335	Folgen der Orientierungslosigkeit in der Berufswahl
339	Mangel an Selbstreflektion für Lehrkräfte
343	Beschaffenheit von Schulgebäuden

345	Qualitäten der Lehrkräfte hinterfragen
349	Primär benötigte Werte aktiv einüben
354	Demokratie nicht nur alle 4 Jahre an der Wahlurne
356	Mangel an Zivilcourage = Mangel an Anerkennung
360	Berufswahl bereits von Anerkennungsdefiziten dominiert
362	Verlust von Verantwortung und Allgemeinregeln
364	Ökonomische Folgen – soziale Auflösung
369	Von „Primitiven" lernen was Glück ist
376	Vision – freies Lernen
383	Lernorte selbst verwalten
389	Ganzjährige Schulunterbrechung
391	Kindergarten nur in Begleitung der Eltern
394	Kindergeldzahlungen einstellen
395	Abschaffung der beruflichen Voraussetzungen
398	Lohn gemäß Leistungen neu definieren
402	Allgemeinschädigende Produkte verbieten
405	Aufklärung über die wahren Sozialschmarotzer
414	Künftiger Wandel ist unverzichtbar
417	Gemeinsam statt einsam die Zukunft aktiv mitgestalten
421	Es gibt bereits beachtenswerte Alternativen
423	Gelebte Vision in der Schweiz - Villa Monte Schule
429	Die außergewöhnliche Schetinin Schule
434	Schlussappell

Vorwort

Liebe Leserinnen und Leser!

Mit diesem zweiteiligen Buch halten Sie ein in dieser Art einzigartiges Schriftwerk in Händen, indem ich einen symbiotischen Bogen zwischen meiner persönlichen Biografie und den daraus resultierenden Ansätzen eines Sachbuches gespannt habe. Symbiotisch aus dem Grund, da ich ohne Entdeckung meiner Biografie nie zum Thema Bildung gefunden hätte, um mir die Mühe zu machen, mich mit so einem Werk an eine breite Öffentlichkeit zu wenden.

Natürlich dürfte erst einmal irritieren, wie man nur seine eigene Biografie entdecken kann, die normalerweise jedem hinreichend genug bewusst sein dürfte und wünschenswert mit angenehmen Erinnerungen verbunden ist.

Meine Vergangenheit war mir im Grunde auch bekannt, ich vermied aber wegen der überwiegend schmerzlichen Erinnerungen an meine enorm gewalttätige Kindheit und den damit verbundenen Demütigungen und familiären Ausgrenzungen den Blick zurück. Schließlich bin ich kein Masochist. Zudem entsprachen meine Erfahrungen meiner gewöhnlichen Normalität, die ich aufgrund verinnerlichter Schuldgefühle, nicht mal ansatzweise kritisch zu hinterfragen wagte.

Diese über Jahrzehnte in Watte gepackte Normalität, geriet Ende 2003 angesichts eines AI-Berichts (Amnesty International) über afrikanische Folterpraktiken völlig aus den Fugen, da ich mich darin erstmals als eines jener Kinder wiedererkannte, über die Medien der Gegenwart zuweilen skandalträchtige Berichte von schwer misshandelten, vernachlässigten oder gar missbrauchten Kindern veröffentlichen.

In der Folgezeit eröffneten sich mir immer tiefere Abgründe und Dimensionen einstiger Gewaltbetroffenheit, die ich bis dahin vollkommen als Bestandteil meiner Normalität verinnerlicht hatte. Eine einzigartige Katastrophe.

Zutiefst erschüttert begab ich mich auf Spurensuche, um Erklärungen zu finden, wie so eine familiäre Katastrophe entstehen konnte, wie sie in abgewandelten Formen auch noch in gegenwärtigen Familien wüten, um Kinder zutiefst zu schädigen oder gar zu Tode bringen.
Im Ergebnis habe ich in den ständig neu zu reflektierenden Fragen von Ursachen und Wirkungen eine Menge interessanter Fakten gefunden und zusammengetragen. Sie zeigen:

1. Dass meine Erfahrungen bei weitem nicht nur Relikte einer zurückliegenden Zeitepoche entsprechen, wenn man weiß, dass auch heute noch, nahezu unbemerkt, mitten unter uns, bald jeden 2. Tag ein Kind an den Folgen von Gewalt bzw. elterlichen Misshandlungen stirbt.

2. Habe ich in meinen analytischen Betrachtungen entdecken müssen, wie auch unsere gesamte Gesellschaft von massiven Schädigungen betroffen ist, sie aber gleichfalls kaum zu realisieren vermag.

Da ich nur zu gut weiß, wie sehr ich sowohl unter der Gewalt und deren Folgen gelitten habe und wie schwierig sich für mich der Weg gestaltete, um gesellschaftlich Tritt zu fassen, wurde es mir bald schon ein großes Bedürfnis, durch entsprechende Aufklärung, einen Beitrag zu einem effektiveren Kinderschutz zu leisten. Denn jedes Kind, das in ähnlicher Weise physischen und psychischen Schmerz wie auch Ausgrenzung ausgesetzt ist und in dessen Folge in jungen wie auch in älteren Jahren unter den Folgewirkungen in seiner Entwicklung und Lebensglück beein-

trächtigt wird, ist in jedem einzelnen Fall, eine Menschenseele zu viel.
Deshalb war es mir mit diesem zweiteiligen Werk wichtig, Mitlesenden zunächst anhand meiner beispielhaften Biografie ein Gespür dafür zu vermitteln, wie verheerend gewaltbetroffene Kindheiten ausfallen können. Zudem war es mir mit dem biografischen Anteil wichtig, für Leser/innen den schwierigen Weg nachzuzeichnen, wie ich zu diesem wichtigen Bildungsthema gefunden habe.
Möglicherweise waren meine biografischen Erfahrungen besonders hart oder kaum mehr zeitgemäß, um aus dem üblichen Gewaltrahmen zu fallen. Vergessen Sie dabei aber bitte niemals, dass bereits ein Bruchteil dessen oder anders ausgedrückt, bereits der „übliche Rahmen" von Gewalt und erniedrigenden Demütigungen ausreicht, um Kinder zeitlebens zu schädigen. Und gleichfalls nicht zu vergessen, zwischen 50 - 170 Kindern jährlich in unserem Land nicht mal das fragwürdige Glück vergönnt ist, ihr gewaltsames Leben weiter zu führen.

Im zweiten Teil werde ich Mitlesenden anhand zahlreicher Fakten, Beobachtungen und logischen Rückschlüssen vor Augen führen, wie stark nahezu jeder von uns bereits von destruktiven Zwängen und Gewalt betroffen ist und mit welchen verheerenden Folgen sich die allgemeine Unbewusstheit über diese Tatsache auf alle Mitbürger und im Besonderen auf unsere Kinder auswirkt. An deren Auswüchsen unser Bildungswesen meiner Überzeugung nach einen ausgesprochen unheilvollen Anteil hat.

Diese Erkenntnis eröffnete sich mir als Vater zweier inzwischen erwachsener Kinder und als Hausmeister eines großen Gymnasiums zu meiner eigenen Überraschung im Zuge meiner Suche, wie Kinder effektiv gewaltpräventiv zu erreichen sind, eher beiläufig. Wünschenswert werden sich Mitlesende in den zahlreichen dargelegten Einzelblickpunkten wiedererkennen und ein Gespür dafür entwickeln, in welch gravierender Weise unser

Bildungswesen auch heute noch durch die systematische Ausbildung von Anerkennungsdefiziten und Vorenthaltung persönlichkeitsfördernder Inhalte wohl weniger direkt, aber dafür umso schlimmer, in indirekter Weise einen maßgeblichen Anteil zur Begünstigung von Gewalt und Überforderung gegenüber Kindern beiträgt.

Das Tragische daran ist die Tatsache, dass wir durch die erzwungenermaßen generationsübergreifende Teilhabe an unserem Bildungssystem nahezu jedes Gefühl für dessen schädigenden Charakter verloren haben. Und weil es mit all seinen beständigen Qualen, Zwängen und Demütigungen zu einem Teil unserer Normalität geworden ist, die nahezu jeder von uns systemkonform durchlaufen musste, wird es bis heute kaum mehr ernsthaft hinterfragt. Dieses Buch dient demnach dazu, unser Bewusstsein zugunsten eines effektiveren Kinderschutzes (= Gesellschaftschutz) zu schärfen und uns aktiv für erforderliche Korrekturen einzubringen.

Inhaltlich ist es an gegenwärtige als auch künftige Eltern, unsere Bildungsministerien, Pädagogen, sowie an alle Mitbürger gerichtet, die noch kein Gespür dafür entwickeln konnten, welchen tiefgreifenden Anteil unser bis in die Gegenwart veraltetes Bildungswesen in enorm destruktiver Hinsicht auf uns alle ausübt. Wenn ich damit am Ende schon mal eine interessierte Betroffenheit wecken konnte, wäre damit ein erster wichtiger Schritt erreicht, um ernsthaft über zielführende Veränderungen nachzudenken.

Und nein, keine Bange, trotz aller beschriebenen Mängel besteht für niemanden Grund, um in resignierende Apathie zu versinken. Immerhin habe ich es nicht dabei belassen, nur den Finger in schwelende gesellschaftliche Wunden zu legen, sondern stelle am Ende zu allen angesprochenen Problempunkten alternative Ideen vor, wie ein wünschenswerter Wandel aussehen könnte.

Greifen Sie diese auf, organisieren Sie schulübergreifende Aktionen, um unseren Verantwortlichen in den Kultusministerien verständlich zu machen, dass wir nicht mehr bereit sind, unsere Kinder auf staatliches Geheiß hin persönlichkeitszersetzend verstümmeln zu lassen.

Als hochentwickeltes Land ist es längst an der Zeit, gemeinsam zu überlegen, wie auch unser Bildungswesen den Anforderungen des 21. Jahrhunderts angemessen angepasst werden muss, um nicht mehr nur einseitige Wirtschaftsinteressen zu bedienen, sondern in erster Linie daran gedacht wird, künftigen Kindern und Jugendlichen endlich jene fördernden Bildungsmöglichkeiten zu eröffnen, die ihre Entwicklung zu eigenständigen Persönlichkeiten unterstützen. Nicht zu verwechseln mit jenen mitleidlosen Egoisten, wie sie heute zu Hauf überall auf der Welt ihr Unwesen treiben.

Nein, viel wichtiger geht es darum, unseren Erwachsenen von Morgen ein nachvollziehbares Gespür um ihres eigenen, wie auch sozialen Wertes zu vermitteln, die für intakte Lebensgemeinschaften so immens wichtig sind und im Selbstvertrauen bestärkt werden, wer sie sind, was sie ausmacht, wo sie stehen und wohin es sie drängt. Dann denke ich, brauchen wir uns um unser aller Zukunft kaum mehr ähnliche Sorgen zu machen, wie sie unser aller Leben bisher generationsübergreifend beschwert haben.

Alles was ich hier niedergeschrieben habe, entspricht der ungeschönten Wahrheit und würde mir wünschen, dass meine nicht minder unmissverständliche Gesellschaftskritik von niemandem als persönlicher Angriff aufgefasst wird.
Angesichts der bedeutungsvollen Tragweite für unsere gesamte Gesellschaft hielt ich es für erforderlich, nicht nur freundlich um den heißen Brei zu reden, sondern an markanten Stellen auch etwas provokativ Klartext zu sprechen.

Denn nur wenn meine Botschaft angekommen ist und verstanden wird, dürfte sich die Bereitschaft entwickeln, über unsere gesellschaftlichen Missstände nicht nur teilnahmslos mit den Schultern zu zucken, sondern ich möchte am Ende Sie, als Leserin und Leser erreichen, gleichfalls ein wenig aktiv zu werden, um den längst überfälligen gesellschaftlichen Wandel in Bewegung zu setzen. So wäre zumindest sichergestellt, dass die für uns lautlosen Qualen, Tragödien und Verletzungen die gewaltbetroffene Kinder bis hin zu ihrem Tod zu ertragen hatten, nicht gänzlich umsonst geblieben sind.

In diesem Sinne wünsche ich Ihnen die Geduld und Zuversicht, mit der Beschäftigung meiner dargelegten Inhalte eine sinnstiftende Sensibilisierung gegenüber sich selbst und unsere umgebende Gesellschaft an die Hand bekommen zu haben.

Eine leichte Kost ist dieses Buch mit teils hohem Triggerpotential demnach gewiss nicht. Ich kann mir vorstellen, dass damit für manche Mitlesenden die Schmerzgrenze des emotional Zumutbaren enorm strapaziert werden könnte.
Aber manchmal hat Schmerz auch etwas Gutes. So auch hier?

Dies wird die Zukunft bringen, wenn wir gemeinsam den Mut und die Kraft aufbringen, unser aller Zukunft neu zu gestalten.

Dieses Werk, mit all der damit verbundenen Zeit und Mühen ist einzig geschrieben worden, um uns gemeinsam zu motivieren, für uns und unserer zukünftigen Kinder aktiv zu werden.

Um Ihnen die Möglichkeit zu bieten, Inhalte meiner vorgetragenen Aspekte weiter zu vertiefen und sich im geringen Umfang meinem Anliegen aktiv anzuschließen, finden Sie in diesem Buch immer mal wieder den einen oder anderen Verweis zu meinen Webseiten:
    www.Bildungsnot.de - und - **www.ex-Heimkinder.de**

Einführung

Deutschland gehört heute nach zwei verlorenen Weltkriegen zu einem der fortschrittlichsten Länder der Erde, um aus allen Teilen der Welt Menschen in Not und Perspektivlosigkeit anzuziehen. Insoweit ein sicheres Indiz für den hohen Lebensstandard, den unsere Eltern und Vorfahren bis heute mit Unterstützung der Weltgemeinschaft gemeinsam für unser Land und damit für uns alle erarbeitet haben. Ich denke, wir als gegenwärtige Bürger dieses Landes sind stolz und zufrieden, heute in relativ unbeschränkter Freiheit und Sicherheit ein von Wohlstand geprägtes Leben führen zu dürfen.

Ob dieser Wohlstand aber auch im gleichen Maße mit Glück und innerer Harmonie einhergeht, dürfte eine Frage sein, die nur jeder für sich allein beantworten kann. Bekannt ist hingegen, dass längst nicht alle Menschen vom allgemeinen Fortschritt profitieren, um sich so frei und unbeschwert zu fühlen, wie wir es gern jedem wünschen möchten.

Insbesondere Kinder genießen gewöhnlich unser Mitgefühl, deren Eltern, aus welchen Gründen auch immer, ihrer Verantwortung gegenüber dem eigenen Nachwuchs nur unzureichend nachkommen, sie vernachlässigen, misshandeln, missbrauchen und gar nicht mal so selten, ihrem eigenem Kind das junge Leben nehmen.
Mit aller Regelmäßigkeit schäumen landesweit wilde Gemüter auf, wenn Medien über aufgedeckte Gewalttaten gegenüber wehrlosen Kindern berichten. Damit erschöpft sich aber auch mit aller Regelmäßigkeit unser Interesse an solchen Skandalmeldungen, weil wir uns darauf verlassen, dass unsere staatlichen Schutzorgane ausreichend tätig werden, um derartige Spitzen gesellschaftlicher Verelendung aufzufangen, indem betroffene Kindern durch Inobhutnahmen, (= Heimeinweisungen) oder anderweitigen Hilfen beigestanden wird.

Kaum jemand, der über die berechtigten Entrüstungen hinaus die Ursachen hinterfragt, durch welche Umstände solche Tragödien ausgelöst werden oder wie die Kinder später als Erwachsene mit ihren frühen Kindheitserfahrungen fertig geworden sind.

Dabei wären gerade solche Fragen von existenzieller Bedeutung für unsere gesamte Gesellschaft, da meiner Überzeugung nach sowohl die Ursachen aus unserer Gesellschaft heraus entstehen, als auch deren Folgen einem nicht enden wollenden Perpetuum Mobile gleich auf uns alle zurückfällt, ohne dass wir uns deren Dimensionen auch nur ansatzweise bewusst werden.

Diese Unbewusstheit kostet Leben - früher genauso wie heute.

Wenn Sie dieses Buch im Tempo von 2-3 Tagen durchgelesen haben, werden im etwa gleichen Zeitraum weitere 1-2 Kinder in unserem Land aufgrund dieser angesprochenen Unbewusstheit innerhalb ihres familiären Umfelds gewaltsam zu Tode gekommen sein, sowie weitere 2-3 Kinder/Jugendliche sich selbst das Leben genommen und 50 - 75 Erwachsene Schluss gemacht haben.

Dabei spielt es kaum eine Rolle, ob es je nach Quellen im Jahr "nur" 50 oder 170 Kinder sind, die ihr häusliches Martyrium nicht überleben. Jedes einzelne Kind ist ein Kind zu viel, dem die Chance genommen ist, unsere immer noch schöne und facettenreiche Welt in Freiheit zu entdecken und sich an wärmender Liebe wie auch Lebensglück zu erfreuen.

Versuchen Sie sich mal vorzustellen, welch eine unbeschreibliche Tragödie mit dem Verlust so vieler Kinder verbunden ist, die an einer Schule etwa einer Größenordnung von 2 bis 7 vollständigen Klassen entsprechen würden. Die am Ende eines Schuljahres einfach nicht mehr da sind bzw. nicht mal eine abgebrannte Kerze hinterlassen haben.

Ich bin davon überzeugt, dass der damit verbundene Skandal auf allen gesellschaftlichen Ebenen einen umgehenden Aktionismus zum Schutz potenziell gefährdeter Kinder auslösen würde. Doch da diese angesprochenen Kinder mehr im Verborgenen über das ganze Land verteilt als Gewaltopfer versterben, nehmen wir diese Zahlen nur in Ausnahmefällen wahr, noch animieren diese Opfer Politik oder Sozialwesen zum Nachdenken, welche Ursachen dahinter stehen oder wie sie zu verhindern sind.

In ähnlicher Weise bekommen wir nichts von den Tragödien mit, die im bundesweit werktäglichen Durchschnitt etwa 180 Familien treffen, deren Kinder und Jugendliche zu ihrem eigenen Schutz vor überforderten Eltern oder zerrütteten Elternhäusern in staatliche Obhut genommen werden müssen.

Gleichfalls bekommen wir nichts davon mit, wie Jugendämter oder anderweitige Sozialverwaltungen täglich in rund 380 zerrütteten Familien zum Schutz von Kindern auf ambulanter Weise deeskalierend intervenieren müssen. Jeweils Stand aus dem Jahr 2014 mit seit Jahren steigenden Tendenzen, bei umgekehrt kontinuierlich sinkenden Geburtenraten, was an sich schon zu denken geben sollte.

Tragödien deshalb, weil für all diese Kinder und Jugendlichen die Trennung von ihren Elternhäusern stets mit einem schweren Verlust an Vertrauen, Liebe, Zuversicht und gravierender Bruch des sozialen Umfelds - sprich ihrer Heimat verbunden ist, die wir gemeinhin als Ort der Verbundenheit als auch Geborgenheit definieren.

Für Kinder/Jugendliche stellt die Trennung von ihren leiblichen Eltern in jedem einzelnen Fall ein schweres Trauma dar, sofern dieses nicht bereits zuvor durch gewalttätige Eltern hervorgerufen wurde, um diesen eklatanten Bruch einer familiären Trennung gar schon mit Erleichterung wahrzunehmen.

Normal und tragisch zugleich bleibt die bedingungslose Liebe von Kindern in Unkenntnis alternativer Lebensumstände auch gegenüber solchen Eltern bestehen, die ihre Kinder selbst in schwerer Form misshandeln. Damit ist bereits ein zerreißender Spagat zwischen ihrer suchenden Liebe und distanzierender Furcht verbunden, den Kinder ihr Leben lang bis zur Selbstverleugnung verkraften müssen, um an dem damit verbundenen Bindungsverlust nicht zu zerbrechen.

Vom strafmildernden Aspekt "schwerer Kindheit", wie uns gelegentlich aus Strafprozessen gebrochene Lebensläufe bekannt werden, bleibt uns das Woher und Wohin derart betroffener Menschen nahezu vollständig verborgen. Nicht zuletzt, da sich Menschen, die eine staatliche Inobhutnahme durchlaufen mussten, später häufig durch den Verlust ihrer angestammten Heimat und Familie dermaßen ausgrenzend stigmatisiert fühlen, um ihr durchlittenes Martyrium kaum jemals wieder zu thematisieren.

Insbesondere, wenn es sich um Kinder alter Prägung handelte, die vor Jahrzehnten in kirchliche und staatliche Fürsorgeeinrichtungen eingewiesen wurden, in denen sie kaum minder von brutalen Misshandlungen, persönlichkeitszersetzenden Demütigungen und teilweise sogar Missbrauchserfahrungen ausgesetzt waren. In denen mit stiller Duldung der Jugendamtsbehörden an Bildung gespart wurde, um ihre Arbeitskräfte zur gewinnträchtigen Selbstverwaltung der Heimeinrichtungen auszubeuten. Erst als in den 60er Jahren die späteren RAF-Aktivisten öffentlich auf die skandalösen Heimzustände aufmerksam machten, setzten sich ab den 70er Jahren langsam anspruchsvollere, pädagogische Heimerziehungsreformen durch.

Aber auch gegenwärtige Heimkinder dürften trotz fortschrittlichster sozialer Weiterentwicklungen kaum wirklich glücklich über die noch so begründete Trennung von ihren Familien sein.

Denn in ihrem tiefsten Inneren wird stets weiterhin der glühende Vulkan der naturgemäßen Suche nach liebevoller Zuwendung und Anerkennung durch ihre leiblichen Mütter und Väter brodeln.
Diese Feststellung kann ich aus meiner eigenen Betroffenheit heraus und Gespür darüber treffen, wie sehr ich mein Leben lang unter der Trennung von meiner gewalttätigen Familie gelitten habe. Da ich weiß, wie sich der Leidensweg vom gewalttätigen Elternhaus und stigmatisierenden Heimaufenthalten, wie auch Einsamkeit in der darauffolgenden Zeit anfühlen. Weiß, wie schmal der Grat ist, um anschließend noch gesellschaftskonform Fuß zu fassen, um nicht in fragwürdige Randgruppen abzugleiten.
Von daher habe ich dank meiner Schutzengel, noch sehr viel Glück gehabt, um Ihnen diese Zeilen und Gedanken darzulegen. Zahlreiche andere gewaltbetroffene Mitmenschen hatten da weniger Glück. Denn wenn sie nicht schon frühzeitig ihr junges Leben verloren, dürften sich sehr viele von ihnen im Drogensumpf, Gefängnisaufenthalten oder in verarmter Isolation verfangen haben.
Dass mein Lebensweg heute ein im weitesten Sinne glückliches Ende gefunden hat, ist da mehr dem Zufall, statt zielgerichteter Planungen meinerseits zu verdanken. Ähnlich wie ich 2003 mehr zufällig einen Jahresbericht von Amnesty International zu Gesicht bekam, in dem afrikanische Foltermethoden beklagt wurden und mir damit erstmals die Augen dafür eröffnete, wie verheerend weite Strecken meiner Kindheit verliefen, die mir bis zu diesem Zeitpunkt noch halbwegs normal erschienen.

Als Vorschulkind kannte ich ohnehin nichts anderes als mein Elternhaus, in der Furcht und Gewalt völlig normal zum Alltag gehörte. Aber auch meine anschließenden Heimerfahrungen waren kaum weniger furcht- und gewaltbesetzt, um schon eher ein Gefühl für die Unrechtmäßigkeit entwickeln zu können, mit dem mein früheres Leben nahezu beständig konfrontiert war.

Zudem wurde mir schon seit früher Kindheit durch Familie und Heimeinrichtungen schwere Schuldgefühle eingeimpft, um zuvor gar nicht erst auf die Idee zu kommen, die Vergangenheit oder meine Ursprungsfamilie kritischer zu hinterfragen. Ich war ja der Ausgeschlossene, dem sich meine Familie, insbesondere meine Mutter später konsequent verweigerte, auf Fragen zu unserer Vergangenheit einzugehen.

Umso größer fiel meine Bestürzung aus, als ich erstmals im Jahr 2003 angesichts des erwähnten AI-Jahresberichts zu realisieren begann, dass all die schweren Misshandlungen und Vernachlässigungen, denen ich innerhalb meiner Familie ausgesetzt war, niemals meiner Schuld entspringen konnten. Nein, einzig meine Eltern und teils auch älteren Geschwister hatten meine wahrlich qualvolle Kindheit und beschwerliche Leben danach zu verantworten.

Es folgte ein bitterer, über Jahre andauernder, Aufarbeitungsprozess, in dessen Verlauf ich nicht nur fassungslos registrieren musste wie fürchterlich lange ich quasi wie ein Blinder gelebt habe, sondern registrierte bald darauf wie auch unsere Gesellschaft, - wie nahezu jeder von uns in ähnlicher Weise blind für die zahlreichen Ursachen ist, mit denen wir unsere Kinder überwiegend unbewusst verletzten und damit ungeahnte gesellschaftliche Schäden verursachen. Diese fallen nur deshalb nicht sofort ins Auge, da wir, von Variablen abgesehen, seit Generationen nahezu das selbe System von Erziehung und Bildung durchlaufen haben und uns damit eine Normalität suggeriert wird, die besser nicht mehr als Normalität erachtet werden sollte, um mit ihrem Unheil weder wehrlose Kinder, noch unsere Gesellschaft als Ganzes zu verletzen, wie es gegenwärtig der Fall ist, aber kaum wahrgenommen wird.

Wenn Sie glauben, die angesprochene Thematik würde Sie nichts angehen, weil Sie dankenswerter Weise auf eine glückliche Kindheit zurückblicken dürfen oder Ihre Kinder bereits mit aller Liebe und Obhut umsorgen, dann lassen Sie sich überra-

schen, wie sehr jeder von uns von den folgenden angesprochenen Inhalten betroffen ist.
Ich werde Sie indes nicht in konsternierter Betroffenheit allein lassen, sondern habe mir zu fast allen Problembereichen alternative Lösungsansätze einfallen lassen. Mit meinen teils unorthodoxen Ideen dürfte es uns gemeinschaftlich möglich werden, um uns über unbewusste Vergangenheiten zu erheben und damit unseren Kindern und zukünftigen Generationen von Mitmenschen ein bewusst wertschätzendes und beschützendes Miteinander zu eröffnen.
Die Defizite unseres fragilen Miteinanders werden zwar schon länger unterschwellig wahrgenommen, aber weder unser Sozialwesen, noch Politik oder Kirchen, waren bislang bereit oder in der Lage, die Ursachen all der beklagenswerten Zustände kritisch zu hinterfragen und mit zielführenden Maßgaben zu beheben.

Es liegt demnach an jedem von uns, durch aufklärende Bildung ein Gespür über uns selbst im Spiegelbild unserer umgebenden Welt zu gewinnen. Denn erst mit einem wachen Bewusstsein sind wir in der Lage, uns nicht mehr passiv manipulieren zu lassen, um die Zustände wie sie sind, nicht mehr wie bisher hilflos, als unabänderlich hinzunehmen.

Nein, Bildung macht den Unterschied, der uns in den Stand erhebt, durch aktive Teilhabe, die Welt und unsere Gesellschaft in unserem Sinn, zum Vorteil unserer Kinder, Enkel und nachfolgenden Generationen positiv zu gestalten. Aufklärung ist der erste Schritt zur Veränderung. Daher baue ich darauf, mit diesem Werk einen wichtigen Schritt in diese Richtung anzustoßen, um auch Ihnen in den dargelegten Inhalten zu helfen, sich selbst in Ihren eigenen Stärken und Schwächen wahrzunehmen.

Ich bin gespannt, ob ich Sie am Ende mit meinen Ein- und Ausblicken erreichen und ein Stück weit zum Mitmachen begeistern konnte.

Belasteter Start ins Leben

Bereits der Start in mein Leben stand 1957 wegen der frühen Geburt im 7. Schwangerschaftsmonat im Krankenhaus von Hohenlimburg bei Hagen in Westfalen unter keinem guten Stern. Lebensbedrohliche Atemprobleme machten gleich nach der Geburt die erste Trennung von meinen Eltern erforderlich. Ein Krankenwagen brachte mich mit Blaulicht in eine Bochumer Spezialklinik. Wann mich meine Eltern von dort aus nach Haus holen durften, weiß ich natürlich nicht mehr. Aber ich fürchte, dass dazwischen einige Wochen, wenn nicht sogar Monate der Trennung gelegen haben.

Vermutlich vollzog sich bereits zu diesem Zeitpunkt ein erstes Trauma. Schließlich wissen inzwischen die meisten Menschen, wie wichtig gerade in der ersten Phase des Lebens für Babys der enge Kontakt zu ihren Müttern und Vätern ist, der mir durch meine frühe Geburt bereits verloren ging. Ob in diesem Stadium der ersten Trennung bereits die naturgemäße mütterliche Liebe verloren ging, vermag ich nicht zu sagen, aber zumindest wurde mir bekannt, dass ich später meiner Familie daheim als ein strapaziöses Schreibaby in Erinnerung blieb.

Ein Baby, das nach Liebe und Aufmerksamkeit schrie? Gar nicht mal so undenkbar. Denn als erwachsener Mensch sind mir inzwischen schon länger Berichte und Studien bekannt geworden, die der Frage um die Folgen unerwünschter Schwangerschaften nachgegangen sind.

Aus diesen Studien, wie z.B. die der Bremer Professoren Amend und Schwarz sind beeindruckende wie auch beängstigende Ergebnisse hervorgegangen, die ich jedem interessierten Menschen nur zu gern zum Lesen empfehlen möchte.
Der Titel ihrer veröffentlichte Studie lautet daher auch pragmatisch: "**Das Leben unerwünschter Kinder.**"

Vor- und nachgeburtliche Reifeverzögerungen, wie auch Frühgeburten gehören demnach gleichfalls zur umfangreichen Liste an Negativfolgen unerwünschter Schwangerschaften.

Tatsächlich hat mir meine Mutter in einem unserer wenigen ernsthaften Gespräche in späterer Jugendzeit mal bestätigt, dass keines ihrer 8 Kinder erwünscht war. Weder mein Halbbruder, der aus einem Techtelmechtel mit einem russischen Besatzungssoldaten hervorging, der meine Mutter im Alter von 19/20 Jahren schwängerte und sie anschließend sich selbst überließ.

Ein unheilvolles Drama, denn zur damaligen Zeit wurden uneheliche Kinder gemäß vorherrschender Terminologie, insbesondere innerhalb "christlicher" Kreise noch lange Zeit als Bastarde der Sünde und deren Mütter als unsittliche Huren geächtet. Zumal, wenn solch ein Kind, wie im Fall dieses Halbbruders, aus einer Verbindung mit einem russischen Besatzungssoldaten hervorging.

Die Eltern meiner Mutter (geb. 1927), eine kleinbürgerliche Beamtenfamilie, mit typisch nationalistischem Hintergrund, in dessen Rahmen sich auch meine Mutter im Bund Deutscher Mädchen glücklich und aufgehoben fühlte, kamen ursprünglich aus Breslau, um sich als Kriegsflüchtlinge in Münster anzusiedeln.

Kaum vorstellbar, dass sie das frühe "Mutterglück" ihrer jüngsten Tochter wohlwollend teilten. 1947 heimatlich entwurzelt, in einem Umfeld vorherrschenden Mangels, dürften Auflehnungsbestrebungen, wie sie Menschen oft im jungen Alter zu eigen sind, dazu geführt haben, dass meine Mutter damals mit ihren 19 oder 20 Lebensjahren ihre eigene Freiheit, Lebensfreude und Identität suchte. Nur halt mit dem fragwürdigen Ergebnis, dass mit der Geburt ihres ersten Sohnes die anfängliche Freiheit ein ebenso frühes Ende fand.

Im Gegensatz zu allen nachfolgenden Kindern, stand sie aber dennoch auffallend fürsorglich zu ihrem erstgeborenen Sohn. Die anderen 7 Kinder, allesamt unerwünscht, liefen demnach einfach so mit oder wurden, wie mir gegenüber, mit unverhohlener Ablehnung bedacht.

Ihr zweites Kind (Tochter geb. 1950), gleichsam unehelich eines unbekannten Erzeugers, gab sie wenigstens gleich nach der Geburt zur Adoption frei. Die großartigste Entscheidung, die meine Mutter jemals in ihrem Leben getroffen hat. Alle weiteren Kinder wurden von unserem gemeinsamen Vater (geb. 1920) gezeugt. Auch er, ein entwurzelter Mensch, wenngleich nicht primär als Kriegsflüchtling, sondern als Vertriebener seiner eigenen polnischen Familie. Über ihn gibt es kaum bekannte Hintergründe.
Bekannt ist lediglich, dass er in Bialystok geboren wurde und er gemäß Erzählungen meiner Mutter, im Alter von 14 Jahren, angeblich wegen einer Affäre mit einem jungen Mädchen von seiner Familie rausgeschmissen wurde und damit jeglicher familiäre Kontakt verloren ging. Wie und wo er danach lebte, blieb unbekannt. Bekannt ist lediglich, dass er so um 1950 in Deutschland als Maurer auftauchte, um bei einer Karnevalsfeier meine Mutter kennenzulernen.

Ich kann nicht beurteilen, ob es wirklich eine gemeinsame Liebesbeziehung war. Meinen Großeltern dürften über eine Beziehung ihrer Tochter, ausgerechnet mit einem Polen, doch recht wahrscheinlich alles andere als glücklich gewesen sein. Die gegenseitige Antipathie war in jedem Fall schon damals für uns Kinder ersichtlich, wenn wir von unserem Wohnort in Hohenlimburg aus gemeinsam unsere Großeltern in Münster besuchten.

Da kam unser Vater oftmals gar nicht in die Wohnung unserer Großeltern mit hoch, sondern blieb so lange im Auto sitzen, bis wir wieder die Heimreise antraten.

Darüber machten wir uns als Kinder damals natürlich noch keine Gedanken. Es war eben so wie es war. Unsere Normalität.

Darüber hinaus war unser Vater als ein ausgesprochen furchteinflößender, weil gewaltausübender Despot bekannt, der alles und jeden, insbesondere aber unsere Mutter zu beherrschen versuchte. Zumindest herrschte innerhalb der Familie, soweit ich dort noch wohnte oder später zu Besuch war, kaum ein entspanntes familiäres Klima. Insbesondere in späteren Jahren, so ab meinem Alter von 15/16 Jahren aufwärts, war die innerfamiliäre Spannung kaum zu ertragen. Unser Vater war ständig nervös gereizt und vor allem cholerisch aufbrausend. Ständig war eine Bedrückung spürbar, die zumindest ich zum damaligen Zeitpunkt nicht zu erklären vermochte.

Dass meine Mutter ausgerechnet einen Polen ehelichte, dürfte meiner Vermutung nach noch immer mit anhaltenden Auflehnungsbestrebungen gegen ihre Eltern zurückzuführen sein. Möglicherweise standen aber auch ganz banale Versorgungswünsche bei ihrer Hochzeit Pate. Denn eine alleinstehende Dame mit unehelichen Kindern, hatte damals mit dem gesellschaftlichen Ruf einer Hure zu kämpfen.

Egal, warum weshalb wieso. Mit dem Mann an ihrer Seite gebar meine Mutter 1952 meine älteste Schwester I. Sie war bereits genauso unerwünscht, wie alle anderen nachfolgenden Geschwister auch. So auch mein Bruder Leo in spe. Nur ein Jahr später folgte 1953 seine Geburt, um wiederum ein Jahr später an einer Lungenentzündung zu versterben.

Mit Blick auf Studien von unerwünschten Kindern drängt sich hier mein Verdacht auf, dass auch er ein Opfer von Ablehnung und Vernachlässigung seitens unserer Mutter geworden sein könnte.

Gab es vielleicht schon damals die gewalttätigen Spannungen zwischen meinen Eltern, wie sie später meinen Geschwistern in düsterer Erinnerung geblieben sind? Wurden damals schon die eigenen Kinder gegen die Ehepartner instrumentalisiert? Zumindest gibt es dahingehend genügend Anhaltspunkte, um diesen Verdacht als gegeben annehmen zu dürfen. Denn nachdem 1954 meine Schwester M. folgte, kam ich als erstlebender/ überlebender Sohn meines Vaters zur Welt.

In seinem archaisch geprägtem Weltbild, erhielt ich demnach als sein männlicher Stammhalter und Nesthäkchen zugleich seine wohlwollende Aufmerksamkeit. Nicht, dass ich dies als spürbare Erinnerung behalten hätte. Es waren vielmehr Aussagen meiner älteren Geschwister, die 2004 darin gipfelten, die mütterliche Gewalt mir gegenüber mit der vermeintlichen Beobachtung zu rechtfertigen, dass mich mein Vater bis zu meiner Heimeinweisung im Alter von fast 8 Jahren meinen Geschwistern gegenüber bevorzugt behandelt und mich gegen meine Mutter aufgehetzt haben soll.

Lächerlich, denn was hätte ich schon gegen den erdrückenden Fels Mutter ausrichten können? Diese Aussage zeigt indes, wie stark meine Geschwister selbst bis in die Gegenwart hinein in ihrer einstigen Feindbildinstrumentalisierung verhaftet geblieben sind.
Mit meiner Schwester In. (1960) und Bruder U. (1963) folgten zwei jüngere Geschwister, die im Gegensatz zu ihren älteren Geschwistern wenigstens vor allzu groben Behandlungen verschont blieben.

Ich vermag nicht zu sagen, wann oder durch welche konkreten Ereignisse das Unheil seinen Lauf nahm. Sicher ist nur, dass die umgebenden Bedingungen geradezu den idealen Nährboden lieferten, um abseits von rettenden Verwandten oder aufmerksamen Nachbarn eine düstere Spirale der Gewalt zu generieren.

Väterlicherseits gab es keine Verwandtschaft. Mütterlicherseits zwar schon noch Großeltern, Onkel und Tanten, doch die wohnten für uns unerreichbar in fernen Städten wie Münster, Essen oder Bochum. Zudem sorgte das Psychogramm meines Vaters als Mensch mit ausgeprägten Minderwertigkeitskomplexen im Nachhinein für eine erkennbare Einengung und Kontrolle der außerordentlich engen familiären Grenzen. Logisch, wenn man weiß, dass er bereits als Kind von seiner Familie ausgestoßen wurde. Woraus ich heute die Vermutung ableite, dass auch seine Kindheit wenn nicht gewalttätig, so doch wenigstens äußerst lieblos ausgefallen sein musste.

Ohne Zweifel dürfte ihm als Pole seitens seiner Schwiegereltern, meinen Großeltern, kaum Sympathie, wenn nicht sogar offene Ablehnung entgegen geschlagen sein. Seine einstige Trunksucht steht gleichfalls als klares Indiz eines Menschen, der zwar mit maskulinen Trinkgelagen um gesellschaftliche Anerkennung buhlte, auf der anderen Seite dürfte ihm dieses Mittel dazu gedient haben, seine eigene verletzte Seele wenigstens zeitweise wohlig zu betäuben. Wenn er in solchen Momenten der besoffenen Hilflosigkeit oder in Wort und Schrift auf die unterstützenden Hilfen meiner Mutter angewiesen war, dürfte diese unfreiwillige Abhängigkeit gleichfalls an seinem archaisch geprägten Weltbild genagt haben. So bleiben in der Rückschau auch die Versuche, die außerhäuslichen Kontakte oder gar Freundschaften meiner Mutter zu unterbinden, geradezu folgerichtig.

Auch die demütigende Gewalt gegen die Mutter vor den Augen der Kinder ein Zeichen seiner beherrschenden Dominanz. Dazu bediente er sich auch der finanziellen Abhängigkeit, indem er meiner Mutter nie mehr Haushaltsgeld zur Verfügung stellte, um kaum über die Runden zu kommen oder sich in Zeiten der Eskalationen eine räumliche Trennung leisten zu können. Bis zu seinem Tod hat sie nicht mal die Höhe seines Einkommens erfahren.

Zudem lag das Haus mit der gemieteten Dachwohnung, zwar an einer Hauptverkehrsstraße in Sichtweise von Rathaus und Polizei von Hohenlimburg, jedoch abseits der stadtabgewandten Uferseite der Lenne (Fluss durch Hohenlimburg) So wurde meine Mutter gleichfalls Gefangene ihrer eigenen, als auch ihres Mannes unseliger Umstände.

Wo hätte sie also, als ihre Ehe zu eskalieren begann, hin flüchten sollen? Schließlich gab es früher noch keine beschützenden Frauenhäuser oder ein reformiertes Scheidungsrecht, so dass Frauen in den meisten Scheidungsprozessen verlassen und ohne Versorgungsansprüche auf sich allein gestellt blieben. Wohin also mit all ihrem eigenem Lebensfrust und den Anteilen, die ihr durch den gewalttätigen Ehemann, dessen Demütigungen vor den Kindern, ihren Enttäuschungen, Ängsten, Entbehrungen, dem Zorn, der Arbeit einer Hausfrau und Mutter von zuletzt 8 Kindern zugefügt wurden?

Zu jener Zeit gab es bei uns noch kein Bad, von fließendem Warmwasser ganz zu schweigen. Keine Dusche/Badewanne, keine Wasch- oder Küchenmaschinen. Nicht mal ein Elektroherd. Kein Fastfood, den Konsumtempel um die Ecke, keine Ex- und Hopp-Mentalität, um beschädigte Wäsche durch von Kinderarbeit hergestellte Ramschklamotten auszutauschen. Selbst die Scheiße der Kinder musste noch in mühsamer Handarbeit aus Stoffwindeln ausgewaschen werden. Pampers (Einwegwindeln) waren zu dieser Zeit noch völlig unbekannt.

Einkaufen, Waschen, Kochen, Nähen, Stopfen, Stricken wie Kinderbeschäftigung/Versorgung, sexuelle Verfügbarkeit, gehörten zum ganz normalen familiären Selbstverständnis über die Aufgabenstellungen einer Ehefrau und Mutter, wie sie heute kaum mehr eine Frau unter solchen Zuständen auf sich zu nehmen bereit wäre. Von erholsamen Fernurlauben, wie wir sie heute als normal erachten, ganz zu schweigen. Urlaub gab es im gesamten Leben meiner Eltern nicht.

Zumal in Zeiten, als Gehorsam, Anpassung, Obrigkeitshörigkeit und verquerte Heilsdogmen der Kirchen noch das öffentliche Leitbild einer "gutbürgerlichen" Ehe bestimmten und somit derartige Tragödien mit heraufbeschworen. Aus dieser Perspektive betrachtet, empfinde ich heute sogar ein gewisses Mitleid mit meiner Mutter, deren Hass sich geradezu zwangsläufig aus der aufgehenden Saat zweier unglückseliger Biografien gegen ihre Kinder, bzw. im Besonderen gegen mich, richten musste.

Denn hier trafen zwei Menschen zusammen, deren Kriegsgeneration nicht nur den Verlust ihrer Werte-Identität zu verkraften hatten, sondern aller Wahrscheinlichkeit nach gleichfalls im Leben an liebevoller Zuwendung zu kurz kamen, um ein ausreichendes Fundament gegenseitiger Achtung und seelischer Anteilnahme verinnerlicht zu haben.

Meine frühe Kindheit besteht in meinem Rückblick zunächst einmal aus einem großen Nichts. Ich kann mich nicht einmal daran erinnern, ob mein Vater als polnischer Einwanderer die deutsche Sprache mit Akzent gesprochen hat, obwohl ich ihm ja noch bis zu meinem 18. Lebensjahr begegnete. Dieses Nichts wird bis heute von wenigen Ausnahmen abgesehen, an düstere Erinnerungen, wie Schmerz, Angst, Ausgrenzung, Einsamkeit, Entbehrungen und trostloser Lieblosigkeit überlagert. Wie weit diese von Angst geprägte Trostlosigkeit reichte, mag ein kleines Beispiel demonstrieren.
Zu unserer Dachwohnung eines alten Hauses, führte eine steile Holzstiege, dessen oberes Ende in einem verhältnismäßig großzügigen Dachboden mündete. Rechts vom oberen Abgang aus betrachtet befand sich ein freies Podest, welches zum Trocknen von Wäsche genutzt wurde. Dieser Bereich war jedoch vom seitlichen Treppenabgang nicht mit einem Geländer abgesichert, so dass stets die Gefahr bestand, in einem unachtsamen Moment von diesem Trockenpodest seitlich der Treppe in die Tiefe zu fallen.

So besteht eine Erinnerung darin, mit etwa 5-6 Jahren gemeinsam mit meinen beiden 3 und 5 Jahre älteren Schwestern auf diesem Podest und Flurbereich Fangen gespielt zu haben. Dabei wurde ich, wie das halt im Eifer mal passieren kann, etwas unglücklich von einer Schwester geschubst, um von diesem Podest auf den oberen Treppenbereich und von dort aus weiter die Treppe hinunterzustürzen. Mein Schutzengel, ja so einen, gar mehrere, muss ich wohl tatsächlich haben, bewahrte mich vor schlimmeren Folgen, so dass neben dem Schrecken nur ein paar später sichtbare Beulen bzw. blaue Flecken zurückblieben.

Das Besondere an dieser Episode besteht in der Erinnerung, bereits zu diesem Zeitpunkt als Kind zu wissen, von meiner später heimkehrenden Mutter kein Trost erwarten zu dürfen. Stattdessen beherrschte Angst mein Bewusstsein, die Mutter könnte von diesem Treppensturz erfahren, was unweigerlich eine "Wucht", wie sie es stets nannte, nach sich gezogen hätte. Womit deutlich wird, wie wenig Vertrauen als vielmehr tiefgreifende Angst schon damals mein Verhältnis zu meiner Mutter prägte.

Mir ist tatsächlich nicht eine einzige Erinnerung einer liebvollen Umarmung, weder durch meine Mutter noch Vater geblieben, die es aber bestimmt gegeben haben müsste. Dies erscheint mir heute umso erstaunlicher, da mir von meinem ältesten Halbbruder noch 2004 vorgehalten wurde, ich sei von meinem Vater in jeder Beziehung gegenüber meinen Geschwistern bevorzugt worden. War es wirklich so? Mir fehlt dazu jede konkrete Erinnerung.

Indes hatte ich über Jahrzehnte hinweg auch kein Bewusstsein für all die Qualen, denen ich in meinen ersten 8 Kinderjahren ausgesetzt war. Ich wusste es zwar schon noch irgendwie, aber diese frühen Erlebnisse waren für mich nicht mehr wirklich greifbar. Dass erscheint mir im Rückblick, selbst heute noch höchst sonderbar, da ich schon seit früher Jugend ein offenes Ohr für Themen entwickelt hatte, die sich mit Unrecht und Ungerechtigkeit befassten. Schließlich kann ich mich noch erinnern, mich bereits als 12/13 Jähriger mit Fragen beschäftigt zu haben, warum der angebliche liebe Gott zunächst mich nicht vor Leid bewahrte, wenn er mich fern der Familie den fürchterlichen Trennungsschmerz ertragen ließ. Denn ja, paradoxerweise litt ich außerordentlich stark unter der Trennung von meiner gewalttätigen Familie. Leidet nicht gar jedes Kind unter einer familiären Trennung?

Im Alter von etwa 15/16 Jahren befasste ich mich eingehend mit dem Unrecht des Nationalsozialismus und verschlang Biografien von Nazigrößen, um zu ergründen, wie Mitmenschen nur zu dermaßen gefühllosen Entscheidungen fähig waren, wie sie im Naziregime längst nicht nur in himmelweisenden Schornsteinen finale Höhepunkte unbarmherziger Gleichgültigkeit fanden.

Wenn man die Geschichte weiter verfolgt, dann bleibt festzustellen, dass sich an der Gewaltbereitschaft nichts Grundlegendes verändert hat, wenn unsere Nachkriegsgesellschaft bis in die Gegenwart noch immer massive Gewalt, Vernachlässigungen, Missbrauch, weitverbreitete Lieblosigkeit und Erziehung zur Unmündigkeit innerhalb unseres Bildungswesens gegenüber abhängigen Kindern toleriert. Denn so lange Tag und Jahr noch immer an die Hunderttausend Kinder und Jugendlichen von Gewalt und Vernachlässigung betroffen sind, um ihnen staatlicherseits beistehen zu müssen, mit deren Leidensverwaltung ein blühender Wirtschaftsbetrieb erhalten wird, soll mir niemand erzählen, dass es in unserem Land - von Ausnahmen abgesehen - glaubhafte Bemühungen gibt, um möglichst allen Kindern/Mitmenschen eine gewaltfreie und förderliche Kindheit zu ermöglichen.

So um die Zeit als ich 15/16 Jahre alt war, verbrachte ich ein paar Ferienwochen zu Hause. Statt draußen mit meinen Geschwistern herumzustromern, half ich meinen Eltern bei der

Heimarbeit (Kartonagen zusammenstecken), wenn auch nur in der Absicht, mir das nötige Geld zu verdienen, um mir damals das gerade neu herausgegebene Buch von Alexander Solschenizyn "Der Archipel Gulag" kaufen zu können.

So habe ich auch später noch sehr viel vom Leid anderer Menschen erfahren, jedoch ohne mich dabei selbst jemals als ein Gewaltopfer wahrzunehmen. Dies änderte sich erst, als ich Ende 2003 im Internet zufällig einen Jahresbericht von Amnesty-International zu Gesicht bekam, in dem brutale Foltermethoden auf dem afrikanischen Kontinent öffentlich angeprangert wurden.
Ich war zutiefst erschüttert! - Denn was ich da las, war mir nur zu gut aus meiner eigenen frühen Kindheit bekannt, wenngleich ich die beschriebenen Prozeduren zuvor nie als Folter erachtet hätte, sondern lediglich als Teil meines NORMALEN Lebens verinnerlicht hatte und deshalb bis zu diesem Moment nie ein anderer Mensch von meinen Erfahrungen etwas wusste. Nein, nicht einmal meine Frau.

In einem dieser Berichte ging es um Delinquenten, denen mit Rohrstöcken die nackten Fußsohlen traktiert wurden, um ihnen mit dieser äußerst schmerzvollen Methode irgendwelche Geständnisse abzupressen. So im Nachhinein, frage ich mich immer noch, woher meine Mutter diese barbarische "Strafmaßnahme" kannte, denn mit Ausnahme dieses Amnesty-Berichts, habe ich bis zum heutigen Tag noch nie davon gehört, dass wer - und schon gar keine Kinder irgendwo auf ähnlich brutale Weise malträtiert wurden.
Abgesehen von üblichen Schlägen durch meine Mutter oder älteren Geschwistern, wurde ich einst als Kind in dieser Form von meiner Mutter schon aus nichtigen Anlässen behandelt. Etwa, wenn ich den Vater nur mal darum bat, eine verbogene Achse eines Spielzeugwagens gerade zu richten oder sie mich beim "Klauen" von Brot, Wasser oder anderer Nahrung erwischte.

Um meine Schmerzensschreie zu ersticken, steckte sie mich zu dieser Prozedur im elterlichen Schlafzimmer stets unter einen Berg von Bettdecken, so dass nur noch die nackten Füße herausragten und schlug dann mit einem Rohrstock wild auf meine Fußsohlen ein. Damit endete sie erst, wenn ich zu schreien aufgehört hatte. Offenbar lag ihr doch etwas daran, meine Misshandlungen gegenüber den Hausmitbewohnern unter uns zu verbergen, die bestimmt so schon oft genug mein Geschrei durch gewöhnlichere Misshandlungen mitbekamen und in einem dokumentierten Fall meinetwegen sogar mal die Polizei riefen.

Mit bedrohlichem Nachdruck wies mich meine Mutter nach solch einer Prozedur stets an, nur ja kein Wort davon an den Vater zu verlieren. Ein eindeutiges Indiz, dass sie ihre Handlungen im klaren Bewusstsein des himmelschreienden Unrechts, stellvertretend für ihren verhassten Mann, an ihrem wehrlosen Kind verübte. Ob es meinen Vater überhaupt interessiert hätte? Ich weiß es nicht einmal.

Wobei sich mir bis heute nicht erschlossen hat, wie ein Mensch mit einer so engelhaft sanften Stimme, wie sie meiner Mutter zu eigen war, andererseits so eiskalt und scheinbar ohne bleibende Gewissensnöte, über so lange Zeit hinweg, ihr eigenes Kind misshandeln und gleichzeitig nach außen hin die treusorgende Mutter zur Schau stellen konnte? Dabei erhob sie nicht einmal groß ihre Stimme, um mir mit den Worten: "Du kriegst gleich Deine Wucht", meine bevorstehende Marter anzukündigen.

Womit musste ich sie gereizt haben, um mich wiederholt in große Tüten/Säcke oder Wäschekörben verschwinden zu lassen, sowie mit Schmutzwäsche bedeckt, um mich derart von Dunkelheit umgeben, den eigenen Ängsten zu überlassen. Welche Verbitterung veranlasste sie mich ausgerechnet zum Geburtstag einer älteren Schwester, mit auf dem Rücken zusammengefesselten Händen und Füßen zu einem unbeweglichen Paket verschnürt, hinter ihrer Schlafzimmertür zu vergessen, während nebenan in fröhlicher Ausgelassenheit mit den übrigen Geschwistern der Geburtstag meiner Schwester gefeiert wurde? Wie immens hoch ihr Hass, um mich mal an den Beinen, aus dem Fenster unserer Dachwohnung zu halten? Darauf später von einer Therapeutin angesprochen, konnte ich mich wohl noch gut an die Lichter der gegenüberliegenden Stadt erinnern, nicht aber an die Angst, die mit diesem Ereignis einhergegangen sein müsste. Woraus die genialen Eigenschaften des Menschseins ersichtlich werden, um in der Milde einer schützenden Verdrängung irgendwie "heil" zu überleben.

Gewöhnlich wurde ich jedoch in einer kleinen Dachkammer, einer Dachschräge, hinter dem Treppenaufgang eingesperrt, in dem eine Dachluke genügend Licht spendete, um mich mit dem Ausreißen von Spinnenbeinen, Fliegen oder anderen Insekten zu beschäftigen, ohne dabei ihre Körper zu zerdrücken.

An Spielsachen kann ich mich nur vereinzelt erinnern. Insbesondere an eine Kiste, die zu öffnen ich mich kaum wagte, weil sich darin ein Ensemble von Kasperlefiguren befanden, vor dessen Teufel ich tatsächlich eine unheimliche Angst hatte. Noch heute ist mir der stechende Gummigeruch dieser Figur gegenwärtig.

Nachts durchlebte ich in dieser Kammer unzählige panische Ängste, von denen ich bis 2004 tatsächlich noch felsenfest überzeugt war, einst von Geistwesen heimgesucht worden zu sein. Heute noch befinde ich mich hier in einem Zwiespalt, ob ich das alles nur geträumt habe könnte, oder diese Begebenheiten doch so real waren, wie ich sie aus meiner Kindheit bis in die Gegenwart als äußerst lebhafte und wiederkehrende Erinnerungen im Gedächtnis zurückbehalten habe.
Diese bleibenden Erinnerungen hängen vermutlich mit der Intensität der Ängste zusammen, die durch die einstigen Geistererscheinungen hervorgerufen wurden. Denn kann sich wirklich

jemand die Angst eines einsamen Kindes vorstellen, welches in die Stille der Nacht hineinhorcht, um mit allen Sinnen ein sich näherndes Knarren und Knacksen auf der Holztreppe und Bodendielen wahrzunehmen, über die sich jemand von draußen meiner Kammer näherte? Zu Schreien wagte und konnte ich auch nicht, weil mich die Angst in meinem Bett erstarren ließ und gleichzeitig den Hals zuschnürte, um kaum noch Luft zum Atmen zu bekommen.

Kann sich jemand vorstellen, wie irre sich Angst steigern kann, wenn man realisiert, wie mit kaum vernehmbarer Reibung langsam der äußere Türriegel zurückgezogen wird und im fahlen Schattenlicht der Dachluke eine konturschwache Gestalt erkennbar wird, die hereinkommt um sich seitlich des Bettes dunkel aufzubauen? Währenddessen ich längst schon die Bettdecke über dem Kopf gezogen, mit hämmernden Herzen hin und wieder durch ein geschaffenes Guckloch bestätigt bekam, dass die Gestalt noch immer anwesend war und aus nicht erkennbaren Augen auf mich herabzublicken schien. Dieses oder diese Wesen berührte mich nie, sondern verharrte einfach nur geräuschlos neben meinem Bett, bis ich irgendwann vor angstvoller Erschöpfung einschlief.

Derartige Szenarien wiederholten sich in dieser oder ähnlichen Beschreibungen und war deshalb davon überzeugt, dass sich mein Vater des Öfteren zu meinem Schutz zu mir ins Bett legte. Da er inzwischen als Glüher in einem Stahlwalzwerk Schichtarbeit leistete, musste er teils auch mitten in der Nacht aufstehen und mich allein zurück lassen. Und kaum, dass er hörbar die Treppe hinunter aus dem Haus war, kam es eben wiederholt vor, dass sich solch ein Spuk bemerkbar machte.
Einmal lagen wir wieder nebeneinander in meinem Bett. Ich hatte ein Kaugummi von ihm bekommen. Bevor ich einschlief, nahm ich es aus dem Mund und schlief mit dem Kaugummi in der Hand ein.

Irgendwann in der Nacht wurde ich wach. Es war Neumond, weshalb in meiner Kammer kaum einmal mehr Schatten erkennbar waren. Ich lag auf dem Rücken und spürte mein Kaugummi in der rechten Hand, die zwischen meinem Körper und der Wandseite ruhte.
Während ich links den ruhigen Atem meines Vaters hörte und sonst weder ein Rascheln des Bettzeug oder etwas anderes zu vernehmen war, spürte ich auf einmal, wie mir irgendwer/irgendetwas völlig geräuschlos den Kaugummi aus der Hand nahm. Sofort fing ich wild zu kreischen an. Obwohl mein erwachender Vater gleich darauf Licht machte und die Kammer absuchte, war weder das Kaugummi, noch das Wesen aufzufinden, welches es mir genommen hatte.

Übrigens erzählten meine Schwestern, die früher auch mit mir in dieser Kammer schliefen, ebenfalls von ungewöhnlichen Erscheinungen. Später schliefen sie im Gegensatz zu mir wohlbehütet im Schlafzimmer meiner Eltern, während ich in dieser Kammer oft allein ausgesetzt war. Schließlich schlief mein Vater nicht jeden Tag bei mir und hatte zudem Schichtdienst zu leisten. Daraus ergab sich auch folgende Bewandtnis.

Diesmal schlief ich mit ihm in einem anderen Bett, nicht wie sonst üblich hinten rechts, sondern diesmal vorn links neben der Tür. Auf einem Sims am Fußende des Bettes direkt neben der Tür stand sein Wecker, der ihn in der Nacht zur Arbeitsschicht weckte. So weckte uns eines Nachts wieder dieser Wecker mit seinem grässlichen Rasseln.
Wir setzten uns beide im Bett auf und erschraken. Denn im Zimmer stand mit dem Rücken zur geschlossenen Tür augenscheinlich ein Ehepaar mittleren Alters, deren Größe nur knapp über die halbe Türhöhe reichte. Sie waren in einer Tracht gekleidet, wie ich sie erst viele Jahre später als schwarzwaldtypisch kennen lernte und schauten uns schweigend und bewegungslos aus ausdruckslosen Gesichtern an.

Mein Vater bedeutete mir, mich gleichsam wie er wieder hinzulegen, während er uns dabei die Decke über den Kopf zog. Kurz darauf war der Spuk verschwunden. Mein Vater stand auf, zog sich an und ließ mich allein zurück, während ich ihn bald die Treppe hinunter steigen hörte.

Jahrzehnte später (2004) erhielt ich einen Hinweis darauf, dass dieser beängstigende Spuk möglicherweise etwas mit Missbrauchserfahrungen zu tun haben sollte. Doch obwohl es dazu erkennbare Indizien gibt, kann ich mir dennoch bis heute so eine irre Umdeutung kaum vorstellen. Zu real und wiederkehrend waren diese schaurigen Vorkommnisse.

Einmal erwachte ich aus meinem Schlaf und fand mich mit einem immateriellen Wesen konfrontiert, welches mit einem rötlich flimmernden Körper, ähnlich dem schwarz/weißem Rauschen eines Fernsehers schwerelos auf meinem Bauch saß. Kurz darauf erlebte ich mich mit diesem Wesen im anderen Bett im Raum ringen. Heißt, obwohl es immateriell war, hatte ich dieses Wesen niedergerungen und hielt dessen Hals/Kopf irgendwie im sogenannten Schwitzkasten fest. Letzteres könnte vielleicht auch ein Traum gewesen sein, da mir hierzu keine Erinnerungen gegenwärtig sind, wie dieses Ringen ausgegangen ist.

Aber kann ein Mensch wirklich so intensiv träumen, um solch einen Traum niemals mehr zu vergessen? Ich bin mir da nicht sicher, denn es gab einen Albtraum aus meiner Kinderzeit der sich in meiner späteren Kinderzeit sogar über viele Jahre wiederholte, indem ich mich immer wieder von oben durch ein Treppenauge fallen sah und kurz vor dem Aufschlag schweißgebadet erwachte.
So ein unvergesslicher Traum ist mir erst wieder 2004 widerfahren, als mir die zuvor bereits erwähnte Psychologin, innerhalb einer ersten Probesitzung, der ich gleichfalls von meinen Geistererlebnissen berichtete, mich mit ihrer überraschenden Frage

außer Fassung brachte, was denn mein Vater nächstens in meinem Bett zu suchen hatte, statt bei meiner Mutter im Ehebett zu liegen? Ich glaube niemand kann sich meine Verwirrung vorstellen, die mit dieser überraschenden Fragestellung einherging. Schließlich hatte ich bis dahin die gemeinsamen Übernachtungen mit meinem Vater in meinem Bett als völlig normal und unverfängliche in Erinnerung. Aber wie die Therapeutin mich so unverhofft darauf ansprach, wusste ich auch keine Antwort darauf, warum mein Vater nicht bei unserer Mutter im gemeinsamen Schlafzimmer schlief, wenn nicht zu meinem Schutz.

In der darauffolgenden Nacht passierten tausende Gedanken und Bilder wie eine nicht enden wollende Filmspule in rasender Geschwindigkeit mein geistiges Auge, ohne tatsächlich etwas erkennen oder sie stoppen zu können. Sah im Traum meinen Vater in der Uferidylle eines friedsamen Sees sitzen, wie er an einer Art überdimensionierten Pfeife hantierte, aus der sich plötzlich ein Schuss löste und ihn vollkommen zerfetzte.

Das war Albtraum, hingegen weniger das reale Gefühl eines glühenden Stabes, der sich gleichzeitig durch meine Brust zu bohren schien. Ich hatte das Gefühl, meinen Verstand zu verlieren und suchte verzweifelt nach einer Möglichkeit, diese albtraumhafte Abfolge zu stoppen.

DAS war etwas Einmaliges, was ich nicht vergessen habe, weil es im Zusammenhang eines realen Ereignisses stand. Ähnlich wie ich diese Schreckenskammer, mein Gefängnis früher Kindertage, nie vergessen habe. Denn ja meine Kammer, war von außen meist mit einem Riegel verschlossen. Einmal um mich tagsüber in diesem Gefängnis zu halten und nachts, um mich daran zu hindern, mich am Kühlschrank oder anderen essbaren Sachen zu bedienen. Tatsächlich gelang es mir das eine und andere Mal, wenn vergessen wurde die Kammer zu verriegeln, mich über Ess- und Trinkbarem herzumachen. Noch heute kann ich mich an das elende Quietschen des einzigen Wasserhahns, für den gesamten Wohnbereich, der sich im Flur befand erinnern, wenn ich diesen mit angehaltenem Atem heimlich zu öffnen versuchte.

Diesen Ausflügen folgte jedoch meist nach der Entdeckung der Lebensmittelverluste am nächsten Tag durch meine Mutter die obligatorische Wucht. Diese war gleichsam fällig, wenn jemand meinen Kot entdecke, den ich gleich nach dem Ausscheiden an allen denkbaren Stellen zu verstecken versuchte. Heute weiß ich, dass dieses Phänomen, als Enkopresis bezeichnet, häufig bei Kindern mit psychisch belasteten Hintergründen auftritt.

Vermutlich trug zu dieser Handlungsweise der Umstand bei, weil es in unserer Dachwohnung, laut Jugendamtsakten eine Notunterkunft, keine Toiletten gab. Diese befanden sich mit ihrem erdigen Fäkalgestank im Halbdunkel eines dreckstrotzenden Kellerraums unseres bewohnten Hauses. Daher war es üblich, unsere Notdurft in Eimern zu verrichten. Warum ich dies nicht konnte oder wollte, weiß ich nicht mehr. Es dürfte aber nachvollziehbar sein, welche Reaktionen derartige Fundstücke in oder unter Schränken, Sofas und anderen unliebsamen Plätzen bei meiner Mutter und Geschwistern auslösten.

Wahrlich keine angenehmen Kinderjahre, die von Härte, Schmerz, Angst und Einsamkeit in der Abgeschiedenheit meiner Kammer geprägt wurden, mit der mich meine Mutter bis in die Gegenwart hineinreichend erfolgreich von meinen Geschwistern isolierte.
Es gab zwar Gelegenheiten, um mit meinen Geschwistern zu spielen, diese sind aber gleichsam so selten in meiner Erinnerung geblieben, um mich kaum mehr zu wundern, warum bis heute niemals einer meiner 5 Geschwister von selbst den Versuch unternahm, Kontakt zu mir herzustellen. Wenn ein solcher mal zustande kam, dann ausschließlich auf meine vorhergehenden Initiativen.

Zudem frage ich mich, wo mein Vater in all dieser Zeit blieb, dem mein Elend doch nicht völlig verborgen geblieben sein konnte, obwohl er mich doch angeblich so bevorzugt behandelt haben soll? Aber vielleicht bestand der Vorzug bereits darin, dass er seine cholerischen Zornausbrüche wiederum überwiegend an den Mädchen und unserer Mutter ausließ, an solche Vorkommnisse ich mich allerdings auch kaum erinnern kann, obwohl sicher ist, dass er besonders die beiden älteren Schwestern intensiv mit seinen Ledergürteln malträtierte. Einmal soll er unsere Mutter schwer misshandelt haben, indem er sie zu Boden warf, ein Sofa mit dessen Bein auf dem Bauch der Mutter platzierte und sie derart wehrlos mit Nadeln traktierte. Doch wie erwähnt, kann ich mich eigentlich auch kaum an Gewalthandlungen gegenüber meinen Geschwistern erinnern und schon gar nicht, dass mich der Vater nur einmal geschlagen hätte.

Nur Bruchstücke. Etwa stolze Freude, als er mit mir mal zum Einkaufen fuhr und mich in dem Kaufhaus eine Weile allein am Süßwarenstand warten ließ. Mit Absicht? Denn wie so kleine Kinder mit etwa 6/7 Jahren nun mal sind, erweckten die herrlich süßen Gerüche natürlich unwiderstehliche Begehrlichkeiten. Demzufolge ich mir die Taschen mit Bonbons und Dropsrollen füllte. Diese legte ich draußen im Auto meinem Vater vor, was er mit einem konspirativen Lächeln quittierte und sich gleichfalls an den Süßigkeiten bediente.
Meine Mutter ist mir dafür umso bedrohlicher in Erinnerung geblieben. Etwa, wie sie meinen geliebten Nuckelhasen, dessen Fell bereits großflächige Kahlstellen aufwies, zu meinem Entsetzen, aus irgendeinem nichtigen Ärgernis im Beisein eines fremden Besuchers, mir kurzerhand aus der Hand riss, um ihn von der Herdplatte herab, in den glühenden Kohleofen unserer Küche zu werfen. Da ich noch so klein war, konnte ich auf etwa gleicher Augenhöhe der offenen Ofenklappe ohnmächtig verfolgen, wie er sich vor meinen Augen in der Glut in Flammen auflöste. Noch heute kann ich mich an den Geruch seines verbrennenden Fells

erinnern. Ja frage mich heute noch in der einen oder anderen stillen Stunde, was man ihr wohl früher alles angetan haben musste, um vor Hass gegenüber ihrem Mann, als Mutter dermaßen gefühllos zu werden, um mich an seiner statt so unbarmherzig zu behandeln. Ja, sich nicht mal zu schade war, selbst meine Geschwister zu ermuntern, gemeinsam mit Stöcken auf mich einzuschlagen? So beschränken sich die Erinnerungen meiner ersten 8 Lebensjahre vorwiegend auf die 6-8 Quadratmeter große Dachschräge hinter einer Treppe, während ich den Aufenthalt eines Wohnzimmers mit einer Hand abzählen kann.

Diese Erfahrungen spiegeln sich später im Aufnahmebogen meiner Heimakten folgendermaßen wieder:

- Die sozialen Verhältnisse waren recht ungeordnet.
- Erhebliche körperliche und geistige Entwicklungsverzögerung. (um etwa 2 Jahre)
- Die Beziehungen zwischen Eltern und Kind sind nach Angabe des Vaters gut.
- Nach Mitteilung der Mutter bestehen bei Klaus erhebliche Erziehungsschwierigkeiten; er zerstört häufig alles was er erreichen kann. Ermahnungen und Strafen nimmt er stumpf und ohne Reaktion hin.
- Konnte erst mit 4 Jahren Sätze sprechen.
- Sexuell auffällig
- Nahm Gegenstände und Esswaren weg und log hartnäckig.
- Hatte nur eine Spielecke. Spielte immer allein.
- Fühlte sich zwischen seinen Geschwistern einsam.

Essen und Trinken bekam ich natürlich auch nicht ausreichend, zudem machten sich meine älteren Geschwister manches Mal einen Spaß daraus, um mir Dreck, Niespulver oder andere Sachen unter das Essen zu mischen. Natürlich nur bei Abwesenheit meines Vater und entsprechender Duldung durch die Mutter.

Ja beim Essen hielt sie mich schon ziemlich kurz, worüber es immer mal wieder laustarke Auseinandersetzungen zwischen meinen Eltern kam. Einmal gerieten sie wieder so heftig aneinander, dass mir meine Mutter den Mittagsteller mit Kartoffelbrei, Sauerkraut und einem Stück Fleisch, so heftig vor mir auf den Tisch knallte, dass er mitsamt seinen leckeren Inhalt in zwei Hälften zerbrach.

Ein andermal zwang er meine Mutter dazu, mir zum Abendessen so viel aufzutischen, wie ich essen wollte/konnte. Da habe ich mich so überfressen, dass mir wenig später vor lauter Schmerzen im Krankenhaus der Magen abgepumpt werden musste.

In welch bizarrer Weise meine Bindungssuche zwischen meinem Vater und Mutter zerrissen war, geht aus der Erinnerung hervor, wie ich später von meiner Mutter vom Krankenhaus abgeholt wurde und meinem Vater in mutterverbündenden Triumph mitteilte, dass der Arzt geschimpft hätte, nicht so viel essen zu dürfen. Und noch während ich diese Worte aussprach, fühlte ich mich innerlich bereits als Verräter an meinem wohlmeinenden Vater.

In Bezug aufs Trinken, sei noch angemerkt, dass ich froh war, noch den Wasserrest des ausgespülten Eimers trinken zu können, den mir meine Mutter abends für die Notdurft in die Kammer stellte. Dabei kam es mehr als einmal vor dass ich zu spät bemerkte, wenn der Eimer nach dem Leeren nicht nachgespült worden war.

Dass mein über neun Jahre älterer Halbbruder mit mir Fußball spielen durfte, indem er mich aufhob und im Herunterfallen nach mir trat, bis mein Hintern nur noch schwarz war, daran habe ich schon gar keine Erinnerung mehr und wüsste bis heute nichts davon, wenn mir eine ältere Schwester im Rahmen meiner Aufarbeitungen nicht von diesen Begebenheiten erzählt hätte. So wie auch ihr aufgefallen war, dass ich sehr oft ausgrenzend behandelt wurde, wie z.B. als einziger bei Schwimmbadbesuchen nicht auf mitgebrachten Decken sitzen zu dürfen. Denn dass ich stets als letzter aller Geschwister im dreckigen Badewasser unserer Zinkwanne gebadet wurde, das war für mich genauso normal, wie an sehr wenigen Gemeinsamkeiten beteiligt worden zu sein.

So entziehen sich mir bis heute die Gründe, die meine Mutter bewogen haben, mich immer mal wieder in den nahen Uferpark von Hohenlimburg zu bringen, um mir einzuschärfen, mich ja nicht von dort wegzubewegen. Da stand oder saß ich dann über lange Zeit allein und bangte darum, ob mich meine Mutter wieder abholen würde.

Einmal habe ich mich doch gewagt, meinen zugewiesenen Platz zu verlassen, um mit Steinen fantasiereiche Muster in den Lack von Autos zu ritzen, die am Straßenrand abgestellt waren. Ich weiß zwar nicht mehr, wer damals für den entstandenen Schaden aufkommen musste oder wie meine Strafe dafür ausfiel. Erinnere mich jedoch daran, wie mein Vater meiner Mutter wegen dieses Vorfalls lautstarke Vorwürfe machte.

Aber es gibt auch positive Erinnerungen, die jedoch weitgehend unwirklichen Fragmenten gleichen. Ein Tag im Wohnzimmer, während ein schwarz/weiß-Fernseher einen Rosenmontagszug übertrug, zu dem sogar ich Lakritzschnecken bekam.

Ein Weihnachtsabend, an dem ich auf dem Schoß von meinem Vater saß, nachdem mein älterer Bruder mir gerade zuvor mein

Geschenk in Form eines kleinen Plastiklastwagens mit boshafter Absicht zertreten hatte.

Am tiefsten ist jedoch eine Szene in meiner Erinnerung geblieben, in der ich mich allein mit meinem Vater auf einer Wiese am Lenneufer von Hohenlimburg Ball spielen sehe, während die Abendsonne die Backsteinmauern der umliegenden Häuser in ein tiefes Rot tauchte und von der anderen Uferseite friedstimmende Kirchturmglocken herüber klangen.
Doch diese Idylle erwies sich lediglich als kurzes Zwischenspiel eines ansonsten überwiegend schmerzlichen Alltags, der sich gewöhnlich in der Einsamkeit meiner Dachkammer abseits meiner übrigen Geschwister abspielte.

Aus diesen Beschreibungen müsste eigentlich für jeden halbwegs gebildeten Menschen erkennbar werden, dass sich unter derart lebensfeindlichen Umständen kein Kind normal entwickeln kann.

Dieser unseligen Entwicklung meiner erkennbaren Vernachlässigung wurde bereits in einem Alter von vier Jahren mit einem einjährigen Kuraufenthalt in Bad Sassendorf Rechnung getragen. Was genau dort auskuriert werden sollte, entzieht sich meiner Kenntnis.

Genutzt hat es augenscheinlich nicht sehr viel, denn gemäß meinen anhaltenden Misshandlungen und Isolation wurde ich folgerichtig zunächst wegen geistiger und körperlicher Rückstände von der Einschulung zurückgestellt, um ein Jahr darauf im Rahmen der weiteren Vorschuluntersuchung wegen meines desolaten physischen und psychischen Zustands in eine Kinderpsychiatrie eingewiesen zu werden.

Einweisung in Kinderpsychiatrie

Ich hatte "Glück" im Unglück.

Glück, da ich 1965 als fast 8-Jähriger, als eines der ersten Kinder an einem Pilotprojekt zur individuellen Förderung milieugeschädigter Kinder innerhalb der Kinderpsychiatrie in Hamm teilnehmen durfte.
Bin ich tatsächlich hoch dankbar drum, da aus meinen vorliegenden Amtsakten Überlegungen hervorgehen, die vorsahen, mich im Falle einer stagnierenden Entwicklung von Hamm aus weiter in eine Einrichtung für geistig Behinderte auszugliedern. Doch gottlob bestätigte sich diese Prognose nicht.

Das Leben in dieser für damalige Verhältnisse hochmodernen und des frischen Farbgeruchs wohl noch neuen Einrichtung, war wie wohl überall im Leben von Licht und Schatten begleitet. Ich kann mich noch erinnern, wie mich auf der Zugfahrt zur Klinik eine mir fremde Dame vom Jugendamt begleitete und mir als Trostpflaster in einer kleinen Tüte zwei Apfelsinen und einen Apfel schenkte.

An den Abschied von Daheim kann ich mich hingegen gar nicht mehr erinnern, obwohl ich bereits Wochen zuvor von meiner Mutter und Bruder mit höhnischem Unterton auf diesen Tag vorbereitet wurde. Etwa mit Sätzen wie: "Warte nur, noch kurze Zeit und dann kommst Du nach Hamm". Damals konnte ich die Bedeutung solcher Sätze noch nicht mal ansatzweise ermessen. Wohl schon, dass ich irgendwohin kommen würde, aber das es quasi ein Abschied für immer werden sollte, dass konnte ich damals nicht mal erahnen.

Dies war auch insofern bedauerlich, weil wir wenige Monate zuvor, aus der düsteren Dachwohnung, ins Erdgeschoß einer neu erstellten 4-Zimmer-Sozialbauwohnung umgezogen waren.

Dazu gehörte ein Badezimmer mit einer richtigen Badewanne, fließendem heißen Wasser und einer separaten Toilette innerhalb unserer Wohnung. Wahnsinn, wenn wir dergleichen zuvor nur aus der Wohnung unserer Großeltern in Münster kannten. Während der große Halbbruder sein eigenes Zimmer bekam, durfte ich mit meinen zwei älteren und einer jüngeren Schwester gemeinsam in einem Zimmer mit zwei Stockbetten schlafen. Ich fühlte mich in der Mitte meiner Geschwister göttlich wohl und geborgen. Nie wieder wurde ich seitdem von irgendwelchen furchteinflößenden Geistwesen heimgesucht.

In unserem Kinderzimmer stand ein Kohleofen, dessen Knistern und Flackern, wenn wir im Bett lagen eine wunderschöne Stimmung zauberte und die älteren Schwestern uns jüngeren noch irgendwelche Schauergeschichten erzählten. Bis dann irgendwann Ruhe einkehrte und nur noch das typische Hin- und Her-Schaukeln des Kopfes meiner 10-jährigen Schwester Mo. zu vernehmen war, mit dem sie sich gewöhnlich in den Schlaf schaukelte.

Vor dem Hintergrund eines familiär erhellenden Lebensraums, müsste ich demnach Rotz und Wasser geheult haben, als es daran ging Abschied zu nehmen, nur wie angesprochen, fehlt mir dazu im Gegensatz zu anderen fokussierten Detailerinnerungen dieses Tages jedes Bewusstsein einer Abschiedsszene.

Den ersten Tag meiner Ankunft werde ich dagegen nie vergessen, weil das Bild, welches sich mir alsbald bot, nahezu mein Leben lang als Synonym von Einsamkeit galt. Denn kurz nach der Ankunft wurde ich in einen steril wirkenden Raum mit glänzendem Linoleumboden gebracht. Abgesetzt von anderen Betten entlang der kalkweißen Wände befand sich ein einzelnes weißes Gitterbett, fast mittig im Raum, in dem ich allein Mittagsschlaf halten sollte.

Es handelte sich wohl um eine Art Beobachtungsraum, denn die Wand zum Nebenzimmer, war mit einer großen Glasscheibe versehen, hinter der hellblau uniformierte Schwestern mit was auch immer beschäftigt waren.
Selten in meinem Leben habe ich mich dermaßen verloren und ausgeliefert gefühlt, wie in diesen ersten Stunden. Oh ja, ein Kind von fast 8 Jahren kann derartige Gefühle sehr exakt und intensiv wahrnehmen. Dabei kann ich mich nicht einmal groß beklagen, denn der Alltag in dieser überaus hell und freundlich eingerichteten Einrichtung, war doch überwiegend von positiver Zuwendung und tollen Spielmöglichkeiten begleitet, wie ich sie zuvor nie erfahren konnte. Im Gegensatz zu meinen älteren Geschwistern hatte ich zuvor nie einen Kindergarten besucht.

Es war wirklich wunderschön, jeden Tag regelmäßig gutes Essen zu bekommen und schon morgens mit der Gruppe singend durch die angrenzenden Felder zu wandern, wo das Getreide so hoch stand, um nicht mal drüber wegschauen zu können. Wir fröhlich Schiffen nachwinkten, die gemächlich auf einem nahen Kanal vorüberzogen.

Im wöchentlichen Wechsel stand jeden Sonntagmorgen der Besuch in einer katholischen oder evangelischen Kirche an. Ich kann nicht behaupten, dass diese Besuche für mich in positiver Erinnerung geblieben wären, vielmehr spürte ich im Anblick der martialischen Kreuzigungsbildnisse eine unangenehme Bedrückung, die jeden Gedanken impulsiver Lebendigkeit im Keim erstickte. Wen sollte es verwundern, wenn in solch einer Atmosphäre auch die Geistlichen, ihre Helfer und Besucher, alle gemeinsam mit finsteren und versteinerten Mienen auf die frohe Botschaft Jesus reagierten?
Wie sollen da Kinder mit der Ermunterung umgehen, sich am Tode Jesus zu erfreuen, wenn man innerhalb dieser kirchlichen Gottestempel, ständig von schmerzverzerrten Bildnissen umgeben ist?

Schwer vorstellbar, wie erwachsene Menschen, die im Rahmen solch bedrückender Umfelder aufwachsen mussten, wiederum ihren eigenen Kindern später Religion mit Attributen von fröhlicher Lebensfreude oder beschwingter Freiheit zu vermitteln vermögen. Hier wäre sicher jeder gut beraten, auf sein innerstes Gefühl zu achten, ob ihm/ihr so ein Umgang mit aller spontan möglichen Überzeugung zusagend anspricht, um eine Religion als wichtig und gut zu identifizieren oder als entbehrlichen Ballast von sich zu weisen.

Um wie viel angenehmer war hingegen mit etwa 9 Jahren meine erste bewusste Erfahrung, ein Gespür für die Erhabenheit der Erde zu entwickeln, wenn wir noch in der Abenddämmerung unterwegs waren und sich ein riesig leuchtender Wintermond in andächtiger Stille majestätisch in den Himmel erhob. Das waren vereinzelte Momente, die mich schon damals als Kind berührten und mich ungerichtet innehalten ließen. So manche Nacht saß ich, wenn alle anderen Kinder schliefen und die Nachtschwester den von Glasscheiben getrennt angrenzende Raum für ihren Rundgang verließ, allein auf der Fensterbank des Schlafsaals und schaute gedankenversunken in die von Außenlichtern schwach erleuchtete Landschaft, in der sich fast immer Karnickel zum wilden Herumtollen zusammenfanden. Diese Momente der Stille habe ich stets genossen.

Die Nachtschwester war schon von weitem an ihren Schritten auf den langen Fluren und Rascheln der Kleidung wahrzunehmen, so dass diese kleinen Freiheiten zunächst nicht auffielen. Erst als ich in ein Zweibettzimmer mit einer geschlossenen Tür verlegt wurde, wurde ich des Öfteren von dieser auffallend gestrengen Nachtwache überrascht, wenn ich es nicht mehr rechtzeitig zurück ins Bett schaffte. Denn da die Zimmertür geschlossen war, hörte ich ihre nahenden Schritte oft erst zu spät. Oh je, dann setzte es Hiebe oder musste eine längere Zeit auf dem leeren Flur stehen. Das machte mir jedoch wenig aus, denn auch ein leerer

Flur bietet willkommene Gelegenheiten, um seine Gedanken und Sehnsüchte schweifen zu lassen. Zudem wurde ich in der Anfangszeit jede Nacht von ihr in barschem Tonfall geweckt und wie ein Verbrecher zur Toilette geführt, um dort so lange auf ein mögliches "Geschäft" zu verharren, bis sie mich von dort wieder abholte.

Seltsamerweise habe ich von dieser Zeit im Gegensatz zu meinem Zuhause sehr viele Detailerinnerungen behalten. Wie z.B. die Form und Farben des Geschirrs, die Lampen in den Toiletten, die unterirdischen Gänge. Dort war das Leben für mich ja auch weit erträglicher, statt schmerzhafte Realitäten verdrängen zu müssen.

Dummerweise entwickelte oder besaß ich bereits die Neigung zu schweren Zornausbrüchen, denen ziemlich sicher meine tägliche Medikamentensaftration mit seinem seltsam süßlichen Geschmack galt. Meiner Aggressivität wegen, genoss ich selbst innerhalb so einer Einrichtung einen einmaligen Sonderstatus. Denn nur mir war das "Privileg" vergönnt, jeden Tag nach dem Abendessen bei der Abteilungsleiterin vorstellig zu werden.

Hier stellte sie mir stets die gleiche Frage, ob ich den Tag über artig gewesen sei oder nicht? Sofern ich ihre Frage bejahte bekam ich jedes Mal zur Belohnung ein/zwei Kekse oder Bonbons. Im umgekehrten Fall bekam ich zur "Strafe" nichts.

Natürlich weiß ich heute, dass diese Maßnahme einem pädagogischen Konzept zur Hilfe der Selbstreflexion entsprach. Entsprechend tolerant ging diese Leiterin dann auch auf unwahrheitsgemäße Antworten ein.

Und tatsächlich fühlte ich mich mit der Zeit immer unwohler in meiner Haut, wenn ich mit einem Ja antwortete, obwohl ich und sehr wahrscheinlich auch sie genau vom Gegenteil wussten.

Das war schon was, denn Süßigkeiten waren damals noch seltene Kostbarkeiten. Da fand ich es richtig gut, dass der süße Inhalt aller Päckchen, die die anderen Kinder von Daheim erhielten, auf alle Gruppenkinder aufgeteilt wurde, solange es der Vorrat hergab. Nur als ich selbst einmal ein Päckchen von meinen Eltern bekam, gefiel es mir natürlich gar nicht, den Inhalt mit allen anderen teilen zu müssen und mündete geradezu zwangsläufig in einen neuen Wutausbruch.

Womit ich an dieser Stelle das Stichwort Wutanfall aufgreifen möchte, um allen pädagogisch involvierten Mitlesenden die eindringliche Bitte ans Herz zu legen, milieugeschädigten Kindern, sofern sie zu ihrem eigenen Schutz/Förderung in einer Einrichtung oder Pflegestelle untergebracht sind, zumindest so lange sie kleiner sind, möglichst konsequent jeden Familienkontakt zu ersparen.

Ich denke, kaum ein nichtbetroffener Mensch kann sich vorstellen, welch eine emotionale Katastrophe der Besuch von Eltern für Kinder bedeutet, denen es durch allerlei Ablenkungen des Alltags mit der Zeit gelungen war, den schmerzlichen Verlust von ihrer Familie zu verdrängen und sich einigermaßen stabil in ihren jeweiligen Heimen oder Pflegfamilien eingelebt haben. Genau solch eine Katastrophe widerfuhr mir damals in Hamm.

Ich hatte mich allerbestens eingelebt, mir ging es den Verhältnissen entsprechend gut und dann standen zu meiner Überraschung auf einmal meine Eltern zu Besuch vor mir. Mein heißgeliebter Papa, meine heißgeliebte Mama. Nichts erinnerte mich bei ihrem Anblick auf meine vorangegangene Drangsal, sondern einzig die naturgemäße Sehnsucht nach ihrer Liebe, überlagerte augenblicklich alle anderen Zustände. Unbändige Freude, sie endlich wiederzuhaben. Doch wie schnell war die Zeit vorbei, um geschockt zu realisieren, dass sie gar nicht gekommen waren, um mich zurück nach Hause zu holen.

Realisierte nur noch am Rande wild aufschäumenden Schmerzes, dass sie mich allein zurück lassen werden. Der Verstand rebellierte, WARUM? Nein, nein, NEIN!!! - Flehendes Betteln, nehmt mich mit, bitte, bitte, BITTE.

Wie kann man einem Kind nur so einen irren Schmerz zumuten, dem zuvor nie jemand erklärt hatte, warum oder wie lange es von der "geliebten" Familie getrennt bleiben würde? Dieser Verwirrung entsprechend sahen auch die selbstzerstörerischen Folgen meines verzweifelten Wutausbruchs aus.

So hatten mich meine Eltern zu ihrem Besuch mit einem neuen Hemd und schönem Rollkragenpullover bedacht und der Freude wegen auch gleich angezogen. Diese Sachen wurden kurz nach der Verabschiedung in einem beispiellosen Kraftakt der meiner fassungslosen Wut entsprang von mir kurz und klein gerissen, wie auch verschiedenste Gegenstände des Aufenthaltsraum in Mitleidenschaft gezogen wurden, um anschließend vor Erschöpfung meine Enttäuschung, Trauer und Schmerz, mit ausgetrockneten Tränenbächen nur mehr in mich hinein zu schluchzen. Mit anderen Worten, so ein wohlgemeinter Besuch stellt für ein Kind schwerste SEELENFOLTER in Reinkultur dar. Nun, auch hier half die Zeit irgendwann wieder die aufgerissene Wunde durch gnädiges Vergessen zu bedecken.

Die Förderklasse, in der ich eingeschult wurde, würde bestimmt auch heute noch allen Schulkindern gefallen und den Spaß am entdeckenden Lernen lebendig erhalten. Einfach weil es vielfach darum ging, uns durch reales Befassen der Dinge im sprichwörtlichen Sinne unsere Umwelt zu begreifen. Herrlich, denn dazu bot die familiär anmutend winzige kleine Klassengemeinschaft von gerade mal 6-8 Kindern und einer liebevoll freundlichen Lehrerin, die uns mit betonter Sanftmut und Geduld die Grundzüge von Rechnen, Schreiben und Lesen beizubringen versuchte, allerbeste Voraussetzungen.

Statt es, wie heute üblich, beim Theoretisieren zu belassen, gingen wir mit ihr regelmäßig in die Natur hinaus, um an lebendigen Beispielen Begrifflichkeiten zu erfassen.

Etwa, wenn es darum ging, Tiere und Pflanzen zu erkennen. Dazu gehörte für jedes Kind das Anlegen, Pflegen und Beobachten eines eigenen kleinen Blumenbeetes, um im Verlauf des Pflanzenwachstums alle Pflanzenteile, Käfer, Raupen und anderem kennenzulernen, was sich im Umfeld nicht nur dieser Parzellen, sondern auch in der weiteren Umgebung, wie etwa einem nahen Tümpel heranwuchs oder sich bewegte.

Frösche von der Paarung, Eiablage, und Umwandlung der Kaulquappen zu beobachten. Da haben wir tatsächlich im wahrsten Sinn des Wortes vieles zu begreifen gelernt. Eine tolle Zeit, die von einer abenteuerlichen Leichtigkeit des Entdeckens geprägt war. Ob ich der Einzige war, der diese harmonische Idylle mit zu hoch gesetzten Ansprüchen an mich selbst und den daraus resultierenden Enttäuschungen immer mal wieder mit Aggressionen störte, kann ich nicht mal mehr sagen. Aber ich weiß noch, dass ich trotz meiner schmächtigen Erscheinung eine überaus große Klappe an den Tag legte und damit so manches Mal die ganze Klasse in Aufruhr versetzte.

Trotz intensiver Bemühungen blieb ich in der dritten Klasse sitzen. Vielleicht hing dies auch mit der seltsamen Halbjahresregelung zusammen, mit der ein Klassenjahr abgeschlossen wurde. So dass ich die dritte Klasse nicht mehr in unserem "familiären" Klassenverbund wiederholte, sondern nunmehr in einer lärmenden Parallelklasse von etwa 20 Kindern.

Da blieb für eine individuelle Betreuung kaum mehr Zeit. Zwar bekam jedes einzelne Kind eine personenbezogene Aufgabe zugeteilt, da diese aber genauso individuell gelöst/beendet wurden und die jeweiligen Kinder mit einer neuen Aufgabe betraut wurden, ging es in der Klasse so unruhig wie in einem Bienenstock zu.

Soweit erkennbar, war das Umfeld der Kinderpsychiatrie tatsächlich eine Wohltat für meine Entwicklung. Umso unverständlicher bleiben für mich ein paar Szenen, die so gar nicht zu einer Fachklinik milieugeschädigter Kinder passen.

Etwa das kalte Abduschen mit dem wir unliebsame Kinder durch erzürnte Schwestern abgestraft wurden. Oder einer weiteren denkwürdigen Szene, in der ich mich in einem Gitterbett, welches eigens für mich in den Flur gestellt wurde, als schreiendes Etwas erkenne, dessen Arme und Beine an den Gitterstäben fixiert waren und drei oder vier "Betreuungskräfte" über meinen Kopf hinweg darüber stritten, mir auch den Mund zuzukleben.

Nun ja, die harte Fraktion setzte sich letztlich durch und weist mir heute den Weg, dass es schon damals ein Unrechtsbewusstsein unter den Angestellten gegeben hat.

Weiter erkenne ich in der Rückschau, wie verheerend sich zum Ende meiner 2-jährigen Psychiatriezeit die völlig deplatzierten Drohungen von Angestellten in mein Gedächtnis einprägten, in ein sehr strenges Heim verlegt zu werden.

Erziehungsheim Gotteshütte

Nun, mein neues "Heim" Gotteshütte in Kleinenbremen bei Bückeburg, nahe der Grenze zwischen Nordrhein Westfalen und Niedersachsen, erwies sich gottlob nicht als eine jener Fürsorgehöllen, wie sie mir in jüngerer Zeit bekannt wurden. (Erziehungshöllen wie z.B.: Schweicheln, Freistatt, Torgau, Birkenau) Dennoch wehte auch hier ein Ton, der so gar nichts mehr mit meiner vorherigen "Idylle" gemeinsam hatte. Auch hier werde ich niemals den ersten Tag meiner Ankunft vergessen.

Diesmal begleitete mich meine Mutter von Zuhause aus persönlich mit dem Zug nach Bückeburg und weiter mit einem Bus nach Kleinenbremen. Eine bedrückende Stimmung lag zwischen uns. Wir sprachen nur wenig miteinander. Während der Reise versuchte meine Mutter, mit einem fürsorglich sanften Ton, wie ich ihn selten zuvor gewohnt war, mich von meinen schweren Gedanken abzulenken. Aber angesichts der vor mir liegenden Ungewissheiten und unvermeidbaren Abschiedsschmerz schnürte sich bei mir so schon der Hals mit einem dicken Kloß zu.

In der Ortsmitte von Kleinenbremen stiegen wir aus dem Bus und mussten, da sich das Heim am auswärtigem Ende des Dorfes befand, noch den letzten Kilometer einer langen geraden Straße zu Fuß hinter uns bringen. Schweigend.

Wie gern hätte ich gehabt, wenn sie nur das unscheinbare Hinweisschild übersehen hätte, aber nach einigen Nachfragen fand sie dann doch auf der gegenüberliegenden Straßenseite, über Bahnschienen hinweg den Eingang zum Heimgelände.

Passend zum hellen Sommertag im Juli begleiteten Spatzenschare mit fröhlichem Getschilpe unserer Schritte über den langen Schotterweg hinauf zum Verwaltungsgebäude, das von Efeu oder wildem Wein umrankt, unserer Ankunft entgegensah.

Während eine dichte Hecke das Gelände zur Außenwelt begrenzte, eröffnete sich links des Weges eine weitflächige Grünfläche, auf der zwei einsame Fußballtore zum Spiel einluden. Jedoch war weit und breit niemand zu erblicken. Was mir nichts Gutes zu verheißen schien, wenn bei so einem strahlend blauen Sommerwetter die Kinder in den Häusern bleiben mussten. So dachte ich zumindest in dieser kurzen Situationsanalyse.

Der Eingang des Hauptgebäudes befand sich auf der Innenseite eines großen Hofes, in dessen Mitte eine mächtige Linde ihr schattenspendendes Blattwerk ausbreitete. Zur linken und rechten Seite erhoben sich gleichfalls 2 und 3 stöckige Backsteinhäuser, hinter dessen zahlreichen Fensterfronten ich mich von weit mehr Augen beobachtet fühlte. Auf der Frontseite des Verwaltungsgebäudes prangten im Giebel riesige vergoldete Lettern mit dem Schriftzug "Gotteshütte". Mit wehem Herzen durchschritt ich mit meiner Mutter die Eingangspforte mit deren bedrohlich wirkenden Vergitterung.

Entgegen meinen Befürchtungen wurden wir im Büro vom etwas kleinen und rundlichen Direktor des Heimes freundlich begrüßt, über dem ein schwerer Zigarrengeruch lastete. Wahrscheinlich war ich in diesem Augenblick so verwirrt, um mich kaum mehr erinnern zu können, was in diesem Augenblick besprochen wurde. Meine Mutter meinte nur, dass ich schön folgsam sein solle, dann könne sie mich bald wieder abholen.

Da der Direktor noch etwas allein mit meiner Mutter zu besprechen hatte, so er mir jedenfalls mitteilte, trug er mir auf, mir in der Zwischenzeit doch schon mal die Tiere im angeschlossenen Bauernhof anzuschauen, der sich auf der gegenüberliegenden Seite des großen Innenhofes auf einer Anhöhe befand.

Unsicher machte ich mich auf den Weg, über den Hof hinweg und die Treppe hinauf, die zur Anhöhe des Bauernhofs führte.

Geradeaus vor mir standen gewaltige Scheunentore offen, um den Blick auf allerlei Gerätschaften zu werfen. Rechts davon ein weiteres Gebäude, aus dessen kleinerem Tor vernehmliches Quieken und Gegrummel von Schweinen herausdrang.

Vorsichtig, da ich mir lebendige Schweine noch nicht mal vorstellen konnte, tastete ich mich in das dämmrige Dunkel mit seinem schweren Stallgeruch vor. Und tatsächlich, da sah ich sie, furchterregend große, als auch kleinere Schweine, die bei meinem Eintreten schlagartig verstummten und mich neugierig anstarrten. Noch ein zwei Schritte vor, um einen besseren Blick in die abgeteilten Gehege nehmen zu können, setzte genauso unvermittelt wie sie zuvor verstummt waren, nun ein weit aufgeregtes Gequieke und Gedrängel hinter den Gittern ein.

Doch nahm ich all diese Eindrücke ziemlich emotionslos auf. Ja erschrak nicht einmal, als urplötzlich der Hofbauer Kruse, wahrscheinlich von der aufgeregten Geräuschkulisse angezogen, in der Tür erschien und mich im barschen Tonfall fragte, was ich hier im Stall zu suchen habe? Ich wusste gar nicht, was ich sagen sollte, und schwupps eh ich mich versah, bekam ich von ihm eine kräftige Ohrfeige mit der Aufforderung verpasst, sofort zu verschwinden.

Einen "tolleren" Einstand kann man sich wohl kaum vorstellen.

Ich glaube nicht mal geheult zu haben, eilte ich verwirrt hinunter ins Büro des Heimleiters und erstarrte. Meine Mutter war nicht mehr da. Nicht mal verabschiedet hatte sie sich.

Ich habe keine Ahnung mehr ob, wie oder wer mich in dieser welteinstürzenden Situation getröstet hat. Jedenfalls fand ich mich kurz darauf auf einer sogenannten Station wieder, in der sich kaum mehr als 5 oder 6 Jungen unterschiedlichen Alters aufhielten und ihnen als neuer Mitbewohner vorgestellt wurde.

Die Hilflosigkeit meiner Trauer ausnutzend, kamen sie mit einer unbeteiligten Scheu näher, um mich freundlich zu mustern. Dabei galt ihr erkennbares Interesse wohl eher den Süßigkeiten, wie Kaubonbons und Keksen, die mir meine Mutter mitgegeben hatte.
Kinder sind da offensichtlich recht unkompliziert, über diesen Weg schnell Kontakt zu knüpfen. Nach dem Prinzip von Geben und Nehmen, war ich alsbald einen Großteil meiner Süßigkeiten los und hatte damit bereits erste Sympathien gewonnen.

Einer von ihnen namens Dieter K., der ähnlich wie ich etwa 10 Jahre alt war, verstand es mit einer Portion Mitgefühl mich trostspendend für seinen Spielzeugrevolver zu interessieren. Boah das war etwas, womit sofort ein gemeinsames Interesse und der Beginn einer dauerhaften Freundschaft entstand, die bis zu seiner Entlassung, etwa 7 Jahre später, anhalten sollte.

Erst 5/6 Jahre nach meiner eigenen Entlassung, erfuhr ich, dass er sich ein Jahr nach seiner Entlassung vor einen Zug geworfen hatte. Und auch sein älterer Bruder nahm sich ein paar Jahre nach seiner Entlassung das Leben. Es sollten nicht die Einzigen bleiben, wie ich Jahrzehnte später erfahren sollte. Besonders tragisch der Tod einer überaus netten und sanften Klassenkameradin, die aufgrund ihres jungen Alters und zierlichen Gestalt von uns als besonders zu schützendes Küken erachtet wurde.

Sie hatte später außerhalb des Heims das große Glück und Liebe zu einem ortsansässigen Bauernsohn gefunden und führten einschließlich ihrer zwei Kinder eine bekanntermaßen überaus glückliche Ehe.
Doch trotz allem Glück und Wohlstand, nahm sie sich eines unverhofften Tages, zu aller Überraschung mit einem Strick das Leben. Eine Tragödie sondergleichen, denn ihr Ehemann folgte ihr vor lauter Gram über ihr Dahinscheiden nur ein halbes Jahr später in gleicher Weise.

Nun, Dieter hatte ich in erster Linie zu verdanken, dass sich mein Abschiedsschmerz in erträglichen Grenzen hielt und über die nächsten Tage weiter verblassen sollte. Dazu trug wohl auch bei, dass er, gleichfalls wie ich und einige andere Jungen, aus Hohenlimburg kam, wo er zuvor in unzumutbaren Verhältnissen lebte und nun zusammen mit seinem älteren Bruder bereits einige Jahre hier in dieser "Gotteshütte" eine bleibende Heimstätte zugewiesen bekam.

Diese anderen Jungen sollte ich erst später kennenlernen, denn die meisten Kinder dieses Heimes befanden sich zum Zeitpunkt meiner Ankunft auf gemeinsamer Ferienfahrt. Eine schöne Tradition, wie ich später noch erfahren sollte, wenn ich gleichfalls Teil dieser aufregenden Ferienfahrten werden sollte, um fast mit der gesamten Heimbelegschaft in mehreren Bussen gemeinsam nach Duhnen bei Cuxhaven an die Nordsee zu fahren. Ferienurlaub, wer kannte denn so etwas?
Meine Familie hatte auch später niemals so etwas wie einen Familienurlaub gemacht. Allenfalls mal einen Tag an einen Badesee herausfahren, das war schon das höchste der Gefühle, während ich nun fast jedes Jahr zwei tolle Ferienwochen an der Nordsee verbringen durfte. Kaum jemand kann sich vorstellen, wie schön es an der See, im Watt oder Dünen für uns Kinder war und was es da nicht ständig Neues zu entdecken gab.

Mit der Abwesenheit der Kinder im Sommerferienlager in Duhnen erklärte sich nun auch die ungewöhnliche Stille auf dem Heimgelände bei meiner Ankunft und sollte sich weiter als glücklicher Umstand erweisen, der es mir ein Stück weit erleichterte, mich die ersten Tage einzuleben.
Die Zeit der ungezwungenen Freiheit, wie ich sie innerhalb der Anfangszeit meiner neuen Heimunterbringung in Kleinenbremen erleben durfte, änderte sich im sprichwörtlichem Sinne schlagartig, als all die anderen Heimkinder aus ihrem Feriendomizil an der Nordsee zurückkehrten.

Unsere improvisierte Gruppe wurde aufgelöst und auf die zurückkehrenden Stammgruppen verteilt. Damit gehörte ich einer von zwei Jungengruppen an, die sich in meinem Fall aus 16-20 Mitgefährten im Alter von etwa 7-13 Jahren zusammensetzten. Über uns im 1. OG. befand sich die zweite, etwas ältere Jungengruppe unter Leitung einer allseits gefürchteten Erzieherin.

Dem Heim gehörten auch Mädchengruppen an, die in den anderen Häusern, bzw. was die älteren Mädchen bis 21 Jahren anbetraf, bei uns im Haus unterm Dach eingeschlossen, untergebracht waren. Zu denen hatten wir nur wenige Kontakte. Weil wir ihnen nur relativ selten begegneten. Einige von ihnen trafen wir auch schon mal im Näh- und Waschhaus oder auch in der Küche, wo sie als ältere Mädchen oder aus heutiger Sicht junge Erwachsene schweigsam und mit ernsten Gesichtern harte Dienste zu verrichten hatten. Dabei dürfte es ihnen im Näh- und Waschhaus mit einer älteren und wahrlich netten Leiterin sicher weit besser gefallen haben als in der Küche. Doch ja, ich erinnere mich, dass diese etwas rundliche Frau nie ein böses Wort verlor, sondern jeden in einer gütigen Weise anlächelte und aufmerksam zuhörte, welche Anliegen uns gerade zu ihr geführt hatten.
Das krasse Gegenteil verkörperte dagegen die hagere, meist schwarz-gewandete Leiterin der Küche, die dort mit steifer Halskrause und Häubchen versehen, ein wahres Schreckensregiment hektischer Anweisungen, Beschimpfungen, Erniedrigungen und vermutlich auch körperlichen Züchtigungen führte, vor deren laustarken Schimpftiraden wir uns alle fürchteten. In Anlehnung ihres Schreckensregiments wurde sie von uns mit dem Spitznamen (Ottilie) Schlotterbeck genannt.

Nun, im allgemeinen Trubel der zurückkehrenden Nordseeurlauber und Einfindens in den normalen Heimalltag, ging in den ersten Stunden natürlich alles drunter und drüber. Entsprechend hektisch fielen die Anweisungen der zwei drei Erziehungskräften aus, um der lärmenden Jungenschar Herr zu werden.

Mein Neuzugang ging in diesem Durcheinander nahezu vollständig unter. Kurzsilbig wurde mir ein Bett und Schrank zugeteilt, in die ich meine wenigen Sachen einzuräumen hatte. Von den vorherigen Freiheiten verwöhnt, musste ich wohl irgendetwas falsch gemacht oder etwas falsch beantwortet haben, um von der Gruppenleiterin - Tante Mary - gleich vor versammelter Mannschaft eine schallende Ohrfeige zu erhalten.

Ein Ereignis, welches mir diese Erzieherin noch Jahre später in triumphaler Überzeugung vortrug, wie gut wir uns seit dieser Ohrfeige verstanden hätten.

Tatsächlich entwickelte sich in den Folgejahren zwischen uns eine ungewöhnlich enge Beziehung, die aus heutiger Sicht mit den damit verbundenen Privilegien gegenüber den anderen Gruppenmitgliedern nur schwerlich zu rechtfertigen war. Aber ganz offensichtlich wirkte sich hier ein unbewusster Schutzmechanismus aus, der dem Überlebenswillen geschuldet war, als erkennbar schwächlich zurückgebliebenes Kind, nicht im umgebenden Schmelztiegel gleichfalls milieugeschädigter Kinder, die mir zumindest in der Anfangszeit mehrheitlich kräftemäßig überlegen waren, hoffnungslos verloren zu sein.

Es steht wohl außer Frage, dass diese Erzieherin, die selbst noch gar nicht so alt war, meine Lieblingserzieherin wurde. Wie ich später mitbekam, verstarb sie als leidenschaftliche Lord-Extra-Raucherin nicht gänzlich überraschend, aber mit knapp 50 Jahren doch entschieden zu früh an Lungenkrebs.

Unser wunderbares Verhältnis, das mein eindringliches Flehen beinhaltete, mich doch zu adoptieren, damit ich sie ganz für mich hatte, wurde indes später durch eine unsäglich dumme und überflüssige Indiskretion, die ich als unverzeihlichen Verrat unseres Vertrauensverhältnisses empfand, jäh zunichte gemacht. Es zeigt mir heute, wie wichtig für Kinder und Jugendliche ein kontinuierliches Vertrauensverhältnis zu ihren erwachsenen Bezugspersonen ist, um sich verstanden und in geborgener Sicherheit zu wissen. Heimkinder sind in dieser Beziehung wohl aufgrund ihrer zahlreichen zuvor erlittenen Enttäuschungen und Verletzungen darin noch wesentlich empfindlicher und neigen schneller dazu, mit aller Konsequenz dicht zu machen, um sich in ihrem seelischen Schneckenhaus einzuigeln. So empfand ich nämlich den Verrat unseres gegenseitigen Vertrauensverhältnisses, wenngleich Tante Mary wahrscheinlich nicht mal erkannt hat, welch eine Bedeutung dies für mich hatte.

Ich denke es war so um 1971/72 als ich wieder einmal von einem Heimaturlaub zurückkehrte, vertraute ich ihr einige Zeit darauf meinen Eindruck an, das ich zu Hause bei meinen Eltern nicht willkommen sei. Ja tatsächlich, herrschte dort zu Zeiten meiner Besuche, besonders seitens meiner Mutter eine mir gegenüber seltsam steife Kühle. Während mein Vater, den wegen seiner unberechenbaren Zornausbrüchen und nervösen Ungeduld stets eine bedrohliche Aura umgab, mich mit Fragen nach meinem Befinden, eher ein Gefühl vermittelte, zur Familie zu gehören.

Dazu versuchte er, mich auch in einige seiner Tätigkeiten einzubinden, wenn er am Auto oder später am Motorroller etwas zu reparieren hatte oder wir zusammen noch brauchbare Sachen vom Sperrmüll nach Hause trugen, die er im Keller aufzuarbeiten versuchte. Da zeigte er mir gegenüber, wie auch besonders gegenüber meinem jüngeren Bruder mehr Interesse als unsere Mutter, die einen eher stillen und ungnädig abweisenden Eindruck auf mich machte.
Sie zog eher die Gesellschaft meiner jüngeren Schwester vor, mit der sie vorzugsweise einkaufen ging oder animierte, sie auch zu ihren Putzstellen zu begleiten. Die beiden waren geradezu unzertrennlich oder positiv gesehen, bildeten sie eine eingeschworene Gemeinschaft. Dass es dazu nur zu berechtigte Gründe gab, sollte ich erst Jahrzehnte später in Erfahrung bringen.

Wie jeder von uns wusste, mochten sich unsere Eltern nicht mehr sonderlich, blieben aber dennoch zusammen, wie das damals eben noch üblich war. Wenn man so will, war deren Ehe nur noch eine auf gegenseitiger Versorgung basierende Zweckgemeinschaft. Ansonsten gingen sich meine Eltern, soweit es möglich war, gegenseitig aus dem Weg. Etwa mein Vater der sich gern im Keller aufhielt, um dort an irgendwelchen Sachen herumzubasteln, das war eigentlich schon immer Fakt.

Haha, was muss ich noch heute lachen, als er mich bei einem meiner Ferienbesuche zu Haus im Alter von etwa 15 Jahren, – ich kam gerade vom Schwager meiner ältesten Schwester, mit dessen Schwester ich mich angefreundet hatte, nach Hause zurück. Mein Vater, der sich zu diesem Zeitpunkt gerade allein in der Wohnung aufhielt, fing mich an der Wohnungstür mit dem Hinweis ab, dass Iris die Schwester meines Schwagers angerufen und nach mir gefragt hätte. Alsdann bat er mich ihn in den Keller zu begleiten.
Hm….? Ich war gespannt, warum er so geheimnisvoll tat.

Ups…, was musste ich betreten an mir halten, um nicht laut loszuprusten, als er mir hinter der verschlossenen Kellertür eröffnete, dass ich nach Möglichkeit Kondome benutzen sollte, wenn ich etwas mit Iris hätte. Zudem sollte ich bloß sehen, eine Frau zu heiraten, die Besitzerin eines Hauses wäre.

Also so etwas Verklemmtes. Ich konnte es kaum fassen, denn selbstverständlich war ich zu diesem Zeitpunkt bereits durch die Schule und Heim im Groben über sexuelle Grundlagen aufgeklärt worden. Andererseits befand ich mich, wenn überhaupt erst gerade in der Anfangsphase meiner Pubertät, um überhaupt nur einen entferntesten Gedanken an sexuelle Abenteuer zu verschwenden. Naja, immerhin hat er für seine verklemmten Verhältnisse versucht, mich vor verfrühten Übeln zu bewahren.

Ansonsten war es für mich damals noch normal, dass nie mal einer unserer Eltern eines meiner Geschwister oder mich, von der ersten Begrüßung abgesehen, mal umarmt oder mit wem auch immer, mal zusammen liebevoll gekuschelt hätten. Stets saßen abends im Wohnzimmer jeder für sich isoliert an seinem Platz, während die Stimmung selten heiter und gelöst war. Es lag etwas Bedrückendes in der Luft, was ich nicht einordnen konnte oder als gegen mich gerichtet empfand. Denn es war für mich schon eigenartig, mich als geduldeter Fremdkörper im eigenen Elternhaus zu empfinden. Entsprechend zwiespältig war auch das Verhältnis zu meinen Geschwistern, mit denen ich teils richtig ausgelassen und fröhlich umgehen konnte, andererseits aber auch eine merkwürdig schwere Distanz zwischen uns aufwies.

Als ich meiner Tante Mary damals also meinen schrecklichen Verdacht mitteilte, was im gewissen Sinne, wie wir aus manchen Andachtssitzungen und Religionsunterricht gelernt hatten, ja auch ein Sakrileg darstellte, wenn man die hochgelobten Eltern dermaßen entehrte, dann war das, was ich ihr da anvertraute, ein Geheimnis nur zwischen uns beiden.

Nicht auszudenken, wie mich meine Eltern behandeln würden, wenn sie von meinem Empfinden Kenntnis erlangen würden. Ich hatte also durchaus berechtigte Gründe, sie zum Stillschweigen unseres Geheimnisses zu bitten. Umso bestürzender fühlte ich mich zutiefst als Schuldiger ertappt, als ein paar Wochen darauf, unser Heimleiter innerhalb der einmal wöchentlich stattfindenden Andachten im Haupthaus, zu dem alle oder wenigstens mehrere Gruppen zusammenkamen, auf einmal den allgemeingehaltenen Vorwurf hervorbrachte, dass es unter uns im Saal tatsächlich Kinder gäbe, die von ihren Eltern behaupteten, nicht anerkannt und geliebt zu werden – und blickte genau mich während dieser Worte an.
Vor Scham wäre ich am liebsten umgehend im Erdboden versunken, denn es war klar, dass er nur mich damit meinen konnte.

Nie hätte ich mir träumen lassen, dass mich Tante Mary dermaßen verräterisch kompromittieren würde. Ich war zutiefst enttäuscht. Mit dieser Begebenheit war die Leichtigkeit unseres vertraulichen Umgangs fortan vorbei. Zerstörtes Vertrauen ist nicht oder nur äußerst schwer zu reparieren.

Allerdings muss ich einräumen, Tante Mary auch zuvor trotz unseres guten Verhältnisses längst nicht immer alles anvertraut zu haben, was mich beschäftigte oder bedrückte. Wie vermutlich auch Kinder normaler Familien ihren Eltern längst nicht alles auf die Nase binden. Zumal nicht, wenn es etwas mit persönlichen Niederlagen zu tun hat, für die man sich des eigenen Unvermögens vielleicht auch schämt. Etwa weil die persönliche Schutzzone durch Hänseleien, Mobbing oder gar Schlimmerem verletzt wurde. Ich denke, jeder Mensch behält sich einen Rest an Privatsphäre vor, die als natürliches Schutzschild wirkt, wenn es darum geht, sich selbst und seiner Umwelt gegenüber Schwachheiten als auch Verletzlichkeit eingestehen zu müssen. Denn wer will sich schon als schwach outen?

Mein einstiges Heimweh war hierfür ein exemplarisches Beispiel. Weniger in Zeiten meines Heimaufenthalts, als vielmehr zu Zeiten, in denen ich für die eine oder andere Ferienwoche nach Hause beurlaubt wurde. Was habe ich mich schon im Voraus auf diese Zeiten gefreut, aber auch den Abschiedsschmerz gefürchtet, der mein Glück bereits während der Urlaubszeit zu Hause überschattete und zum Ende hin mit heimlichen Tränen verbunden war, die ich schon Tage vor der Abreise in mein Kissen verlor. Ganz zu schweigen vom unvermeidlichen Abschied selbst. Es war die Hölle pur, um innerlich vor Schmerz zu verbrennen, sich aber nach außen möglichst wenig anmerken lassen zu dürfen. Insbesondere als ich später allein mit dem Zug an- und abreisen durfte. Diese unendliche Einsamkeit auf der Fahrt zurück, auf Umsteigebahnhöfen warten zu müssen und nicht zu begreifen, warum ich nicht wie andere Kinder auch glücklich bei meiner Familien leben durfte?

Diese Erfahrungen haben mir im Laufe der Jahre innerlich dermaßen zugesetzt, um diesen Schmerz und Trauer vermeidend, nur noch möglichst selten nach Hause fahren zu wollen. Tatsächlich habe ich später bewusst einige Gelegenheiten ausgelassen, wo ich nach Hause hätte fahren dürfen. Wie will man als Kind/Jugendlicher einem Erwachsenen diese Pein erklären, die an den Umständen und Zwängen doch nichts ändern könnten? Wozu erwähnen, wenn mit der Erwähnung bereits jedes Gefühl der schmerzlichen Erinnerung erneut in hellen Flammen ausbricht? Nein, diese Glut musste jedes Kind, welches auf ähnlicher Weise von seiner Familie getrennt wurde, in unmenschlich kräftezehrender Weise zu beherrschen lernen. Es war schlimmer als sich von Verstorbenen verabschieden zu müssen. Denn Tote kehren nie wieder zurück. Aber immer wieder aufs Neue die Qual eines unverständlichen Abschieds verkraften zu müssen. **SEELENFOLTER**, wie sie nicht schlimmer ausfallen kann.

Deshalb auch dieser Versuch Mitlesenden begreiflich zu machen, dass auch Kinder der Gegenwart von diesem grausamen Trennungsschmerz betroffen sind, den es gemeinsam zu vermeiden gilt.
Ähnliche Erfahrungen werden andere Kinder wohl auch gemacht haben und wenn ich heute an diese lieblos aufgewachsenen und seelisch völlig ausgezehrten Kinder/Jugendlichen denke, wundert es mich nicht im Geringsten, warum so manchen von ihnen später die Kraft zu einem freudvollem Leben fehlte oder sie zu waidwunden Tätern/innen mutierten, die niemals begriffen oder begreifen konnten, was ihre Eltern, das Heimpersonal oder die wegsehenden Aufsichtsbehörden an ihnen verbrochen haben.
So etwa ein Gruppenkamerad, der später im Zuge eines verübten Raubüberfalls in seiner seelischen Erstarrung gleich zwei wehrlose Menschen erschoss.

Eine einzigartige Tragödie unbeschreiblichen Ausmaßes über unschuldige Menschen, denen zusätzlich das lebenslängliche Stigma des unwerten Heimkindes auferlegt wurde. Dieses Stigma wurde zumindest in früherer Zeit in den Seelen aller betroffenen Kinder, durch Anwendung rohester Gewalt, Hohn, beständiger Abwertungen und zahlreichen Ängsten genährt, unauslöschlich eingebrannt. Von Lieblosigkeit will ich hier nicht einmal sprechen, weil es an jedem Funken geborgener Liebe fehlte. So war auch mein Leben innerhalb der Gotteshütte von all den hier angeschnittenen Härten geprägt.

Ach Du meine Güte, was herrschte dort ein beständiges Klima der Angst. Wohl dem, wer es wie ich intuitiv verstand, ständig wechselnde Koalitionen innerhalb der Gruppe einzugehen, um sich auf dieser Weise dem Schutz der gerade Stärkeren zu versichern. Denn wer mit den starken Wölfen heult und die Schwachen niedermachte, konnte zumindest in solchen Momenten davon ausgehen, nicht selbst zur Zielscheibe gruppendynamischer Aggressionen zu werden. Und Aggressionen mussten sich in einem solchen Umfeld teils hochgradig milieugeschädigter Kinder geradezu zwangsläufig ergeben. Da nehme ich mich gar nicht von aus, wenn ich daran denke, wie ich später gleichfalls zwei Neuankömmlingen bereits am ersten Tag voll eine auf die Nase langte, um zu demonstrieren, wer hier das Sagen hatte. Wobei ich mich zu solch einer Gewaltdemonstration vermutlich kaum überwunden hätte, wenn ich mir nicht gleichzeitig den Rückhalt der Gruppenstärkeren sicher war. Hier galt es im wahrsten Sinn des Wortes den Sinnspruch anzuwenden: "Fressen oder gefressen werden".

Natürlich habe auch ich etliche Niederlagen in gruppeninternen Auseinandersetzungen einstecken müssen, insbesondere mit einem Jungen namens Rainer W., dessen auffälligstes Merkmal eine vorspringende Hühnerbrust war. Mit dem lag ich immer und immer wieder im Clinch. Und was war ich mal rasend vor Wut, als wir uns mal wieder aus welchem Anlass auch immer prügelten und ich seinen Kopf in einer für ihn höchst unangenehmen Position fixierte hatte, um ihm mit voller Wucht mein Knie ins Gesicht zu rammen. Doch "dummerweise" ließ mich mein Gewissen für einen Moment innehalten, um die Folgen solch eines verheerenden Stoßes zu überdenken. Einen Moment zu lange, denn in einem wilden Befreiungsschlag gelang es wiederum ihm, mir aus voller Wucht seiner Faust ein blaues Auge zu verpassen. Oha, in dem Moment war ich natürlich rasend vor Zorn und hätte ihn vermutlich umgebracht, wenn ich ihn in die Finger gekriegt hätte. Doch nachdem mir auch noch der diensthabende Erzieher nicht minder rasend eine Stafette von Ohrfeigen verpasste, war es an mir, erst mal wieder zu mir zu kommen.

In einer anderen gewaltsamen Erinnerung weiß ich noch, wie ich mich anschickte, einem weit älteren und größeren Jungen, der mich zuvor gestriezt hatte und nun in seinem Bett lag, mit einem Messer abzustechen. Ich hätte es wohl auch getan, wenn mich ein junger Erzieher oder Praktikant nicht daran gehindert hätte. Der mich zu meiner Verwunderung so lange fest umklammert hielt, bis sich meine Wut wieder beruhigt hatte. Da muss ich sagen Hut ab, denn diese Methode der Gewaltdeeskalation war mir bis dahin und auch danach nicht mehr vorgekommen. Musste wohl eine neue Methode gewesen sein, denn gewöhnlich wurde seitens der Erziehungskräfte drauf los gehauen, wie es mit Stecken, Gummi- Holzschlappen, Kleiderbügeln, Handfegern und anderen verwendbaren Gegenständen auf den nackten Allerwertesten oder rücksichtslosen Prügelorgien auf alle Körperpartien nur möglich war.
Das waren weiß Gott keine Ausnahmen, sondern die Regel. Schließlich musste es einen ja nicht mal selbst treffen, um die Pein jener zu verinnerlichen, die es an all den unterschiedlichen Tagen traf. Insbesondere als ich mit 10 Jahren dort ankam, gehörten diese Gewaltexzesse noch völlig zum normalen Heimalltag, etwa wenn der Erzieher XY ein Kind mit spitzen Schuhen, wie sie damals Mode waren, mit einem kräftigen Tritt in den

Hintern zu befohlenen Tätigkeiten "motivierte". Oder Ohren so lange in einer spiralförmigen Verdrehung hoch gezogen wurde, bis es an den Ohrwurzeln knackte. Noch heute treten bei mir aus dieser Zeit resultierend unvermittelte Ohrenschmerzen auf. Aber auch Arme, die bis zum Anschlag verdreht wurden, bis sich das Armgelenk fast auskugelte, gehörte zum völlig normalem Standardprogramm des Heimalltags, wie büschelweise Haare ausreißen oder die Kinder an ihren Ansätzen der Kotletten schmerzhaft auf die Zehenspitzen zu treiben. Das war alles NORMAL. Da machte sich niemand mehr Gedanken drüber, wann, wen und wie oft es jemanden traf.

Nur als wir älter wurden, mutierten solche Exzesse immer erkennbarer zu grotesken Peinlichkeiten. Dabei denke ich eher an die Erziehungskräfte, die doch eigentlich wahrnehmen mussten, wie hilflos sich ihre Versuche ausnahmen, sich auf dieser erbärmlichen Weise Respekt zu verschaffen oder Jugendliche zu bestrafen. zumindest habe ich mich erbärmlich gefühlt, als ich meiner Tochter mal mit 13/14 Jahren den Hintern zu versohlen versuchte. Nein, solche Gewaltexzesse und dass müsste eigentlich jeder erfahrenen Erziehungskraft zumindest gefühlmäßig bekannt sein, sind einfach für beide Seiten zutiefst entwürdigend.

Ich kann heute kaum mehr fassen, wie damals erwachsene Erziehungsfachkräfte von uns Kindern und Jugendlichen die Demut abverlangten, sich für Vergehen welch unbedeutender Art auch immer, die mögliche Brille abzunehmen und wehrlos herabhängenden Armen, wie es verlangt wurde, stillstehend den Empfang schallender Ohrfeigen zu empfangen. Die oft genug mit einer solchen Wucht ausgeführt wurden, um selbst gestandene Jugendliche vom Platz zu fegen und über Stunden hinweg mit den Fingerabdrücken der Erzieher/innen im Gesicht herumliefen und/oder aufgeplatzte Lippen oder blutenden Nasen davontrugen.

Nicht alle "Pädagogen/innen" haben gleichermaßen so verwerflich gehandelt, aber eindeutig zu viele, die ihren Beruf, ihre Berufung eindeutig verfehlt hatten, wenn ihnen die Empathie gegenüber anvertrauten Kindern fehlte, die bereits an einem mehrheitlichen Mangel elterlicher Liebe vorgeschädigt waren und in solch einem erbarmungslosen Heimumfeld weiter in ihrem Grundvertrauen zermahlen wurden.

Einfach nur erbärmlich. So etwas wäre heute kaum mehr vorstellbar. Da frage ich mich, was um alles in der Welt geschehen sein musste, um den Einzug solch einer mitleidlosen Verrohung von Gewalt zu erklären, wie sie innerhalb von Erziehungseinrichtungen, wie der Gotteshütte praktiziert wurden, die mit dem öffentlichen Anspruch auftraten, bedürftige Kinder im christlichen Geist tätiger Nächstenliebe zu gesellschaftsfähigen Mitbürgern zu erziehen?

Was erwarteten diese "Pädagogen/innen, was aus diesen Kindern /Jugendlichen bei solchen Vorbildern herauskommen würde?

Einfach unfassbar. Und für mich ebenso unfassbarer, wie viele Jahrzehnte ich benötigte, um das damals himmelschreiende Unrecht, erst im Alter von über 45 Jahren als ein solches zu realisieren. Ich hatte all diese schmerzhaften Erfahrungen als Bestandteil meiner Normalität verinnerlicht. Dazu mag der Umstand beigetragen haben, leider aus einem familiären Umfeld zu kommen, in dem die anderen Kinder, wie auch Schwäger meiner Schwestern kaum in besseren Verhältnissen aufwuchsen. Etwa die Familien meiner Heimkameraden. War doch ein ähnliches Umfeld, sonst wären sie ja nicht in öffentlich gefürchteten Heimen gelandet, wo es Eltern bereits mit der Androhung einer mögliche Heimeinweisung gelang, ihren Kindern Ordnung und Gehorsam abzuverlangen.

Meine älteren Schwestern lernten aus ihrem sozialen Umfeld junge Männer kennen, die gleichfalls in Verhältnissen aufwuchsen, um ihnen hilfreiche Engel zu wünschen, die sie mit einer Heimzuweisung vor ihrer häuslichen Qual erlösten. Und so spiegelten diese geschundenen Söhne wiederum ihre Erfahrungen in den gewalttätigen Ehen meiner älteren Schwestern wieder, zu deren verbindenden Lebensinhalten der nahezu tägliche Brauch zählte, ihren Schmerz fehlender Liebe und Anerkennung, wie auch Gefühle der Kleinheit, der Angst, Unwertigkeit, Scham, Hast und inneren Leere, wenigstens zeitweilig in wohlig betäubendem Alkohol zu ertränken.

Aus diesen Ehen gingen meine Neffen hervor, die einem nur zutiefst Leid tun konnten, weil sich ihre Eltern an ihnen genauso gewaltsam, misshandelnd, verhöhnend, demütigend und kleinmachend aus ihrer eigenen Minderwertigkeit zu erheben versuchten, wie es ihnen ihre eigenen Eltern zuvor vorgelebt hatten. Denn nun befanden sie sich endlich in Machtposition, die ihnen den Blick für die Bedürfnisse ihrer eigenen Kinder an Obhut und wärmender Liebe verstellten. Also eine sich ständig wiederholende Spirale der Gewalt. Die sich gewiss nicht sofort in ihrer ausgewachsenen Niedertracht vorstellte, sondern langsam wie ein schleichendes Gift, das Gewissen des elterlichen Verantwortungsgefühl zu unterminieren begann, um aus den natürlichen Reaktionen der gepeinigten Kinder, das vermeintliche Recht ihrer ausufernden Misshandlungen abzuleiten. Vieles davon bekam ich damals mit, weil ich mich öfter bei zumindest einer Schwester mit ihren drei Kindern und despotischen Ehemann aufhielt, aber selbst noch viel zu schwach war, um diesem Elend, mit klaren Stellungnahmen zu begegnen.

Aber wer weiß in seiner eingeschränkten Kleinheit schon, wie man sich am eigenen Schopf aus den Trümmern zerstörten Selbstvertrauens erhebt, um kraftvoll und hilfreich zu handeln, wenn selbst Menschen schwach und tatenlos bleiben, die in "intakten" Familienverhältnissen aufwachsen durften?

Zurück zur Gotteshütte, in die ich mich nun für unbestimmte Zeit einzurichten hatte. Mir wurde eines der altersschwachen Metallbetten mit bedenklich durchhängenden Stahlfederrahmen zugewiesen, auf dessen Nutzung wohl heute zahlreiche Wirbelsäulenprobleme einstiger Heimkinder zurückgeführt werden dürften. Neben dem obligatorischen Matratzenschoner gehörte ein dünnes dreigeteiltes Set blau gestreifter Rosshaarmatratzen dazu, denen man so manch ängstliche Hinterlassenschaft ansehen konnte, wie es in meiner Gruppe noch ältere Kinder/Jugendliche gab, denen die alltäglichen Ängste in ihren nächtlichen Träumen noch dermaßen zusetzte, um sich im wahrsten Sinn des Wortes ins Hemd zu machen, bzw. ihr schweres Dasein mit einer unbewussten Blasenentleerung in ihren Betten erleichterten.

Diese Delinquenten, als nichts anderes kann ich sie heute bezeichnen, wenn ich mir vor Augen führe, wie bitterbös ihnen seitens des Heimpersonals als auch instrumentalisierter Kinder zugesetzt wurde, bekamen ein zusätzliches Gummistecklaken zugewiesen, welches jeder allmorgendlich in bester Kommissmanier unter das Bettlacken knitterfrei und mit Kante auf Kante akkurat gefalteter Decke, wie auch sauber ausgeschlagenen Kopfkissen herzurichten hatte. Auch Bettenbau genannt, der dem Personal bevorzugt dazu diente, missliebige Kinder/Jugendlichen wie Bettnässer, mit kleinlichen Normvorstellungen zu schikanieren. Entsprechend dazu passten auch die grau/robusten, jedoch etwas storigen Baumwolldecken, wie sie vielen von uns aus Bundeswehrbeständen bekannt sind.

Die eingefallenen Federkopfkissen nahmen sich hingegen ähnlich traurig aus, wie die Kinder, die Nächtens so manche Tränen in diesen Mutterschoßersatz vergossen.

Gar nicht mal so selten kam es aus der emotionalen Wüstenei heraus untereinander vor, dass ohne sexuelle Ambitionen, Jungen heimlich zueinander ins Bett stiegen und sich aneinanderschmiegten oder streichelten um ein zeitweiliges Gefühl menschlicher Wärme zu erhalten.

Zugegebenermaßen hatten es die 2-3 diensthabenden Erziehungskräfte auch nicht gerade leicht, mit einer Meute unterschiedlichster Charaktere und deren individuellen Bedürfnissen den straff reglementierten Heimalltag zu bewältigen, von denen schon ein einziges missgelauntes Kind ausreichte, um die gesamte Gruppe in Aufruhr zu versetzen. Schon das kleinste Missverständnis, wie sie genauso häufig in der Erwachsenenwelt vorkommen, artete da schnell in hitzigen Eskalationen oder global betrachtend in verheerende Flächenbrände kriegerischer Auseinandersetzungen aus.

Die meisten davon natürlich unbeabsichtigt, wie sie Missverständnissen zu eigen sind, die aus Abwehrreflexen seelisch verletzter Menschen hervorgehen. Die Gesprächsinhalte ihrer Gegenüber misstrauisch darauf hinterfragen, ob Inhalte gegen sie gerichtet sein könnten, die sie erneut demütigen oder in dominanter Absicht klein zu machen versuchen, wie sie bereits zuvor durch derlei Erfahrungen in ihren Seelen verletzt wurden. Und da jedes Gespräch, wenn man es nur misstrauisch genug analysiert, zahlreiche Auslegungsvarianten beinhalten kann, deren direkten Aussage man auch nicht so recht trauen mag, wird nun wohl verständlich, warum es (nicht nur) zwischen zuvor seelische beschädigten Heimkindern besonders häufig rund ging.

Mit diesem Krisendauerbombardement war nahezu zwangsläufig jede Erziehungskraft heillos überfordert. Bei rund 20 Kindern, deren Wesen sich spätestens zur Pubertät vielfach von einfordernd zu herausfordernd wandelte, ja auch nicht weiter verwunderlich. Zumindest dürfte dies allen Eltern einleuchten, die von ihren eigenen, geliebten, zwei drei Kindern schon so manches Mal an die eigenen Grenzen gebracht wurden. Demgemäß ließen mit einer Ausnahme alle mir bekannten Erzieher-/innen ihre Überforderungen oft ungehemmt gegenüber uns Kindern/Jugendlichen freien Lauf. Der einzige Unterschied zwischen ihnen bestand im Ausmaß der gewalttätigen Misshandlungen, mit denen wir überzogen wurden.

Die Älteren wurden vermutlich, eingedenk ihrer zunehmenden Kraft, mit der sie sich unter Umständen theoretisch zur Wehr setzen konnten, vor allzu groben Prügelorgien verschont. Eventuell aber aus dem Grund, da sie mit all ihren vorherigen Lebenserfahrungen nun lang und streng genug dressiert waren, um nur den leisesten Gedanken an Widerstand aufkommen zu lassen. Reichte doch bereits das reflexartige Armehochreißen aus, um den Kopf vor erniedrigenden Ohrfeigen zu schützen, um als Widersetzlichkeit noch ärger bestraft zu werden. Wenn Erziehung als Grad der eigenen Geringschätzung, devoter Anpassung und Unselbstständigkeit bemessen wird, dann zeigte sich hier der zweifelhafte Erfolg, mit der einzigartige Persönlichkeiten im menschenrechtswidrigen System Heimerziehung zerrieben, verdorben und nachhaltig genug vernichtet wurden.

Am schlimmsten litten ausgerechnet jene Kinder unter dem Mangel an Fürsorge und Liebe, die es am Nötigsten gebraucht hätten, wie Waisen oder Kinder um die sich kaum mehr Angehörige kümmerten, sowie Bettnässer und Jungen, die geistig nicht so die Hellsten waren. Ausgerechnet ihnen galt sehr oft der Bannstrahl des überforderten Personals, um mit subtiler Kritik und Herabwürdigungen die gruppendynamische Aufmerksamkeit auf diese armen "Schweine" zu lenken. Da reichte beim Frühstücken die beifällige Bemerkung aus, dass unser Ferkel XY mal wieder ins Bett gemacht hat, um den Älteren und Stärkeren zu signalisieren, ihren Frust an diesen armen Geschöpfen mit Hohn, Spott und anderen Herabwürdigungen auslassen zu dürfen oder sie beim Stottern der allgemeinen Lächerlichkeit preiszugeben.

Hier erinnere ich mich neben anderen noch sehr genau an einen Jungen, den wirklich nahezu jeder als Fußabtreter benutzen konnte. Sei es, dass einer was geklaut oder kaputt gemacht hatte, stets wurde die Schuld auf diesen oder andere Jungs geschoben, ohne dass ihnen die Chance gegeben wurde, sich der Vorwürfe erwehren zu können und wurden vom Personal dann natürlich prompt bestraft. Einmal schwarzes Schaf immer schwarzes Schaf. Mich hat es fast vom Sessel gehauen, als ich vor ein paar Jahren einen Gästebucheintrag unseres alten Heims Gotteshütte, von genau diesem Menschen fand, in dem er sich überschwänglich, für die gute Heimzeit bedankte. Woraus in erschütternder Weise ersichtlich wird, wie immens hoch bei diesen einst hochgradig gewaltbetroffenen Personen auch heute noch der verklärende Verdrängungsprozess wirksam geblieben ist, um mit ihren fürchterlichen Leidenserfahrungen überleben zu können.

Ging mir ja ähnlich, da ich selbst nach meinem "Erwachen" 2003 noch längere Zeit glaubte, es mit meinem Heim der Gotteshütte vergleichsweise gut getroffen zu haben. Die unzähligen Gewaltexzesse hatte ich selbst da noch nicht als solche wahrgenommen, weil sie einfach zu meinem normalen Erfahrungsbild gehörten. Einfach grauenvoll.

Von daher soll mir niemand erzählen, dass dem Personal nicht bekannt sein musste, unter welchen Umständen z.B. im Falle eines Diebstahls die unzulässige Täterermittlung von statten ging. Dazu wurden alle Kinder in einem Raum gerufen oder saßen zum Essen beieinander. Dann eröffnete Erzieher/in XY der verdutzten Jungenrunde den Diebstahl einer Sache, wie z.B. Zigaretten aus dem Personalzimmer. Nun wurde mit zunehmend drohendem Unterton die Frage nach dem Täter gestellt, dem nun die letzte Chance eingeräumt würde, sich freiwillig zu melden, um mit einer imaginär geringeren Strafe davonzukommen. Was unter diesen Umständen erkennbar illusorisch ausfallen musste. Oder wollen wir ernsthaft glauben, dass sich ein Dieb, der zuvor zu einem Diebstahl bereit war, sich auf einmal der gesamten Gruppe gegenüber als zur Einsicht geläuterter Person vorstellt?

Das waren Situationen, wo sich jeder sowas von hilflos gefühlt hat, weil jeder für sich dachte, die Anderen könnten einen selbst der Tat verdächtigen.

Diese psychische Folter hat sich dermaßen tief in mir verinnerlicht, um mich noch heute mitschuldig zu fühlen, wenn in meinem Arbeitsumfeld mal etwas weggekommen ist, obwohl man ja genau weiß, wie unsinnig dieses Gefühl sein sollte. Jedenfalls wurden wir nach einer strapaziösen Zeit bedrohlicher Stille mit der Maßgabe allein gelassen, unter uns den Täter zu ermitteln, der sich anschließend bei der Erziehungskraft zu melden habe. Ich denke nicht groß ausführen zu müssen, welch armen "Schweine" sich im weiteren Verlauf dann als Täter zu bezichtigen hatten und wie ihnen dann ihrer vermeintlichen Niedertracht wegen besonders kräftig der Arsch versohlt und/oder weitere Repressalien auferlegt wurden.

Ich behaupte heute, dass jede Erzieherin und jeder Erzieher genau wussten, dass sie Opfer, nicht aber Täter, misshandelten und sich somit weit schlimmer an Verbrechen gegenüber uns Kindern schuldig machten, als derer sich ein harmloser Dieb unter uns wegen ein zwei gestohlenen Zigaretten zuvor schuldig gemacht hatte! Nur war niemand da, an wen wir uns Kinder/Jugendlichen damals hilfesuchend hätten wenden können, weil Heimkinder allenfalls Pflichten aber keine Rechte hatten, die sie in Anspruch hätten nehmen dürfen. Eine einzigartige Tragödie!

Bei allem Übel wäre zu kurz gedacht, dem Heimpersonal allein die Schuld für all derlei Auswüchse zuzuschreiben, deren Verfehlungen oder Unterlassungen zu einem großen Teil auf eigene Überforderungen und unzureichender Ausbildung in Bezug auf elementare Bedürfnisse und Erfordernissen von Kindern zurückzuführen war/ist, egal ob es sich dabei um eigene Kinder oder solcher Kinder-/Jugendlichen handelte, denen durch staatliche Amtsstuben eine Heimbetreuung auferlegt wurde.
Dabei konnte der Fürsorgeanspruch unserer staatlicher Organe, um bedürftige Kinder zu vollwertigen Mitgliedern unserer Gesellschaft zu erziehen, schon deshalb nur unzureichend gelingen, weil sich die selben Staatsorgane verweigerten, ihren in Obhut

genommenen Säuglingen, Kindern und heranwachsenden Jugendlichen, die notwendigen finanziellen, personellen, fachlichen und räumlichen Voraussetzungen zum erfolgreichen Gelingen einer förderlichen Fürsorge zur Verfügung zu stellen.

- Entsprechend dürftig fiel die Ausbildungsqualität der Erzieher/innen aus.
- Entsprechend wenig Personal wurde zum Hüten zu großer Kindergruppen eingesetzt.
- Entsprechend konzeptionslos wurden Kinder bis in die 70er Jahre verwahrt, statt gefördert.
- Entsprechend beengt waren die Räumlichkeiten für zu viele Kinder innerhalb ihrer Gruppen.
- Entsprechend spartanisch sahen die Ausstattungen der Heime aus.
- Entsprechend mager fielen die Essensrationen aus.
- Entsprechend düster erwiesen sich die Bildungsergebnisse.
- Entsprechend hart mussten Kinder zur Selbstverwaltung der Heime beitragen.
- Entsprechend trostlos sah in nahezu allen Einrichtungen das Ergebnis Heimerziehung aus.

Doch trotz aller Härten hielten uns keine noch so drastischen Prügelstrafen davon ab, unsere eigenen Freiheiten zu suchen und uns auf abenteuerliche Ausflüge zu begeben. Etwa, wenn ich mit Dieter nachts mitten über stockdunkle Kreisstraßen hinweg in die 4 Kilometer weit entfernte Stadt Bückeburg schlichen.

Da wir erkennbar viel zu jung und klein waren, um uns zu mitternächtlicher Stunde draußen aufhalten zu dürfen, war es wahrlich ein echtes Abendteuer, dennoch mitten durch die Stadt zu schleichen. Dabei hatten wir nicht mal ein besonderes Ziel im Auge. Einfach nur so nach Bückeburg und wieder zurück. Hat nie jemand bemerkt.

Naja, Dieter ich und ein paar wenige andere Jungs waren halt ein eingeschworenes Team, die für unsere Freundschaft und damit einhergehenden „Streifzügen und Streichen" allgemein bekannt waren. Dass so eine Freundschaft aber auch mal überraschend böse Folgen nach sich ziehen konnte, sollte sich mir noch eines unverhofften Tages als recht schmerzhafte Erfahrung erweisen.

Solch ein Tag eröffnete sich mir zufällig im Anblick eines Klassenkameraden der heimeigenen Schule, der mir innerhalb der großen Pause aufgeregt, mit einer großen Plastiktüte im Arm, den Kiesweg entlang vom unteren Heimeingang entgegen kam. Ich vermochte kaum zu glauben, dass sich darin lauter nagelneue Spielsachen, wie Pistolen, Gleitflugzeuge und anderes mehr befand. Dabei deutete er auf eine kleine aber dicht stehende Baumgruppe rechts neben dem Heimeingang, wo er diese große Tüte gefunden haben wollte und diesen Fund nun unserer Lehrerin Frau Ranke in unserem Klassenraum vorlegen wollte. Es sollten dort noch mehr dieser Plastiktüten herumliegen. Total elektrisiert, fand ich kurze Zeit darauf tatsächlich innerhalb dieser Baumgruppe noch einige andere Tüten und Säcke, die alle mit den unterschiedlichsten und durchweg neuen Spielsachen gefüllt waren.
Als Großkotz, den ich gern mal heraushängen ließ, teilte ich meiner/unserer Lehrerin großspurig mit, dass ich all die Sachen gefunden hätte und brachte in Erwartung eines entsprechenden Lobes, eiligst noch weitere Tüten herbei. Bedauerlicherweise stellte sich indes kurz darauf heraus, dass es sich dabei gänzlich um Diebesgut eines Einbruchs in ein Spielwarenladen in Bücke-

burg handelte, der seltsam genug, ohne mein Wissen von meinem Freund Dieter und einigen anderen Jungs unserer Gruppe in der vorangehenden Nacht verübt wurde. Tatsächlich hatte ich von dieser Aktion nicht den leisesten Schimmer mitbekommen. Was wohl damit zusammenhing, dass ich nicht der Typ war, der die Nerven zum Klauen hatte, wie dies z.B. nahezu regelmäßig im naheliegenden „Konsum", einem kleinen Gemischtwarenladen von manchen unserer Kameraden praktiziert wurde.

Ich staunte so manches Mal, wie sie sich zeitweilig mit ganzen Tüten voll geklauter Süßigkeiten profiliert in Szene setzen konnten. Das war einfach nicht mein Ding. Später habe ich mal in einem Einkaufsladen eine Schachtel Zigaretten mitgehen lassen und dafür regelrecht Blut und Wasser geschwitzt. Nie wieder!

Oh je, nun sollte sich mein Profilierungsdrang und Freundeskreis bitter rächen. Denn unsere Lehrerin, Frau Ranke, war natürlich mein enger Freundeskreis nur zu gut bekannt und wollte mir partout nicht abnehmen, von diesem Einbruch nichts gewusst zu haben, sondern ging als Beweis meiner Mittäterschaft, wie eilfertig ich die Fundsachen zuvor herantrug, von der irrigen Überzeugung aus, ebenfalls an diesem Einbruch beteiligt gewesen zu sein, andernfalls ich kaum gewusst haben könnte, wo das Diebesgut deponiert lag. Meine Fresse, was die auf einmal anfing auf mich einzuschlagen und mich an den Haaren von einer Seite zur anderen herumriss, um endlich meine Mittäterschaft zu gestehen, davon kann sich kaum jemand ein Bild machen. Einfach nur eine entfesselte Gewaltfurie, anders kann man so ein hemmungsloses Ausrasten gar nicht mehr bezeichnen. Doch konnte ich beim besten Willen nichts gestehen, weil ich von diesem Coup absolut keine Ahnung hatte.
Der Anführer dieser Aktion wurde kurz darauf in ein anderes Heim verlegt. Ich hingegen nicht rehabilitiert, obwohl von mehreren Mittätern bezeugt wurde, dass ich da nicht dran beteiligt war.

Sowas aber auch, in ein Spielzugladen einzubrechen, um Spielzeug zu stehlen. Eigentlich eine Anekdote mit amüsantem Unterhaltungswert, wenn ein geringes Maß an Nachdenklichkeit dem Heimpersonal nicht auch den traurigen Hintergrund solch einer Tat eröffnen müsste, statt die Beteiligten in hilflosen Reaktionen von Prügelstrafen und Verlegung in geschlossene Heime zu sanktionieren.
Womit auch an diesem Beispiel die mangelhafte Ausbildungsqualität der Erziehungskräfte sowie weitverbreitete Konzeptionslosigkeit belegt ist, die geeignet gewesen wäre, um fürsorgeüberstellten Kindern/-Jugendlichen in auferbauender Weise ein Heim – Heimat zu bieten, mit der ihnen ein tragfähiges Fundament auf ihrem weiteren Lebensweg und freiheitlicher Selbstverantwortung gegeben worden wäre.

Solch eine Vorstellung konnte unter den damaligen Umständen der Mangelverwaltung einfach nur von Anbeginn an zum Scheitern verurteilt sein, wenn Kinder kein Gefühl mehr dafür entwickeln konnten, wie sich liebevolle Fürsorge anfühlt. Sie niemand in den Arm nahm, sie streichelt, angemessen tröstete, mit ihnen zärtlich kuschelte oder heiter herumtollten, wie selbst noch innerhalb schwieriger Familien miteinander umgegangen wird.

Wer hätte diesen Elternpart qualitativ und quantitativ leisten sollen – Erziehungskräfte, die sich größtenteils aus ungelernten Kräften rekrutierten? Natürlich gab es vereinzelt solche Zuwendungsversuche, die jedoch von der argwöhnischen „Meute" umgehend mit neidvollen Anfeindungen und spottender Häme quittiert wurden.
So lernten Kinder sehr schnell zu begreifen, dass positive Zuwendungen zu negativ besetzt waren, um sich selbst gegenüber nicht mal mehr derartige Bedürfnisse eingestehen zu können. Zuckten in der unbewussten Verinnerlichung reflexartig zurück, wenn ihnen in wohlmeinender Weise jemand über den Kopf zu streicheln oder freundschaftlich zu umarmen versuchten.

Eine weiche Herzlichkeit konnte sich ganz einfach niemand leisten, wer in diesem Mangelsystem überleben wollte, ohne Gefahr zu laufen, als Schwächling gemobbt – innerhalb der Gruppe als Versager durchzufallen. Härte galt als ungeschriebene Währung gegenseitiger Anerkennung, die man nur als sich selbst verleugnender Einzelkämpfer erringen konnte. Ein Grund, weshalb Leute wie ich später im Leben wiederholt in heikle Situationen gerieten, wenn es darum ging, anderen Menschen tröstend beizustehen, jedoch nicht zu wissen, wie konkret sie dies anstellen konnten, weil ihnen wie mir dieser elementare Erfahrungsschatz schlichtweg fehlte.

Dieser Mangel wurde mir nie sinnbildlicher vor Augen geführt, als in jener Situation wie meine Frau eine Fehlgeburt unseres dritten Kindes erlitt und mich nach der klinischen Behandlung schon regelrecht anbettelte, mich mal tröstend zu ihr zu setzen.

Ich hätte selbst heulen können, denn ich sah sie wohl auf dem Sofa liegen, vermochte mich ihr aber nicht einmal mehr zu nähern, weil ich mich völlig überfordert fühlte, wie ich mit dieser Situation umgehen sollte. Für mich eine regelrechter Schock erfahren zu müssen, dass sich da eine unsichtbare Mauer zwischen uns erhob, die ich einfach nicht zu überwinden vermochte.

Derartige Defizite, waren/sind insofern auf eklatantes Versagen staatlicher Organe zurückzuführen, die Heimeinrichtungen wissentlich personell und materiell zu ungenügend ausstatteten. Darüber hinaus ließen sie jeden Ansatz einer Erfolgskontrolle missen, weil sie sich in ihrer unheilvollen Symbiose zwischen ausführenden Kirchen und Staat zu blind auf die zweifelhaften Tugenden einer Erziehung im vorgeblich christlichem Geist verließen, deren Praktiken jedoch noch über lange Jahre hinweg von eugenetischen Ideologien der Unwertigkeit des Menschseins gefärbt waren, wie sie in der vorausgehenden Nazizeit noch ungehemmt ausgelebt werden durften.

Entsprechend der unterkühlten Atmosphäre kirchlicher Predigten, innerhalb derer gläubige Menschen mit versteinerten Gesichtern vorgeben, in steifen Ritualen Gott zu dienen, spiegelte sich die Hinwendung gegenüber Heimkindern in ähnlich spartanischer Weise wieder. Denen gegenüber Eltern, Kirchen und Staat vergaßen, sie liebe- oder respektvoll als einzigartige Geschöpfe Gottes zu achten und rücksichtsvoll zu behandeln. Und...? Sieht ein solches Bewusstsein innerhalb unserer christlich geprägten Wertegemeinschaft, gemessen an unserem gestiegenen Wissenstand gegenüber unseren Kindern heute besser aus?

Von einer gemütlichen Wohnatmosphäre konnte in meiner Heimstätte der Gotteshütte gewiss keine Rede sein. Verströmte sie doch eher den rustikalen Charme einer Jugendherberge, in der wir Kinder gleichfalls angehalten wurden, uns an Dienstpflichten zur Aufrechterhaltung des Heimbetriebs und seinen strengen Ordnungen zu beteiligen. Nicht, dass ich grundsätzlich dagegen wäre, einen aktiven Anteil an Ordnungsaufgaben zu übernehmen. Nur füllten diese Dienste zusammengenommen so viele Zeitressourcen aus, die für pädagogische Heilkonzepte, sofern es denn welche gegeben hätte, besser genutzt worden wären.

So beschäftigt, ergaben sich für uns Insassen, auch weniger Gelegenheiten um in Streit zu geraten. Nachdem auch jeder seine bereits von der Küche aus fertig gepackten Pausenbrote verstaut hatte, packte sich jeder seine lederne Schultasche, um pünktlich genug kurz vor 8:00 Uhr im Hof in Zweierreihe um Einlass in die Schulgebäude zu warten. Wenn vom Schulschluss bis zum Mittagsessen noch Zeit war, so konnte sich jeder im Aufenthaltsraum mit was auch immer beschäftigen.

Das Mittagessen bot bis auf die obligatorischen Suppentage am Mittwoch und Samstag zumindest für meine Begriffe genügend Abwechslung. Mengenmäßig hätte es vielleicht etwa reichhaltiger ausfallen dürfen, denn weil nicht nur ich recht dünn blieben und mir auffällig die Haare ausfielen, wurden wir irgendwann gezwungen, jeden Mittag einen Esslöffel voll ekelerregenden Lebertran als eine Form der Nahrungsergänzung zu schlucken.

Bäh, so etwas Widerliches. – Einfach nur ekelhaft. Entsprechend dramatische Szenen spielten sich immer mal wieder ab, wenn sich Kinder dieser Tortur zu verweigern versuchten und ihnen mit vereinten Kräften die Nase zugehalten wurde, um ihnen im Moment des notwendigen Luftholens, mit roher Gewalt diesen Dreck in den Mund zu pressen und es zusätzliche Hiebe setzte, wenn sie das Zeug ausspuckten oder sich erbrechen mussten.

Ähnliches geschah natürlich auch, wer sich weigerte sein Mittagessen bis zum letzten Bissen herunterzuwürgen. Und Anlass dazu gab es durchaus genug. Auch ich hatte so meine Schwierigkeiten den Würgereiz zu überwinden, wenn in Suppen schwabbeliges Bauchfett schwamm, denen teils noch die borstigen Schwarten anhafteten. Oder es Schweineschnitzel gab, bei der die Panade gnädig das grässliche Ausmaß des triefenden Fettanteils überdeckte. Igitt, da hatten alle so ihre Mühe mit zu kämpfen, denn eine Verweigerung wurde nicht geduldet und notfalls mit gewaltigem Nachdruck zum Schlucken gebracht, um sich hernach im gemeinsamen Gebet für Speis und Trank zu bedanken. Womit Christsein zutiefst pervertiert wurde, wenn Kinder von bis zu drei Personen auf den Boden gepresst wurden, um ihnen all die guten Gaben Gottes gewaltsam einzutrichtern.

Grausam, daher müsste hier eine Besinnungspause erfolgen.

- - -

Der Nachmittag hingegen, stand uns weitgehend für Freizeitaktivitäten zur Verfügung Und da muss ich der Heimerziehung tatsächlich ohne jede Abstriche ein DICKES LOB aussprechen, denn was uns hier an Unternehmungen geboten wurde, davon können Kinder innerhalb ihrer Familien nicht einmal träumen, weil sie gar nicht wissen, was sie hier an kreativer Lebensfreude verpassen. Egal, ob es gemeinsame Bastelnachmittage bei schlechtem Wetter waren oder spannende Schnitzeljagden über große Entfernungen hinweg, Wanderungen in denen wir kilometerweit das umliegende Land erkundeten. Und wo Kinder heute in ihren Zimmern vereinsamt und voneinander isoliert Counter Strike am PC spielen, lebten wir mit imaginären Gewehren aus Stöcken ganz real spannendste Räuber und Gendarmspiele auf dem Heimgelände oder naheliegendem Wald aus, wo wir in gefährlichen Höhen uneinnehmbare Festungen oder dichte Laubhütten bauten. Abenteuer und Lebensfreude pur, die uns so manch schmerzlichen Anteil der Heimunterbringung vergessen ließen. Jeder wie es sein Mut zuließ.

Klar, gab es da ebenfalls ein stetes Oben und Unten - stark und schwach, um von jedem die Fähigkeit abzuverlangen, immer neue Kompromisse oder Allianzen zu verhandeln und auf diesem Weg den eigenen Stellenwert zu festigen. Eigenschaften, mit denen Kinder und Jugendliche heutiger Zeit meinem Eindruck nach schnell überfordert sind, um sich missverstanden zurückzuziehen oder in eskalierenden Streit zu geraten

Zudem standen im Heimgelände mehrere Schaukeln und andere Spielplatzgerätschaften bereit, die zumindest in jüngeren Jahren ebenfalls intensiv genutzt wurden. Von daher benötigten wir kaum großartig Spielsachen, um uns zu beschäftigen. Wir genügten uns weitgehend selbst.

Wenn es draußen doch mal zu ungemütlich war, dann zog ich mich ohnehin sehr oft zum Lesen auf mein Bett zurück, denn auf den harten Stühlen unseres Aufenthaltsraums war es wirklich kein gemütliches Sitzen.
Ich habe viel – ja sogar immens viel gelesen, nicht zuletzt, weil Lesen die unbewusste Möglichkeit eröffnete, den hartumkämpften Alltag wenigstens zeitweilig zu vergessen, um in andere heilere Welten einzutauchen oder mich in der Phantasie mit den starken Helden zu identifizieren, die kraftvoll oder mit witzigem Charme für eine gerechtere Welt kämpften.

Ich denke, mein intensives Lesen prägte am Ende bis heute überaus nachhaltig meine ausgeprägte Sensibilität und Verachtung für alle Arten von Ungerechtigkeit, die bereits in heißbegehrten Comic-Heften, über Abenteuerromanen, als auch in Geschichtsbüchern zum Ausdruck gebracht wurden. Ja, bis auf den heutigen Tag in der realen Welt eine andauernde Fortsetzung erfährt.

Schade, denn unsere Welt könnte um ein Vielfaches friedvoller, liebenswerter und glücklicher aussehen, wenn sich die Gewaltspiralen nicht beständig von einer Generation zur anderen weiter drehen würden. Ich träume gern von einer besseren Welt und möchte mir auch niemals meine Visionen eines verklärten Sozialromantikers nehmen lassen, denn wer wenn nicht diese, könnten mit ihren Idealen dazu beitragen, die Welt positiv zu verändern?

In negativer Hinsicht habe ich gleichfalls die heimeigene Schule in Erinnerung, die zwar als allgemeine Volksschule ausgewiesen war, jedoch allenfalls den Qualitätskriterien einer Hilfsschule entsprach. Überhaupt erachte ich die Tatsache, dass Heimschulen entgegen strengen Auflagen von Privatschulen, kaum einer staatlichen Kontrolle unterlagen, die eine Überwachung von Mindeststandards gewährleistet hätte, als weiteren Skandal in der bundesdeutschen Heimgeschichte. Denn es steht völlig außer Frage, dass die niedrigen Ansprüche heiminterner Schulen, die Jugendlichen später zutiefst in ihrer beruflichen Entfaltung beeinträchtigten und insoweit die öffentlich propagierten Ziele der staatlichen Heimfürsorge aufs schändlichste konterkarierten.
Diese fußten in der erklärten Absicht, in Fürsorge genommenen Kindern und Jugendlichen durch den Geist christlich sozialer Erziehung und angemessenen Bildungsangeboten zu befähigen, später aus eigener Kraft jene prekären Familienverhältnisse zu überwinden, aus denen sie einst von ihren eigenen Elternhäusern in Schutz genommen wurden. Da unsere staatlichen Organe die Heime indes finanziell, materiell und personell völlig unzurei-

chend ausstatten, um die selbsterklärten Ziele zu erreichen, müssen die Betroffenen bis auf den heutigen Tag für dieses tiefgreifende Versagen, mit mehrheitlich sozial isolierender Armut büßen. Diese Ergebnisse waren vorhersehbar und musste sich zwangsläufig einstellen, wenn das Bildungsniveau von Heimkindern vielfach nicht ausreichte, um Tätigkeiten auszuüben, die den kontinuierlich gestiegenen Wirtschaftserfordernissen genügten.
Es sind genügend Fälle dokumentiert, in denen Heimträger den Insassen anspruchsvollere Bildungsmöglichkeiten versagten, um sie paradox anmutend für gewinnbringende Zwangsarbeiten auszubeuten, die gewöhnlich zum Unterhalt der Heimbetriebe eingesetzt wurden. Damit wurde ein unzulässiges Betreuungssystem mit auf den Kopf gestellten Vorgaben betrieben. Dieser Skandal, ist für meine Begriffe noch völlig unzureichend in der Öffentlichkeit thematisiert worden, sonst gäbe es heute keine konspirativ zwischen Kirchen und Staat am grünen Tisch ausgehandelte Fondslösung, mit denen die Betroffenen heute schändlichst abgespeist wurden.
siehe: **www.ex-heimkinder.de/Entschaedigungsloesung.htm**

Entsprechend diesen verheerenden Negativergebnissen, sah auch mein Einstand in der heimeigenen Schule der Gotteshütte aus. Ich kam in eine große Klasse von Kindern, in der gleich 2 Jahrgangsstufen der 3. und 5. Klasse von Frau der Lehrerin Ranke unterrichtet wurden. Diese Frau führte ein wahres Schreckensregiment.
Was wir von der Frau an Schlägen einstecken mussten, ist geradezu unbeschreiblich. Kaum ein Kind, das ihren Forderungen gerecht werden konnte. Hier konnte keinesfalls mehr von einem begreifenden Lernen, wie ich es zuvor in Hamm kennengelernt hatte, gesprochen werden, sondern allenfalls von einer schmerzhaften Dressur in einem Klassenumfeld permanenter Angst, weil jeder der nicht schnell genug kapierte oder reagierte, sofort eins drüber gezogen bekam.

Hier wurde uns Wissen im wahrsten Sinn des Wortes eingeprügelt. Heißt, mit Zeigestock oder Linealen auf die Finger schlagen, unzähliger Ohrfeigen, Ohrumdrehen, Haare ausreißen und fürchterlichem Anschreien, mit der sie uns Kindern gleichzeitig unsere Zukunft als kriminelle Elemente beschrieb. Mich täte heute noch brennend interessieren, ob diese Frau überhaupt eine Lehramtsausbildung absolviert hatte, um derart rabiat mit abhängigen Kindern umzugehen. Denn ihr Verhalten kann nicht allein von unserer möglichen Widersetzlichkeit hervorgerufen worden sein. Später gab es nämlich auch anständige Lehrkräfte, wie z.B. einen Herrn Pohl, der mit seinem ausgeglichenen Wesen und zuvorkommenden Freundlichkeit genau das Gegenteil von dieser Furie verkörperte.
Aber wie das Leben manchmal so spielt, entwickelte ich mich trotz, ihrer harten Gangart zu einem auffallend gut dressierten Musterschüler, dem es aufgrund meiner durchweg guten Noten vergönnt war, mich als einer der wenigen Ausnahmen im Heim für eine auswärtige Regelschule zu qualifizieren.

Ich denke, es kann sich kaum jemand vorstellen, was es bedeutet, als Heimkind in eine normale Schule zu kommen. Zumindest ich hatte richtig Angst davor, wie mich die anderen Kinder meiner neuen Klasse behandeln würden. Doch meine Ängste erwiesen sich als weitgehend unbegründet. Zumindest wurden wir von den anderen "normalen" Kindern aus der Umgebung überraschend gut akzeptiert und in Windeseile in den neuen Klassenverband integriert, aus dem recht bald schon neue Freundschaften hervorgingen, wenngleich diese stets an den Pforten unseres Heimes ein Ende nahmen. Ehrlich gesagt war ich da auch gar nicht erpicht drauf, jemanden meine spartanischen Lebensbedingungen zu präsentieren. Viel mehr überraschte mich irgendwann später die Armut eines meiner neuen Klassenkameraden, der bald zu meinem Freundeskreis zählte und ihn mal bei sich zu Hause besuchen durfte. Bernd lebte nicht bei seinen Eltern, sondern bei seiner weit älteren, bereits verheirateten Schwester.

Ihre Eltern waren vor einigen Jahren bei einem Unfall ums Leben gekommen. Recht schnell machte er kein Geheimnis daraus, dass er sich bei seiner überaus strengen Schwester nicht gerade wohl fühlte. Was aus heutiger Überlegung damit zusammenhängen konnte, dass sie sich mit der moralischen Pflicht zur Betreuung ihres Bruders arg in der eigenen Lebensgestaltung einschränken musste und den damit einhergehenden Frust, bewusst oder nicht sei dahingestellt, ihren Bruder spüren ließ. Aber was blieb ihm übrig. Immer noch besser als im Heim zu landen, oder?

Dachte ich bis zu diesem Moment noch, dass normale Kinder in einem Meer von Spielsachen schwelgen durften, wurde ich mit Blick auf sein akkurat aufgeräumtes Zimmer eines Besseren belehrt. Ja fühlte mich unangenehm berührt, als er ein paar Schubladen öffnete, um mir seine wenige Habe in Form von ein paar Militärfahrzeugen vorzuführen. Bücher, Spiele totale Fehlanzeige. Oh je, das tat mir für ihn sehr leid, zumal ich so etwas nicht im Traum erwartete hatte. Selbst meine Familie, die ja auch nicht gerade aus besseren Verhältnissen stammte, da konnten meine Geschwister, wie ich aus Ferienbesuchen heraus wusste, aber immer noch einiges an Spielsachen vorweisen.

Ich überlegte nicht lange und packte mir für den nächsten Tag aus meinem persönlichen Fundus, ein Buch, ein Puzzle und eine Mundharmonika in den Schulranzen, die ich ihm tatsächlich voll selbstloser Freude am nächsten Schultag als Geschenk übereichte. Soweit so gut.

Doch dass sich diese harmlose Aktion zu einem Fall tiefer Beschämung entwickeln sollte, erwies sich dann am frühen Abend, als das Telefon im Personalzimmer klingelte und mich eine Erzieherin zu meiner Überraschung ans Telefon rief. Am anderen Ende stellt sich mir in erkennbar verärgertem Tonfall die erwachsene Schwester von meinem neuen Schulfreund Bernd vor. Ich hatte sie bislang noch nicht kennengelernt.

Sollte sie nun aber kennenlernen, da sie mir in unglaublich verächtlicher Weise vorwarf, was mir einfallen würde, ihrem Bruder geklaute Spielsachen zu schenken? Ich sollte die Sachen sofort wieder abholen kommen, denn ihr Bruder hätte es nicht nötig, von mir gestohlene Sachen geschenkt zu bekommen. Sprach's und knallte grußlos den Hörer auf die Gabel.

Ich war völlig perplex und hatte gleichzeitig ein schlechtes Gewissen. Denn immerhin hatte ich zuvor niemanden gefragt, ob ich diese Sachen, die mir ja auch gehörten, verschenken durfte. Was ich bewusst unterließ, um mir keine Abfuhr einzuholen. Nun ja, mir blieb nichts übrig, als den beschämenden Gang zu meinem Freund anzutreten, um dort die Sachen wieder abzuholen. Ich denke für uns beide ein Erlebnis, dass keiner von uns jemals vergessen wird. Auf der anderen Seite aber auch Zeugnis dessen, in welch destruktiver Weise über Heimkinder in öffentlichen Familien gedacht wurde. Einfach nur grauenhaft.

Im Gegensatz zu den Mitschülern/innen meiner neuen Schulklasse, sollten sich die Lehrkräfte als weit weniger vorurteilsfrei erweisen, wenngleich sie uns gegenüber immer mal wieder das Gegenteil beschworen. Es stimmte einfach nicht. Zumindest was mich betrifft und einen weiteren Mitschüler aus unserem Heim, merkte ich schon bald, dass unser Klassenlehrer, Herr Meyer, durchaus erkennbare Antipathien gegen uns/mich hegte und im weiteren Verlauf der Jahre immer unverhohlener herausstellte, dass es ja kein Wunder sei, dass ich nicht so gut mitkam.

Tatsächlich sackten meine Schulleistungen mit dem Übertritt in eine öffentliche Schule in massiver Weise ein. Zu hoch war offensichtlich das qualitative Gefälle zwischen den Lehrinhalten unserer Heimschule und der öffentlichen Hauptschule. Besonders eklatant machte sich dies im Englischunterricht bemerkbar. Englisch gab es in der Heimschule nicht, so dass ich von Anfang an ziemlich hoffnungslos den zweijährigen Vorsprung der

7. Klasse hinterherhinkte. Zwar versuchten Erziehungskräfte mit Nachhilfestunden den Vorsprung im erträgliche Rahmen zu halten, aber das konnte niemals richtig gut gehen, wenn mir die anfänglichen Grundlagen fehlten, ich aber in der Schule am Unterricht für Fortgeschrittene teilnehmen musste und von daher sowieso nur „spanisch" verstand.

Aber auch in den anderen Fächern, insbesondere dem Fach Deutsch, hatte ich erheblichste Schwierigkeiten, allein die sprachlich unterschiedlichen Fachbestimmungen nachzuvollziehen. Denn während in unser Heimschule der Deutschunterricht noch von nachvollziehbaren, Grundschulbegriffen wie, Tu-, Haupt-, Wie- oder Bindewörter und ähnlich einfachen Begrifflichkeiten geprägt war, gestaltete sich der neue Deutschunterricht für mich nun mit mir unverständlichen Begriffen wie Verben, Substantiv, Adjektive, Konjunktion, Prädikat, Infinitiv, und all so ähnlichen Begriffen, die mir Deutsch zu einer fremden Sprache machten, der zu folgen, ich mich wahrlich schwer tat.

Ähnliche Probleme hatte ich in mathematischen Begriffen. Wo mir zuvor nur Begriffe wie zusammenziehen, abziehen, malnehmen und teilen bekannt waren, wusste ich mit Begriffen wie addieren, subtrahieren, multiplizieren, dividieren und noch weniger mit deren einzelnen Faktoren, wie Multiplikand, Produkt, Summen und Quotienten nichts mehr anzufangen. Wusste teilweise gar nicht so richtig, worüber gerade gesprochen wurde oder was wie gemeint war. Ein Jammer, dessen Defizite sich umgehend in meinem nächsten Zeugnissen bemerkbar machte und vom Musterschüler der nur 1er und 2er kannte, in die notengebende Versenkung verschwand.

Aber immerhin konnte ich unseren Klassenlehrer Meyer immer wieder mit anspruchsvollen Aufsätzen überraschen, dessen Leistungen er mir, wie er öfter herausstellte, gar nicht zugetraut hätte. Der hatte gut reden, wenn er keine Ahnung davon hatte, warum die Dinge waren wie sie waren.

Ja großes Mitgefühl hatte ich von unserem Lehrer Meyer nicht zu erwarten, wie ein Ereignis einer 1-wöchigen Klassenfahrt nach Bispingen in der Lüneburger Heide erweisen sollte.

Wir hatten in einer landschaftlich wirklich äußerst reizvollen Umgebung eine tolle Zeit zusammen. Dazu trugen unter anderen zwei vor der Jugendherberge aufgestellte überdimensionale Wippen aus ganzen Holzstämmen bei, auf deren jeweiligen Seiten gut 6 Personen oder auch mehr Platz hatten und es damit richtig schön rauf und runter ging. War wirklich eine Riesengaudi, wenn sich dann Teile einer Seitenmannschaft zum überraschenden Absprung verabredeten und in diesem Augenblick mit den restlich Verbliebenen, weil die andere Seite dann ja ungleich schwerer wurde, so richtig die Post nach oben abging.

Obwohl, einmal wäre es fast ziemlich bös ins Auge gegangen, als just nur noch ein dickeres Mädchen allein auf der einen Seite übrig blieb und mit einem Riesensatz hoch durch die Luft geschleudert wurde, um mit dem Rücken auf dem Boden zu landen und kaum noch Luft zum Atmen bekam. Ja, da verging selbst uns Wüstlingen das Lachen. Doch gottlob erholte sie sich nach einiger Zeit wieder.

Am Abend des vorletzten Aufenthaltstages wurde wieder mit den riesigen Wippen geschaukelt. Ich war wohl zwischenzeitlich mal kurz austreten, um mich voller Juche auf eine der bereits besetzten Seiten zu schwingen. Doch just in dem Augenblick als ich daran war, mein Bein über den Stamm zu schwingen, sprangen dieses Mal mehrere Mitschüler auf meiner Seite ab, sodass ich an einem Bein hochgerissen wurde und zu Boden stürzte.

Im Augenblick des Aufpralls sah ich für eine Weile nur noch Sterne vor meinen Augen flimmern. Da lag ich erst mal völlig paralysiert, weder fähig etwas zu sagen, noch mich zu bewegen. Ich hörte nur wie von weiter Ferne, wie mich die Anderen mit besorgter Stimme zum Aufstehen ermunterten, aber ich war wie gelähmt. Irgendwer musste den Lehrer Meyer verständigt haben, den ich von weitem mit grimmigem Blick heranstürzen sah und mich barsch aufforderte aufzustehen. Irgendwie habe ich mich dann doch berappelt und bin dann langsam aufgestanden. Mein linker Arm kribbelte seltsam. Er forderte mich auf, den Arm zu bewegen. Dies gelang mir aber nicht so richtig, sondern konnte gerade die Hand ein wenig anheben.

Ach das sei nichts Schlimmes, wahrscheinlich hätte ich mir meinen Arm nur verstaucht. Ich sollte mitkommen und mich eine halbe Stunde auf mein Bett legen, um zu sehen, wie schnell es mir dann besser ginge. Doch trotz einer Stunde ging es mir nicht besser, sondern ein pochender Schmerz im linken Arm und Schulter machte sich etwas unangenehm bemerkbar. Also machte er sich mit mir sichtlich widerstrebend mit einem geliehenen Auto auf den Weg ins 17 Kilometer entfernte Kreiskrankenhaus nach Soltau.
Es dauerte nicht lange bis nach einer Röntgenuntersuchung fest stand, dass ich mir das Schultergelenk des linken Armes gebrochen hatte. Zu meinem Schrecken wollten die Ärzte mich gleich dort behalten, aber da wir am nächsten Tag ohnehin die Rückreise antreten mussten, wurde nach einer kurzen Beratung beschlossen, mir nur einen Notverband anzulegen, mit dem der linke Arm fixiert wurde und ich dann bei uns zu Hause angekommen, im Bückeburger Krankenhaus weiter behandelt werden sollte. Also fuhren wir die Strecke wieder zurück.

Dieses Malheur war besonders bedauerlich, weil wir Jungs uns gerade für diesen letzten Abschlussabend vorgenommen hatten, die Mädchenstuben aufzumischen. Doch daraus wurde wenigstens für mich nichts mehr. Denn ich musste nun die Nacht im Zimmer von dem Lehrer Meyer verbringen. Er tat jetzt zwar irgendwie fürsorglicher, aber ich spürte genau, dass es nicht wirklich ehrlich war.

Ich denke ihn trieb vielmehr die Sorge um, welcher Schreibkram ihm nun wegen diesem Unfall bevorstand. Sei's drum. Die Nacht verbrachte ich in Gedanken an die anderen Jungs, ob sie unsere gefassten Überfallpläne auch ohne mich durchführen würden? Doch nein, wie ich am nächsten Morgen erfuhr, herrschte Ruhe im Gelände.
Umso verblüffter war ich, als plötzlich der Heimpsychologe mit dem heimeigenen VW-Käfer auftauchte, um mich zurück nach „Hause", bzw. ins Bückeburger Krankenhaus zu fahren. Schade, denn ich wäre lieber mit meinen Mitschülern-/innen im Bus zurückgefahren.

Es wurde eine stille Rückfahrt. Denn zum einen kannten wir diesen Herrn Benner noch nicht lange, da sein Posten erst kürzlich eingerichtet wurde und noch keiner so richtig wusste, welche Aufgabe er in der Gotteshütte wahrnahm. Er sprach mich wohl wiederholt an, aber ich war in Gedanken viel zu sehr mit mir selbst beschäftigt, weil ich mich bereits alleingelassen im Krankenhaus darben sah. Ich mochte keine Krankenhäuser, die ich bereits aus gelegentlichen Besuchen von anderen Heimkameraden heraus kannte. Ja heulte schon erste Krokodilstränen als wir aufs Krankenhausgelände fuhren. Ließ Herrn Benner aber, der nach meinem Grund fragte, über meine Ängste im Dunkeln.

Umso größer war bald darauf meine Freude, als ich hörte, dass ich nicht im Krankenhaus bleiben musste. Doch staunte ich nicht schlecht, als nun mit dem lädierten linken Arm gleich mein gesamter Oberkörper eingegipst wurde. Eine richtige Panzerrüstung. Mit größter Erleichterung ging es dann endlich wieder zurück zur Gotteshütte, wo ich es sichtlich genoss, die nächste Zeit besonders rücksichtsvoll behandelt zu werden.

Doch ja, so ließ es sich leben, wenngleich es nach ein paar Tagen und über die nächsten sechs Wochen, unter meinem Panzer verdammt lästig zu jucken und stinken begann.

Ausgerechnet über recht heiße Sommerwochen hinweg. Aber immerhin konnte ich damit weiterhin die Schule besuchen und war froh, als ich nach sechs Wochen wieder aus diesem Panzer befreit wurde.

Mit der auswärtigen Hauptschule fing denn auch im Alter von 14 Jahren meine Raucherkarriere an, schließlich galt es zu den großen, starken und coolen Leuten zu gehören. Von da ab war es nur noch ein winzig kleiner Schritt, bis mich die Sucht richtig im Griff hatte und mich fortan durchschnorren musste so gut es eben ging. Denn logisch hatte ich kaum die nötigen finanziellen Mittel, um mir von meinem monatlichen Taschengeld von rund 15 DM, ständig Zigaretten leisten zu können. Wie auch, wenn man wie üblich angeben musste, wofür man das ausgezahlte Geld benötigte? Wenn man etwas von seinem verwalteten Taschengeldkonto auszugeben beabsichtigte, wurden diese Ausgaben fein säuberlich von einer Erziehungskraft in ein Ausgabenbuch eingetragen. Gewöhnlich gaben wir unser Taschengeld für Pommes, Limonade, Afri-Cola oder Eis aus, die wir in der näheren Umgebung kaufen durften.

Im Heim war das Rauchen allgemein geächtet, wenngleich die meisten Erzieher/innen selbst den ganzen Tag über in ihrem offenen Dienstzimmer um die Wette qualmten. Es gab nur vereinzelt Jugendliche, wie etwa später Dieters Bruder Siegfried, der offiziell die Genehmigung hatte rauchen zu dürfen. Daher hatte Siegfried auch viele Freunde.
Er war einer von zwei älteren Jungen, die zwar im Heim teils sogar in einem eigenen Zimmer wohnen durften, indes auswärtig einen Lehrberuf nachgingen. Etwa Siegfried, der lediglich ein Abgangszeugnis vorweisen konnte und dem man im Dorf eine Malerlehre besorgt hatte. Der andere Junge als Ältester von 4 Geschwistern, die alle in der Gotteshütte lebten, machte im nahem Erzbergwerk eine Bergwerklehre und bekam da bereits ab dem ersten Lehrjahr eine richtig fette Ausbildungsvergütung, mit

der er sich so manche Annehmlichkeiten leisten konnte. Ich meine, er hieß ebenfalls Dieter und war mit einem Abgangszeugnis der 7. oder 8. Klasse aus der Schule entlassen worden.

Nun, die beiden älteren Jungs durften zumindest schon mal rauchen. Wir Jüngeren hingegen durften damit möglichst nicht auffallen. Also mussten wir Raucher, die nahezu von ganz allein zusammenfanden, immer schauen, wo wir einen geeigneten Platz fanden, wo wir ungestört qualmen konnten. Und diesen Platz fanden wir oft in oder um die weitläufigen Schuppen des Bauernhofes. Nicht selten sogar direkt auf dem Heu oder Strohboden. Passiert ist nie etwas. Dennoch hieß es höllisch aufzupassen, da den Erziehern/innen unsere Leidenschaften nicht verborgen blieben und es genauso leidenschaftliche Ohrfeigen hagelte, wenn sie uns beim Rauchen erwischten.

Über weite Strecken war die Qualmerei aber auch ganz schön quälerisch, um selbst die abgerauchten Zigarettenstummel des Personals aus dem Aschenbecher zu fischen oder von der Straße aufzusammeln, um bis zu deren Filter die letztmöglichen Züge zu inhalieren. Oder ich mich wie schon erwähnt, einmal dazu hinreißen ließ, eine Schachtel ohne Bezahlung in einem Supermarkt mitgehen zu lassen. Es war aber auch tatsächlich das einzige Mal. Als ich 16 Jahre alt wurde, hatten die Erziehungskräfte schließlich ein Einsehen mit mir, um unter ihrer Aufsicht im Dienstzimmer auch ohne elterliche Erlaubnis rauchen zu dürfen.

Leider blieb es nicht nur bei dieser Suchtform. Denn zum einen war es üblich, in einer naheliegenden Kneipe für uns oder mehr noch für unsere Erzieher/Innen Pommes, wie auch gegrillte Hähnchen zu besorgen. Zum anderen lud mich Siegfried, der im Dorf die Malerlehre machte und immerhin schon 45 DM Taschengeld behalten durfte, mich und seinen Bruder Dieter öfter in diese Kneipe ein, um dort schon mal das eine oder andere Bier gemeinsam zu trinken.

Der Wirt kannte uns ja längst und drückte dazu gern gleich beide Augen zu. Dort machte ich meine ersten unheilvollen Erfahrungen an Geldspielautomaten. Irgendwie übten diese Kästen schon sehr bald einen unwiderstehlichen Reiz auf mich aus.

In der Rückschau analysiere ich deren magischen Anreiz in dem frohem Geklingel, mit dem sich die Automaten allen Gästen mit der Botschaft ins Bewusstsein riefen, dass hier gerade wieder das Glück sein Füllhorn über einen Gewinner ausschüttete. Entschieden anders dürfte wohl der Verlockungsgrad ausgefallen sein, wenn die Kisten auch im Verlustfall mit ähnlich spektakulärem Gebimmel und Lichtergewitter die umstehenden Gäste zu einer beständigen Reaktion des Bedauerns veranlasst hätten. Da derartige Negativreaktionen ausblieben, erweckten die Automaten lediglich in positiven Gewinnsituationen die allgemeine Aufmerksamkeit.

Da sollte es mir doch gleichwohl gelingen, Teilhabe an solch guten Gaben zu nehmen, wenn man sich nicht gerade zu blöd anstellte, um mit guten Reaktionsvermögen im richtigen Moment die entscheidenden Knöpfe zum Stillstand der Walzen zu drücken. Doch dem war leider nicht so, sodass ich sehr schnell in den spiralförmigen Zwang geriet, nun erst recht weiterspielen zu müssen, um die vorausgegangenen Verluste aufzufangen. Ein vergebliches Unterfangen, von dem ich erst Jahrzehnte später in einer Dokumentation die Wahrheit darüber erfuhr, dass die Elektronik der Automaten allein darüber entscheidet, ob und wann diese Automaten Gewinnspiele herausgeben. Es also völlig egal ist, ob wer an den Tasten herumdrückt oder nicht.
siehe auf youtube: **Die Wahrheit über Spielautomaten**

Im Prinzip also nichts anderes als ein durch politische Marionetten wie auch Aufsichtsbehörden legitimierter Raub und Betrug, dem noch heute hunderttausende verzweifelte Menschen suchtvoll zum Opfer fallen und sie selbst, wie auch ihre Familien in zutiefst entwürdigende existenzielle Nöte stürzen.

Oh Mann oh Mann oh Mann, was habe ich mich in späteren Jahren wegen dieser scheiß Spielsucht selbst gehasst, weil ich einfach nicht die Finger davon lassen konnte. Denn kaum, dass ich Geld in die Fingern bekam, zog es mich unwiderstehlich in diese Druckshöllen zurück, um mich von allzu mitleidigen Blicken des Aufsichtspersonals, um all mein dringendst benötigtes Geld und Würde zu bringen. Ja tatsächlich, nicht eher davon ablassen konnte, bis ich auch die letzte Mark in meinen verzweifelten Hoffnungen auf den doch eigentlich überfälligen Gewinn versenkt hatte.

Wer selbst nie von dieser elenden Seuche betroffen war, kann sich kaum vorstellen, welch eine Kraft es jedes Mal kostete, um am Ende solch einer selbstzerstörerischen Geldvernichtung, nach einem längeren Fußweg zurück nach Hause, auf dem ich mich mit Selbstvorwürfen über meine eigene Blödheit geißelte – ja, mir mit der Faust gegen den Kopf schlug und mich am liebsten vor das nächstbeste Auto geschmissen hätte, am nächsten Tag erneut das jämmerliche Leben mit all seinen Verpflichtungen aufzunehmen. Damit verbunden die erniedrigende Entwürdigung, meinen Lehrherrn um Vorschuss oder die Bank zu bitten, mein chronisch überzogenes Konto weiter für ein paar Mark überziehen zu dürfen. Ja nicht selten habe ich Kippenreste von der Straße aufgesammelt, um mit den einen oder anderen Zigarettenzug die andere Sucht zu bedienen.

Ich habe mich da selbst so etwas für abgrundtief gehasst – um dennoch, sobald ich wieder Geld in die Finger bekam, wieder in die selbe innere Unruhe zu verfallen, bis sich die Unglücksspirale endlich weiter drehen konnte.

Welche Dimensionen diese verdammte Sucht annahm, mag jeder aus der Tatsache erfassen, dass ich es während meiner Bundeswehrzeit, zu der ich mich nur des chronischen Geldmangels wegen für zwei Jahre verpflichtet hatte, fertig brachte, innerhalb von nur zwei Tagen mein gesamten Monatssold einschließlich Weihnachtszulage von rund 2000 DM zu verspielen. Entspricht heute etwa der selben Summe in Euro.

Nein, so eine qualvolle Verzweiflung, Armut und Entwürdigung, die damit einherging, kann sich kaum jemand vorstellen. Jahre später, wie ich im normalen Arbeitsleben stand, hatte ich just mehrmals über die Weihnachtsfeiertage hinweg nicht mal mehr etwas zu essen und hätte vermutlich ein schlimmeres Ende gefunden, wenn meine überaus freundlichen Vermieterinnen in Unwissenheit meiner Lage, mir nicht zufällig mit einer Weihnachtstüte unwissentlich über meine extreme Notlagen hinweggeholfen hätten.

Einfach grauenhaft hoch drei, von dem ich mir wünschte, dass Betreiber dieser betrügerischen Dreckskisten solche Zeilen lesen und begreifen lernten, was ihre Automaten mit den Menschen anrichten, die ihnen in hilfloser Weise verfallen sind.

Mit rund 25 Jahren habe ich mich in einem meiner zutiefst verzweifelten Momente von selbst an eine Suchtberatungsstelle gewandt. Hatte gehofft, dass der Typ mir gleich irgendwie unterstützend zur Seite stehen würde. Doch nach dem überaus distanziertem Gespräch, von dem ich den Eindruck hatte, dass er meine Not gar nicht zu erfassen vermochte, blieb es auch das einzige Gespräch. Nur einen Tipp von ihm hatte ich nicht vergessen, nämlich mit möglichst wenig Bargeld in der Tasche unterwegs zu sein. Dieser Tipp hat mir später wenigstens geholfen, nicht gleich alles auf einen Schlag zu verlieren, doch bis zur Überwindung dieser Spielsucht musste ich noch ein verdammt hohen, nein, unmenschlich entwürdigenden Preis zahlen.

Selbst in der Rückschau möchte ich am liebsten gar nicht mehr daran erinnert werden, wie sehr mich diese beschissene Spielsucht an einer Teilhabe am Leben ausschloss, weil ich nie die finanziellen Mittel hatte, um etwaige Freundschaften einzugehen zu vertiefen, sondern mich schamvoll in meine Zwangsisolation zurückziehen musste. Es war ein erbärmlich armseliges Leben, indem ich mich nach außen auch noch selbst verleugnen musste, um wenigstens den Schein eines normalen Lebens zu wahren. Dessen Lasten umso schwerer wogen, da ich niemanden hatte, an den ich mich hätte wenden können.

Wie beschrieben zeichnete sich dieses Unglück bereits in einem Alter von etwa 16/17 Jahren ab, als ich anfing mein Taschengeld in den Spielautomaten einer Kneipe zu stecken, in der wir uns gewöhnlich Pommes bestellten oder mit Siegfried, der bereits über mehr Lehrgeld verfügte, mit unseren ersten Bierchen einen auf Erwachsen mimten.

Diese heraufziehende Sucht war auch insofern bitter, da sie sich wegweisend auf meine erste richtige Jugendliebe auswirken sollte. Denn obwohl ich in der Schule nicht gerade den besten Ruf genoss, entwickelte sich ausgerechnet zwischen der klassenbesten Schülerin Andrea und mir die zarteste Liebe, wie ich sie selbst danach nie wieder kennenlernen sollte.

Es war etwas völlig anderes als unsere „Liebschaften" im Heim, die wir dort mit anderen Heimmädchen pflegten. Indem wir Heimkinder uns gegenseitig Zettelchen schrieben, um uns darin mitzuteilen, wer gerade mit wem zusammengehen wollte. Das war alles völlig harmlos, wenngleich wir da bereits unsere ersten Knutscher ausprobierten.

Nein, Andrea, das war wirklich die Liebesromanze pur, wie sie der geschichtsträchtigen Romanze zwischen Romeo und Julia in nichts nachstand.

Obwohl wir uns zuvor lange Zeit täglich begegneten, ohne dass sich da etwas rührte, war es eines Tages urplötzlich soweit, dass wir uns in die Augen blickten und ohne jedes Wort sofort wussten, was uns die Stunde geschlagen hatte. Das war einfach unglaublich, wie zart wir uns fortan mit verklärten Blicken um uns selbst drehten, die wir alles um uns herum außer Acht ließen und nur noch uns und unsere von Engeln getragene Liebe spürten.
Ich denke da werden einige, allen voran unser Klassenlehrer, gestaunt haben, die nachher ja "livehaftig" mitbekamen, wie es um uns stand. Sogar vom Heim aus bekam ich Sonderrechte, um mit Andrea spazieren zu gehen oder sie abends nach Hause begleiten zu dürfen. Dennoch war diese so herrlich prickelnde Liebe nicht frei von Schatten.

Einmal sorgte sich Andrea sehr darum, dass ihre Eltern oder Bruder etwas von unserem „Verhältnis" mitbekommen könnten. Ich denke nicht ganz verkehrt zu liegen, wenn ihre Ängste in erster Linie in den allgemeinen Vorbehalten gegenüber Heimkindern begründet lagen. Nicht erst darin zeigte sich noch immer das hochstigmatisierte Weltbild, welches in den Köpfen der „normalen" Bürger verankert war und wohl noch immer ist. Schade.
Es hinderte uns aber dennoch nicht daran, sie zu Hause zu besuchen oder die einen oder anderen Schulstunden zu schwänzen, um auf einsamen Wiesen und Waldlichtungen die ersten schüchternen Liebkosungen auszutauschen. Diese Harmonie bekam nur durch meine früh einsetzende Spielsucht einen äußerst hässlichen Riss verpasst.

Konkret, als wir in der 9. Klasse die gemeinsame Abschlussfahrt nach Berlin antraten. Dafür bekam ich zuvor noch eigens 50 DM von meinem Vater geschenkt, sowie von meinem Heim-Taschengeldkonto weitere 30 DM. Das war für damalige Verhältnisse wirklich verdammt viel Geld, um dieses auf einer einwöchigen Reise lustvoll verprassen zu dürfen.

Das Geld war unter anderem auch für die Entwicklung von Fotobildern gedacht, für die ich sogar den Familienfotoapparat ausgeliehen bekam und in Berlin voller Stolz damit meine Andrea und andere Sehenswürdigkeiten ablichtete. Doch bereits am ersten Abend verspielte ich einen Teil meines kostbaren Geldes in Berliner Kneipen, die wir trotz strenger Ermahnungen durch unsere Lehrer, während unseres ersten Streifzugs durch das Berliner Nachtleben kennen lernten.

Die anderen Tage vergingen nicht besser, sodass ich selbst noch Andrea um Geld anpumpte, welches sie mir nur zu bereitwillig überließ, denn ich versprach, es ihr in Kürze zurückgeben zu können. Was sich die nächsten Tage darauf als großer Selbstbetrug herausstellen sollte.
Immerhin hatte ich mir noch einen 1-Liter großen Bierkrug als Souvenir gekauft, während Andrea dank meiner blödsinnigen Spieleskapaden kaum Geld hatte, um sich für ihre Verwandtschaft noch Mitbringsel leisten zu können. Reichte gerade noch für ein paar billigste Nippes-Mitbringsel. Nein, wohl war mir bei alledem gewiss nicht, weil ich mich Andrea gegenüber geradezu wie ein mieser Lump fühlte.

Die Tage vergingen schneller als erwartet und völlig ausgebrannt traten wir die Rückreise an. Zurück auf meiner Station gab ich natürlich wie zehn nackte Neger an, was wir nicht alles in Berlin erlebt hätten, als es abends unverhofft an unserer Stationstür klopfte und Andrea weinend in der Tür stand, um mich zu einem kurzen Vieraugengespräch nach draußen bat. Es zerriss mir mein Herz vor Schmerz und Scham, als sie mir davon berichtete, dass ihre Eltern erbost darüber waren, warum Andrea ihnen nicht ein angemessen gescheites Andenken mitgebracht hatte. Dank mir Idioten nicht mitbringen konnte und sie aufgefordert hatten, sofort das Geld von mir zurück zu verlangen, welches sie mir geliehen hatte.

Oh je, damit kam ich wiederum in peinliche Erklärungsnöte, warum ich von meinem Taschengeldzahlungen einen Vorschuss benötigte, um meine Schuld auszugleichen.
Nach einigem bedrückenden Hin und Her wurde es tatsächlich möglich gemacht und gab Andrea die 25 DM zurück, wie auch den 1-Liter-Krug aus Berlin für ihre Eltern mit. Oh je, das war natürlich ein Schmach, wie ich sie niemanden wünschen möchte. Kein Wunder, dass ich dieses Kapitel so gut überging, wie ich konnte. Und dies alles wegen dieser verdammt beschissenen Spielsucht. Ich wäre vor Scham und Verärgerung über mich Idioten am liebsten im Erdboden versunken. Doch dieses schwere Los sollte mich noch viele weitere Jahre begleiten.

Nun, mit zuvorkommend guten Willen der Schulleitung und Lehrerschaft wurde mir trotz überwiegend sauschlechter Noten, ein gnadenhalber zugestandenes Abschlusszeugnis der 9. Klasse ausgestellt. Zwei Klassenkameradinnen aus dem Heim schlugen sich hingen weit besser, während ein anderer von uns beträppelt mit seinem unqualifiziertem Abgangszeugnis vorlieb nehmen musste, dessen Versagen eindeutig in den Wurzeln der unzureichenden Heimschulbildung begründet lag. Seine, wie unserer aller Zukunft lag zu diesem Zeitpunkt aber noch weitab in fernen Sternen.
So hatten weder ich, noch das Heimpersonal zum Abschluss meiner normalen Schulzeit der 9. Klasse, mit meinen 17 Jahren, geringste Vorstellungen darüber, was weiter aus mir werden sollte. So wurde noch im Heim Gotteshütte entschieden, dass ich zunächst in ein Lehrlingsheim nach Hemer, nur 20 km von meiner Familie entfernt, einziehen und dort in Ruhe nach einer Lehrstelle suchen sollte.

Nun hieß es von der „Hütte" Abschied nehmen, die mich über 7 Jahre hinweg mit herrlichem Licht voller Entdeckungen, Entwicklungen, Freundschaften, aber auch Schatten massiver Gewalt, Ängsten, Kleinheit und Unmündigkeit geprägt hatte.

Hier fiel mir der Abschied weit weniger schwer, weil die meisten einstigen Freunde bereits vor mir weg waren, als mir auch jede Bezugsperson wie Tante Mary fehlte, die in der Zwischenzeit das Heim zu einer längeren Fortbildung verlassen hatte.

Nur um meine einzigartige Andrea, tat es mir wirklich leid. Denn wie sollte es über eine weite Entfernung von 200 km auch anders sein, verlor sich unsere Liebe unerbittlich in der darauffolgenden Zeit.
Noch heute denke ich manchmal an sie zurück und bedauere sehr, dass sie auf einen Jahrzehnte späteren Kontaktversuch mit erschreckend schroffer Ablehnung reagierte.

Ausbildung zum Maler und Lackierer

So wurde ich am 5. Juli 1974, aus der Gotteshütte zunächst nach Hause entlassen, um mich kurz darauf am Vormittag des 8. Juli, wie man sich vielleicht vorstellen kann, mit äußerst gemischten Gefühlen in einem Schüler- und Lehrlingsheim in Hemer anzumelden, welches mir vom Jugendamt zugewiesen wurde.

Als ich dort an einem Montagmorgen eintraf, wirkte das Heim wie ausgestorben. Kein Wunder, denn die Lehrlinge befanden sich in ihren jeweiligen Betrieben, während die Schüler in umliegenden Schulen ihre Schulbänke drückten. Das Heim selbst bildete niemanden aus, sondern diente den Jugendlichen eher wie ein Hotel, in dem sie versorgt wurden.

Die Schüler wurden noch erkennbar von ein oder zwei Betreuern/-innen umsorgt. Die Lehrlinge konnten sich bei Problemen gleichfalls an das Personal wenden. Eine überwachende Betreuung, mit Strafen für Verstöße fand hier aber nicht mehr statt. Ich kann mich nicht mal mehr daran erinnern, ob wir irgendwelche Dienste ausüben mussten. Im Prinzip konnte jeder tun und lassen was er wollte, solange man nur seiner Lehrverpflichtung nachging.

Vom Heimleiter und seinem Stellvertreter, beides ältere und gemächlich agierende Herren, die eine seltsam unbeteiligte Ruhe ausstrahlten, so als ginge sie meine Ankunft kaum etwas an, wurde ich nach einer kurzen Begrüßung ähnlich kurz in die wichtigsten Hausordnungspunkte eingewiesen. Kaum, dass ich Zeit hatte, meine Sachen im meinem Vierbettzimmer abzustellen, wurde mir nach meiner Ankunft eine überraschend frei gewordene Ausbildungsstelle zum Maler und Lackierer offeriert.

So lernte ich kurz darauf das Malermeister-Ehepaar Döbbeler in Ihmert kennen, die ein kleines Malergeschäft betrieben.

Nachdem sie mir den kleinen Betrieb mit einem weiteren Lehrling, der im letzten Lehrjahr stand und zwei Gesellen vorgestellt hatten, konnte ich mich von der Freundlichkeit dieses Ehepaares getragen, schnell mit dem Gedanken anfreunden, eine Malerlehre aufzunehmen. Lehrstellen waren schließlich schon damals Mangelware. Lange Rede kurzer Sinn. Der Ausbildungsvertrag wurde aufgesetzt und unterschrieben, um bereits 2 Tage später am 10. Juli 1974 meinen ersten Lehrlingstag zum Maler und Lackierer aufzunehmen.

In diesem kleinen Handwerksbetrieb fühlte ich mich ausgesprochen gut aufgenommen. Alles in allem ging es hier wirklich sehr gesittet und ohne bösartiges Anschreien, ja fast schon ein wenig familiär zu, um mich behutsam an das Arbeitsleben zu gewöhnen. Doch wirklich alles super klasse. Ein Ausbildungsbetrieb, wie ich ihn mir auch heute noch kaum angenehmer vorstellen kann.
Noch am selben Samstag der ersten Woche, wie ich meine Lehre aufnahm, unternahmen der Chef und alle Angestellten den jährlichen Wanderausflug. Zu diesem wurde ich natürlich auch eingeladen, aber da ich die Mitarbeiter noch nicht kannte und mich noch nicht zum Betrieb zugehörend empfand, zog ich lieber die neue Möglichkeit vor, am besagten Wochenende meine Familie zu besuchen.

Auf diesen Wanderungen wurde unterwegs stets ordentlich „getankt". Nüchtern kehrte da nie jemand von zurück, bzw. wurde die Mannschaft am Ende immer von der Chefin mit dem Auto abgeholt. Jedenfalls war bei dieser Wanderung der Lehrling des dritten Lehrjahrs auf der Rückfahrt so betrunken, um dem Chef von hinten voll in den Nacken und das Auto zu kotzen. Tolle Bescherung. Ein Jahr drauf war ich irgendwie verhindert. Jedenfalls kamen sie zurück, da hatte sich der gleiche Lehrling durch alkoholbedingte Turnübungen auf einem Kinderspielplatz ein Bein gebrochen.

Etwa ein Dreivierteljahr später war auch ich bei einer Winterwanderung mit von der Partie. Mitten durch schneebedeckten Wald. Unser Ziel war ein Forsthaus, in dem ich später selber mal wohnte, wo uns nach einem langen Weg durch Kälte und Schnee eine deftige Mahlzeit erwarten sollte.
Da es an diesem Tag recht kalt war, lag es auf der Hand, uns mit reichlich Alkoholika von innen heraus einzuheizen. Oha, das konnte nur schief gehen, da ich normal gar keinen hochprozentigen Alkohol mochte und wie sich bald zeigen sollte, auch nicht vertrug. In Windeseile war ich so etwas von betrunken, um nur mehr auf allen Vieren durch den Schnee zu robben.

Die anderen waren aber auch nicht gerade nüchtern, um auf verschneite Bäume zu klettern, während ich sie mit Schneebällen abzuschießen versuchte. Doch ja, wir hatten einen riesen Spaß miteinander. Nachdem ich keinen Alkohol mehr bekam und uns unterwegs an unserer mitgeführten Brotzeit gestärkt hatten, konnte ich den weiteren Weg auch wieder aufrecht absolvieren.

Ich lief den anderen etwas voraus, um als erster am Forsthaus anzukommen. Mit aufgeregtem Gebell wurde ich von einem angeketteten Drahthaarterrier begrüßt. Och, dachte ich so in meinem Suffkopf, den muss ich mal etwas beruhigen. War ja schließlich nur ein relativ kleiner Hund, als dass ich mich vor ihm fürchten müsste und schon streichelte ich ihm über das Fell. Er ließ mich auch lautlos gewähren, bis der erste Geselle auftauchte, den ich auf den Hund aufmerksam machen wollte und dazu meine Hand wegzog. Genau in diesem Augenblick biss der Hund einmal herzhaft zu.
Ich konnte gar nicht so schnell begreifen, was da passiert war und schaute erstaunt auf meine perforierte Hand aus deren Wunden erste Blutstropfen quollen, während oben ein Fenster aufging und die ältere Wirtin in gereiztem Tonfall mahnte, dass bloß keiner den Hund anfassen solle. Zu spät, denn auch der Geselle war bereits im Begriff, den Hund zu streicheln.

Nur kam er nicht mal dazu, da der Hund zuvor guten Geschmack an seinem Handgelenk gefunden hatte. Und aus war's mit der tollen Sause.

Nachdem wir weitgehend ernüchtert von der Chefin ins Krankenhaus gefahren wurden, musste auch unser Chef verdrossen zur Kenntnis nehmen, dass solche Ausflüge ein betriebswirtschaftliches Fiasko darstellten. Denn sowohl der Geselle, als auch ich fielen für die nächsten 4 Wochen bzw. ich sogar ganze 6 Wochen aus. Aber wie war das noch? Richtig: Zeit heilt viele Wunden. So konnte unser Chef irgendwann selbst wieder über diesen Ausflug lachen.

Ich denke sagen zu dürfen, dass er und seine Angestellten sich wirklich die Zeit nahmen, um mir all die Feinheiten beizubringen, die einen Maler und Lackierer ausmachen.

Im Ausbildungsbetrieb erarbeitete ich mir schon bald den Ruf eines zuverlässigen und langmütigen Mitarbeiters, der von den Gesellen gern zu ihren Nebenbeschäftigungen mitgenommen wurde, um ihnen lästige Arbeiten wie z.B. Fensterstreichen abzunehmen. Denn diese Geduld und Mühe, wie ich sie aufzubringen vermochte, waren die weniger bereit einzugehen. Umso besser für mich, denn so hatten alle etwas davon. Die Gesellen waren unbequeme Arbeiten los, und die Kunden froh, dass ihre Fenster gestrichen wurden, während ich mich über den willkommenen Zuverdienst freuen konnte. Schließlich forderte meine heimliche Spielsucht immer unerbittlicher ihren Tribut

Dummerweise war einer der Gesellen, für den ich häufiger in Sachen privater Aufträge unterwegs war, nicht gerade ein Vorbild an Verlässlichkeit, weil er bedingt durch seine viele Arbeit und späten Alkoholkonsum morgens gern mal verschlief oder gar nicht erst zur Arbeit erschien. Was unseren Chef verständlicherweise auf die Palme brachte, wenn wir morgens vergebens auf

Gerd warteten, um endlich zusammen die Kunden anzufahren. Das ging mal soweit, bis mir der Chef verbot, mit Gerd nach Feierabend noch irgendwelchen Privataufträgen nachzugehen.

Unser Chef hatte eigentlich nichts gegen Privatarbeiten einzuwenden, wenn wir die benötigten Materialien wenigstens über ihn bezogen, auf die er uns großzügige Rabatte gewährte. Ich kann nur immer wieder betonen, so einen prima Chef muss man erst einmal finden. Doch mit seinem Arbeitsverbot strafte er ja nun mich statt unseren Gesellen, was mir natürlich ganz und gar nicht gefiel und wie es später noch oft meine Art werden sollte, in solchen Situationen mir unangenehmer Menschen gegenüber einfach dicht machte und sie mit meiner abweisenden Ignoranz spüren ließ, was ich von ihnen hielt.

In dem Fall tat ich so, als sei er fortan Luft für mich, den ich nicht sah und hören wollte. Entsprechend sprach er wie gegen eine Wand zu mir, der ich auf seine Rufe und Ansprachen erst nach mehrmaligen Versuchen erkennbar unwillig reagierte. Bis er irgendwann die Faxen so dicke hatte und mich mit der Option nach Hause schickte, nicht mehr wiederkommen zu brauchen. Also im Prinzip nichts anderes als meinen Rausschmiss bedeutete.
Ups..? Hatte ich es da vielleicht doch ein wenig übertrieben?

Tags darauf stand ich wie gewohnt um 7:00 Uhr in der Werkstatt, wo nun er nicht reagierte und ohne mich zur Baustelle abfuhr. Also machte ich mich zu Fuß auf den Weg, um ihm zur Baustelle zu folgen. Und siehe da, ließ er mich wortlos meine Arbeit gewähren und ward wieder zufrieden.
Ja so Chefs sind eben auch nur empfindsame Menschen!

Es geht auch anders herum, wie ein anderes Beispiel zeigt. Da waren wir gerade mit der inneren Renovierung einer Fabrik für Drahtzieherei beschäftigt.

Einschließlich neuer Lackierung aller Stahlträger, die sich teils quer über die Halle spannten und mit einer dicken Staubschicht bedeckt waren, die zuvor entfernt werden musste. Eine saumäßige Arbeit, nach der man bereits nach wenigen Minuten wie ein Schwein verdreckt aussah. War ja klar, dass derartige Drecksarbeiten vornehmlich dem Auszubildenden, also mir, vorbehalten blieb. Entsprechend sah ich am Vortag meines 19. Geburtstag wieder saumäßig aus und bat deshalb aus Rücksicht auf meinen anstehenden Geburtstag des nächsten Tages darum, wenigstens bis zur Frühstückspause von dieser Drecksarbeit verschont zu werden. Sagte er mir auch sofort zu.

Doch am nächsten Morgen wollte er von dieser Zusage schon nichts mehr wissen, faselte etwas über Notwendigkeiten und ließ mich weiter den Dreck abblasen. Logisch sah ich bereits zur Frühstückspause aus wie Sau. Hat mich natürlich tierisch geärgert und war am Ende des Arbeitstages so sauer, um nicht mal wie sonst üblich, wenn jemand von uns Geburtstag hatte, in unserer Stammkneipe, "Zur Mühle" eine Runde Bier zu schmeißen.

Na, offensichtlich hatte diesmal der Chef ein schlechtes Gewissen, um mich am nächsten Tag früh morgens mit der Bitte anzurufen, ich möge mit normalen Straßenklamotten zur Arbeit kommen. Wie die anderen auch war ich überrascht, als er uns eröffnete als Entschädigung für meinen verpatzen Geburtstag mit uns allen einen gemeinsamen Ausflug nach Kassel ins Schloss und Tapetenmuseum zu unternehmen. Na wenn das kein Wort war?

Wurde ein super interessanter Ausflug, an dessen Ende dann auch mein Ärger verflogen war, um meinen Chef kleinlaut um einen weiteren Vorschuss anzupumpen, mit dem es mir möglich wurde, eine verspätete Geburtstagsrunde in unserer Stammkneipe auszugeben.

Elende Missbrauchsbetroffenheit

Ja leider fehlte mir spielsuchtbedingt schon immer das Geld an allen Ecken und Kanten, weswegen ich öfter aufs Trampen angewiesen war, um vom Lehrlingsheim in Hemer zu meinen Eltern nach Hohenlimburg zu gelangen.

So stand ich an einem Freitagabend mal wieder finanziell blank an der Hauptstraße in Hemer, um vom Lehrlingsheim ohne Geld nach Hause zu trampen. War damals ziemlich weit verbreitet und insofern nichts Besonderes. Mit einem Zimmermitbewohner des Lehrlingsheim war ich sogar mal bis nach Kalkar unweit der holländischen Grenze getrampt, um dort unsere Brieffreundinnen zu besuchen, die uns zusammen mit anderen Bekannten aus ihrer näheren Umgebung zu einer 1. Mai Partie eingeladen hatten.

Zu dieser Partie sind wir die größte Strecke via Trampen angereist. Wobei uns zum Ende ein älteres Ehepaar aufgabelte und allen Ernstes meinten, wir seien mit unseren 17 Jahren noch viel zu jung, um per Anhalter umherzureisen. (Damals galt man erst mit 21 Jahren als volljährig.) Zuerst wollten die uns bei der Polizei abliefern, doch nachdem wir ihnen versprochen hatten, mit dem Zug das letzte Stück unserer Reise fortzusetzen, brachten sie uns in Duisburg zum Bahnhof, von wo aus wir tatsächlich mit dem Zug weiter fuhren.

Natürlich wurde schon damals immer mal wieder vor den Gefahren des Trampens gewarnt, etwa wenn Mädchen mitgenommen und ermordet wurden. Aber wer so oft, wie wir bereits getrampt war, dem sollte eigentlich nichts mehr passieren können – sollte man meinen. Aber leider gibt es auch jene unrühmlichen Ausnahmen, über die gewöhnlich schamvoll geschwiegen wird.

Jedenfalls stand ich wie erwähnt an einem Freitagabend wie schon öfter mit Anhalterdaumen an der Hauptstraße, als ein Auto mit einem Herrn so Mitte 40 anhielt. Ich fragte, ob er mich Richtung Hohenlimburg mitnehmen könne, was er mit einem ausländischen Akzent in der Stimme bejahte. Und schon fuhr ich wie so oft zuvor kostenlos nach Hause zu meiner Familie. Dachte ich. Doch es kam anders.

Normal kannte ich die 20 km lange Strecke entlang der Bundesstraße 7 zwischen Hemer und Hohenlimburg. Deshalb wurde ich schon stutzig, wie der Mann, der sich als polnischer Gastarbeiter vorstellte, etwa auf der Hälfte des Weges eine mir unbekannte Strecke einschlug. Er meinte es sei eine Abkürzung, um kurz darauf abseits bewohnter Landschaften einen einsamen Parkplatz anzusteuern und den Motor abstellte.

Mir schwante Übles und tatsächlich schlugen meine Gedanken finsterste Kapriolen, wie er auf einmal mit der frontalen Frage anfing an meiner Hose herumzufingern, wann ich denn das letzte mal gewixt hätte? Ich war total starr vor Entsetzen. Meine Gedanken überschlugen sich, wie ich mit der Situation in dieser mir fremden Umgebung umgehen sollte? Wahrscheinlich würde er mich umbringen wollen, wenn ich versuchen sollte zu fliehen. Zumal es ohnehin dunkel war und ich weder wusste, wo ich mich befand, noch in welche Richtung ich hätte weglaufen sollen. Wertvolle Sekunden der Entscheidung verstrichen, die er letztlich mit der Aufforderung meine Hose herunterzuziehen für sich entschied.
Vollkommen paralysiert folgte ich seiner Anweisung während er gleichzeitig mit aller Selbstverständlichkeit der Welt seine Hose öffnete, um mit einer Hand sein und mit der anderen Hand mein Glied zu bearbeiten begann.
So eine elendige beschämende Situation kann sich garantiert kein Mensch vorstellen, der nicht selbst einmal in solch eine Lage gekommen ist. Denn einerseits war ich starr vor Angst und Scham, während mein Glied selbst gegen meinen Willen eine Erektion zu entwickeln begann und ich krampfhaft zu vermeiden

versuchte, dass er es nicht zum Äußersten schaffte. Kurz darauf hatte er sich offensichtlich in höchste Erregung stimuliert und forderte mich auf auszusteigen, um mich auf der Rückbank hinzukauern. Auch dieser Aufforderung kam ich keines vernünftigen Gedankens fähig nach, wo er dann mit hörbarem Atem seiner Erregung sein Glied in meinen Hintern zu stecken versuchte. Doch seine Versuche blieben aufgrund der Fahrzeugenge unerfüllt, sodass ich schon kurz nach ein paar unkontrollierten Reibungen seines Glieds über meinem Po sein Ejakulat über meine Pobacken laufen fühlte.

Da ich ihm mit dem Rücken zugewandt auf der Rückbank kauerte, erwartete ich jeden Augenblick, dass er mich nun mit einem Seil oder Händen erwürgen würde, damit ich ihn später nicht verpfeifen könnte. So zumindest waren mir ähnliche Abläufe aus Aktenzeichen XY -Filmen bekannt, die sich während dieses Vorgangs vor meinem geistigen Auge abspulten. Doch ich hatte Glück im Unglück. Der Typ fummelte noch ein wenig an meinem vor Todesangst erschlafften Glied herum, um mich dann aufzufordern, wieder vorne hinzusetzen.

Schon das Gefühl meine Hose über seine schmierige Körperflüssigkeit überziehen zu müssen, war an ekeligem Widerstreben kaum zu beschreiben, aber immerhin hatte ich mit diesem Augenblick wieder ein wenig meine Souveränität zurück gewonnen, die in meiner Blöße und seinen Berührungen einen vollkommenen Zusammenbruch des Ausgeliefertsein erlebte hatte. Ja war noch immer von dieser unvorstellbaren Situation geschockt.

Obwohl der Typ während des gesamten Vorgangs weder viel noch bedrohlich die Stimme erhob, war ich dermaßen eingeschüchtert, um seinem Vorschlag, gemeinsam etwas essen zu gehen, auch noch zustimmte. Ich weiß schon längst nicht mehr, wo wir uns befanden bzw. in welchen Ort wir anschließend an einer Pommesbude Essen bestellten.

Anschließend meinte er, dass wir noch ins Kino gehen könnten. Da ich absolut nicht wusste, wie ich richtig reagieren sollte, sagte ich einfach zu. Nun fuhr er mit mir nach Hohenlimburg ins Kino. Ich habe mich so etwa von geschämt und hatte so eine Angst dass mich jemand, der mich möglicherweise kannte, mit diesem Typen zusammen sehen könnte, dass ich kaum aufzublicken wagte und froh war, als im Kino endlich das Licht erlosch.

Wie der Film hieß, oder welche Handlung er hatte, weiß ich nicht mal mehr. Dafür erinnere ich mich umso mehr daran, wie ich nachher wusste, dass ich auf keinen Fall mehr so spät zu Hause bei meiner Familie aufkreuzen konnte, ohne mich hochnotpeinlich erklären zu müssen. Nur was tun? Der Typ fragte da auch nicht lange nach, sondern meinte nur, dass ich die Nacht bei ihm schlafen könne. Da ich noch immer nicht wusste was ich am besten machen sollte, folgte ich ihm in willenloser Schüchternheit.

Er fuhr in ein Iserlohner Fabrikviertel, wo er mich in ein übelriechendes Zimmerapartment unter dem Dach eines Fabrikkomplexes führte. Dort wies er mich an die Klamotten auszuziehen und ins Bett zu gehen. Die Unterwäsche behielt ich natürlich an. Aber nachdem er sich gleichfalls bis auf die Unterwäsche ausgezogen ins Bett begab, dauerte es nicht lange, bis er von Neuem anfing, an mir rumzufummeln und mir die Unterhose auszog. Oh nein, dachte ich nur, nicht schon wieder. Doch wollte der Typ tatsächlich wieder ran. Ich musste mich schwer anstrengen, um seinen Manipulationen an meinem Glied wenigstens nicht mit einem Erguss zu erliegen, sondern faselte etwas davon, dass ich mir erst einen Tag zuvor einen heruntergeholt hätte und deswegen nun nicht mehr könne.

Das schien ihn weiter zu erregen, denn nun versuchte er, erneut sein Glied in meinen Hintern zu stecken, was aber nicht gelingen konnte, weil ich mit aller Kraft mein After zupresste. Gottlob erfolgreich.

Denn nachdem es ihm selbst unter Nachhilfe von Spucke nicht gelang, sein Ding bei mir reinzuschieben und ich jeweils mit zunehmenden Druck zu wimmern begann, hatte er endlich ein Einsehen, dass so etwas nicht funktioniert und ließ von mir ab, um sich selbst den letzten Rest zu geben, indem er sein Zeug einfach auf die Bettdecke abspritze. Anschließend war endlich Ruhe und bedeutete mir mich ebenfalls zum Schlafen hinzulegen, wobei es mich unvorstellbar ekelte, mit dieser nassen Decke in Berührung zu kommen.

Eine schamvollere Situation kann man sich gar nicht vorstellen. Ich weitgehend entblößt mit einem völlig fremden Mann in einem Bett. Aber ich lebte und so langsam kehrten mit der Ruhe wieder meine rationalen Gedanken zurück. Ich musste da raus, egal wohin, nur einfach raus. Also wartete ich noch eine Weile, bis ich den Eindruck hatte, den gleichmäßigen Atem seines Schlafes zu vernehmen und stieg vorsichtig über ihn hinweg aus dem Bett. So leise ich konnte zog ich mir meine Klamotten an, doch darauf schien der Typ nur gewartete zu haben, denn auf einmal stand er unvermittelt mit der Frage auf, was ich da machen würde? Ich antwortete ihm, dass ich nur mal eine Zigarette rauchen wollte. Ok, meinte er nur, ich solle nun raus gehen, da könnte ich dann rauchen und ließ mich tatsächlich gehen.

Leise schlich ich mich durchs Treppenhaus nach unten. Wo sollte ich jetzt nur mitten in der Nacht hin? Inzwischen war es irgendwas zwischen 0 und 1 Uhr morgens. Ich wusste ja nicht einmal wo ich mich befand. Ja musste als 17-jähriger befürchten, von der Polizei aufgelesen zu werden. Wie sollte ich denen meine peinliche Situation erklären? Hätte ja auch weglaufen können, statt hier nun quasi freiwillig mit dem Typ ins Bett zu steigen. Also beschloss ich, im Keller auf den Tagesanbruch zu warten, um irgendwie weiter nach Hause zu kommen. Als wäre dieses

Grauen nicht schon schlimm genug, hatte ich noch nicht einmal ein Feuerzeug oder Streichholz, um mir eine Zigarette anstecken zu können. Also wartete ich Stunde um Stunde, bis mir eine Fabrikuhr 7 Uhr morgens anzeigte.

Wieder stieg ich die Treppe zu dem Typen empor, um Feuer für meine Zigarette zu erbitten. Ihm war es sichtlich unangenehm, dass ich zu dieser Zeit an seiner Tür klopfte. Er hatte offensichtlich Angst, dass jemand im Haus von meiner Anwesenheit erfahren könnte. Also bekam ich nicht nur Feuer, sondern bot mir an mich nach Hohenlimburg nach Hause zu fahren. Unterwegs fragte er danach, ob wir uns wieder treffen wollten? In meiner kleinkarierten Beschränktheit stimmte ich dem sogar noch zu. Aber immerhin wusste ich, dass er mich nicht direkt vor meiner Haustür sondern in einer anderen Straße absetzen sollte, um nicht zu erfahren, wo ich wirklich wohnte.

Reichlich erschöpft und mit einem schuldbeladenen Gewissen traf ich dann zur ungewöhnlichen Morgenstunde noch vor 8:00 Uhr morgens zu Hause ein. Ich kann mir vorstellen, dass mir meine Mutter, die mir die Tür öffnete ansehen konnte, weswegen ich so früh auf der Matte stand und nichts Eiligeres zu tun hatte, um erst einmal ein reinigendes Bad zu nehmen.

Wenn ich heute über die damalige Situation nachdenke, dann bin ich mir sicher, dass ich ohne meine zuvor demoralisierende Heimerziehung der Unterdrückung und Erniedrigungen niemals in diese für mich ausweglose Missbrauchssituation geraten wäre, bzw. mich ihr sehr wahrscheinlich mit einem selbstbewussten und kraftvollen "**NEIN** ! ! !" hätte erfolgreich entziehen können.

Das gelang aber eben nicht, weil hier alte Muster bedingungsloser Unterordnung und Abhängigkeit griffen, wie sie mir zuvor durch meine elendige Heimerziehung im pervertierten christlichen Geist eingeimpft wurde.

Dessen Vorgang für mich umso schlimmer war, weil ich schon seit früher Jugend an bis auf den heutigen Tag auf Berührungen welcher Art auch immer sehr empfindlich und höchst widerstrebend reagiere. Das war schon damals in der Gotteshütte bekannt, als es auch später immer wieder Menschen auffiel, die irritiert auf meine reflexartige Abwehr selbst gutmeinender Berührungen reagierten. Ja, mich selbst heute noch gegenüber meiner Frau und Kindern bewusst überwinden muss, um Berührungen zulassen zu können. Dies führte in den ersten Jahren meiner Ehe zu teils beträchtlichen Missverständnissen. Doch heute da wir weit besser um unsere gegenseitigen Befindlichkeiten wissen, können wir weit entspannter mit dieser überlieferten Macke umgehen.

Nun, diese elende Episode sorgte zumindest dafür, dass ich fortan alle Strecken nur noch zu Fuß oder per Pedes bewältigte. Auch wenn es bedeutete, teils mitten in der Nacht die 20 km lange Strecke von Hohenlimburg nach Hemer oder in umgekehrter Richtung über stockdunkle Waldstraßen laufen zu müssen. Doch trotz meiner späteren Abneigung gegen das Trampen, sollte dies nicht meine einzige Missbrauchserfahrung bleiben.

Ein anderes Mal, war es wieder ein Zusammentreffen ungünstigster Faktoren, wie dem Fest unseres Schießvereins, in dem ich als recht guter Luftgewehrschütze aktiv war und der Geburtstagsfeier unseres ehemaligen Lehrlings. Da haben wir in fröhlicher Runde ganz ordentlich, aber für meine Begriffe noch gesittet, ein ums andere Bierchen getrunken. Bis dann zu später Stunde irgendwer auf die Schnapsidee kam, noch gemeinsam eine bekannte Stadtdiskothek aufzusuchen.
Normal eh nicht mein Ding, weil ich aus zwei drei vorherigen Besuchen wusste, dass mir die Musik dort viel zu laut war. Doch so angesäuselt wie ich bereits war, ließ ich mich zu der gemeinsamen Taxifahrt in die Disco überreden. Da waren wir gut zehn Leute und irgendwer von denen spendierte eine Runde Cola/Mariacron nach der anderen.

Dieses Zeugs mochte und vertrug ich eigentlich gar nicht. Warum ich es dennoch getrunken habe, weiß ich nicht mehr. Weil ich danach einen kompletten Filmriss über den weiteren Fortgang des Abends hatte. Ich erwachte jedenfalls irgendwann am frühen Morgen schwerst alkoholisiert in einem unbekannten Bett, um halbwegs wahrzunehmen, wie ein dorfbekannter Schwuler gerade dabei war, nackt über mir in rhythmischen Bewegungen seinen steifen Schwanz über meinem Bauch zu reiben, während ich völlig ausgezogen und schachmatt unter ihm lag.

Ich weiß nicht, welche Kraft es mich gekostet hat, aber auf jeden Fall konnte ich mich wohl dem Schwulen verständlich machen, dass ich nach Hause wollte. Habe es irgendwie auch geschafft, mich anzuziehen und bin dann in aller Herrgottsfrühe aus dessen Wohnung getaumelt. Hinweg durchs Dorf, bis ich so sturzbetrunken, wie ich noch immer war, eine unbekannte Zeit lang in einem ausgetrockneten Bachbett meinen Rausch ausschlief. Später setzte ich meinen schwankenden Weg zu meinem Zimmer fort, in dem ich seit meinem 18. Geburtstag wohnte.

Es muss wohl innerhalb einer Urlaubszeit gewesen sein, anders ist wohl kaum zu erklären, warum über drei Tage hinweg, in denen ich mich kaum aus den Bett rühren konnte, sich kein Mensch nach meinem Befinden erkundigte. Denn es ging mir da so schlecht wie nie zuvor, noch jemals danach. Zwei Tage lang konnte ich weder etwa essen noch trinken. Erst am dritten Tag war es mir mit zitternden Händen erstmals möglich, Wasser zu mir zu nehmen. Ich gehe sehr stark davon aus, dass ich zu diesem Zeitpunkt eine schwere Alkoholvergiftung hatte. Mit einer Ausnahme war es das letzte Mal, dass ich in meinem weiteren Leben jemals wieder besoffen war. Weiß seither stets meine Grenzen einzuhalten, um ja nicht die Kontrolle über mich zu verlieren.
Wenngleich dieser Missbrauch vermutlich alkoholbedingt, bei weitem nicht dieses desaströse Gefühl der Scham und Hilflosig-

keit bei mir auslöste, wie beim ersten Mal. Vor lauter Scham- und Schuldgefühlen kam ich auch später nicht auf die Idee, diese eindeutigen Verbrechen straf- oder zivilrechtlich anzuzeigen. Es blieb gottlob das letzte Mal, dass ich jemals wieder von solch einem Scheiß betroffen war, hingegen Jahre darauf wieder in dramatischer Weise von derartigen Abgründen berührt werden sollte.

Mitlesende werden sich fragen, warum ich diese Episoden in dieser ätzenden Ausführlichkeit dargelegt habe. Ganz einfach:

1. Es ist der beispielhafte Versuch, Außenstehenden die Auswegslosigkeit junger Menschen in solchen Situationen vor Augen zu führen, die zuvor durch Elternhaus oder andere Umstände bereits dermaßen demoralisiert wurden, um sich solchen Übergriffen kaum mehr aus eigener Kraft entziehen zu können.

2. Um zu demonstrieren, wie elendig sich so eine Situation für derart betroffene Menschen darstellt und deshalb ultimativ alles daran gesetzt werden muss, um Kinder/Jugendliche vor ähnlichen Erfahrungen zu bewahren!

Immerhin sind in unserem Land nachweislich mehr als 15.000 (+ mehrfache Dunkelziffer) Kinder bzw. Minderjährige jährlich von sexuellen Missbrauchsverbrechen betroffen. Allein dieser Umstand sollte uns vor Augen führen, weit größere präventive Schutzmaßnahmen aufzugreifen. Solch ein effektiver Schutz fängt idealerweise mit der Ausbildung und Förderung eines gesunden Selbstvertrauens an.

Diesen Part vermag unser gegenwärtiges Bildungswesen nicht zu erfüllen, sondern im Gegenteil, tragen unsere archaischen Schulstrukturen selbst systematisch zur seelischen Schädigung junger Menschen bei und leistet damit, wenn auch unbeabsichtigt, derart grausamen Umtrieben weiteren Vorschub!

Verpatzte Volljährigkeit

Zunächst mal neigte sich unbemerkt meiner tiefgreifenden Erlebnisse auch meine Lehrlingsheimzeit dem Ende entgegen. Es bestand kein Zweifel, dass ich mich trotz meiner sprunghaften Hibbeligkeit, Spielsucht und wohl auch äußerlich unreifen Erscheinung, zu einem innerlich eher ernsten und trotz allen Missständen zuverlässigen Menschen entwickelt hatte.

Dies wurde kaum deutlicher als zur nahenden Weihnachtszeit ersichtlich, wo sich alle Heimbewohner für einen Betrag zwischen 40/50 DM ein Weihnachtsgeschenk wünschen durften. Im Gegensatz zu allen anderen, die sich meist irgendwelchen Klimbim, Schmuck und unnötigen Blödsinn wünschten, war ich der Einzige, der sich ein Buch mit der Biografie von Rudolf Hess und praktisch zugewandt, einen Zirkel für die Schule wünschte. Diese ungewöhnlichen Wünsche wurden alsbald innerhalb des Betreuungspersonals zum Gesprächsstoff, um mir nahe zu legen, mir ein eigenes Zimmer zu suchen. Ich gehöre nach Worten des Heimleiters nicht mehr in dieses Heim. Das meinte er nicht etwa abfällig, sondern in der Überzeugung, dass ich aus seiner Sicht die Fähigkeit hätte, mein weiteres Leben auf eigenen Beinen zu bestehen.

So dauerte es nicht allzu lange, bis mir mein Chef ein möbliertes Zimmer bei einer bekannten Wirtin vermitteln konnte. Doch welch ein Unglück. Was da so hoffnungsvoll und gut gemeint war, entpuppte sich später zu einem äußerst unglücklichen Fehlgriff. Nicht etwa, dass es gravierenden Problemen zwischen mir und der Vermieterin, einer verwitweten Mutter von teils vier erwachsenen Kindern gegeben hätte, sondern in der schlichten Begebenheit, dass sich mein möbliertes Zimmer oberhalb einer Schankwirtschaft befand.

Es war mit seinen 10-12 qm Wohnfläche zwar nicht sonderlich groß, aber mir reichte es vollkommen aus, um mich meiner neuen Freiheit und Selbstständigkeit zu erfreuen.

Meine Warmmiete von etwa 240 DM beinhaltete sogar das tägliche Essen, zu dem ich im Kreis der Familie eingeladen wurde. Auch den einen oder anderen Fernsehfilm durfte ich in ihrem Wohnzimmer mit anschauen. Doch dies kam eher selten vor, da ich mich lieber zum Lesen zurückzog. Oder - hielt mich in der Gaststube am Geldspielautomaten auf. Anfangs zögerlich, später aber umso ungehemmter.

Da saß ich nun immer öfter vor den Automaten, um das Glück heraus-, bzw. meine verlorenen Einsätze zurückzufordern. Dies konnte auf Dauer nicht gut gehen. Denn ich fing an, bei meiner Wirtin Schulden anzuhäufen, wenn ich sie darum bat, mir das nötige Kleingeld zum Weiterspielen auszulegen. Das ging so weit, bis ich irgendwann nicht einmal mehr die Miete bezahlen konnte, kaum dass es mir noch peinlich war ihr dies gegenüber eingestehen zu müssen. Doch irgendwann war auch hier Schluss mit lustig. Ich bekam die ultimative Aufforderung, endlich die ausstehende Miete zu begleichen. Oh Himmel was machen, wenn aber doch kein Geld da war?

Also beschloss ich an einem Montag des 13. September 1976 noch einmal den Filialleiter meiner Bank zu einer Erhöhung meines chronisch ausgereizten Dispokredits zu erweichen. Zu meiner Enttäuschung musste ich mich mit demütigenden 100 DM zufrieden geben, die er gerade noch bereit war, meinem Sollsaldo anzufügen. Dieser Betrag reichte längst nicht für die offene Mietforderung aus. Also beschloss ich mit der Beleihung eines verhältnismäßig teuren Radioweckers, den ich mir erst einige Wochen zuvor bei einem bekannten Buchclub auf Pump bestellt hatte, in einem Pfandhaus noch einen 50er rauszuleiern, mit dessen Gesamtbetrag ich wenigstes schon mal die Hälfte meiner Mietschulden ablösen wollte. Ich denke meine Vermieterin hätte sich noch mal darauf eingelassen.
Doch ausgerechnet an der Bushaltestelle von Hemer, dessen Bus mich nach Iserlohn zum Pfandhaus bringen sollte, forderte mich

eine altbekannte Spielothek zum Gewinn des letzten fehlenden Mietrückstands heraus.

Ach komm, bis der Bus losfährt, könnte ich doch schnell noch ein/zwei Spiele wagen, so dachte ich bei mir. Und schon wurden die ersten 5 Mark Stücke in den Automatenschlitzen versenkt. Mal verlor ich, mal gewann ich ein paar Spiele. Bis mich die Uhr zum überfälligen Aufbruch mahnte, hatte ich indes schon wieder die ersten 30 DM verloren. Naja, das hole ich mit einer guten Beleihung schon wieder rein, redete ich mir ein.

Am Pfandleihhaus angekommen, fiel ich aus allen Wolken, als ich mit einigem Entsetzen feststellen musste, dass es bereits geschlossen hatte. SCHEIßE aber auch! Was tun? Ziellos irrte ich umher, bis ich endlich eine Kneipe fand, in der ich mich an den nächstbesten Automaten setzte, um erneut das Schicksal herauszufordern. Irgendwann musste ich doch auch mal endlich Glück haben, um hundert Sonderspiele zu gewinnen, die mir dann schon das nötige Kleingeld bescheren würden.

Die Realität fiel im Gegensatz zu mir weit ernüchternder aus. Denn egal wie viel Geld ich in diese verdammte Kiste steckte, das Glück wollte mir einfach keine Gunst erweisen.

Zwischendurch trank ich noch einige Gläser Bier und ließ mir vom Wirt immer wieder von meinen verbliebenen 70 DM in Scheinen, Kleingeld für den Automaten wechseln. Als ich kaum mehr Geld hatte, bat ich ihn mir weitere 5-DM Stücke auf den Deckel zu schreiben, die ich dann später mit einem vermeintlichen 100 DM Schein bezahlen wollte. Das war indes nur vorgeschoben, weil ich darauf spekulierte, dass irgendwann ja auch dieser Automat mal eine gewinnbringende Sonderspielserie ausspucken würde. Aber je länger der hereinbrechende Abend wurde, in dem ich zwischenzeitlich natürlich auch mal ein paar kleinere Sonderspiele gewann, desto unerbittlicher rückte die Zeit heran, um den Selbstbetrug anerkennen zu müssen.

Als der Wirt zu vorgerückter Stunde damit begann, die Türen zu schließen, war für mich klar, dass ich ihm nicht mehr entkommen konnte. Erinnerte mich aber daran, dass die Toilettenfenster zwar vergittert waren, die Gitterstäbe aber nicht besonders dicht zusammenstanden. In meiner Verzweiflung war es mir den Versuch wert, mich durch die Gitterstäbe zu zwängen. Schließlich war ich für meine 19 Jahre noch immer ein verdammt dünner Hänfling.
Dem Wirt bedeutete ich, dass ich noch mal kurz auf Toilette müsse, um anschließend meine Zeche und Bierdeckel mit geliehenen Fünfern zu bezahlen, die in etwa einen Gesamtbetrag von rund 60 DM ausmachten.

Tatsächlich gelang es mir kurz darauf, mich durch die Fenstergitter nach draußen zu zwängen. Nur bloß weg, bevor der Wirt meine Flucht bemerkte. Ich weiß nicht mehr, über wie viele Hinterhöfe und Dächer ich am Ende in eine rückwärtig offenstehende Garage gelangte, in der ich einen Kühltransportwagen erblickte. Noch dazu unverschlossen, um mich darin verstecken zu können, denn der Wirt dürfte aller Wahrscheinlichkeit nach bereits nach mir suchen, dachte ich so bei mir.

Ich nahm auf dem Beifahrersitz Platz und harrte der Dinge, die da kommen sollten Aber nichts rührte sich. In dieser Situation bemerkte ich den Zündschlüssel, der noch im Zündschloss steckte. Der Anblick brachte mich auf die Überlegung, ob ich nicht mal versuchen sollte, mit dem Wagen davon zu fahren. Denn zu meinem Zimmer, für dessen Mietzahlung meine Vermieterin vergebens gewartet hatte, konnte ich meiner Überzeugung nach ja nun nicht mehr zurück.

So wollte ich erst einmal losfahren und schauen, wohin mich der Lieferwagen, ein Kühlwagen für Fleischtransporte, bringen würde.

Wie ich es als vollkommen Fahrunkundiger geschafft habe, um mit dem Wagen in die nächste Ortschaft zu kommen, weiß ich nicht mehr zu sagen. Erinnere mich dafür umso genauer an den Augenblick, als die Straße auf einmal in eine scharfe Linkskurve abknickte und ich mit dem Wagen in einem begutachteten Tempo zwischen 90 und 110 Stundenkilometer frontal in die runden Leitplanken krachte und dahinter ein großes rot-weißes Warnschild nebst Betonsockel aus dem Boden hob. Da saß ich erst einmal benommen und wusste nicht wie mir geschehen war.

Zu meinem Erstaunen stand genau auf der gegenüberliegenden Straßenseite eines Discothekengeländes ein Streifenwagen der Polizei, der sich mir nun mit eingeschaltetem Blaulicht bemerkbar machte. Unwillkürlich dachte ich an Flucht, aber die Fahrertür ließ sich nicht öffnen, zumal sich eine schmerzhafte Zerrung meines linken Arms als höchst fluchthinderlich bemerkbar machte. Andere Verletzungen hatte ich meinem Schutzengel sei Dank nicht, obwohl ich keinen Sicherheitsgurt angelegt hatte. Also rutschte ich auf den Beifahrersitz, dessen Tür kurz darauf von einem Polizisten geöffnet wurde und mich fragte, wo der Fahrer geblieben sei?

Naja, es folgten die üblichen Formalien, indem ich zur Polizeiwache gebracht und meine Personalien abgefragt wurden, sowie die obligatorische Blutentnahme erfolgte, die einen Wert von 1,29 Promille auswies. Kurz darauf erschien auch der geprellte Wirt in der Wache, um mich als Zechpreller zu identifizieren.

Danach durfte ich die weitere Nacht in einer überheizten Polizeizelle verbringen. War mir da gerade auch völlig egal, denn mein Leben schien mir da ohnehin am Ende einer finsteren Sackgasse angekommen zu sein. Geld, Zimmer, Lehrstelle, alles weg, ich befand mich in einem bodenlosen Niemandsland. Einfach:

wurzellos

Weil es viel zu warm war, konnte ich kaum schlafen, sondern verfolgte in düsteren Gedanken, wie hinter den Glasbausteinen meiner Zelle ein neuer Tag zum Leben erwachte.

Im Verlauf des Morgens reichte mir ein Beamter ein kleines Paket mit belegten Broten und warmen Kaffee in die Zelle. Den Kaffee konnte ich gebrauchen. Alsdann wurde ich kriminaltechnisch vernommen, woher weshalb, warum und ob ich noch etwas auf dem Kerbholz hätte. Da ich schon mal dabei war und eh alles egal war, konnte ich auch zugeben, einige Wochen zuvor nachts, als ich mal wieder von Hohenlimburg die 20 km nach Ihmert mit dem Fahrrad unterwegs war und keine Lust mehr zum mühsamen Treten hatte, ein abgestelltes Mofa geklaut hatte, dessen Zahlenschloss ich aufbekam. Mit diesem Mofa fuhr ich nach Hause, um es zwei Tage später wieder in die Nähe, wo ich es geklaut hatte zurückzubringen und meinen Weg weiter mit meinem Fahrrad fortsetzte, welches ich in der näheren Umgebung versteckt hatte.

Nachdem auch meine Fingerabdrücke abgenommen und ein Foto für die Verbrecherkartei abgelichtet wurde, durfte ich die Polizeiwache ohne jede weitere Auflage verlassen. Was sollte ich in dieser Situation nur tun? Mir fiel nichts Besseres ein, als mit meinen letzten Groschen meinen Chef anzurufen.

Die Chefin war dran. Sie wusste bereits durch meine Vermieterin, die der Polizei zuvor mein Zimmer für eine Durchsuchung öffnen musste, von meinem unsäglich dämlichen Streifzug. Der dem Grunde nach auf meiner noch dämlicheren Spielsucht beruhte, für die ich mich in solchen Momenten wie diesem abgrundtief hasste. Ich war einfach der Idiot, der nichts auf die Reihe bekam. Doch entgegen meinen schlimmsten Befürchtungen, hörte ich schon am besorgten Tonfall ihrer Frage, wo sie mich denn abholen könne, dass sie mir nicht gleich den Kopf abreißen würde.

Reichlich niedergedrückt musste ich kurz darauf Fragen über mich ergehen lassen, wie ich mich nur zu solch einer Odyssee hätte hinreißen lassen? Oder, was machst Du denn für Sachen? Nein, dass ich spielsüchtig war, wusste ich ja selber noch nicht als solches zu benennen, sondern musste stattdessen kleinlaut angeben, es selber nicht zu wissen.

Jedenfalls war ich heilfroh, wieder eine Perspektive zu bekommen, als sie mir erklärten, dass sie mich nun nicht gleich fallen lassen wollten, sondern es noch einmal weiter mit mir probieren wollten, wenn ich mich nur zusammenreißen und mich anstrengen würde, um die ausstehenden Mietschulden abzutragen. Ich durfte sogar mein Zimmer behalten.

Ich denke ein Hund konnte sich nicht dankbarer fühlen.

In diesem Vorgang hatte ich wirklich noch sehr viel Glück, denn auch vor dem späteren Gericht im Januar 77 fand ich einen gnädigen Richter, der mir für meine Straftaten wie: Diebstahl in zwei besonders schweren Fällen, Betrug, fahrlässiger Straßengefährdung und Fahren ohne Fahrerlaubnis, lediglich zur Auflage machte, die Schadenssumme von rund 7700 DM abzustottern.

Da war ich 19 Jahre alt und mitten im dritten Lehrjahr. Diese schwere Last sollte ich noch lange Zeit mit mir tragen, obwohl ich einen Teil meiner Schulden von der Halbwaisenrente tilgen konnte, die ich mit dem Tod meines Vaters Anfang 1976, für etwa 1,5 Jahre, bis zur Beendigung meiner Ausbildungszeit bezog. Denn mein Vater nahm sich im Januar 1976 das Leben, als sich die Spitze einer Katastrophe abzeichnete, deren wahren Ausmaße ich erst Jahrzehnte später realisierte.

Suizid des Vaters

Ich hielt mich zu Zeiten meiner Malerlehre öfter mal an Wochenenden bei meinen Eltern und den zwei jüngeren Geschwistern auf, die noch im Haushalt meiner Eltern lebten. Meine beiden älteren Schwestern waren bereits zu dieser Zeit sehr früh verheiratet. So auch über die Feiertage des Jahreswechsels von 1975 auf 1976.

Am Freitag des 2. Januar kreuzte wie so oft mal wieder mein Schwager auf. Ich dachte schon, er käme wieder, um sich von meiner Mutter Geld zu schnorren, denn ihm und seiner Familie mit meiner Schwester ging es überschuldungsbedingt finanziell ziemlich mau. Deshalb gehörte es zur guten Gewohnheit, ihn meine Schwester öfter mal zu sehen, um nach Zigaretten oder ein wenig Kleingeld zu fragen. Dieser neuerliche Besuch wird mir schon deshalb unvergessen bleiben, weil sein Besuch an diesem Tag völlig andere Bewegründe hatte, als etwas zu schnorren Ich bekam kaum mit, wie er sich mit meiner Mutter unterhielt und mich auf einmal auffallend freundlicher bat, ob ich ihn zu sich nach Hause begleiten könne, er hätte mir etwas Wichtiges zu sagen. Aber klar doch, nichts leichter als das.

So zogen wir los und unterhielten uns zunächst über Belanglosigkeiten, bis er mich plötzlich mit der Frage überraschte, ob ich mir vorstellen könnte, dass mein Vater ins Gefängnis käme?
Häh…? Mein Vater ins Gefängnis? Was sollte denn der Blödsinn? Mein Vater war ein erzkonservativer Moralapostel, der würde nie krumme Sachen machen, durchfuhr es mich in inneren Gedanken. Was soll er denn angestellt haben, fragte ich zurück?

Mein Schwager druckste ein wenig herum, bis er dann meinte, dass mein Vater meine Schwester, mit der mein Schwager verheiratet war, vergewaltigt haben soll. Waaas….?
Mein Vater? Sag mal spinnst Du, entgegnete ich ihm empört.

Doch mein Schwager ließ sich nicht beirren und erzählte, dass ihm meine Schwester davon berichtet hätte und sie deshalb schon länger Eheschwierigkeiten miteinander hätten, bis meine Schwester letzte Nacht mit der Sprache herausgerückt sei, dass der Vater sie vergewaltigt hätte.

Ich war perplex und irgendwie ratlos zugleich, weil ich so etwas meinem Vater nicht mal im Traum zutrauen würde. Ausgerechnet er, der früher besonders meine älteren Schwestern mit brachialer Gewalt und Ledergürteln verdroschen haben soll? Zumindest wurde mir das öfter berichtet. Das passte doch überhaupt nicht zusammen und teilte meinem Schwager auch mit, dass ich mir so etwas gar nicht vorstellen könne.

Dennoch begleitete ich ihn in seine Wohnung, wo uns meine Schwester Mo. schuldbeladen und nervös an ihren Fingernägeln kauend begegnete. Ich fragte sie sofort, ob es stimmte, was mir Gerd da eben erzählt hatte. Sie nickte nur mit niedergeschlagenem Blick. Oh je, wenn das wirklich stimmte? Keine Ahnung wie ich damit umgehen sollte.

Nach einiger Zeit läutete auch meine Mutter mit meinen jüngeren Geschwistern im Schlepptau um Einlass. Sie war sichtlich erbost, ja regelrecht wütend und wiederholte immer wieder, dass sie dieses Schwein jetzt in den Knast bringen werde. Mir war bei diesem Gedanken, wie auch der ganzen Atmosphäre irgendwie mulmig zumute. Mein Gott, der Vater würde uns bei solch einem Vorwurf umbringen, das war uns so klar, wie nur irgendwas. Denn wir kannten den Vater und seine explosiven Zornausbrüche nur zu gut. Von daher war mir alles andere als Wohl zumute, als wir zusammen zur Polizei aufbrachen, weil meine Mutter dort meinen Vater anzeigen wollte.
Wir Jüngeren mussten draußen warten. Es dauerte eine längere Weile bis sie wieder heraus kamen. Aber zufrieden schien meine Mutter nicht zu sein.

Ich konnte nicht einordnen, was da nicht in ihrem Sinne verlaufen war, oder hatte sie bereits mit der sofortigen Verhaftung des Vaters gerechnet? Augenscheinlich passierte gerade nichts weiter. So zog unser Pulk wieder zurück zur Wohnung meiner Schwester. Während des ganzen Weges und auch innerhalb der Wohnung war meine Mutter gar nicht mehr zu beruhigen. Immerzu wiederholte sie was für ein widerliches Schwein mein Vater doch sei und es wohl auch schon früher gewesen sein muss.
Verstanden habe ich das ehrlich gesagt nicht so ganz und hielt mich mit schuldzuweisenden Kommentaren zurück, denn noch immer konnte oder wollte ich vielleicht auch nicht begreifen, was da vorgefallen sein musste. So detailliert wollte es des "Anstands" wegen wohl auch keiner wissen.

Irgendwann so gegen 20:00 Uhr klingelte es. Über die Sprechanlage machte sich mein Vater bemerkbar. Wie eine Furie begann meine Mutter sofort ihn über die Sprechanlage mit wüstesten Beschimpfungen einzudecken. Während mein Vater in einem für diese Situation recht ungewöhnlich milden Tonfall eindringlich darum bat, ihn doch einzulassen, um miteinander reden zu können. Doch darauf ließ sich meine Mutter nicht ein, sondern geiferte weiter Hasstiraden herunter, wie ich sie zuvor noch nie erlebt und auch nicht zugetraut hätte, dermaßen ausfallend zu werden.
Nachdem meine Mutter ihn wiederholt aufgefordert hatte, ja nur zu verschwinden, schien sich mein Vater zu fügen. Doch bibberten wir alle, was passieren würde, wenn sich unser Vater gewaltsam Zutritt zur Wohnung verschaffte? Etwa mit der Axt mit der er sonst immer Brennholz für den Ofen spaltete?

Wer unseren Vater kannte, der wusste, dass wir selbst zu sechst kaum eine Chance hatten, gegen ihn etwas ausrichten zu können. Denn dem Grunde nach, zählte ja nur mein Schwager als einigermaßen wehrhafte Person.

So verhielten wir uns in angstvoller Atmosphäre still auf jedes Geräusch lauschend, da wir wirklich mit einem mörderischen Angriff unseres Vaters rechneten. Ja meinten sogar bereits Schritte auf unserem Balkon der ersten Etage zu vernehmen. Was waren wir froh, als es am nächsten Morgen allmählich wieder heller wurde und tatsächlich glaubten, feuchte Fußspuren vom Vater auf dem Balkon erkannt zu haben. Vorsichtig wurde die nähere Umgebung des Treppenhauses, Lift und Eingangsbereich in Augenschein genommen, doch gottlob war von einem auflauernden Vater nichts zu sehen.

Nun machte sich meine jüngere Schwester Sorgen um ihren Kanarienvogel, der noch in unserer familiären Wohnung sein Futter benötigte. Also beschlossen wir, dass ich zusammen mit meinem Schwager den Vogel aus der Wohnung holen und damit in Sicherheit bringen sollten. So lange unser Vater in der Wohnung war, traute sich garantiert keiner mehr dahin zurück. Überhaupt lag ein großes Rätsel in der Luft, wie es in nächster Zukunft weiter gehen sollte? Keiner wusste darauf eine Antwort.
Unsicher machte ich mich mit meinem Schwager auf den Weg.

Wir hatten uns eine Strategie zurechtgelegt, nach der ich als eher Vertrauter meines Vaters die Wohnung betreten und ihn bitten sollte, uns den Kanarienvogel rauszugeben. Sollte er mich dabei anzugreifen versuchen, sollte mir mein Schwager zu Hilfe kommen. Mit entsprechender Angst vor dem Ungewissen öffneten wir zunächst die Hauseingangstür, weil wir so einen direkten Blick zur Wohnungstür im Erdgeschoss hatten und schnell genug weglaufen konnten, wenn er versuchen sollte, uns in die Hände zu bekommen.
Von der Hauseingangstür aus klingelten wir die Wohnung an. Nichts rührte sich. Nachdem wir es ein paar weitere Male vergeblich versucht hatten, schlichen wir zur Wohnungstür, um von außen zu lauschen ob sich innen etwas rührte. Doch auch da war nichts zu vernehmen.

Also klopfte ich nun an die Tür und rief fragend: „Vati bist Du da"? Keine Antwort, kein verräterischer Laut von innen.

Oh manno, was hatte ich eine Angst, als ich dann endlich die Wohnungstür aufschloss und soweit öffnete wie ich nur konnte. Doch war im ersten Augenblick des halbdunklen Flures nicht viel zu erkennen, weil alle Türen zum Flur nahezu geschlossen waren. Während ich mich vorsichtig in den Flur tastete, wies mein Schwager auf die Wohnzimmertür, von der ein alarmierend straff gespanntes Seil von der Türklinke der Flurseite aus über die Tür hinweg in das Wohnzimmer führte. Oder sollte dies ein Falle sein?

Doch die bedrückende Stille, die in der Luft der Wohnung lag, wies uns bereits die Bestätigung des Verdachts, was uns auf der anderen Türseite erwarteten würde, die sich eines schweren Widerstands wegen nicht aufdrücken ließ. Wir schlossen die Wohnungstür und gingen zur nächsten Telefonzelle, um von dort aus die Polizei über den wahrscheinlichen Selbstmord zu informieren.
Es dauerte eine gefühlte Ewigkeit bis endlich ein Streifenwagen erschien und die zwei Beamten nach einer kurzen Einweisung der Lage in die Wohnung gingen. Während ich vor nervlicher Anspannung von Kopf bis Fuß zitterte, hörte ich wie der eine Polizist zum anderen sagte, "ja da hängt einer dran", um die Wohnzimmertür mit ein paar kräftigen Schüben zu öffnen.

Gott sei Dank habe ich das Gesicht nicht sehen müssen, sondern sah hinter der Tür nur die Beine von meinem Vater. Dann ging alles ganz schnell. Nachdem zwei weitere Herren von der Kripo die Lage inspiziert hatten, wurden auch wir kurz zu unseren Beziehungen zu dem Verstorbenen befragt.
Der Kripobeamte schien ein wenig verwundert, dass ich als Sohn angab, nichts Besonderes zum Tod meines Vaters zu empfinden. Was meinem Empfinden nach mit der jahrelangen Entfremdung

während meiner Heimunterbringung zusammenzuhängen schien. Tatsächlich empfand ich weder damals noch heute irgendein Gefühl von Liebe, Trauer, Ärger, Wut oder sonst irgendeinem Gefühl zu meinem Vater. Da ist einfach nur eine unerklärliche Leere zurückgeblieben. Allenfalls verbinde ich heute ein wenig Mitleid mit ihm, da mir inzwischen bewusst ist, dass auch er Opfer liebloser Eltern und ihrer gewalttätigen Erziehung geworden sein musste, sonst hätte er sich niemals zu dem jähzornigen dominant kontrollierendem Despoten entwickeln können, wie er mir und meinen Geschwistern in bedrohlicher Erinnerung geblieben ist.

Denn wenn ich im Laufe meiner jahrelangen Recherchen zum Thema Gewalt eines gelernt habe, dann ist es der unumstößliche Fakt, dass kein einziger Mensch als von Natur aus böse geboren wird, sondern alle Menschen einzig durch ihre Lebensbedingungen zu den Gewalttätern und psychopathischen Irrläufern werden, die später aus ihren eigenen Verletzungen und Ängsten heraus, in unterschiedlichen Ausprägungen, ihre Umwelt belasten.

Aus ihren verinnerlichten Abwehrreflexen heraus versuchen sie, ihre Mitmenschen zu beherrschen, während sie gleichzeitig hilflos nach anerkennenden Aufmerksamkeiten betteln, mit dem sie ihre innere Leere zu kompensieren versuchen, dessen Mangel und Verlust an liebevoller Zuwendung innerhalb ihrer Kindheiten diese Leere einst erschufen, die mit keiner materiellen Fülle der Welt jemals befriedigt werden kann.

Von daher war mein Vater bei näherer Betrachtung wohl ein ganz schön armes Schwein, der sich in seiner eigenen Verletztheit auch als ein solches gebärdete und meiner Überzeugung nach, die Tragweite seiner Handlungen kaum zu erfassen vermochte. Andernfalls hätte er seine Familie niemals mit jener gefühllosen Gewalt terrorisieren können, wie er uns allen in schrecklicher Erinnerung geblieben ist.

In deren verheerenden Folgen von Angst, Schmerz, Scham, Zorn und Depressionen, all die positiven Anteile in Bedeutungslosigkeit versanken, deren menschliche Seite unseres Vaters zweifellos ebenfalls mal ausgezeichnet haben mussten. So hingegen steht er heute als Synonym nackter Gewalt, vor dem die ganze Familie angstvoll zitterte.
Aus meinen ersten Kinderjahren kannte ich ihn noch als haltlosen Alkoholiker, der uns einst als Kinder wiederholt zum Trinken seiner selbst zusammengeschütteten Schnäpse, Liköre und dergleichen nötigte. Daher wahrscheinlich meine heutige Abneigung gegen jeden hochprozentigen Alkohol.

Einmal war ich drei Tage und Nächte mit ihm als Schnapsleiche in "meiner" Kammer eingeschlossen. Erst nach drei Tagen wurde er vollgekotzt und bepisst von Sanitätern abgeholt, während ich inmitten seiner Ausdünstungen zurückblieb.

Aber immerhin, er hatte sich weiter entwickelt, um später nur noch selten ein Glas Wein oder Likör oder gar schärfere Alkoholika zu trinken. Dennoch war ihm eine grundlegende Bewusstwerdung seiner Verhaltensweisen in Bezug auf Ursachen und Wirkungen nicht mehr möglich, um am Ende keinen anderen Ausweg mehr zu sehen, als sich durch qualvolles Erdrosseln seiner eigenen Scham und Verantwortung zu entziehen.

Ich glaube, mit Ausnahme meines jüngeren Bruders, hat ihm bei seiner Beerdigung niemand eine Träne nachgeweint. Von Freude war hingegen auch nichts zu verspüren. Eher wurde dieses urplötzlich hereinbrechende Ereignis von einer ratlosen Unbegreiflichkeit überlagert, die sich nie so richtig auflöste, weil anschließend nichts mehr in Bezug auf unseren Vater angesprochen wurde.

Ein schlimmes Versäumnis, wie sich Jahre später erweisen sollte, als mir mein jüngerer Bruder innerhalb unsers letzten Kontakts etwa 10 Jahre später vorwarf, ich hätte den Vater zusammen mit meinem Schwager umgebracht. Wie er auch die Vorwürfe gegenüber dem Vater für erfunden hielt.

Nun ja, ich denke seine Verbitterung nachvollziehen zu können, wenn ihm als 12/13-jähriger, ohne hinreichender Erklärung, von einem Tag auf den anderen der Vater entzogen wurde.

Er wurde zwar gewiss nicht gerade von Liebe überhäuft, aber als „Nesthäkchen" doch erkennbar vom Vater gegenüber seinen älteren Geschwistern nachsichtiger behandelt. Also vergraben und vergessen.
Tatsächlich ist mir niemand bekannt, der danach noch mal sein Grab aufgesucht hätte.

Bruch mit Mutter und Familie

Meine jüngeren Geschwister hatten es danach auch nicht sonderlich leicht, wie ich Jahre später erfahren sollte. Denn wenige Monate nach der Beerdigung, ereignete sich ein neuer Vorfall, der einen gravierenden Bruch zu meiner Familie, insbesondere meiner Mutter nach sich zog. Wieder einmal, hielt ich mich an einem Wochenende bei meiner Mutter und den jüngeren Geschwistern auf, mit denen ich mich eigentlich recht gut verstand. Wir kamen gerade von meiner nächst älteren Schwester Mo., die uns zur elterlichen Wohnung begleitete.

Auf dem Weg nach Hause kabbelte ich zum Spaß mit meiner jüngeren Schwester herum und liefen den anderen ein Stück weit voraus. Im Zuge der Kabbeleien verfolgten wir uns in abwechselnder Reihenfolge. Nichts, worüber man sich hätte Sorgen machen müssen. Doch dann kippte auf einmal aus einer unbedeutenden Lappalie heraus die Stimmung als sie, die ich gerade verfolgte, schnell in die Wohnung und in ihr Zimmer flüchtete.

Ich versuchte hinterher zu kommen, doch hielt sie von innen die Tür zu, bzw. stemmt sich gegen meine Versuche die Tür aufzudrücken und war auf einmal richtig beleidigt, als meine Mutter hinterherkam und sich vom inneren des Zimmers heraus meine Schwester bei meiner Mutter beklagte, ich solle sie endlich in Ruhe lassen.
Wie gesagt aus einer Allerweltskabbelei zwischen zwei Geschwistern heraus, als mich in diesem Moment meine Mutter hasserfüllt angiftete, die Tür loszulassen und weiter die Frage in den Raum schleuderte, ob ich meine Schwester auch schon vergewaltigt hätte?

Es war als hätte mich ein Blitz getroffen, mit solch einer Wucht traf mich diese aus der Luft gegriffene Anklage. Was sollte ich gemacht haben? Meine Schwester vergewaltigt haben?

In ihren Worten lag eine dermaßen spürbare Verachtung, die mich auf eine Stufe mit meinen Vater herabwürdigte, dass ich in einem überfallartigen Weinkrampf zusammenbrach und mich gar nicht mehr einkriegen konnte. Denn da war sie, die Ablehnung, die ich all die Jahre zuvor gespürt aber nicht wahrhaben wollte. Bis zu diesem Augenblick immer wieder mich selbst verleugnend darüber hinweg gesehen, hinweg gehört hatte. Aber jetzt war es heraus und dies auf so eine abgrundtief verletzende Weise. Ich war sprichwörtlich am Boden zerstört

Meine ältere Schwester, der diese Szene nicht entgangen war, war von dieser Situation sichtlich berührt und lud mich ein, sie in ihre Wohnung zu begleiten, von der wir zuvor erst gerade gekommen waren. Wohin ich ihr auch folgte. Ich weiß nicht mehr, ob und was wir dann weiter besprochen haben. Für mich stand jedenfalls fest, dass ich dieses verletzende Miststück namens Mutter, nie wieder sehen noch hören wollte. Zog mich demnach vollkommen von dieser Familie zurück. Außer zu dieser nächst älteren Schwester, zu der ich als Einzige noch sporadischen Kontakt hielt. So auch zu jenem Zeitpunkt, als mir etwa ein Vierteljahr später völlig unverhofft ein handschriftlicher Brief zugestellt wurde, der eigentlich an meine Mutter adressiert war. Nun aber seltsamerweise 20 km entfernt, bei mir landete.

Komisch, vielleicht doch ein Irrtum? So öffnete ich den Brief und war überrascht, als er sich als ein an meine Mutter gerichteter Liebesbrief von einem Mann aus Hamburg erwies. Der Vater war noch kein halbes Jahr unter der Erde und sie machte da schon wieder mit einem fremden Kerl herum? Logisch, dass ich darüber mit meiner Schwester reden musste. Doch sogleich trug diese Schwester meiner Mutter brühwarm die Kenntnis von meinem Besitz ihres an sie gerichteten Briefes zu. Worauf mir die Mutter umgehend einen Anwalt auf den Hals hetze, der in ihrem Namen den besagten Brief einforderte.
Keine Frage, bin ich der Forderung sogleich nachgekommen.

Hatte anschließend auch längere Zeit zu niemanden mehr Kontakt aus meiner Familie und wäre wohl auch nie mehr zustande gekommen, wenn ich von mir aus nicht wieder den Versuch unternommen hätte, trotz des zurückliegenden schweren Vertrauensbruchs wieder Kontakt zu dieser älteren Schwester zu suchen.

Durch sie erfuhr ich dann, dass meine Mutter in der Zwischenzeit mit meinen jüngeren Geschwistern nach Hamburg gezogen und dort einen weit jüngeren Mann geheiratet hatte, der zuvor wegen der Ermordung seiner Frau längere Zeit im Gefängnis gesessen hatte. Irgendwann musste über ihn mal ein Bericht in einer Illustrierten veröffentlicht worden sein, woraufhin meine Mutter den Kontakt zu ihm gesucht, gefunden und ihn kurz nach seiner Entlassung geheiratet hatte. Ich war zwar ein wenig perplex, aber was ging es mich an, mit wem meine Mutter da herum machte?

Erfuhr Jahre später durch meinen jüngeren Bruder, dass diese Mutter, meine jüngeren zwei Geschwister zwar mit nach Hamburg nahm, sie dort aber weitgehend sich selbst überließ, um das uneingeschränkte Glück mit ihrem neuen Ehemann zu genießen. Folgerichtig wurde diesen jüngeren Geschwistern sehr bald nahe gelegt, sich selbst eine eigene Bleibe zu suchen. Ein herzloser Fakt , der meinen jüngeren Bruder später dazu bewogen hat, sich mit unerbittlicher Konsequenz von seiner Ursprungsfamilie zurückzuziehen und diese Distanz seit jener Zeit beibehalten hat.

Soweit zu dieser Episode aus dem Jahr 1976, über die anschließend ein Tuch des Schweigens lag, bis ich es 2004 wieder anhob, um noch weiteres Unheil zu entdecken.

Wohnen im Forsthaus zur Zeit der Gesellenprüfung

Nach dem Vorfall mit der Zechprellerei und Unfall, wohnte ich zwar noch eine Weile in meinem ursprünglichen Zimmer, aber irgendwie war das gemeinsame Verhältnis nicht mehr so frei wie zuvor. Da kam mir das Angebot eines günstigeren Zimmers im Wirtshaus eines Forsthauses zu beziehen, welches ich bereits von unserem verunglückten Betriebsausflug her kannte und wir mit unserem Malerbetrieb dort verschiedentlich zu tun hatten, sehr gelegen. Statt 240 nur noch 180 DM einschließlich Essen, das hörte sich verlockend an.

Das Wirtshaus lag zwar ein paar Kilometer von unserem Betrieb mitten in einem abgelegenen Waldstück entfernt, doch genau diese Einsamkeit, Naturnähe und günstige Preis übten einen unwiderstehlichen Reiz auf mich aus.
Nach kurzer Zeit verhalf mir der Sohn der Wirtin sogar zu einem alten, aber immer noch fahrbereiten Mofa. Dieses Mofa arbeitete ich die nächste Zeit optisch auf und erfreute mich einer nie gekannten Freiheit. Hier inmitten der Natur fühlte ich mich göttlich wohl. Unternahm ellenlange Spaziergänge mit der großen aber friedlichen Dogge der Wirtsleute. Vor dem kleineren Terrier hingegen musste ich mich in acht nehmen. Zumindest durfte ich ihm nicht zu nahe kommen und schon gar nicht zu streicheln versuchen. War vermutlich auch so ein armes Geschöpf, dem man einst so übel zugesetzt hatte, um nur mehr mit selbstschützenden Bissattacken auf seine Umwelt reagieren zu können. Wie sehr sich doch Verhaltensmuster zwischen Mensch und Tier ähneln können, ohne sich dieser Verhaltensweisen bewusst zu sein.

Dieses Muster spiegelten aber auch die Wirtsleute wieder.
Meine Güte, was die über 80-jährige Wirtin geifern und über andere Leute herziehen konnte, dass hätte mich damals alarmieren sollen.

Aber zum damaligen Zeitpunkt befand ich mich ja selbst noch im tiefsten Dornröschenschlaf. Die alte Frau hatte jedenfalls die Hosen an, um den Beherbergungsbetrieb am Laufen zu halten, mit allem was dazu an Kraftaufwand nötig war. Angefangen vom frühem Aufstehen, um das Frühstück herzurichten, Putzen, Waschen, Kochen, Abrechnen. Die Frau war echt ein einzigartiges Energiebündel. Aber leider auch recht mürrisch und launisch. Dem stand ihr über 50 jähriger Sohn kaum nach. Der stets nach der Pfeife seiner Mutter zu tanzen hatte. Wie gesagt, auch er, launisch hoch drei.

Von ihm bekam ich einen Plattenspieler für mein Zimmer ausgeliehen und fühlte mich im Großen und Ganzen recht wohl. Nur das Essen war bei weitem nicht mehr so abwechslungsreich, denn irgendwann hat es wohl jeder satt, ständig mit Pommes und Bratwurst oder Schnitzel abgespeist zu werden. Das war nicht so der Hit, aber dennoch habe ich mich dort draußen in der Natur super wohl gefühlt.

Doch auch diese Idylle wurde von der Launenhaftigkeit dieser Leute jäh unterbrochen. Denn unmittelbar vor meiner Gesellenprüfung entdeckte mein Chef in seinem Hinterhof in einem der zahlreichen leeren Farbeimer drei schreiende Katzenbabys, die dort offensichtlich von ihrer Mutter verlassen wurden oder verunglückt war. War ja wohl logisch, dass wir die Katzenbabys, die bereits ihre Augen geöffnet hatten, weiter mit einem Fläschchen für Liebesperlen mit Milch versorgten. Die Frage war nur, wohin mit den Katzen? Der Chef selber hatte einen großen Schäferhund, für den die Kätzchen sicher ein lecker Happen gewesen wäre. Da ich in der Umgebung des Forsthauses mit seinen vielen Speichern schon eher die Möglichkeit sah, die Katzen bei mir zu lassen, nahm ich sie mit zu mir nach Hause, um dort eine passende Behausung für sie zu finden. Doch zu meiner Überraschung willigten die Wirtsleute auf meine Frage, die Katzen dort irgendwo unterbringen zu dürfen, nicht ein.

Oh je, mit so einer Abfuhr hatte ich nicht gerechnet. Was wohl daran lag, dass sie mal wieder richtig launisch unterwegs waren. An anderen Tagen wäre das garantiert kein Thema geworden, aber leider hatte ich sie jetzt mal an einem Tag erwischt, an dem sie sich selbst kaum ertragen konnten. Sei es drum, dachte ich mir.
Ich nahm die Katzen erst mal mit auf mein Zimmer, um sie dort mit Milch zu versorgen. Später wollte ich sie heimlich auf einen der Speicher bringen, von denen ich dachte, dass sie von den Wirtsleuten so schnell nicht betreten würden. Doch dazu mussten die Kätzchen erst mal lernen tagsüber während meiner Abwesenheit, selbstständig Milch aus einer Schale zu trinken, sonst würden sie sich mit ihren Miauen noch selbst verraten.

Daher servierte ich den Katzen auf meinem Bett, auf einer Kaffeeuntertasse eine Mischung aus Kaffeesahne und Wasser. Doch so sehr ich mich auch bemühte, sie zum Trinken aus dem Unterteller zu animieren, verstanden sie einfach nichts, sondern stapften gerade durch den Milchteller herum. Naja, sie würden es schon noch lernen, dachte ich mir und fütterte sie erst einmal weiter mit der Flasche. Anschließend schlich ich mich mit den Katzen auf einen der Speicher und setzte sie dort aus. Selbstverständlich mit einem Teller mit Milchwasser. Soweit so gut.

Als ich am nächsten Tag von der Arbeit nach Hause kam, verging mir regelrecht Hören und Sehen, als mich die Wirtin zusammen mit ihrem Sohn mit geifernden Vorwürfen überfielen, was ich nur für eine Dreckssau sei, die nichts besseres zu tun hätte, als mein Bettzeug vollzuwixen. Denn es entsprach der normalen Gewohnheit, dass sie wie zufällig an diesem Tag, alle paar Wochen die Bettwäsche zum Waschen wechselten und dabei die eingetrockneten Milchspuren auf dem Bett entdeckt hatten. Ich konnte noch so viel beteuern, dass diese Flecken von den Katzen stammten, wurden sie nicht müde, mich als Schwein hinzustellen, dass sich nicht beherrschen konnte.

Ihr unerträgliches Gekreische fand dann endlich in der Ankündigung ein Ende, dass ich mir morgen sofort ein neues Zimmer suchen sollte. Sie wollten mich Drecksschwein dort nicht mehr länger sehen. Und das ausgerechnet am Vorabend meiner bevorstehenden Gesellenprüfung. Mit entsprechend gemischten Gefühlen, machte ich mich am nächsten Morgen aus dem Haus. Nicht mal ein Frühstück oder Brote für die Prüfung standen mehr bereit.

Von unterwegs aus, rief ich meinen Chef an, um ihm von der Situation zu berichten. Er versprach mir sich darum zu kümmern. Tatsächlich erwartete mich am Nachmittag wie ich zurückkehrte ein Komitee, das sich bereits darauf verständigt hatte, mir die Zeit einzuräumen, um mir ein andere Bleibe suchen zu können.

Innerhalb kürzester Zeit fand ich auch ein neues Zimmer bei einer wirklich sehr netten und ruhigen Familie, dessen Haus zufällig in direkter Nachbarschaft zur Wohnung eines meiner Gesellen und dessen Frau lag, mit denen ich mich sehr gut verstand. Doch belastete diese unappetitliche Geschichte natürlich auch das Ergebnis meiner Gesellenprüfung, die ich trotz meiner bescheidenen Ergebnisnoten wenigstens noch erfolgreich bestand. Ein glückliches Erfolgsgefühl musste sich aber wohl irgendwie anders anfühlen, wie zu diesem Ergebnis.

Die Katzenbabys waren übrigens weder am nächsten, noch an den darauf folgenden Tagen mehr auf dem ausgesetzten Speicher aufzufinden.
Aber immerhin wurde ich nun von meinem Chef als Geselle angestellt, der ich von nun ab richtig Geld von etwa 13 DM die Stunde verdiente. Die Chefin wachte nun ein wenig darüber, dass mein Geld zur angemessenen Tilgung meiner Unfallschulden eingesetzt wurde.

Dienstzeit bei Bundeswehr

An dem neu gewonnenen Geldsegen konnte ich mich nur kurze Zeit erfreuen, denn die Bundeswehr rief mich bereits seit über einem Jahr. Da ich mich aber noch in Ausbildung befand, brauchte ich der bisherigen Einberufung nicht Folge leisten. Nun aber, da ich meine Ausbildung abgeschlossen hatte, wurde ich unwiderruflich zum 2. Januar 1978 zur Bundeswehr einberufen. Meine Gesellen hatten mir bereits von schauderlichsten Härteerfahrungen berichtet, sodass ich bereits mit dem Schlimmsten rechnete.

Doch holla, endlich hatte ich mal Glück, um nicht wie so viele andere in eine Rödeleinheit zu geraten, in der man bis aufs Blut gestriezt wurde, sondern wurde dank meines Musterungsbescheids einer einzelnen Funkerausbildungskompanie innerhalb eines Grenadierbataillons in Northeim einberufen.

Gemessen an den armen Grenadieren, die mir innerhalb der nächsten Monate begegnen sollten, von denen man vor lauter anhaftendem Schlamm kaum mehr die Köper/Bekleidungskonturen erkennen konnte, ging es in unserer separaten Ausbildungskompanie vergleichsweise human zu. Zwar wurden wir auch hier nicht gerade mit Samthandschuhen angefasst, wie wir auch draußen schon mal durchs Gelände robben mussten, aber nicht einmal habe ich so verdreckt ausgesehen wie die armen Grennis innerhalb unserer Kaserne.

Dennoch war die Grundausbildung kein Zuckerschlecken, denn es dauerte nicht lange und schon hatte ich meiner unangepassten Eskapaden und spitzen Bemerkungen wegen den Ruf eines Pausenkaspers inne. Irgendwie konnte oder wollte ich mich dem absoluten Anpassungsbegehren nicht unterordnen und musste meines provozierenden Grinsens wegen, ein ums andere Wochenende zum Strafexerzieren in der Kaserne bleiben.

Eben weil mir Situationen während der Formalausbildung, wo uns Rekruten beim Exerzieren beigebracht werden sollte, sich exakt nach Anweisung zu bewegen und zu schauen, so lächerlich vorkamen, um äußerlich kaum verbergen zu können, was mich bei solchen Anblicken innerlich bewegte.

Manchmal machte ich aus meinem Herzen auch keine Mördergrube, wie in einem Fall, wo ich die Zimmer zweier Vorgesetzten aufräumen und sauber machen sollte und echt empört darüber war, dass die uns für jedes gefundene Staubkorn zur Schnecke machten, während ihre eigenen Zimmer vergleichsweise wie Sauställe aussahen. Weshalb ich dazu verdonnert wurde, meinen Kommentar, den ich einem unteren Vorgesetzten gegenüber mal geäußert hatte und der mich deswegen gleich verpfiffen hatte, nun mit den Worten: „Die Zimmer vom Naumann und Beck, sahen aus wie ein Saustall" zur „Strafe" hundert Mal niederzuschreiben. Wie geistreich.

Bei unserem Kompaniechef, einem Hauptmann, hatten wir auch irgend so einen politischen Unterricht. Innerhalb dessen stellte er mal eine Frage. Unter anderem meldete sich auch ein Kamerad meiner Stube, um seine Frage zu beantworten. Der Hauptmann deute auf diesen Stubenkameraden der daraufhin aufstand und die erwartete korrekte Antwort angab. Daraufhin wies ihn der Hauptmann an, sich wieder setzen zu dürfen, was dieser auch mit einem zackigen „jawohl" erwiderte.

Zu aller Überraschung wies der Hauptmann nun zwei anwesende Unteroffiziere an, meinen Stubenkameraden festzunehmen und in das Kasernengefängnis zu bringen. Allen Anwesenden stand vor staunendem Entsetzen der Mund offen.
Nachdem die beiden Unteroffiziere meinen Kameraden abgeführt hatten, wandte sich der Kompaniechef mit der Frage an uns, warum er ihn wohl hätte festnehmen lassen? Keiner wusste darauf eine Antwort.

Er beantwortet die Frage selbst, indem er genüsslich erläuterte, dass unser Kamerad nachdem ihn der Hauptmann zuvor zum Hinsetzen angewiesen hatte, nicht nur mit „jawohl", sondern mit „jawohl Herr Hauptmann", hätte antworten müssen.

So ein mieses Arschloch dachten in diesem Moment wohl die meisten Rekruten im Saal voller Entrüstung, aber niemand rührte sich. Damit wurde nichts weiter als die absolute Abhängigkeit von Arschlöchern demonstriert, die im Leben nichts anderes fertig gebracht hatten, als ihr armseliges Ego in eine Uniform zu pressen und damit gegenüber normalen Menschen die Sau raushängen zu lassen, die sie intellektuell oder auch mit praktischen Fertigkeiten um Welten abzuhängen vermochten. Vor solchen Spinnern mussten nun einzig ihrer Uniform wegen, junge wie ältere Rekruten demütigend zu Kreuze kriechen, sich anschreien und erniedrigen lassen? Ich hätte kotzen können. Ein einschneidendes Erlebnis, welches mir auch später in ähnlichen Formen immer wieder begegnen sollte und damit meine abgrundtiefe Verachtung gegenüber solchen Nieten stetig weiter auf die Spitze trieb.
Einer von denen, war nicht einmal in der Lage, richtig zu tauchen. Ständig paddelte der wild im Wasser herum und meinte zu tauchen, wenn er nur mit dem Gesicht unter Wasser hing, während sein Hintern wie ein Entenarsch auf dem Wasser auf- und niederwippte. Lachhaft, und diese Niete durfte uns befehlen, im Schwimmbecken irgendwelche Ringe vom Boden zu holen? Grotesk hoch drei.

Nach der Grundausbildung hieß mein neuer Marschbefehl Braunschweig, um mich in einem Panzeraufklärungsbataillon zu meiner zukünftigen Dienststelle als Funker anzumelden. Ach Du meine Güte, was ging es dort in im Gegensatz zu unserer strengen Grundausbildung locker und chaotisch zu. Teils trauten sich Vorgesetzte kaum mehr, allein über den Flur zu gehen, um von den älteren Wehrpflichtigen nicht unflätigst angepöbelt oder angerempelt zu werden. Ich konnte nur ungläubig staunen. Da wurde abends vor lauter Langeweile und Frust um die Wette gesoffen und jeder Tag bis zur näherrückenden Entlassung lautstark gefeiert. Und wenn die Jungs mal so richtig in Fahrt waren, kam es gar nicht so selten vor, dass sie im besoffenen Kopf Toiletten- oder auch Stubentüren der sogenannten Frischlinge eintraten. Also Zustände, die man sich eigentlich gar nicht vorstellen konnte. Ich hatte keine Mühe, mich recht schnell den rauen Gepflogenheiten anzupassen. Insbesondere ein Erlebnis werde ich nicht vergessen.

Ich hatte noch keinen Dienstgrad, als ein Funkerteam auf freiwilliger Basis mit der Bereitschaft gesucht wurde, im Zuge einer ausladenden Manöverübung im Raum von Ingolstadt, ein Pionierbataillon aus Holzminden mit einem unserer Funkwagen zu verstärken. Da ich schon damals um jede Abwechslung froh war und auf solchen Übungen ein tägliches Zusatzgeld gezahlt wurde, war ich mit dem Fahrer ganz schnell mit von der Partie. Es meldete sich ein weiterer Funker, der nicht so mein Hit war, weil es sich um einen „Arschkriecher" handelte, der nur um seine Karrierevorteile bedacht war.

Unser Team wurde von einem Unteroffizier abgerundet, den ich zu einen jener Nieten zählte, die ohne ihre Uniform ein hilfloses Dasein fristen müssten und so einen auf dicken Larry mimen durften. Ich frotzelte mit dem Fahrer herum, dass wir es solchen Typen mal zeigen müssten und zu meiner freudigen Überraschung ging er voll darauf ein. Nur dieser andere Schleimer konnte da als zweiter Funker ein Hindernis darstellen. Aber wie das Leben doch manchmal so spielt, wurde er am Zielort in Ingolstadt in den Wagen eines höheren Offiziers umbeordert. Prima, damit war für mich/uns der Weg frei.
Denn es hört sich jetzt vielleicht unglaublich an, aber tatsächlich verweigerte ich nun dem Unteroffizier rigoros die Gefolgschaft. Immerhin befanden wir uns nun jeweils weitab von anderen

Teilnehmern der Übung irgendwo in wilder Walachei, zu dessen Stelle wir von einem höheren Lenkungsstab beordert wurden.

Da stand er nun und befahl mir vergebens, den Funkmast und alles weitere für den Funkbetrieb aufzubauen, wie auch das Fahrzeug angemessen zu tarnen. Nö, mache ich nicht, war meine stereotype Antwort und beobachtete nun gemeinsam mit dem grinsenden Fahrer, wie dem Uffz am Ende nichts übrig blieb, sich selbst an die Arbeit zu machen. Denn der Fahrer durfte diese Tätigkeiten der vorgeschriebenen Ruhezeiten wegen nicht ausführen, noch durften wir uns vom vorgeschriebenen Platz fortbewegen.
Als der Unteroffizier endlich alles aufgebaut hatte, befahl er mir, mich ans Funkgerät zu setzen und den Betrieb einzuhalten. Auch dies verweigerte ich im Wissen, dass er mir nichts anhaben konnte, da ich einen Zeugen hatte, der jederzeit bereit war, die möglichen Klagen des Uffz, als unwahrheitsgemäß zu bezeugen. Nach etwa 24 Stunden ununterbrochenen Funkbetrieb, den der Unteroffizier allein bediente, hatte ich dann doch Mitleid mit dem Kerl und teilte ihm mit, dass ich ihn nun ablösen würde. Sogleich legte er sich in seinem Schlafsack eingerollt zum Schlafen hin.
Um ihn ein weiteres Stück zu ärgern, drehte ich ein verbotenerweise mitgeführtes Radio laut auf, um im Takte der Musik mit Holzstöcken auf den Ablagen herumzutrommeln. Das war dann doch zu viel für den übermüdeten Uffz, der damit natürlich keinen Schlaf finden konnte und hemmungslos zu heulen anfing. Oh je, da war es denn auch für mich Zeit anzuerkennen, es mit dem bösen Machtspielchen etwas übertrieben zu haben und ließ ihn in der Folgezeit wieder in Ruhe. Die Atmosphäre war anschließend, sowie an unseren weiteren Standorten, wo ich wieder ganz normal meinen Dienst nach seinen Anweisungen versah, von einer abwartend bedrückenden Stimmung geprägt. Als wir später alle zusammen wieder in unsere Stammkaserne zurückkehrten fragte ich ihn nur mal, ob er mich noch immer, wie am

ersten Tag angekündigt, in den Knast bringen würde. Worauf er antwortete, es sich noch zu überlegen.
Nein, er tat es nicht und zählte später tatsächlich zu meinen wenigen Duzfreunden, von denen ich den Eindruck hatte, dass er durch diese zugegeben unwürdige Begebenheit auch etwas für seinen weiteren Umgang mit „Untergebenen" gelernt hatte.

Damals dauerte die Wehrpflicht noch 18 Monate. So fiel es mir des Geldes wegen recht leicht, mich für zwei Jahre als Soldat auf Zeit zu verpflichten. Denn damit standen mir nun statt des mageren Wehrsolds von 205 DM, ein weit höherer Betrag von rund 1100 DM pro Monat, plus Urlaubsgeld und Weihnachtszulagen zur Verfügung. Hatte ich auch bitter nötig, denn schon damals hatte ich ein kleines Vermögen an Schulden angehäuft, zu denen noch immer der zu Schrott gefahrene Lieferwagen, sowie mein Bankkonto, Buchclubs und ein Fortbildungsinstitut gehörten, bei dem ich mich für eine weiterführende Schulausbildung angemeldet, aber nie in Anspruch genommen hatte. Dennoch saßen mir dieser, wie auch andere Gläubiger ständig im Nacken.

Und nicht zu vergessen, forderte meine Spielsucht ja noch immer ihren bitteren Tribut, die mir einfach keine Ruhe ließ, mein Leben etwas entspannter angehen zu können. So blieb ich trotz dieses Geldsegens dennoch klamm bis zum geht nicht mehr. Ja war in gewisser Weise schon deshalb ein Einzelgänger, weil ich mit den anderen nie finanziell mithalten konnte. Sondern pumpte mir hier und da immer weitere Geldbeträge. Wirklich nicht angenehm und da sich der Unterrichtsstoff alle Vierteljahr mit den neuen Rekruten wiederholte, wurde es mir natürlich schnell langweilig, um weiter mit unsinnigen Eskapaden aufzufallen. Ja, genoss irgendwann eine regelrechte Narrenfreiheit, mit der ich mir erlauben konnte, verschiedentliche Befehle zu verweigern, ohne dafür im Knast zu landen.

Eigener Suizidversuch

Und seltsam, mit jedem weiteren Vierteljahr, mit dem neue Rekruten hinzukamen, fielen immer mehr der rauen und lärmenden Mannschaftskameraden weg, sodass ich mich immer öfter im Umfeld meiner Kameraden wie ein Relikt vergangener Zeiten empfand, der sich zusehends zu langweilen begann und statt durch Blödsinn aufzufallen, lieber intellektuelle Gespräche über Gott und die Welt zu suchen begann.

Und je mehr ich mit den anderen über die Weltzustände und der Kleinheit unseres Soldatendaseins diskutierte, desto klarer wurde mir die Sinnlosigkeit dieses unbegreiflichen Lebens, auf dessen Leiden mir niemand eine plausible Antwort geben konnte. Bis ich irgendwann an den Punkt kam, mich zu fragen, warum es sich lohnen sollte, überhaupt noch weiter zu leben. Dabei brachte ich die zunehmend suizidalen Gedanken nicht so sehr mit meiner eigenen Situation zusammen, sondern sah dabei vordergründig das globale Leid dieser Welt, mit dem ich mich schon seit Jugend an intensiv befasste und nun den Lächerlichkeiten des Soldatendaseins entgegensetzte. Da konnte einem ja nur das Grausen und Gedanken an Flucht vor diesen Realitäten kommen.

Manchmal loderte zwar noch so mancher Gedanke an eine Zukunft auf, aber ich denke, den meisten mit denen ich in Kontakt stand, dürften meine inneren Veränderungen nicht verborgen geblieben sein. Doch ja, eine aufziehende depressive Verstimmung trübte zusehends meine Laune ein, lähmte meine zuvor überschäumenden Lebensgeister, wurde stiller und nachdenklicher, bis mich immer nachdrücklicher der Gedanke beseelte, endlich Schluss zu machen. Nein, ganz ohne einen Ton zu meinen Beweggründen zu sagen, bzw. zu schreiben, wollte ich natürlich nicht gehen. Meine Nachwelt sollte wenigstens wissen, warum ich mich zu diesem Schritt entschlossen hatte – schrieb und malte, zahlreiche Gedanken in ein Notizbuch, bis ich den Eindruck hatte, dass es an Erklärungen reichte.

Es stand inzwischen fest, dass ich mich möglichst "schmerzlos" durch eine Schusswaffe umbringen wollte und reichte an einem Abend, an dem wir wieder Kasernenwachdienst hatten, einem Kameraden, mit dem ich so manche anspruchsvolle Diskussionen geführt hatte, sein ausgeliehenes Buch „Ein Planet wird geplündert", mit den Worten zurück, dass ich dieses nicht mehr benötigte. Ich denke, er ahnte bereits, welche Bedeutung mit dieser Rückgabe verbunden war. Doch sprach es niemand von uns beiden aus.

Der Sonntag des 19. August 1979 stand ganz in der Gewissheit, dass es mein letzter Tag werden würde. Ich agierte ganz in dem Bemühen, mir nichts von meinen Plänen anmerken zu lassen.
Also nahmen wir an diesem Tag wie sonst auch unseren Wachdienst auf. Wir wurden für die erste Streife in der Zeit zwischen 16:00 und 18:00 Uhr eingeteilt. Ok, es sollte nun an diesem Tag zum Ende der Streife um 18:00 Uhr sein.

Da ich ahnte, dass er von meinen Plänen wusste und fürchtete, von ihm mit einem Angriff überrascht zu werden, mit dem er versuchen könnte, mir in bester Absicht das Gewehr zu entreißen, teilte ich ihm gleich mit, dass es tatsächlich soweit wäre und bat ihn, mich nicht davon abzubringen. Vorsichtshalber lud ich mein Gewehr durch und hätte ihn wie jeden anderen mit tödlicher Sicherheit erschossen, falls zu diesem Zeitpunkt noch jemand versucht hätte, mich an meinem geplanten Suizid zu hindern.
Über das Warum mussten wir uns längst nicht mehr unterhalten, dazu hatten wir bereits über viele Abende bis tief in die Nacht hinein intensiv genug diskutiert. Einzig, warum es heute sein müsste, versuchte er ein wenig zu insistieren. Ansonsten liefen wir jeder in seinen Gedanken die Wege quer durch die Kaserne ab, während die Zeit Minute um Minute voranschritt.

Ich kann nicht behaupten, dass es ein angenehmer Gedanke ist, zu wissen, dass man nur noch kurze Zeit zu leben hat, aber es war schon erstaunlich, mit welcher inneren Ruhe ich dem Ende unseres Streifendienstes entgegensah. Wenige Minuten vor 18:00 Uhr an unserem letzten Kontrollpunkt, einem Kraftwerk, an dem die letzte Meldung an den Wachhabenden am Eingangstor der Kaserne übermittelt wurde, war es dann auch für uns Zeit voneinander Abschied zu nehmen.

Ich muss gestehen, dass ich mich ihm gegenüber zutiefst schuldig fühlte, ihn diesen emotionalen Stress ausgesetzt zu haben, aber in diesem Moment war das auch nicht mehr zu ändern. Nach einem letzten Tschüss, ging er mit Tränen in den Augen Richtung Wachstube davon. So, jetzt ist es soweit, dachte ich zu mir und sah mich nach einem geeigneten Platz um, wo ich das Gewehr ansetzen wollte, um mit einem Schuss ins Herz mein Leben zu beenden.

Der Versuch, das Gewehr gegen sich selbst zu richten und gleichzeitig an den entfernten Abzug zu gelangen, gestaltete sich zu meiner Überraschung weit schwieriger als erwartet. Ich kam zumindest kaum an den Abzug dran. Doch zum Glück fand ich einen kleinen Sandhaufen, auf dem ich das Gewehr abstützen und mich tief nach unten beugen musste, um an den Abzug zu kommen. Der Gewehrlauf befand sich in etwa auf Höhe der linken Seite, wo ich mein Herz vermutete. So über das Gewehr gebeugt verharrte ich noch die kurze Zeit, bis ich sich schnell nähernde Schritte hörte. Nein, wer auch immer da kam, sollte mich nicht mehr hindern können - und drückte den Abzug durch.

Im gleichen Moment der laute kurze Knall und Pulverdampf, der mir beißend in die Nase stieg, jedoch zu meiner Verwirrung, war ich alles andere als tot. Stattdessen stand ich durch die Druckwelle hochgeschleudert voll aufgerichtet da und stieß dreimal hintereinander einen jeweils langen durchdringenden Schrei aus, mit dem ich scheinbar im Moment des Schocks, all den in mir steckenden Schmerz meiner zurückliegenden 22 Jahre herausschrie.

Im nächsten Moment erblickte ich einen Wachkameraden, der nach mir gesucht haben musste und mich einige Meter entfernt mit einem fragenden Blick anschaute. Erst als er erschreckt die Augen aufriss, schaute ich völlig irritiert an mir herunter. Da war nichts! Waren unsere Gewehre etwa doch nur mit Platzpatronen geladen, durchfuhr es mich spontan?

Doch kurz darauf entdeckte ich ein kleines Loch im Hemd, dessen Rand sich nun langsam von einer klaren Flüssigkeit benetzt dunkler zu verfärben begann. Indes war, wider Erwarten kein Blut zu sehen. Mit zitternder Hand fühlte ich in den Brustbereich, der sich irgendwie fremd und feucht anfühlte. Erst ab diesem Moment verbreitete sich ein zunehmend dumpfer Schmerz in meiner Brust und Bauch. Ich sackte zusammen und stöhnte laut vor diesen zunehmenden pochenden Schmerzen, die meinen Körper wie schwere Walzen wellenförmig durchdrangen.

Der Kamerad, dem die Angst um mich ins Gesicht geschrieben stand, reichte mir mit fahriger Bewegung eines der Verbandspäckchen, die jeder Soldat in seiner normalen Arbeitskluft mit sich führt. Auf dieses sollte ich der Schmerzen wegen mit den Zähnen beißen, doch das half mir absolut nichts. Ich legte es wieder zur Seite und fummelte aus meiner Seitentasche der Hose mein Notizbuch hervor, wo ich all die Gedanken zu diesem suizidalen Schritt reingeschrieben hatte. Ich reichte es dem Kameraden, mit bebender Stimme, es bitte unserem Zugführer zu überreichen.

Wie er so hilflos dastand und ich über mir in den wolkenlosen blauen Himmel schaute, entfuhr mir die laut gestellte Frage, wann es denn endlich vorbei wäre?

Ich hörte wie hinter mir eine zweite Person auftauchte und sofort wieder weg rannte. Kurz darauf folgten Schritte von mehreren Leuten, die sich sichtlich nervös um mich herum aufbauten, aber nichts tun konnten. Einer legte seine Jacke unter meinem Kopf, während irgend so ein Wichtigtuer im aufgesetzten Tonfall befahl, ihm mein Gewehr zur Beweissicherung zu übergeben.

Nun tauchte der oberste Stabsarzt mit einem Arztkoffer auf. Er war der Einzige, der sich in ruhigem Tonfall mit Fragen an mich wandte, ob und wo es mir weh täte. Nachdem er eine Kanüle in meine linke Armvene gesetzt und mir durch diese Schmerz- oder Beruhigungsmittel verabreicht hatte, entspannte sich schon bald meine Atmung insoweit, um nicht mehr mit jedem Atemzug so einen grässlichen Röchelton hervorzubringen.

Kurzatmig sah ich über den hinter mir aufsteigenden Schornstein in den blauen Himmel und konnte überhaupt nicht nachvollziehen, warum ich immer noch lebte. Des Rätsels Lösung lag darin, dass ich von Anatomie kaum Ahnung hatte, um zu wissen, dass sich das menschliche Herz nicht irgendwo links in der Brust befindet, wie ich es zuvor von zahlreichen Kreuzigungsbildnissen abgeleitet hatte. Darüber hinaus sollte sich der Umstand, dass ich mich so weit über das Gewehr beugen musste dazu beitragen, um den Schusskanal unterhalb des Herzens zu lenken und drittens durch den Rückschlag das Gewehrs im Augenblick des Schusses wohl noch ein klein wenig tiefer in den Sand rutschte, um auch damit den Schusskanal ein wenig zu ändern.

Der Arzt wollte den Gürtel meiner Hose lockern, doch das ließ ich nicht zu, sondern öffnete aus eigener Kraft die Koppelschnalle. Nach einiger Zeit wurde auch der Schmerz erträglicher, während ich zunehmend das Gefühl bekam, mich nicht mehr spüren zu können. Wie in einer schweren Watte erstickten irgendwann selbst meine Gedanken. Lag nur noch da und wartete auf das Ende.

Ich nahm noch den eintreffenden Krankenwagen wahr, wurde aber bereits beim Umheben auf die Transportbahre bewusstlos. Wachte auf der Fahrt zum Krankenhaus zwischendurch mal wieder auf und sah auf den mitfahrenden Wachoffizier, der mir wie bescheuert in dieser Situation befahl, woanders hinzugucken.
Wachte kurz auf, als ich beim Krankenhaus aus dem Rettungswagen geschoben wurde und noch einmal im Notaufnahmeraum, ohne meine Augen zu öffnen, als mich jemand laut ansprach, welche Blutgruppe ich hätte? Ich hörte mich nur wegbrechend flüstern null positiv. Jemand meldete, dass er kaum oder keinen Puls mehr fühlen könne.

Obwohl ich noch merkte, dass mir jemand die Unterhose auszog, spürte ich von meinem Körper nichts mehr. Ein letztes Mal wurde ich mit offenen Augen wach, als sich ein Arzt oder Helfer anschickte, mir eine Maske über die Nase zu stülpen und meinte, ich sollte jetzt möglichst tief durchatmen. Genau in diesem letzten Augenblick hatte ich zumindest den Eindruck als würde ich mein Gesicht der Maske entgegenstrecken, während ich in meinem letzten Gedanken nach außen rief – **rettet mich**!

Zu diesem oder späterem Zeitpunkt nahm ich mich wie in einem dunklen Tunnel wahr, dessen leuchtend heller Ausgang eine anziehende Friedsamkeit ausstrahlte. Allerding nahm ich nichts weiter, also weder eine Naturumgebung, noch menschliche Wesen wahr. Kein Scherz, keine Übertreibung. Genau so behielt ich das Ende dieses Tages in Erinnerung.

Ich weiß nicht zu sagen, ob ich am nächsten oder einem anderen Morgen aus einer unendlichen Schwere auf einer Intensivstation erwachte, die dadurch unterbrochen wurde, weil ein älterer Pfleger mir gerade zuvor einen eingesetzten Blasenkatheder herauszog und ich ab diesem Augenblick schwerst benommen zu realisieren begann, dass ich noch am Leben war.

Mit einem schwachen krächzenden Laut konnte ich auf meinen völlig ausgetrockneten Mund aufmerksam machen, woraufhin er mir den Mund mit einem nassen Wattestäbchen anfeuchtete. Eine Wohltat, denn mein Mund wies lauter verkrusteten Grind auf, der sich mit der Feuchtigkeit ein wenig aufzulösen begann. Alsbald fühlte ich eine dicke Schicht von Verbandsmaterial, welches nahezu über meinen gesamten Bauch und Brustbereich drapiert war. Schmerzen fühlte ich hingegen da noch nicht.

Nach einer Weile, die ich nicht einzuschätzen weiß, kam auf einmal ein ganzer Pulk von Ärzten an mein Bett, die mir zuvor in einer über 9-stündigen Operation ganz offensichtlich das Leben gerettet hatten. In den umstehenden Gesichtern konnte ich eine gelöste Zufriedenheit ablesen, als einer von ihnen erwähnte, dass es geradezu ein Wunder sei, dass ich meinen Suizidversuch überlebt hätte. Während ein anderer meine rechte Hand ergriff und meinte ihm versprechen zu müssen, dass ich so etwas nie wieder machen werde. Vermutlich habe ich darauf sogar noch ja gemurmelt. Denn ich fühlte mich selbst zum Reden zu schwach. So begnügte ich mich auf die Milchglasscheiben der Fenster zu schauen, als auch das Pflegepersonal beim Hantieren zu beobachten, die mit unangenehm lauten Holzschuhen über den Boden klapperten. Gedanken an das was war oder weiter werden wird, gingen zu dem Zeitpunkt noch vollkommen in meiner schweren Benommenheit unter.

Erst ganz allmählich kehrten so langsam meine Lebensgeister in einer nie gekannten Hilflosigkeit zurück. Lebensgeister bedeutete nämlich, in erster Linie vollkommene Abhängigkeit vom Pflegepersonal, sowie unangenehme Schmerzen und Schwäche realisieren zu dürfen. Etwa wenn mich morgens zum Frischmachen der Betten zwei Pflegekräfte in einem langwierigen Vorgang zahlreicher Verkabelungen und Schläuchen aufstehen ließen. Bei solchen Prozeduren musste ich wie Espenlaub zitternd darum kämpfen, mich auf den Beinen zu halten.

Allein dieser kräftezehrende Vorgang hätte es verdient gehabt, meinen Suizidversuch nicht zu überleben. Damit nicht genug, wurde jeweils abends und morgens eine seltsame Übung vollzogen, bei der irgendetwas mit meiner Atmung gemessen wurde. Schmerzhaft, denn dazu wurde das Kopfteil völlig nach unten geklappt, womit sich derart auf den Rücken liegend schweres Reißen der Brust/Bauch bemerkbar machte und ich in dieser ungemütlichen Lage tief ein- und ausatmen sollte.

Schauderlich, wie eben noch zahlreiche weitere nachfolgende Schmerzen, mich die nächsten Wochen auf der Intensivstation auf dem Weg zurück ins Leben begleiten sollten. Etwa, wenn alle paar Tage ein Stück des Verbandszeug aus dem Schusskanal auf dem Rücken gezogen wurde, wo das Projektil ausgetreten war. Die täglichen Atemübungen, die mir wieder eine Bauchatmung ermöglichen sollten. Erste Gehversuche oder das anhaltende Grauen, des lädierten Darmes wegen, zum Brechen reizendes Rizinusöl schlucken zu müssen. Seitdem kann ich nicht mal mehr an Dunkelbier riechen, in dem dieses Zeug verdünnt wurde, ohne an diese Torturen erinnert zu werden.

Dagegen nahmen sich der Verbandswechsel der rund 45 Zentimeter langen Narbe, die sich in einem großen Halbrund vom Bachnabel bis hinter der Brustwarze erstreckte, noch relativ harmlos aus. Sie wäre wahrscheinlich nie so fürchterlich lang ausgefallen, wenn die Druckwelle des aufgesetzten Gewehres nicht auch noch zu den weiteren verheerenden Verletzungen beigetragen hätte.

Zufällig bekam ich bei einer späteren Verlegung den OP Bericht zu lesen, aus dem hervorging, wie bereits das Projektil, welches 1-2 cm unter dem Herzen vorbeischoss, für sich genommen, mit einem Rippentrümmerbuch und offenem Pneumothorax, was dem Kollaps des linken Lungenflügels entspricht, bereits einen lebensbedrohlichen Schaden verursachte.

Die Druckwelle wirkte dagegen, mit einem Zwergfellriss und zerfetzten Organen wie Milz, linke Niere, Magen und Darm, verbunden mit sehr hohen Blutverlust einschließlich hypovolämischen Schock noch einmal ungleich schwerer. Von daher ist mir die Bedeutung des Satzes durch einen der Ärzte, der von einem Überlebenswunder sprach, erst sehr viel später aufgegangen. Sie haben wahrlich selbst großartige Arbeit geleistet, als sie mich und meinen Magen wieder zusammenflickten, um bis auf den heutigen Tag den Verlust der Milz und Niere nicht einmal als nachteilhaft bemerken zu müssen
Dennoch stand mit all den damit verbundene Schmerzen mein Einstieg in ein neues Leben gewiss unter keinem glücklichen Stern. Es ist schon erstaunlich, was der Mensch nicht alles für sein bisschen Leben alles zu ertragen bereit ist.

Dank ärztlicher Geschicklichkeit begann ich mich langsam wieder zu erholen. Mein zusammengeflickter Magen und Darm machten mir zwar noch längere Zeit schwere Probleme, aber auch diese besserten sich immer weiter im Laufe der Zeit.

Ich bekam Besuche, die mir alles andere als angenehm waren. Aber was sollte ich machen? Wegrennen konnte ich eh nicht, also musste ich die Scham meines „Versagens" so gut tragen, wie es in dieser Situation eben möglich war. Was zuweilen bedeuten konnte, dass ich überraschend von Kameraden oder Vorgesetzten besucht wurde, während ich gerade auf der dampfenden Bettpfanne schmorte. Also es war eher öfter peinlich als angenehm. Zudem bekam ich mit, dass die Jungs wegen mir einen Rüffel verpasst bekamen, weil niemand etwas gemerkt und Alarm geschlagen hätte.

Mehr noch tat es mir um den Kameraden leid, mit dem ich zusammen die letzte Streife ging. Ihn hatten sie angeblich zu seinem Schutz, um mehr Abstand zu gewinnen, in eine Nachbarkaserne versetzt, wo sich die harten Jungs von Fallschirmjägern ihm gegenüber über meine Blödheit lustig machten, noch nicht mal zu einem gescheiten Schuss fähig zu sein.

Ich weiß nicht mehr, wie lange ich schon auf der Intensivstation lag, als eines Tages unverhofft die Tür aufging und meine Mutter mit suchendem Blick hereinstürzte. Während wir uns zur Begrüßung die Hand reichten, quetschte sie sich tatsächlich eine Träne aus den Augen. Diese theatralische Szene wirkte auf mich total aufgesetzt und wurde auch durch das anschließende Gespräch nicht besser, indem sie mir von Belanglosigkeiten berichtete, zu denen ich, wie ihrem neuen Mann keinen Bezug hatte. Ich hätte mir mehr gewünscht, dass wir über uns und unsere Beziehung reden könnten. Nur wagte ich mich nicht, sie darauf anzusprechen. Folglich wartete ich vergebens darauf, dass sie anfing, sich und ihre Schuld mir gegenüber zu erklären. Sie blieb sogar ein paar Tage, weil es ihr der Krankenhauspsychologe meinetwegen empfohlen hatte.

Nach ein paar Wochen, wie vielen genau weiß ich nicht mehr, wurde ich auf eine normale Station verlegt. Mir ging es bei weitem noch nicht gut, aber immerhin erinnere ich mich an die wunderbare Szene, als mich eine Schwester erstmals seit meinem Suizidversuch draußen vor eine Terrassentür setzte, von wo aus ich zusammen mit einem Kameraden, der zu Besuch gekommen war und wir vormals in unserer Kaserne ebenfalls lange Abende hindurch diskutiert hatten, nun gemeinsam auf ein gegenüberliegendes Waldstück blicken konnten. Diese Szene hatte so eine ergreifende Erhabenheit, wieder ein Stück weit mit der Natur am Leben teilhaben zu können.
Da war jedes weitere Wort überflüssig. Also saßen wir zum Wald herüberschauend nur schweigsam nebeneinander und spürten wahrscheinlich gleichzeitig die Bedeutung dieses Augenblicks. Herrlich, denn innerhalb der Intensivstation versperrten stets Milchglasscheiben den Blick auf ein hoffnungsvolles Draußen.

Die Krankenschwestern waren offensichtlich nicht so ganz mit der Wundheilung zufrieden. Wie ich bei einem Verbandswechsel mal die Gelegenheit bekam, die lange Narbe und das vom Pulverdampf schwarz umrandete Einschussloch zu sehen, welches aussah, als hätte da jemand einen Bunsenbrenner drauf gehalten, da war das schon ein ziemlich übler Anblick. Die Narbe hingegen sah wie ein zu groß geratener Reißverschluss aus. Sie war an manchen Stellen gerötet und nässte auch ein wenig. Als die Schwestern jedoch ersten Eiter aus der Naht drückten, behagte ihnen und den Ärzteteam die Entwicklung nicht sonderlich. Bis eines Tages die Weisung einer weiteren Operation gegeben wurde, um zu schauen, was sich da hinter der Bauchdecke abspielte.

Die OP ging für mich völlig problemlos über die Bühne. Was da im Einzelnen gemacht wurde, entzieht sich meiner Kenntnis, denn die Götter in Weiß ließen sich nicht dazu herab, sich mir gegenüber zu erklären, was und warum sie zu tun gedachten. So musste ich mich darin begnügen, mich mit dem weiteren Heilungsverlauf in Geduld zu üben. Ich hatte nicht den Eindruck, dass es da weitere Komplikationen geben könnte. Umso weniger verstand ich, dass ein paar Tage später davon die Rede war, mich mit einem Hubschrauber ins Bundeswehrkrankenhaus nach Hamburg zu fliegen. Die Idee mit dem Hubschrauber wurde zwar wieder verworfen, nicht indes meine Verlegung nach Hamburg. So rollte ich ein zwei Tage später mit einem Krankentransportwagen ins besagte Bundeswehrkrankenhaus und genoss den Vorteil in unmittelbarer Nähe meiner Mutter und jüngeren Geschwister zu liegen, die ja gleichfalls in Hamburg wohnten.

Die neue Umgebung übte keinen positiven Eindruck auf mich aus. Alles zu unpersönlich und dann noch in einem Vierbettzimmer wo jeder mitbekam, was um einen herum geschah. Kurz gesagt, ich fühlte mich alles andere als wohl. Daran konnten die Besuche meiner Mutter mit meinen jüngeren Geschwistern kaum etwas ändern.

Bei einem dieser Besuche lernte ich auch Heinz, den neuen Mann an Mutters Seite kennen, dessen Brief bei mir mal irrtümlich gelandet war. Ein Schrank von Mensch, den meine Mutter regelrecht anhimmelte und ja, erstmals seit vielen Jahrzehnten glücklich verheiratet zu sein schien. Ich habe es ihr vorbehaltlos gegönnt.

Meine Narbe machte den Ärzten weiterhin Sorgen, von der heraus sich eine zunehmende Vereiterung bemerkbar machte. Also wurde ich eines Tages erneut operiert und bekam einen riesen Schrecken, als ich zu einem Verbandswechsel zum ersten Mal sah, dass die Narbe in einem Bereich von etwa 15 cm nicht mehr zusammengenäht war, sondern in einem dunklen Spalt auseinanderklaffte. Oh Gott, wenn das man nur gut ging, wie sollte denn so etwas wieder von selbst zuheilen? Fragen, die mich beschäftigten, aber auch nicht zu stellen wagte, weil die Ärzteschaft so einen herrisch bestimmenden Eindruck vermittelte, um erst gar zu wagen Fragen zu stellen.

Statt besser ging es mir in rasantem Maße zunehmend schlechter. Warum, wusste offensichtlich niemand. Zumindest wurde die Ratlosigkeit der Ärzteschaft so groß, um sich mir gegenüber in den wiederholten Vorwürfen zu versteigen, ich wollte ja auch nicht gesund werden. Dabei wusste ich ja selber nicht, warum ich auf einmal immer höher ansteigendes Fieber mit Schüttelfrostschüben bekam und sich im gleichen Maße eine zunehmende Appetitlosigkeit manifestierte. Mehrmals am Tag wurde dieses anhaltende Fieber, von teils deutlich über 40 °C mit Medikamenten und eiskalten Wadenwickeln auf ein erträgliches Maß herabgesenkt, währenddessen meine Zähne wie ein Mühlwerk aufeinander klapperten.

Eine Diätassistentin der Küche kam eigens jeden Tag zu mir, um mir jeden Essenswunsch zu erfüllen, doch nach einigem lustlosem Herumgestocher ging das Essen oft genauso wieder zurück wie es gekommen war.

Ich hatte einfach kein Hungergefühl mehr. Aber war dieses Essen überhaupt notwendig? Schließlich wiesen mich die Pflegekräfte doch immer wieder mit belustigendem Blick auf die vielen Infusionsbeutel hin, von denen einige mein Mittagessen enthalten würden. Von daher machte ich mir des mangelenden Appetits wegen keine großen Sorgen. Ich vermisste ja nichts.

Dennoch machte sich diese Entwicklung in einem zunehmend dramatischen Gewichtsverlust bemerkbar. Jeden Tag musste ich nun auf die Waage, um den Gewichtsverlust von bis zu einem halben Kilo pro Tag festzustellen. Wunderte mich nicht, wenn ich durch das heftige Fieber und Schüttelfrost so viel Flüssigkeit verlor.

Zumindest war ich mir damals keiner Schuld bewusst, diesen Zustand irgendwie negativ beeinflusst zu haben, denn ich wollte ja wieder gesund werden, wenn ich nur gewusst hätte wie. Denn schon bald, als ich nach der Einlieferung ins Krankenhaus auf der Intensivstation aufwachte, verfestigte sich in mir der Eindruck, dass ich vielleicht noch nicht sterben sollte. Etwa um noch eine Aufgabe zu erfüllen? Oder waren solche Gedanken doch eher dem Selbstbetrug geschuldet zu erklären, was nicht zu erklären war? Ich bin mir da noch heute unschlüssig drüber.

Eines Morgens war es denn soweit, dass mir zum Gang auf die Toilette noch im Zimmer schwarz vor Augen wurde und ich mich noch reflexartig auf das Bett meines Nachbarn fallen ließ. Nachdem mich das Personal wieder in mein Bett verfrachtet hatte, wurde ich in einer unglaublich umständlichen Prozedur durch die Infektionsschleuse auf die Intensivstation verlegt.

Hier fiel sofort das wesentlich freundlichere Personal auf, die sich wirklich große Mühe gaben, mir den Aufenthalt so angenehm wie möglich zu machen. Und der ist in einer Intensivstation naturgemäß alles andere als angenehm. Ihnen gelang das Kunststück, wenigstens Geschmack und Appetit auf Tomaten zu entwickeln.

Über einige Zeit hinweg nahezu das Einzige, was ich ohne größere Mühe herunter bekam. Was anderes ging nicht mehr an mich heran.

Die eitrige Narbe musste weiter versorgt und vor allem das rätselhafte Fieber gesenkt werden. Die eiskalten Wadenwickel mochte ich nicht. Aber es gab ein Medikament, wenn die das in den Tropf gaben, dann dauerte es nicht lange, bis ich wahnsinnig zu Schwitzen anfing. Das Bettzeug konnte man nach so einer Prozedur auswringen. Aber geholfen hat es nicht richtig, weil es an einem Symptom ansetzte nicht indes an der Ursache, die ja keiner kannte. Mehrmals wurde ich per Krankenwagen in anderen Kliniken in oder um Hamburg mit teils furchteinflößenden Apparaten untersucht. Welches Ergebnis dabei herauskam, wurde mir indes nie mitgeteilt.

Eines Tages hieß es erneut, mein Bauch müsse operiert werden. Und komisch, es war das erste Mal, dass ich Angst bekam, nicht mehr lebend von solch einer Operation zu erwachen. Weinte sogar erstmalig, als sich meine Mutter am Vorabend der Operation nach ihrem Besuch von mir verabschiedete. Doch wie man bemerkt, habe ich überlebt, wenngleich ich nun nicht minder erschrak, als ich beim nächsten Verbandswechsel feststellen musste, dass die Narbe nun zwar geschlossen, aber mit silbernen Drähten zugenäht worden war. Der hiervon betroffene Teil der Narbe sah richtig wie ein Stacheldrahtzaun aus.

Nach einem zweiwöchigen Aufenthalt auf der Intensivstation ging es mir dann endlich wieder so weit besser, dass ich wieder zurück auf die normale Station verlegt werden sollte. Damit war ich nun wieder absolut nicht einverstanden. Ich hatte mich in den 14 Tagen so sehr an die freundlichen Aufmerksamkeiten des Intensivstationspersonals gewöhnt, um Rotz und Wasser zu heulen, als ich von den Verlegungsplänen hörte. Mensch was war ich froh, als man sich entschied, mich dort unten noch eine Woche länger physisch und psychisch aufzupäppeln.

Denn die kümmerten sich wirklich richtig intensiv um mich. Egal zu welcher Zeit ich darum bat, ich bekam fast zu jeder Tages- und Nachtzeit alle Wünsche erfüllt, soweit es Essen und Trinken betraf. Sie schälten mir Äpfel oder reichten mir wann immer ich wollte Tomaten. Ja spielten mit mir in ihrem Dienstzimmer sogar Schach. Ich war froh, dass ich öfter verlor, sonst hätte ich noch gedacht, dass sie mich nur der Auferbauung wegen gewinnen ließen. Aber nach dieser letzten Woche, hieß es unerbittlich Abschied zu nehmen. Und schwupps war ich wieder auf der anonymen Krankenstation.

Im Gegensatz zu den ungehobelten und intellektuell wenig anspruchsvollen Bettnachbarn, war nun ein junger Wehrpflichtiger als Patient in mein ehemaliges Vierbettzimmer eingezogen, mit dem ich mich sofort allerbestens verstand und wir fortan nahezu täglich bis in die tiefe Nacht hinein diffizile Diskussionen über Gott und die Welt führten. Herrlich. Mit mir ging es nun endlich wieder bergauf. Das Fieber verschwand und nach einiger Zeit besserte sich auch wieder mein Appetit, sodass ich langsam wieder kräftiger und agiler wurde.

Ich weiß nicht mehr, was es war. Aber es gab mal morgens seitens des Pflegepersonals einen Eklat, bei dem ich mich sehr ungerecht behandelt und entsprechend verletzt fühlte. Da bin ich einfach aufgestanden, habe mich angezogen, (die Schläuche und Kanülen waren zu dem Zeitpunkt bereits alle entfernt) und habe das Krankenhaus einfach ohne jede Erlaubnis verlassen. So etwas war normal strengstens verboten.

Ich kannte die Adresse meiner Mutter und bin aufs Blaue hinaus mit der U-Bahn zu ihr gefahren. War natürlich eine riesen Überraschung, wie ich so unverhofft auf ihrer Matte stand. Da meine Geschwister in der Schule und Heinz zur Arbeit waren, hatte ich endlich die Gelegenheit, meine Mutter auch mal allein zu sprechen.

Sie führte mich durch ihre Wohnung, zeigte mir verschiedene Bilder und erklärte dieses und jenes. Nur was mich am meisten interessiert hätte, unsere alte Zeit, ihre einstige Ablehnung-/Misshandlungen und alles was mit dem Vater zusammenhing, darüber wollte sie nichts wissen, noch sprechen. Dennoch blieb es eine freundliche Atmosphäre. Sie kochte schnell eine Kleinigkeit und aßen allein zu zweit in Ihrer Wohnung. So eine Vertrautheit in einer fremden Umgebung.

Dieser Besuch tat mir gut, aber es war noch immer nicht das, was ich mir gewünscht hätte, hielt mich aber zurück, um meine Mutter nicht unnötig zu verärgern. Denn schon einmal hatte ich sie verärgert. Als ich ihr bei einem ihrer Krankenhausbesuche in vollem Vertrauen und Hoffnung zur Einsicht, dass auch sie einen Grund für meinen Suizidversuch darstellte, mein Notizbuch zum Lesen übergab. Entgegen ihrer Gewohnheit mich etwa alle zwei Tage zu besuchen, blieb sie mit dem Tag der Übergabe des Notizbuchs über eine Woche fern, um mich alsdann mit dem Vorwurf zu konfrontieren, warum ich sie darin so schlecht dargestellt hätte?
Nein, sie hatte nichts verstanden oder besser nicht verstehen wollen. Oder kann ein Mensch wirklich dermaßen perfekt eigene Verbrechen verdrängen, wie sie mich einst in abartiger Form schwer misshandelt und vernachlässigt hatte? Ich weiß von einem Krankenhauspsychologen, der sich gern mal mit ihr unterhalten hätte, aber sie ging nicht darauf ein.

Als ich spät abends, ich musste extra die Nachtschwester herausklingeln, zurück ins Krankenhauszimmer kam, hat vielsagend niemand von mir Rechenschaft gefordert, wo ich den Tag über gewesen sei. Auch nicht am darauf folgenden Tag.
Es dauerte noch eine Weile, bis die Drähte aus der Narbe gezogen wurden und ich endlich, wie seit Monaten nicht mehr, vorsichtig wieder in meiner altgewohnten Seiten-, bzw. Bauchlage schlafen konnte. Was für eine Wohltat.

Eines Tages wurde ich von einem Psychologen oder Psychiater untersucht, der viele Fragen, nur nicht nach dem Weshalb und Warum stellte. Kann aber auch sein, dass ich darauf keine Antwort gab, weil es einfach zu schmachvoll war, sich hierzu umständlich erklären zu müssen. Aber wenigstens ergab ein Intelligenztest von 118 Punkten, dass ich nicht gerade auf den Kopf gefallen war. Aber was nützt die beste Intelligenz, wenn man zu blöd ist, sie sinnvoll zu nutzen? Ich dachte da besonders an meine Spielsucht, die mir schon so wahnsinnig geschadet hatte, ohne dass ich in der Lage war, diesem Problem Herr zu werden. Aber immerhin hatte ich bereits Wochen vor meinem Suizidversuch des Geldes wegen, von heute auf morgen das Rauchen aufgegeben.

Nach etwas mehr als drei Monaten wurde ich Ende November 79 mit der Option lebenslanger Schmerzen, die durch Verwachsungen im Bauch verursacht würden und der Empfehlung, einen Schwerbehindertenausweis zu beantragen, als dienstunfähig zurück in meine Stammkaserne entlassen. Heißt mit einem Bundeswehr VW-Bulli in meine Stammkaserne transportiert. Dort angekommen, wurde mir statt in der Unterkunft meiner alten Stammmannschaft, ein grausam kahles Zimmer in der Krankenstation zugewiesen. In diesem sollte ich nun also mein Dasein fristen?

Weiße Wände, ohne Bilder, ohne Gardinen, lediglich die vier Krankenbetten nebst Nachtschränkchen, ein Tisch, vier Stühle und vier Spinde. Wie sollte ich es da auf Dauer in dieser sterilen Atmosphäre aushalten?

Ich musste mich natürlich erst mal mit betretener Miene bei meinen Vorgesetzten zurückmelden, deren Begrüßungen auffällig distanziert ausfielen. Aber auch meine alten Kameraden, sofern sie vom alten Schlag noch im Dienst standen, fiel nicht viel besser aus. Ich spürte die Distanz, die zwischen uns lag. Aber wie hätte es auch anders sein sollen? Zur normalen Tagesordnung zurückkehren, war unter den Gegebenheiten kaum mehr möglich. Umso mehr freute ich mich, wenn in der folgenden Zeit doch noch das eine oder andere Gespräch zustande kam.

Noch immer wusste niemand so richtig, wie es mit mir weiter gehen sollte. Bis dies geklärt war, durfte ich meinem Kompaniechef noch ein wenig bei der Verwaltung von Dienstakten behilflich sein. Nichts Anstrengendes, denn tatsächlich machten mir auch in dieser Folgezeit teils wahnsinnig reißende Schmerzen im Bauch zu schaffen, die mich immer wieder zusammenkauernd in die Knie zwangen. Dabei hatte ich eher Angst davor, dass man mich so sehen und vor Sorge in mein steriles Krankenzimmer verbannen könnte. Alles nur das nicht. Deshalb war ich wirklich heilfroh, als mir ein paar Tage später, bis zu meinem offiziellen Dienstzeitende am 31.12.79 die Heimbeurlaubung unter Beibehaltung aller Bezüge zugestellt wurde.

Wie ein geprügelter Hund musste ich noch alle internen Formalien abwickeln, die mich als einen unehrenhaft Entlassenen auswiesen. Doch sobald ich im Zug nach Hause saß, war dieses elendige Kapitel für mich bereits abgeschlossen. Ich kehrte in mein möbliertes Zimmer bei der freundlichen Familie zurück.

Gelderwerb im Tiefbau

Schon vom Bundeswehrkrankenhaus aus war mit dem Arbeitsamt eine Berufsfindungsmaßnahme in einem Hamburger Berufsförderungswerk vereinbart worden. Sodass ich bereits im nachfolgenden Dezember erneut die abendliche Gemeinschaft mit meinen beiden jüngeren Geschwistern in Hamburg genießen konnte, während tagsüber in einem hotelmäßigem Komplex meine noch möglichen Berufsoptionen ausgelotet wurden. An dessen Ende wurde mir eine besondere Begabung für technische Berufe attestiert, während ich meine berufliche Zukunft lieber in einer sozialen menschlichen Tätigkeit, insbesondere der des kreativ anspruchsvollen Berufs eines Arbeits- und Beschäftigungstherapeuten sah.
Dessen Befähigung mir dort grundsätzlich bestätigt wurde, wenngleich mein größeres Potenzial in der Technik vermutet wurde. Mit diesem Ergebnis reichte ich bei meinem örtlich zuständigen Arbeitsamt in Iserlohn, den Antrag auf eine entsprechende Rehabilitationsmaßnahme ein. Gleichzeitig musste ich mich erst einmal um eine Beschäftigung kümmern, denn von Luft oder Sozialstütze konnte ich auf Dauer nicht leben. Schließlich saßen mir noch immer meine Schuldengläubiger mit ihren berechtigten Forderungen im Nacken.

Gott sei Dank konnte mir Volker, mit dem ich zusammen im Lehrlingsheim war und der später auch mal mit mir zusammen als Geselle in meinem Ausbildungsbetrieb zusammen arbeitete, mir auf meine finanziellen Sorgen eine Lösung anbieten. Er arbeitete jetzt nämlich zusammen mit seinem Vater im Tiefbau, wo man mit allen Zulagen richtig gutes Geld von etwa 3000 DM im Monat netto verdienen konnte. Meine Güte, das war in meiner damals finanziellen Lage geradezu ein Traum. Und ja, dank der guten Beziehungen durch ihn und seinem Vaters wurde ich kurz darauf von der Firma Lorenz Bau in Iserlohn als Bauhelfer zu einem Stundenlohn von 13,25 DM sowie allen üblichen Zulagen eingestellt, die man als auswärtig Arbeitender tarifmäßig gezahlt bekam. So werde ich meinen ersten Arbeitstag, einen eiskalten 2. Januar 1980 auf einer Herner Baustelle nie vergessen. Denn an diesem ersten und weiter folgenden Arbeitstagen, hatte ich nichts weiter zu tun, als mit einer schweren Eisenstange von morgens bis abends überstehende Betonteile aus Formvertiefungen zu stemmen, in die später senkrechte Stahl- oder Betonträger eingepasst wurden.

Eine wahrlich schweißtreibende Arbeit, die mir nahezu alle verfügbaren Kräfte aus meinem ausgezehrten Körper des zuvor langen Krankenhausaufenthalts abverlangten. Hatte aber auch den Vorteil, dass ich trotz der eisigen Minustemperaturen kaum frieren musste. Ok, die Füße mussten in den Frühstücks- und Mittagspausen erst wieder aufgetaut werden. Das war echt ganz schön hart, aber ich habe auf dem Bau gegeben was ich konnte, auch wenn sich manche Arbeiter wie der Vater von Volker anfangs über meine Schwäche lustig machten, etwas wenn ich nur mit größerer Mühe mit Steinen gefüllte Eimer aus tiefen Bohrlöchern heraufziehen konnte. Dann ließ er so Sprüche ab, wie: Ich würde wie eine schwangere Jungfrau stöhnen.

Ja auf dem Bau herrschte ein rauer Ton, an den ich mich nur schwer gewöhnen konnte. Abends wenn die anderen in Kneipen zogen, lag ich lieber im Bett des von der Baufirma aufgestellten Wohncontainers und las Bücher oder Zeitschriften. Diese Belesenheit, wie auch mein erstaunlich gutes Augenmaß und Geschicklichkeit wegen, wie ich Arbeiten erledigte, hatte ich schon bald den Spitznamen Professor weg. War schon irgendwie lustig. Zeigte aber andererseits auf, dass ich nicht wirklich in dieses Tiefbaumilieu passte. Dennoch trug genau dieses Milieu dazu bei, meine zuvor losgewordene Qualmerei neu zu entfachen. Ein paar Feierabendbierchen und ein paar nette Kollegen, die es ja nur zu gut meinten, mir ständig eine Zigarette zum Probieren anboten, bei dem gewiss nichts passieren würde.

Pustekuchen schon am nächsten Morgen schnorrte ich mir unter einem Vorwand eine weitere Zigarette, um darauf nicht mehr davon loszukommen. So schnell können alle guten Vorsätze und verstandesgemäßes Wissen vergessen sein.

Es war eine wahrlich schwere Zeit, mit richtig harter Arbeit, um bei jeder Witterung seinen Mann zu stehen. Auch nässte meine Narbe ständig weiter und teils machten mir reißende Schmerzen im Bauch zu schaffen. Später, als ich einen eigenen Führerschein besaß und mit einem Auto unterwegs zu einer Baustelle in der Nähe von Frankfurt unterwegs war, durchbohrten mich während der Fahrt, dermaßen rasende Schmerzen, dass ich rechts ran fahren musste und glaubte, mein letztes Stündlein wäre gekommen. Doch beruhigte sich dieser Mist wieder, wie auch die Intervalle, in denen ich davon heimgesucht wurde immer länger wurden, bis sie irgendwann für immer weg blieben.

So kann ich heute mit berechtigtem Stolz sagen, damals die Zähne zusammengebissen zu haben und einen Tag nach dem anderen, unter teils widrigsten Witterungsbedingungen wie Eiseskälte, Regen, Schnee und damit schlammigsten Baustellen hinter mich gebracht zu haben. Schlechtwetter kannten wir so gut wie gar nicht, denn dies bedeutete, in der Zeit so zwischen November und März, ein zusätzlicher Stundenlohn von etwa 2 DM. Dieser Betrag plus Tagesauslöse für die Unterbringung auf Fernbaustellen, in denen wir in betriebseigenen Wohncontainern lebten und nächtigten. Sowie Fahrgeld und Überstunden, die regelmäßig anfielen. Da konnte an guten Monaten an die 3000 DM netto auf der Lohnabrechnung stehen. Wahnsinn!

Ein ungeahnter Geldsegen, mit dem es sich allerbesten leben ließ. Wenn, – ja wenn da nicht noch immer diese ätzende Spielsucht gewesen wäre, mit der ich die Chance meines Lebens verspielte, ein finanzielles Fundament unter meine Füße zu bekommen.

So ging es mir trotz meines enorm hohen Einkommens zwar schon deutlich besser. Gut und glücklich dürfte indes etwas anderes sein.
Innerhalb des ersten Jahres meiner Beschäftigung machte mir meine Narbe so sehr zu schaffen, um unter einem fadenscheinigen Grund kündigen zu müssen. Denn mit Ausnahme von Volker, der alsbald mit seinem Vater auf ganz anderen Baustellen unterwegs war, hat nie ein anderer etwas von meinen gesundheitlichen Schwierigkeiten mitbekommen.

Im Krankenhaus wurde endlich die Ursache der nicht zuheilenden Narbe in einem unter der Narbe befindlichen Faden entdeckt, auf dessen Material ich offensichtlich allergisch reagierte. Nachdem dieser gezogen war, heilte die Narbe dann auch gänzlich ab, bzw. wurde die zuvor bereits auffallend breite Narbe im gleichen OP-Vorgang zusammengezogen, um wie jede andere Narbe auszusehen. Soweit alles bestens, wenn da nicht die Spielsucht gewesen wäre, um mich während der Genesungsphase immer wieder selbsthassend demütigen zu müssen. Ich war sprichwörtlich arm wie eine Kirchenmaus.

Alsbald fand ich als Lagerist für Bett- und Gardinenwaren bei Karstadt eine neue Anstellung, für eine lausige Bezahlung von gerade mal 1200 DM brutto. Damit kam ich in Hinblick meiner Schulden vorn und hinten nicht zurecht, sodass ich mich noch einmal in der bekannten Tiefbaufirma als Bauhelfer bewarb und dank meiner vorherigen Zuverlässigkeit auch sofort wieder eingestellt wurde.

Wieder ging es mitten in einem kalten Winter des 2. Februar 1981 los. Doch da meine Narbe keine Probleme mehr bereitete und auch die Schmerzen im Bauch immer seltener wurden, fiel mir dieses Mal der Einstieg bei weitem nicht mehr so schwer.

Während all der Folgejahre, seitdem ich aus der Bundeswehr entlassen war, stand ich mit dem Arbeitsamt in engem Kontakt. Mein Rehabilitationsantrag war zwar positiv angenommen worden, nur wollte man mir die gewünschte Umschulung zum Arbeits- und Beschäftigungstherapeuten nicht bewilligen. Begründet wurde die Ablehnung mit Blick auf meinen Suizidversuch mit einer vorgeblichen Labilität. Erst als mir im Rahmen einer weiteren Berufsfindungsmaßnahme die Befähigung zu diesem Beruf nicht grundsätzlich abgesprochen wurde, hieß es auf einmal, dass meine schulischen Voraussetzungen nicht ausreichten, um eine solche Umschulungsmaßnahme tragen zu können.

Das stimmte aber nicht, wie ich der Direktorin des Arbeitsamtes vor Augen führte, bei der ich mich über die zuständigen Mitarbeiter und ihre schleppende Antragsbearbeitung beschwerte. Denn selbstverständlich hatte ich mich zuvor eingehend über die Zulassungsvoraussetzungen informiert und war höchst verärgert, wie mich die Mitarbeiter/innen mit immer neuen Ausflüchten so lange hinhielten, bis sich die Zugangsvoraussetzungen tatsächlich soweit verschärft hatten, um dieses Umschulungsziel nicht mehr erreichen zu können.

Ich bin noch heute davon überzeugt, dass damals weniger meine persönlichen Qualitäten, als vielmehr die finanziellen Interessen im Vordergrund der ablehnenden Haltung stand, wenn man weiß, dass diese Umschulung statt der üblichen zwei Jahre, ein Jahr länger hätte finanziert werden müssen. Heißt, wir lagen über Jahre hinweg schwer über Kreuz.

Dass ging soweit, bis die mich mit ihren vorgeschobenen Lügen dermaßen zur Weißglut brachten, dass ich, wenn ich dazu eine Gelegenheit gefunden hätte, am liebsten das gesamte Arbeitsamtsgebäude in Schutt und Asche gelegt oder zumindest mit einer entsprechenden Waffe Amok gelaufen und jeden, der mir über den Weg gelaufen wäre, erbarmungslos abgeknallt hätte.

Doch ja, ich hätte es damals garantiert durchgezogen, wenn ich dazu eine Gelegenheit bekommen hätte. Deshalb kann ich heute sehr gut nachvollziehen, warum manche Menschen einfach keine andere Lösung mehr sehen, als all ihren Zorn, Wut und Verzweiflung in einem finalen Amoklauf gegenüber ihren Mitmenschen zu bündeln, die sie zuvor durch bewusste Lügen und Demütigungen, in diesen Zustand ohnmächtiger Weißglut gebracht haben.

Dafür steht ja auch das traurige Kapitel der einstigen RAF, wie auch gegenwärtige Amokläufe denen oftmals ähnliche Demütigungen vorausgingen.

Helmut und kriminelle Handlungen

Da kam letztlich eines zum anderen, um am Ende in einem verzweifelten Versuch, die Flucht nach vorn anzutreten. Ich wollte nur noch raus aus diesem "Scheiß-Land", das mich um meine Berufung und Möglichkeiten brachte, mich positiv weiter zu entwickeln.

Zusammen mit einem Nachbarn, der im selben Haus ein möbliertes Zimmer bewohnte und auch so seine Schwierigkeiten mit diesem Staat hatte, wollten wir nach Israel in ein Kibbuz auswandern, wie zur damaligen Zeit des Öfteren von solchen Aussteigern aus Deutschland über Israel berichtet wurde. Doch dazu muss ich erst mal ein paar Erläuterungen vorab schicken.

Helmut, etwa 5 Jahre älter als ich, kam nach eigenen Aussagen aus dem Rotlichtmilieu, in dem er zuvor als Zuhälter und Aufpasser tätig war. Er hatte sich mit Vater Staat dahingehend überworfen, mit seinen Autos zu oft, zu schnell und am Ende zu oft ohne Führerschein gefahren und erwischt worden zu sein. Sodass ihm wegen einer ganzen Lexe solcher Vergehen eine 2-jährige Haftstrafe ohne Bewährung auferlegt wurde, dessen Haftantritt ihm ultimativ zugestellt war.

Klar lud mich Helmut zuvor immer mal wieder zu Spritztouren mit seinem protzigen Zuhälter-Mercedes ein. Dann zeigte er mir diverse Puffs, in denen er nur zu gut bekannt war. Warum Helmut dennoch immer pleite war und sich ähnlich wie ich nur ein möbliertes Zimmer leisten konnte, diese Frage stellte sich mir damals noch gar nicht. Ihm schien meine Naivität zu gefallen, um mich ein wenig in das kriminelle Milieu einzuführen.

Helmut war tatsächlich ein richtig kriminelles Kaliber oder gab zumindest damit an. Denn so ganz ernst nehmen kann ich ihn in der gegenwärtigen Rückschau nicht mehr, wenn ich daran denke,

wie oft und wie lange wir über PS-strotzende Autos phantasierten, die wir uns später leisten wollten. Denn woher nehmen, wenn klar war, dass wir solche Summen niemals auf legale Weise aufbringen konnten?
Für Helmut kein Problem. Er träumte davon irgendjemand Reichen, am besten einen Bankdirektor zu entführen. Während er mit ihm zur Bank fuhr, sollte eine uhrgesteuerte Apparatur eine noch imaginäre Geisel mit einer tödlichen Injektion von Pfeilgiften dahinraffen. Tatsächlich haben wir immer mal wieder in Arnsberg und anderen Städten die besseren Viertel abgefahren, um ein mögliches Opfer zu erkunden. Doch gottlob handelte es sich dabei zum Großteil noch immer um Phantasie eines spätpubertären 30jährigen.

Dennoch verstand er es, mich soweit zu beeinflussen, um mit ihm in eine Fabrik zu fahren, in der ich früher schon mal als Malerlehrling gearbeitet hatte und wusste wo da ein Zigarettenautomat aufgestellt war. Diesen wollte und hat Helmut dann auch kurzerhand geknackt. Viel Geld war nicht drin. 23 DM für jeden. Zigaretten hatte ich auf Anweisung von Helmut nur zwei Schachteln mitgenommen.

Später stiegen wir mal in eine Fabrik ein, mit der er mir nur zeigen wollte, dass man da rein kommen konnte, wenn man es wollte und neckte mich, dass ich zu feige wäre, da noch mal einzusteigen, um einen Zigarettenautomaten aufzustemmen. Ich zu feige? Wie konnte Helmut nur so etwas glauben. Also musste ich ihm beweisen, dass ich mich zu diesem Einbruch traute. Und ja, bin auch eingestiegen und habe mich noch gewundert, warum keine Zigaretten im Automaten ersichtlich waren und sägte anschließend den Kasten in der Hoffnung auf, dass gerade alle Zigaretten ausgegangen waren, dafür aber die Geldbox prall gefüllt sei.
Pustekuchen der Kasten war komplett leer.

Also versuchte ich es an einem Cola-Automaten. Doch ich hieß nicht Helmut und bekam die Kiste nicht auf. Weiter versuchte ich in den Büroräumen eventuell einen kleinen Tresor oder besser noch Bargeld zu finden. Aber egal wie viele Türen und Bürotische ich aufstemmte – Bares fand ich nirgends. Am Ende habe ich ein kleines Diktiergerät eingesteckt, um Helmut wenigstens einen Beweis für meinen „erfolgreichen" Bruch präsentieren zu können. Logisch, dass er mich später für einen vernünftigen Bruch zu blöd hielt. Ich müsste einfach nur mehr von ihm lernen, dann würde es später auch besser klappen.

Ehrlich gesagt war ich froh, dass ich nie wieder in solch eine oder ähnliche Situation geraten bin. Denn tatsächlich bin ich, dank meiner "guten Erziehung", ein von Grund auf ehrlicher Mensch, der nicht auf die Idee käme, etwas zu klauen, was mir nicht gehört. In diesem Fall sieht man aber schon, wie leicht man selbst auf eine schiefe Bahn geraten kann, wenn es darum geht, Anerkennung zu erzielen.
Heute sind mir die damaligen Begebenheit natürlich schon recht peinlich, musste dies hier aber extra erwähnen, um zu verdeutlichen, dass nicht jeder, der heute im Knast landet per se ein schlechter Mensch sein muss, sondern viel wahrscheinlicher die jeweiligen Lebensumstände von mangelnder Anerkennung und zerschlagenem Selbstvertrauen die entscheidenden Impulse dafür liefern, in welche Richtung sich Menschen entwickeln.

Unter diesen Umständen, meiner Spielsucht, meinen Schulden und tiefgreifendem Zerwürfnis mit dem Arbeitsamt, die mir jede Chance versperrten, einen wunschgemäßen Beruf zu ergreifen, der meiner Berufung entsprechen könnte, dürfte nun verständlich werden, warum ich auf Helmuts Träumereien einer Auswanderung nach Israel einging.
Wie gut traf es sich da, dass mir ein besoffener Bundeswehrsoldat mein Auto anfuhr und trotz Fahrerflucht ermittelt werden konnte.

Durch diesen Schaden bekam ich von der Versicherung eine kurzfristige Abschlagszahlung von rund 3000 DM. Der Rest von etwa 800 DM sollte ich später überwiesen bekommen. Zusammen mit meinem letzten Lohn und einer weitere Kontoüberziehung, sollten meine etwa 6000 DM als Grundstock für ein neues Leben in einem israelischen Kibbuz reichen.

Bei einem Sportausrüster bestellten wir auf meinem Namen gleich zwei komplette Campingausrüstungen für unterwegs, sowie eine recht teure Kamera auf Rechnung, die zu bezahlen ich/wir nicht mehr beabsichtigten.
Meine Kündigung in der Firma war weniger ein Problem, als dass ich zu diesem Anlass erstmals die oberste Chefin zu Gesicht bekam, der ich offensichtlich als verlässlicher Arbeiter bekannt sein musste. Nun, die Chefin bat mich, meine Entscheidung noch mal zu überdenken und bot mir im positiven Fall an, die Ausbildung zum Führen einer großen Spezialbohrmaschine zu finanzieren. Wie schade, unter anderen Umständen hätte ich dieses Angebot nur zu gern in Anspruch genommen, doch meine Entscheidung war längst zum Auswandern gefallen.

Unserer Hauswirtin teilten wir natürlich nichts mit und ließen alles zurück, was uns auf unserer Reise hinderlich sein konnte.
Andere Wertsachen, wie meine geliebten Bücher, etwa 300 an der Zahl, durfte ich bei einem meiner früheren Gesellen unterstellen, der sich von seiner Frau getrennt und nun mit einer lebenslustigen Frau (Erika) zusammenlebte, mit der ich mich von Anfang an super gut verstand.

Abreise aus Deutschland

Anfang März 1983 fuhren wir denn einem ungewissem Abenteuer entgegen. Zunächst zu einem Onkel von Helmut, von dem er sich eine wohlige Geldspritze für unsere Reise versprach. Dieser wohnte als schwerreicher Auktionator irgendwo in der Nähe von Zandvoort in Holland, doch Helmuts Rechnung ging in keinster Weise auf. Nicht einen Gulden wollte ihm der Onkel für die Reise locker machen.
Während wir noch ein paar Tage auf dem Zeltplatz campierten und Helmut wohin auch immer verschwand, war ich es wieder, der sich recht schnell mit den neuartigen Glücksspielautomaten anfreundete und auch den holländischen Automatenaufstellern zu einem kräftigen Gewinnsprung verhalf, indem ich ihnen wie von Sinnen mein sauer verdientes Geld in den Rachen schmiss.

Wir brachen erneut auf. Unterwegs lernten wir Hans, einen Deutschen in unserem Alter kennen, der mit seiner 400er Honda mutig allein Richtung Marokko unterwegs war und spontan entschloss, sich uns auf diesem Weg anzuschließen.

So kamen wir an einem sommerlich warmen Nachmittag in Malaga an. Nachdem wir uns über die Modalitäten der Fährüberfahrt in die spanische Enklave Melilla auf morokkanischem Festland erkundigt hatten, schlenderten wir ziellos durch das Hafenviertel. Allein die tollen Geruchsmischungen von gebratenem Fisch, Öl und unbekannten Gewürzen, die über dem Hafenviertel lagen, machten unsere Ankunft zu einem unvergesslichen Erlebnis. Alsbald hatten wir uns selbst an einer dieser geschmackvollen Köstlichkeiten gestärkt und uns die Fährpassage nach Melilla besorgt. Am Abend legten wir ab zu neuen Ufern. Wir schlummerten auf der Fähre in Liegestühlen dem nächsten Morgen entgegen, als ich mitten in der Nacht erwachte und kaum glauben konnte, in welch schweren Seegang sich die Fähre mitten auf dem Mittelmeer befand.

Wie ein Fahrstuhl versanken wir in ausladende Wellentäler, um anschließend wieder nach oben über die Wellenkämme katapultiert zu werden. Da konnte einem wirklich nur Angst und Bange werden. Nicht wenige der Passagiere wiesen eine auffällig fahle Gesichtsfarbe auf. Am Morgen legten wir bei weit ruhigerem Seegang in Afrika an, um kurz darauf am spanisch marokkanischen Grenzübergang von Melilla geschlagene 4 Stunden am marokkanischen Zoll hängen zu bleiben. Tja, hätten wir nur eher gewusst, welche eine Macht ein unscheinbarer Geldschein im Pass bewirkt, hätten wir uns die hyperpenible Durchsuchung unseres Autos und Ausrüstung ersparen können.

Ursprünglich wollten Helmut und ich ja weiter über Algerien, Tunesien und so weiter gen Israel fahren. Stattdessen fuhren wir Hans zu Liebe einen Abstecher über Taza in die alte Königsstadt Fes, die dem Vernehmen nach zu einer der schönsten antiken Städten zählen sollte. Stimmt, wie wir uns unter Führung eines lizensierten Touristenführers selbst überzeugen konnten, den wir ein zwei Tage später auf einem Campingplatz in Fes zugewiesen bekamen.
Zumindest wurde uns mitgeteilt, wie gefährlich Fes für Touristen sei, die auf eigene Faust versuchen wollten, diese phänomenale Stadt und ihre Sehenswürdigkeiten zu entdecken. Mag sein, dass eher finanzielle Interessen hinter dieser Empfehlung standen. Aber schon nach kurzer Zeit wussten wir die einheimischen Kenntnisse unseres dienstbaren Führers überaus zu schätzen, ohne den wir uns in den engen Altstadtgassen garantiert verlaufen hätten. Der uns darüber hinaus in Privathäuser und Betriebsstätten führte, deren mittelalterliches Flair kaum jemals ein normaler Tourist zu sehen bekommt. Doch ja, diesen Märchenaufenthalt, der all unsere Sinne ansprach, werde ich niemals vergessen. Später, weil mir damals bereits die überaus gastfreundliche Mentalität der Marokkaner auffiel, besuchte ich noch drei weitere Male Marokko, um mir andere Landesteile anzusehen. Unter anderem die angeblich schönste Stadt Marrakesch.

Nein, es stimmt nicht. Fes ist mit Abstand die schönste, die engste und in ihren antiken Ursprüngen her am besten erhalten gebliebene Altstadt geblieben, in der unsere moderne Zeit kaum erkennbare Spuren hinterlassen hat, so sehr fühlten wir uns ins tiefste Mittelalter zurück katapultiert, wenn man sehen konnte, unter welch ursprünglichen Verhältnissen dort gelebt und gearbeitet wurde.

Der Wunsch einer baldigen Durchquerung Algeriens erwies sich leider als Illusionen. Unser Führer wusste jedenfalls, dass uns eine Durchquerung Algeriens mit unserem Auto nicht gestattet würde. Das war erst mal ein herber Rückschlag. Zumal dank meiner Spielsucht an unseren verschiedenen Aufenthaltsorten schon einiges unserer finanziellen Reserven bedrohlich zusammengeschmolzen war.

So machten wir uns am Ende einer Rundreise durch Marokko letztlich doch wieder zurück nach Spanien, wo Helmut in Marbella einen Job annahm, um holländischen Touristen trotz heißer Frühsommertage teure Pelzmäntel aufzuschwatzen.

Hans machte sich hingegen auf, um sich weiter im altbekannten Hamsterrad seines monotonen Berufslebens zu erschöpfen.

Mitten im dichtesten Tourismuszentrum von Torremolinos hatten wir ein günstiges Zimmer angemietet. Nicht gerade ein Traum an Wohnstätte, aber immerhin ein festes Dach über dem Kopf. Während sich Helmut nun mit bescheidenen Erfolgen als Verkäufer versuchte, wusste ich in meiner langen Zeit, die ich allein war, mal wieder nichts Besseres zu tun, als unser ohnehin bedenklich knapper werdendes Geld durch weitere Spieleskapaden ruinös zu minimieren. Dessen Verlust ich Helmut eines Tages in einer theaterreifen Vorstellung als soeben am Strand verloren verkaufte. So sehr er auch das vermeintlich fragliche Strandstück umpflügte und mich mit Flüchen meiner Blödheit überzog, das Geld war weg.

Ich war demnach daran schuld, dass wir alsbald am Existenzminimum herumkrebsten und uns kaum mehr als mit Zucker be-

streute Baguettes und ausgepressten Zitronen über Wasser halten mussten.
Er brachte durch seine Verkaufskünste zwar immer mal wieder etwas Geld herein, doch reichte es kaum aus, um unser tägliches Dasein zu finanzieren. So versetzten wir peu à peu Wertsachen, wie unsere teure Kameraausrüstung, für die in Deutschland noch eine Rechnung von über 2000 DM offen stand, hier nun aber notgedrungen für läppische 200 DM. verkauft wurde. Mehr war einfach nicht herauszuholen.
Die Stimmung zwischen uns wurde zunehmend gereizter, bis ich regelrecht Angst vor Helmut bekam, der allen Ernstes in bedrohlicher Weise in Erwägung zog, ich könnte doch mal einen reichen Homo, den er kennengelernt hatte, bedienen. Alles nur das nicht.
In meiner Not, rief ich das deutsche Konsulat in Malaga an, um als völlig Mitteloser mögliche Chancen für eine Rückkehr nach Deutschland auszuloten. Doch der Beamte am Apparat war nicht gewillt, mich ohne meine Namensnennung auch nur anzuhören. Denn logisch dachte ich, dass ich in Deutschland als Betrüger gesucht würde und diese Namen in allen Botschaften bekannt seien. Als einige Tage später die Situation in gefährlicher Weise zu eskalieren begann, weil mich Helmut mit einem Messer bedrohte, falls ich wagen sollte, mit dem Auto die Flucht zu ergreifen, als dessen Fahrer er mich in Ermangelung seiner entzogenen Fahrerlaubnis benötigte, stand für mich sofort fest, dass ich so schnell wie möglich von ihm weg musste.

Nachdem ich ihn ein letztes Mal zu seiner Verkaufsarbeit nach Marbella in ein Hotel gefahren hatte, versetzte ich bei unserem bekannten Händler noch weitere Wertsachen, wie z.B. mein noch sehr gut erhaltenes Zelt, um gerade noch soviel Geld für die Rückreise nach Deutschland zu erzielen. In Windeseile holte ich mir schnell noch die wichtigsten Sachen aus unserem Zimmer und machte mich allein auf den langen Weg zurück. Helmut sah ich nie wieder.

Zurück in Deutschland - Erika

Mit einem kleinen Zwischenstopp in Frankreich, wo ich auf einem Autobahnparkplatz vergeblich zu schlafen versuchte, benötigte ich für die gesamte Strecke von rund 2300 Km nach Hemer zu meinem ehemaligen Gesellen und seiner Lebensgefährtin Erika kaum mehr als 48 Stunden.

Beim Grenzübertritt von Frankreich nach Deutschland rechnete ich im Falle einer Überprüfung meiner Personalien bereits mit meiner Verhaftung, doch offenbar hatte keiner der Zöllner um 3 Uhr in aller Herrgottsfrühe Lust noch Papiere zu kontrollieren, um nach etwa 4 Monaten, Anfang Juli 83, unbehelligt in Deutschland anzukommen.

Am Nachmittag traf ich endlich in Hemer bei meinem einstigen Gesellen und seiner Frau Erika ein. Die Begrüßung mit Erika war überschwänglich. Keine Vorwürfe oder Vorhaltungen. Beide freuten sich einfach mit mir, wieder da zu sein. Tja, nun hieß es von Null auf Hundert, wieder ein neues Leben aufzubauen. Gerd und Erika erlaubten mir großzügig, erst mal so lange bleiben zu dürfen, bis ich wieder eine neue Bleibe gefunden hatte.

Zu Erika muss ich unbedingt noch ein paar Sätze anfügen. Sie war wirklich ein ganz toller Mensch, mit der ich mich fast schon besser verstand, als sie sich mit Gerd, der doch einige Machoallüren an den Tag legte und meist alkoholbedingt, noch immer einige Probleme in Punkto Pünktlichkeit hatte. Doch da er ansonsten ein recht gewissenhafter Malocher war, der richtig was weg schaffte, drückte sein Chef immer wieder aufs Neue seine Augen zu.
Erika war jedenfalls eine wunderbare Seele von Mensch, die mit ihrem vorherigen Mann eine gemeinsame Kneipe führte, jedoch damit eine richtig schöne Pleite hingelegt hatten, die zum Bruch ihrer Ehe führte und nun eine schuldenbeladene Fortsetzung in

Gerds Gemeinschaft führte, der ebenso wenig wie sie begütert war. Doch sie nahm es trotz der immensen Belastungen irgendwie locker. War meistens fröhlich.
Mit ihr konnte ich so richtig nach Herzenslust über Gott und die Welt diskutieren. Sie wusste in ihrer einfachen Ausdrucksweise immer eine passende Antwort, die niemanden verletzte. In ihrer Nähe konnte man sich einfach nur wohlfühlen.

Sie verdiente sie sich in einem Privatclub als Animierdame hinter der Theke ein paar Mark nebenbei. 75 DM Provision bekam Erika, wenn sie eine große Pulle Sekt an den Mann brachte oder 7 DM für einen kleinen Piccolo-Sekt zu 25 DM. Die großen Flaschen gingen für 250 DM inklusive Damen fürs Separee über die Theke.
Nein, Erika wirkte nicht in den Séparées, sondern wirklich nur hinter der Theke, um die Herren mit den bereitstehenden Damen näher zu bringen und soweit möglich, mit einer Flasche Sekt zu vernaschen.
Sie erzählte dann schon mal aus dem Nähkästchen. Etwa von der nahezu 60-jährigen Dame, die Sex wie ihr tägliches Brot benötigte. Hausfrauen, die sich auf diese Weise noch ein Zubrot verdienten oder wie in einem Fall sogar, vom eigenen Ehemann zum Anschaffen gezwungen wurde. Und wehe, sie brachte zu wenig Scheine nach Hause, dann setzte es Prügel. Doch aller Schmerz hat einmal ein seliges Ende. Diese Dame bereitete es sich selbst, indem sie mit ihrem Auto in voller Absicht einen Baum ansteuerte und damit ihrer grausamen Pein ein erlösendes Ende setzte. Für Erika ein schwerer Verlust, denn sie verstand sich bestens mit allen der anschaffenden Damen. Ja eben ein regelrechter Familienbetrieb.
Interessant waren auch immer wieder zu erfahren, wie viele Perverse es gibt, die auch noch dafür bezahlten, gefesselt und geknebelt ausgepeitscht zu werden. Ich denke ein Spiegelbild unserer kranken Gesellschaft, während der über 70-jährige Puffbesitzer mit seiner Frau einen auf väterlich seriös machte.

Was für eine verrückte Welt! Viel hatte sich in der Zwischenzeit nicht geändert, außer dass sich nach meiner Ummeldung in Gerds Wohnung noch mehr Gläubiger bei mir meldeten, denen ich Geld schuldete, aber nicht bezahlen konnte. Daher war mein zu leistender Offenbarungseid nur mehr eine logische Frage der Zeit und Ruh war. Einfach nicht mehr dran denken. Doch ganz so einfach war dies nicht immer.
Als mich eines unverhofften Tages meine ehemalige Vermieterin aus Iserlohn säuerlich lächelnd im Wohnzimmer von Gerd erwartete. Das waren natürlich oberpeinliche Momente, die ich nicht einfach ignorieren konnte, sondern sah mich verpflichtet, selbst von dem wenigen Arbeitslosengeld, welches mir vom Mindestverbleib durch Zwangseintreibungen meiner Gläubiger gekürzt wurde, die ausstehenden Mietrückstände in kleinen Beträgen abzustottern. Gleiches galt in Bezug auf mein Übergangsgeld, welches ich bald darauf vom Arbeitsamt während einer Umschulungsmaßnahme zum Funkelektroniker bekam, auf dessen Umschulungsziel ich mich kurzfristig mit dem zuvor verhasstem Arbeitsamt geeinigt hatte.

Bereits im Juli drückte ich dafür im Berufsförderungszentrum in Köln die Schulbank. Es war jedoch nicht so mein Ding. Einfach weil ich davon überzeugt war, dass mir eine soziale Tätigkeit im Umgang mit anderen Menschen besser liegen würde. Daher wartete ich den Abbruch meiner Umschulungsmaßnahme mit dem ersten Zwischenzeugnis ab, um sofern erforderlich, beweisen zu können, die Maßnahme nicht wegen schlechter Leistungen abgebrochen zu haben.
Wider Erwarten bekam ich nicht einmal eine Arbeitslosengeldsperre auferlegt und auch sonst schien sich beim Arbeitsamt niemand mehr darum zu bemühen, mich in Arbeit zu bringen. Darauf legte ich auch keinen Wert. Denn kurz darauf suchte der Chef von Gerd jemanden, der ihm mehrere Kellerräume streichen könnte. Durch Gerds Vermittlung, durfte ich diese Arbeit ausführen und mir ein paar Mark dazu verdienen.

Arbeit über Arbeit

Dem Chef einer großen Schreinerei gefiel meine saubere und umsichtige Arbeitsweise dermaßen gut, um mir die komplette Ausgestaltung aller Malerarbeiten für ein neu errichtetes Apartmenthaus mit 11 Wohneinheiten an die Hand zu legen. Nachdem ich auch diese Arbeiten zufriedenstellend abgeschlossen hatte, ging es nahtlos weiter zu seinem eigenen gerade für vier Millionen DM neu erstelltem Privatwohnhaus. Auch hier erledigte ich über einen langen Zeitraum hinweg alle Malerarbeiten, über den exklusiven Swimmingpool im Keller, bis in den 2. Stock für seine ganze Familie.
Nachdem ich auch dieses Großprojekt abgeschlossen hatte, folgte umgehend die Renovierung des alten Wohngebäudes und weiter zwei seiner Mietshäuser, deren Treppenhäuser und Kellerräume nun dran kamen.

Während der ganzen Zeit, lernte ich immer neue Unternehmer kennen, die meine Arbeitsqualitäten zu schätzen wussten und mich baten, auch für sie tätig zu werden. Angefangen vom Fliesenlegermeister, an dessen privaten Neubau ich gleichfalls zahlreiche Malerarbeiten tätigte. Als ich in einem seiner Mietshäuser die Fenster strich, entdeckte mich wiederum ein Juwelier, für den ich gleichsam tätig wurde und wiederum weiter für einen seiner Kunden. Geriet also unmerklich aufgrund meiner immensen Nachfrage in immer größere Zeitnot und Stress.

Über diese ganzen Jahre hinweg waren Gerd und mehr noch Erika die einzigen echten Freunde für mich. So gelang es Gerd, mich so ab etwa 1985 zum Mitkegeln in seinem Kegelverein von etwa 12 Mann zu überreden. Jeden zweiten Freitag kegelten wir also zum Spaß an der Freud. Dabei flossen die Geldeinsätze der Verlierer regelmäßig in die Vereinskasse, um aus ihr einen jährlichen Vereinsausflug zu finanzieren.

Im ersten Jahr mochte ich, so sozialscheu wie ich war, noch nicht an einen der Ausflüge teilnehmen. Als es aber im zweiten Jahr daran ging zu einem 5-tägigen Vereinsausflug an die bulgarische Schwarzmeerküste Goldstrand zu fliegen, war ich natürlich nur zu gern dabei, auch mal so ein Flugabenteuer miterleben zu dürfen.

In Bulgarien fiel natürlich überall die Armut und Mangelwirtschaft ins Auge. Nicht nur an den stundenweisen Strom- oder Wasserausfällen, sondern auch am Zustand der Gebäude, Straßen und auch ärmlichen Kleidung der Menschen, die sofern sie sich von Aufsichten unbeobachtet fühlten mit demütigen Gesten Touristen um Geld anbettelten.

Selbst im besten Hotel in Varna, wo wir uns mal ein Essen gönnten, kam der Ober immer wieder mit dem freundlichen Hinweis zurück, dass unsere Wunschauswahl an Gerichten gerade nicht mehr vorrätig sei. Nee, unter diesen Umständen, machte sogar der Aufenthalt am Strand oder im Meerwasser nicht mehr richtig Freude.

Die Tage waren schneller vorbei als uns lieb war und konnte auf dem Rückflug schon weit entspannter den grandiosen Ausblick auf unsere doch immer noch schöne Welt genießen.

Panikattacken und psychosomatische Klinik

Zu jener Zeit bearbeitete ich zwar gleich mehrere Kundenaufträge gleichzeitig, doch hatte ich mir für den nächsten Tag noch einen eigenen „Urlaubstag" freigehalten.

So saß ich am nächsten Morgen, wie es öfter vorkam, schon morgens zu Besuch bei Gerd in der Wohnung. Während Erika gerade ein paar Einkäufe tätigte, las ich in aller Ruhe bei einer Tasse Kaffee und Zigarette die Tageszeitung. In dieser entspannten Idylle spürte ich mich aus heiterem Himmel heraus auf einmal sonderbar leicht werden. Kurz darauf raste mein Herz wie von Sinnen los. Während ich schwer nach Atem rang, fühlte ich wie mein gesamter Körper wie von abertausenden Ameisen durchströmt innerlich zu kribbeln begann. So ein Gefühl hatte ich noch nie in meinem Leben gehabt.

Panische Todesangst breitete sich in mir aus. Nur schnell raus hier aus der Wohnung, dachte ich zu mir, damit ich noch rechtzeitig gefunden werde, falls ich in Ohnmacht fallen sollte. Voller Panik stürzte ich raus und klingelte auf alle Klingelknöpfe der anderen Wohnungen. Eine Mieterin fragte was denn los sei. Ich rief nur in voller Überzeugung, dass ich sterben werde. „Ich sterbe, ich sterbe, bitte rufen sie einen Notarzt".

Später erzählte mir die Mieterin, dass ich in jenem Moment kreidebleich war, mir kalter Schweiß auf der Stirn stand und wie Espenlaub zitterte. Während sie den Notruf tätigte, legte ich mich in ihrem Wohnzimmer auf die Couch. Oh Gott was ist das nur, durchfuhr es mich, während die ganze Zeit mein gesamter Körper wie von Strom durchflossen bis in die letzte Fingerspitze durchkribbelte. Endlich kam mit tatü tata, ein Rettungswagen. Die Leute fragten mich, was mir fehle. Nur konnte ich ihnen das selber nicht erklären, sondern bat sie sich zu beeilen, ich würde sterben.

Sie konnten aber nichts besorgniserregendes finden und fuhren mich ohne Blaulicht ins Krankenhaus. Was ich nun gar nicht verstehen konnte und jeden Augenblick damit rechnete, dass es mit mir aus wäre. Selbst in der Notaufnahme. Ich dachte ich werde verrückt. Statt sich umgehend um mich zu kümmern, fragten die Pflegekräfte oder Ärzte doch allen Ernstes erst mal meine Versicherungsangaben ab. Ja erkannte denn keiner von denen meine akute Lebensgefahr? Schier zum Verzweifeln. Und als sie dann noch anfingen, mir einen Handschuh vor den Mund zu halten, in den ich ein und ausatmen sollte, dachte ich die wären wirklich übergeschnappt.

Erst in den folgenden Minuten klärten sie mich über den Verdacht einer Hyperventilationstetanie auf. Also einer krampfhaften Überatmung, die dieses seltsame Kribbeln auslösen würde. Es dauerte nicht allzu lange bis diese Kribbelsymptome endlich wieder verschwanden. Dennoch zitterte ich nach wie vor wie Espenlaub, wie sich auch ein Gefühl inneren Frierens bemerkbar machte.

Nachdem ich ein Beruhigungsmittel verabreicht bekam, hieß es zur Beobachtung ein paar Tage im Krankenhaus zu bleiben. Himmel, dass kam mir gar nicht gelegen. Schließlich hatte ich ohne Ende zu tun. Dennoch fügte ich mich und verbrachte den restlichen Tag und folgende Nacht in einem Krankenzimmer. Erika hatte mir bereits die nötigen Utensilien für solch einen unnötigen Aufenthalt vorbeigebracht.

Am nächsten Morgen saß ich nach dem Frühstück mit einer Tasse Kaffee und einer guten Zigarette im dunstgeschwängerten Aufenthaltsraum, als wieder aus heiterem Himmel mein Herz loszurasen begann und sich bereits in den Füßen und Händen das bekannte Kribbeln bemerkbar machte. Voller Panik ließ ich alles liegen und stehen, um ins Schwesternzimmer zu stürzen.

Diese beruhigten mich zwar schnell wieder. Doch zu meiner Überraschung konnten sie bis auf einen erhöhten Blutdruck wieder nichts Verdächtiges feststellen. Das konnte doch nicht wahr sein. Schließlich zitterte ich wieder erkennbar über den ganzen Körper. Nun sollte ich die folgenden Tage intensiver untersucht werden. Aber egal, was sie auch in Augenschein nahmen, nichts deutete auf eine organische Fehlfunktion hin.

Inzwischen wurde ich bereits von meinen Auftraggebern im Krankenhaus besucht, die sich indes sehr verständnisvoll zeigten. Also von der Seite musste ich mir keinen Kopf machen. Diese seltsamen Symptome wiederholten sich auch nicht mehr. Zumindest nicht während des etwa einwöchigen Krankenhausaufenthalts. Hm.. ., was sollte man nur damit anfangen?

Ich durfte das Krankenhaus ohne Auflagen oder Medikamente verlassen. Kam mir im Krankenhaus schon richtig bescheuert vor, wenn man nichts Richtiges hat, bzw. nichts gefunden wird.
Doch hatte ich mich zu früh gefreut. Ich weiß zwar nicht mehr wann sich der nächste Anfall einstellte. Es sollten jedenfalls noch viele – sehr viel dieser und ähnlicher Panikanfälle werden. Jedoch nie mehr welche, die mit diesem Kribbeln einhergingen, sondern nur noch mit Herzrasen, Angst, einem dicken Kloß im Hals der einem den Hals zuschnürte, äußerem Zittern und innerem Frieren. Die sich und das war das Besondere, überwiegend einstellten wenn ich allein war. Egal zu welcher Tageszeit, immer wieder sollten mich diese elenden Angstattacken in der Folgezeit fast über ein ganzes Jahr hinweg heimsuchen.

Nahezu jedes Mal raste ich in halsbrecherischer Fahrt mit meinem Auto ins Krankenhaus. Überholte selbst bei Eis und Schnee die vor mir fahrenden Fahrzeuge mit teils unverantwortlichem Risiko. Aber mich trieb jedes Mal eine unbeschreibliche Todesangst. So etwas kann niemand nachvollziehen, wer nicht selbst einmal davon betroffen war.

Ich lief von einem Arzt zum anderen, ohne dass jemand etwas feststellen konnte. Wenigstens hatte ich einen verständnisvollen Internisten, der mir für solche Akutfälle schwere Beruhigungsmittel wie Lexotanil, Tavor und Valium verschrieb. Diese Mittel nahm ich nur in Notfällen, die sich leider immer häufiger einstellten. Dabei konnte ich zwar an mir selbst eine angstlösende Beruhigung feststellen, die aber dennoch mit einer inneren aber gleichgültigeren Unruhe einherging, um z.B. wie ein gefangener Tiger ruhelos von einer Ecke in die andere hin und her laufen zu müssen. Also nicht wirklich gut, aber wenigstes half es mir im akuten Augenblick wie durch eine dicke Watte hinweg die Panikattacken auszuhalten.

Dumm war nur, dass weder Krankenhaus noch einer der vielen Ärzte, die ich in jener Zeit aufsuchte, eine konkrete Ursache feststellen konnten. Stellenweise war ich dermaßen vor Angst steif gelähmt, um kaum noch die Treppen im Krankenhaus hinauf zu kommen und mir nach jedem obligatorischen EKG frustriert anhören zu müssen, dass mir nichts fehlte. Einmal hatte mich eine Stationsärztin erbarmungsvoll stationär aufgenommen, als sie am nächsten Morgen vom Chefarzt zur Visite scharf gerügt wurde, warum sie mich Simulanten aufgenommen hätte?

Es war einfach zum Verzweifeln, wenn ich mit diesem ernsthaften Problem nicht wirklich ernst genommen wurde. Auf der anderen Seite konnte ich mich nicht beschweren, denn es gab durchaus, wenn auch erfolglos Bemühungen, die möglichen Ursachen auch außerhalb des Krankenhauses zu suchen.

Die Ursache ließ sich einfach ums Verrecken nicht feststellen. Es nutzte alles nichts, bis sich mein Hausarzt nicht mehr weiter zu helfen wusste, als mich in gemeinsamer Absprache in eine psychosomatische Fachklink ganz in meiner Wohnortnähe in Frönsberg zu überweisen. Eine meiner grauseligsten Lebenserfahrungen, die ich dort über mich ergehen lassen durfte.

Nicht, dass man mich dort zu intensiv herangenommen hätte, sondern eher des Gegenteils wegen. Fing eigentlich recht harmlos an, als mir im Rahmen der Eingangsuntersuchung eine Menge Fragen gestellt wurden, die ich nach besten Wissen und Gewissen zu beantworten versuchte.

Die ersten 10 oder 14 Tage durfte ich mich nur auf einer geschlossenen Beobachtungsstation aufhalten, auf der so ziemlich alles anzutreffen war, was man sich an psychisch auffälligen oder suchtabhängigen Leuten vorstellen kann. Da ich von meinen Zigaretten abgesehen, keine Suchtmerkmale aufwies, war ich froh, endlich auf eine normale Station zu kommen, die aber auch nicht ohne war. Etwa ein junger Mann, der zu seinem eigenen Schutz einen Kopfhelm trug, den er gern mal mit einem lauten Schrei irgendwo andotzte. Andere, die den ganzen Tag um das Aufsichtsrondell tigerten, bis ihre Hände beängstigend angeschwollen waren.
Magersüchtige Mädchen, von denen eine tatsächlich während meines Aufenthalts nicht mehr lebend von einem suizidalen Waldausflug zurückkehrte. Depressive, die sich zur Pflege ihrer trübsinnigen Stimmung ständig die runterziehende Musik der Gothicgruppe „the Cure" reinzogen. Oder auch so Durchgeknallte, die den anwesenden Damen gern mal ihr männliches Gemächt vorführten. Also eine illustre Gesellschaft, quer durch alle Altersstufen hinweg, in der ich mich außerordentlich deplaziert fühlte. Andererseits aber jene Sicherheit lieferte, um mir diese grässlichen Angstanfälle vom Hals zu halten.

Tatsächlich so lange ich mich in dieser Umgebung aufhielt, bekam ich nicht einen Anfall, aber wehe dem, ich verließ das Gelände, um mal in mein wenige Kilometer entferntes Apartment zu fahren. Dann wurde es bereits sehr brenzlig. Dort verbrachte ich von Anfang Dezember 85 bis etwa Mitte Januar 86 insgesamt gute sechs Wochen, ohne dass es in dieser Zeit zu einem einzigen weiteren Gespräch mit einer Fachkraft gekommen wäre.

Angeblich weil über die Weihnachts- und Neujahrstage hinweg so viel Fachkräfte in Urlaub waren, bis ich an einem Januartag als Antwort einer an die Klinikleitung gerichteten Beschwerde binnen weniger Minuten aus der Klinik rausgeschmissen wurde.

Also nicht, dass ich dort als notorischer Querulant auftrat, es war meine erste Beschwerde. Damit strafte man mich für eine schriftliche Klage gegenüber der Klinikleitung ab, in der ich meiner Empörung Luft machte, da mir am Abend zuvor auf extrem einsetzende Kopfschmerzen die Nachtaufsicht keine Schmerzmittel zur Verfügung stellen wollte. Ein Unding, worüber ich mich heute noch aufregen kann, wenn man ihrer Argumentation zu folgen versucht, in der sie mir jede Hilfe mit dem Hinweis verweigerte, ein Arzt müsse zuvor eine Medikamentengabe genehmigen und meine anschließende Bitte einen Arzt zu rufen, mit dem Argument zurückwies, dass ein solcher nur in Notfällen gerufen würde, was bei mir nicht der Fall sei!!!

Jedenfalls hatte meine Beschwerde eine spontane Spintdurchsuchung zur Folge, in der mein Sicherheitsvorrat an Beruhigungsmitteln entdeckt wurde, den ich innerhalb der Klinik nie anrühren brauchte. Ich wusste wohl, dass der Besitz solcher Mittel den umgehenden Rauswurf zur Folge haben sollte, aber wer könnte bei meiner ausgewachsenen Beschwerdesymptomatik nicht doch nachvollziehen, für den Fall der Fälle einen Sicherheitsvorrat zurückzubehalten?
Minuten später stand ich bereits vor den Pforten dieser vorgeblichen Fachklinik für Psychiatrie und Psychosomatik in der Kälte. Ein unglaublicher Vorgang, über dessen Kleinheit an Mitmenschlichkeit ich noch heute den Kopf schütteln kann.

Da stand ich nun mit meinen Ängsten und einer weiteren vergebenen Chance, früher Klarheit über die Ursachen zu diesen Symptomen und anderen Eigenarten zu bekommen, die mein Leben in auffälliger Weise begleiteten.

Erst mit der Entdeckung des Amnesty-Berichts von 2003 wurde es mir möglich, selbst die Ursachen und Folgen für zahlreiche Symptome zu erarbeiten oder bewusst zu werden. Was hätte ich mir, und meiner heutigen Familie nicht alles ersparen können, wenn ich bereits früher als 2003 Gelegenheit bekommen hätte, mir die Folgen von Ursachen und Wirkungen zu erschließen.

Aber so ist das Leben nun mal. Geht doch anderen Menschen ähnlich, die lange und unbewusst an ihren Altlasten tragen müssen, die ihnen bereits in früher Kindheit gleichfalls unbewusst als Hypothek aufgebürdet wurden/werden. Unter deren Belastungen an Kränkungen, Ängsten, Scham, Kleinheit, Unfreiheit, Frust und depressiven Launenhaftigkeit sie am Ende kaum anders können, als ihre umgebende Welt in Dauerabwehrstellung zu misstrauen, Missverständnisse zu schüren und weiter ihre gesamte Umwelt zu vergiften.
Schade eben um diese Chance. Aber trotz aller Härten, das Leben ging weiter.

Im Augenblick des Rausschmiss, tat es gut, um die Freundschaft von Gerd und Erika zu wissen, die mich für die erste Zeit erneut in ihre Wohnung aufnahmen und fortan auf mich allein gestellt, zusehen musste, mit den wiederkehrenden Angstattacken zurecht zu kommen.

Später als ich wieder zurück in mein Apartment wechselte, lag ich oft mit einem schweren Kloß im Hals in meinem Bett und versuchte die Ängste mit kontrolliert ruhigem Ein- und Ausatmen bis zum Abklingen auszuhalten. Mit zunehmenden Erfolg. Hierbei half mir die Erinnerung eines betont zuvorkommenden Internisten, der mir versichert hatte, dass ich an meinen Panikattacken bestimmt nicht sterben würde.

Zeugen Jehovas - Neuer Lebensbeginn

Wahrscheinlich trug aber auch das Studium mit den Zeugen Jehovas, zum allmählichen Abklingen dieser elenden Plage bei. Diese lernte ich zu jener Zeit kennen und erlangte durch ein folgendes Bibelstudium immer mehr die Sicherheit, mich des Todes nicht fürchten zu müssen, bis ich später in voller Überzeugung, das Richtige zu tun, der Gemeinschaft der Zeugen Jehovas beitrat.

Nun, ich kann sagen, dass mir der Kontakt und die Gemeinschaft mit den Zeugen Jehovas weiter half, mein Leben in ruhigere und stabilere Bahnen zu lenken. Die Frequenz und Intensität der Panikattacken flauten merklich ab. Ich sah ein, dass Schwarzarbeit nicht mit ehrlichen Grundsätzen zu vereinbaren war. Durch die Beteiligung am Haus zu Haus-Dienst, wie auch an Redeaufgaben wuchs meine Selbstsicherheit und das Beste von alledem, ich bekam wieder Kontakt zu meiner nächst-älteren Schwester, die gemeinsam mit ihrem Mann und ihren drei Kindern, bereits vor Jahren zu den Zeugen Jehovas gefunden hatten. Mit ihnen vereinbarte ich einen komplett neuen Lebensanfang.

In meinem Wohnort nahe Iserlohn hielt mich bis auf die stressige Schwarzarbeit ohnehin nichts mehr. Innerhalb kurzer Zeit besorgten mir meine Schwester und Schwager in ihrem Wohnort Frankenberg bei Marburg, bei einem älteren Glaubensehepaar ein günstiges möbliertes Zimmer. Das war so gegen 1986/87.

Mit Ausnahme meiner Bücher, besaß ich ohnehin nicht viel an Werten, so dass der Umzug ohne größere Mühen über die Bühne ging. Da mein Zimmer für meine Bücher viel zu klein war, lagerte ich sie in 4 großen Kartons unter der Treppe des Flures ein. Doch obwohl ich zwischenzeitlich immer mal wieder den Zustand der Bücher überprüfte, indem ich die obersten Bücher aus den Kartons ohne Beanstandung in Augenschein nahm, sollte ich ein paar Jahre später bei meinem Auszug diesen wertvollen

Schatz zum allergrößten Teil wieder verlieren. Denn dummerweise hatte ich nicht bemerkt, dass irgendwelche leichte Luftfeuchtigkeit vom Boden her meine Bücher erfasste und der damit einhergehende Schimmel selbst dickste Wälzer zu einem Bruchteil ihrer ursprünglichen Größe zusammenfallen ließ.

Dieser Verlust war in doppelter Hinsicht äußerst schmerzlich für mich. Einmal weil deren Inhalte einen Teil meines Lebens ausmachte, die mich gebildet und für meine Umwelt sensibilisiert hatten. Zum anderen, weil sie auch in materieller Hinsicht einen Schatz für mich darstellten, wenn man weiß, unter welch entbehrungsreichen Umständen ich gelebt hatte und mir gewiss nicht aus der Fülle heraus Bücher leisten konnte. Woran erkennbar werden dürfte, welch einen hohen Stellenwert Bücher schon immer für mich hatten. Aber gut, im Leben muss man halt auch mal Liebgewonnenes loslassen, um Neuem Raum zu geben.

Die Panikattacken verloren sich, das Rauchen gab ich nach zähem Ringen auf und man glaubt es kaum, ohne äußeres Zutun verlor ich mein langjähriges Bedürfnis, mein Glück an diesen betrügerischen Geldspielautomaten herausfordern zu müssen. Nur blieb ich trotz relativ enger gemeinschaftlicher Kontakte auch weiterhin ein Einzelgänger. Mir reichte der intensive Kontakt zu meiner Schwester und ihrer Familie.
Mein Leben nahm erkennbar immer besser Fahrt auf. Schon kurz nach meinem Umzug nach Frankenberg, wurde ich vom Arbeitsamt zu einem sogenannten Motivationskurs für Langzeitarbeitslose eingeladen. Ging über mehrere Tage, in dem versucht wurde, anhand von Fragebögen und Gesprächen die beruflichen Vorstellungen und Perspektiven der rund 20 Teilnehmer ersichtlich zu machen und in konkrete Maßnahmen umzusetzen. Und was für eine erfreuliche Wandlung, mir wurde die Chance eingeräumt, eine Ausbildung zum Arbeits- und Beschäftigungstherapeuten zu absolvieren. Die Zusage sollte indes vom Ergebnis

eines dreimonatigen Praktikums an einer Ausbildungsschule abhängig gemacht werden.
Klasse, endlich eine Perspektive, die mir zuvor durch behördliche Willkür jahrelang vorenthalten blieb. So nahm ich kurz darauf mitten im laufenden Ausbildungsjahrgang an diesem Praktikum teil. Verlief für mich wunderbar. Ich kam gut mit den Themen klar. Auch die körperlichen Kontaktübungen überstand ich für meine Verhältnisse ganz gut und kam auch prima mit den Teilnehmern/innen aus.

Doch dann durchkreuzte eine einzige Glaubensfrage meinen schönen Berufstraum. Ich erlaubte mir die Frage in den Raum zu stellen, wie man denn mit depressiven Menschen umgehen müsste, um ihnen zu helfen ihr Leben wieder mehr in ein positives freundlicheres Licht zu rücken? Da von den anderen Auszubildenden inhaltlich nichts kam, machte ich von meiner Überzeugung eines kommenden hoffnungsvollen Reich Gottes kein Geheimnis. Woraufhin mir von der Ausbildungsleiterin eröffnet wurde, dass sie für mich keine Chance sah, mit meinen Ansichten, eine Ausbildung zum Arbeits- und Beschäftigungstherapeut erfolgreich abzuschließen.

Zu anderen Zeiten hätte mich so eine Entscheidung völlig am Boden zerstört. Doch jetzt konnte ich ganz locker mit der Ablehnung umgehen, indem ich sie für mich als einen Wink Gottes interpretierte, dass es mit diesem Berufswunsch wohl nicht sein sollte.
Es galt nun ein neues Berufsziel ins Auge zu fassen, welches ich nach einigen Nachforschungen im Berufsbild eines Büromaschinenmechanikers zu entdecken glaubte. Die Berufsaussichten wurden als außerordentlich gut beschrieben, wie auch die unterschiedlichen Betätigungsbereiche ein abwechslungsreiches Arbeitsfeld versprachen.

Bereits wenige Monate später war alles geklärt, um innerhalb eines kleinen Familienbetriebs, mitten in der Frankenberger Innenstadt, die berufliche Umschulung aufzunehmen. Doch ja, mir machte die Ausbildung mit den darin verbundenen Herausforderungen richtig Spaß.

Weniger Glück hatte ich zum Ende der zweijährigen Umschulungsmaßnahme. Entgegen meinen Erwartungen wurde ich nach der erfolgreichen Gesellenprüfung nicht übernommen. Der Betrieb war einfach zu klein. Der einzige Geselle hatte zwischenzeitlich seine Meisterprüfung absolviert. Während seiner Abwesenheit wurden jeweils ein neuer Geselle und Auszubildender eingestellt. Da war ich am Ende zu viel. War ja nur ein ganz kleiner Laden.
So wurde ich nun erst mal wieder arbeitslos. Offiziell. Denn mein Schwager, der ja ebenfalls wie ich Malergeselle war, kannte immer wieder Leute, bei denen wir zusammen oder ich allein nebenbei etwas dazuverdienen konnten. So eng sahen wir dies inzwischen nun auch wieder nicht mehr.

Dafür nahm ich immer öfter den krassen Widerspruch von Anspruch und Wirklichkeit innerhalb dieser Glaubensgemeinschaft wahr. Die zwar Liebe und Demut predigten, diese Tugenden aber auffallend häufig gegenüber den eigenen Kindern missen ließen.

Niemals wäre ein gesunder Mensch, mit emphatischen Fähigkeiten in der Lage, einem anderen Mensch und noch weniger Kindern gegenüber Gewalt anzutun. Es war echt bestürzend gerade bei tagesausfüllenden Kongressen miterleben zu müssen, wie zahlreiche Eltern ihren Kindern die Schwarte versohlten, die verständlicherweise Probleme darin hatten, den ganzen Tag über still auf ihren Plätzen sitzen zu bleiben und sich in andächtiger Konzentration von den dargebotenen Vorträgen und gespielten Situationsbeispielen geistig „erfrischen" zu lassen. Kaum vorstellbar, dass diesen Kindern mit derart unbedachten Gewaltorgien ein hilfreicher Dienst entgegengebracht wurde, um ihren Glauben als wertvoll und angenehm zu erhalten.

Dies zeigte sich leider auch bei meiner Schwester und Schwager. Denn ausgerechnet im Anschluss eines mehrtägigen Bezirkskongresses, kamen sich die beiden noch am selben Abend aus einem nichtigen Anlass dermaßen in die Wolle, um sich in einer handfesten Schlägerei gegenseitig zutiefst demütigend zu verletzten.

Zumindest war ich geschockt, als ich am nächsten Morgen meine Schwester mit blau unterlaufen Augen und von Hämatomen schwarzgefärbten Armen wieder sah. Selbstverständlich konnte ich dazu nicht mehr schweigen, was zur Folge hatte, dass mich mein Schwager aus der Wohnung schmiss und damit gleichzeitig den Bruch zu seiner Familie, bzw. auch meiner Schwester besiegelte. Denn unbegreiflicherweise hat sie, obwohl ich ihretwillen Partei für sie ergriff, danach keinen Kontakt mehr zu mir aufgenommen. Womit ich herausstellen wollte, auch Zeugen Jehovas sind vor Torheit nicht gefeit.

Arbeit mit überragenden Chefs

Nach meiner erfolgreichen Gesellenprüfung 1989, habe ich mich wahrlich intensiv, bis Hannover, Hamburg herauf bemüht, um eine Anstellung als Büroinformationselektroniker zu finden. Doch trotz der vormals so gut ausgewiesenen Berufsaussichten, wollte mir nicht eine einzige Firma die Chance bieten, darin Geld zu verdienen oder mich weiter zu qualifizieren. Nichts – wie ausgestorben. Deshalb war ich heilfroh, als mich der Juniorchef meines Umschulungsbetriebs, mit dem ich immer noch freundschaftlich in Verbindung stand, nach etwa einem Jahr der „Arbeitslosigkeit" bat, ein paar Renovierungsarbeiten an einem neu erworbenen Gebäude zu übernehmen.

Inzwischen hatte er sich mit einer Person angefreundet, der ihm eine Vielzahl vielversprechender Geschäftsmodelle schmackhaft gemacht hatte, um diese gemeinsam zu realisieren. Daher auch der Ankauf eines vielfach größeren Hauses, als jenem angemieteten Laden, indem das bisherige Ladengeschäft und Werkstatt seiner Bürofachfirma untergebracht waren.
Als sich immer weitreichendere Renovierungsarbeiten abzeichneten, die ich meines um Ehrlichkeit bemühten Glaubens, nicht mehr so nebenbei bewältigen konnte, bat ich meinen ehemaligen Juniorchef um eine Festanstellung. Und ja juchu, ich bekam sie.

So legte ich los und renovierte das erworbene Fachwerkhaus vom Keller bis unter das Dach. Irgendwann fragte er mich, ob ich nicht auch seine große Doppelgarage seines Privathauses fliesen könnte?
Oh je, mit Fliesen kannte ich mich gar nicht aus. Aber er meinte nur, ich würde das bestimmt schaffen, wenn ich mich vorher nur mal über die notwendigen Voraussetzungen informieren würde. Also rief ich einen Fliesenleger an, der mir einige Tipps gab, worauf ich in erster Linie achten sollte und machte mich mit diesem ersten Grundwissen an die Arbeit.

Oha, was war ich selber überrascht, wie gut mir bereits im ersten Anlauf die Fliesenverlegung von der Hand ging. Der Juniorchef und seine Frau waren voll des Lobes. Herrlich, denn auch ich konnte mich vorbehaltlos über diesen Erfolg freuen.

Das Ladengeschäft der Bürofirma wuchs auf einmal explosionsartig an. Zumal darin nun auch ein PC-Großhandel integriert wurde, dessen leitende Geschäftsführer, alles Jungspunde, von früh bis spät am Telefonieren waren, um stetig neue Kunden zu akquirieren.

Mit dem Fall der Mauer in der DDR, entwickelte sich unsere einst kleine Büroklitsche zu einer multifunktionalen Unternehmensgruppe, in der zum Schluss 15 Unternehmensgruppen ihre verschiedenen Betätigungsfelder ausübten. Die Palette reichte vom PC-Großhandel, Büroservice, Fahrrad- und Kinderläden, Fachakademien zur Ausbildung von Kaufleuten und Steuerberatungsgesellschaften, bis hin zu einer kompletten Büro-Möbelfabrik in Chemnitz, Fahrzeugleasingunternehmen und einiges mehr.

Es war mit Abstand die im positiven Sinne aufregendste und schönste Zeit meines bisherigen Lebens. Denn alsbald entdeckte auch der neue Mitgesellschafter, ein ehemaliger Berufsschullehrer, meine handwerklichen Qualitäten, um mich für die Renovierung seines Mietshauses, als auch Umbau seines neu erworbenen Eigenheims einzusetzen. Dabei kam es eines zufälligen Tages zu einem denkwürdigen Gespräch zwischen uns beiden.

Ich war gerade in seinem Privathaus mit irgendwelchen Arbeiten beschäftigt, während er wegen einer Grippe im Bett lag. Wegen einer abzuklärenden Frage, musste ich ihn in seinem Schlafzimmer aufsuchen. Dabei kam er auf meine Schulden zu sprechen, die ihm meiner Lohnpfändungsbeschlüssen wegen bekannt waren.

Kleinlaut erzählte ich ihm, wie sich meine Schulden durch meinen Unfall, Spielsucht, Konsumkrediten, Mahnverfahren von Inkassounternehmen und angefallenen Zinsen auf einen stattlichen Betrag von etwa 35000 DM angehäuft hatten. Davon zahlte ich über den Mindestsatz hinaus, der mir zum Leben blieb, im geringfügigen Umfang sogar noch einen weiteren Teil meiner Schulden ab. Meine Güte, was war ich überrascht, als er mir völlig aus freien Stücken seine Hilfe in Aussicht stellte, um meinen Schuldenberg von etwa 8 Gläubigern durch sogenannte Vergleichsangebote abzulösen.

Ich konnte es kaum glauben, aber tatsächlich sprach/schrieb er die nächsten Wochen meine Gläubiger an, um ihnen einen Vergleich zur Ablösung meiner Verbindlichkeiten anzubieten. Mit mehr oder weniger Entgegenkommen, verständigte er sich mit ihnen auf eine Reduzierung meiner Schulden von 35000 DM auf nur mehr 23000 DM. Über diese Summe wurde mir dankenswerterweise ein großzügiges Firmendarlehen eingeräumt, dessen Rückzahlungsbetrag mir erheblich mehr Luft zum Leben verschaffte und mir darüber hinaus die Möglichkeit anbot, durch netto abgerechnete Überstunden den Darlehensbetrag weiter abzuarbeiten.

Oh ja, was habe ich mit diesem Motivationsschub gearbeitet und geackert, selbst über Oster- oder Weihnachtsfeiertage hinweg. War für mich überhaupt kein Problem, da ich ja ohnehin keine Familie hatte und es somit nichts und niemanden gab was mich davon abhielt, um Stunde für Stunde, Tag für Tag, zielstrebig meine Schulden abzubauen. Meine Chefs ließen mir da völlig freie Hand und waren selbst höchst überrascht, als einer von ihnen am Heiligabend um 20:00 Uhr seiner Familie etwas im Ladengeschäft zeigen wollte und sie mich dort vorfanden, wie ich gerade Türen lackierte.

Ein anderes Mal verabschiedete sich der neue Teilhaber mit seiner Familie mit der Maßgabe in Urlaub, während seiner Abwesenheit einen größeren Teil seines Hauses umfangreich zu renovieren. Dazu hätte ich so viele Leute einstellen dürfen, wie ich gebraucht hätte. Aber weder am Arbeitsamt noch sonst wo fand ich auf die Schnelle geeignete Maler, so dass ich mich allein ans Werk machte und bald Tag und Nacht meine Vorgaben zu erfüllen versuchte. Ganz ist es mir zwar nicht gelungen, der Chef war aber dennoch zufrieden.

Wenn ich dabei eines lernte, dann war es die Erkenntnis, wie sehr anerkennende Wertschätzung zur Steigerung der Selbstsicherheit beitrug. Denn meine Chefs ließen wirklich kaum eine Gelegenheit aus, um mir ihre hohe Zufriedenheit meiner Arbeitsergebnisse zu versichern. Darüber hinaus legten sie mir im vollen Vertrauen auf meine praktischen, wie auch organisatorischen Fähigkeiten nahezu die gesamte Verantwortung zur Abwicklung ihrer Aufträge in meine Hände. Ich konnte also vom kostenbewussten Einkauf, bis zum letzten Pinselstrich schalten und walten wie ich wollte. Etwas, was ich bis dahin noch nie zuvor erfahren hatte.

Aus dieser Erfahrung heraus kann ich an alle Chefs der Welt nur appellieren, ihren Mitarbeitern mit möglichst vorauseilendem Vertrauen zu begegnen. Denn Sie werden sich geehrt fühlen und über sich hinauswachsend bereit sein, mit freudigem Engagement Verantwortung zu übernehmen. Eine bessere und günstigere Mitarbeitermotivation als ehrliche Anerkennung kann es gar nicht geben. Denn was nutzt es, wenn Mitarbeitern noch so viel Geld geboten wird, wenn sie dennoch in devoter Haltung ihre Delegierung abwarten, statt selbst kraftvoll die Initiative des Handelns zu übernehmen. Mir hat diese Zeit meiner geschätzten Mitarbeit jedenfalls über alle Maßen gut getan.

Oha, was war selbst ich skeptisch, als ich vom Chef den Auftrag erhielt, sein Bad mit gleichförmigen Fliesen über den Boden und Wänden hinauf zu fliesen und dabei stets die Fugenflucht in alle Richtungen einhalten musste. Wahnsinn, ich habe es tatsächlich geschafft.

Aber wahrscheinlich nur, weil meine vorherigen Leistungen so auffallend positiv gewürdigt wurden. Das schuf ungeahntes Selbstvertrauen und Sicherheit, in dem was ich gerade zu tun beabsichtigte.

Mit dem Neffen des hinzugekommenen Chefs wurde alsbald eine Baumannschaft aus der Taufe gehoben, um im gesamten Bundesgebiet PC-Verkaufsfilialen zu errichten. Dabei fielen für mich natürlich jede Menge Überstunden an, die dazu führten, dass ich nach etwas mehr als zwei Jahren meine Schulden vollständig tilgen konnte und somit gegen 1991/92 ein schuldenfreier Mann war. Selbst meine Spielsucht hatte sich von selbst in Luft aufgelöst. Was Wunder, wenn ich vor lauter Arbeit kaum noch Zeit oder Lust hatte, mein sauer verdientes Geld zu verbraten.

Stattdessen konnte ich mir mit meinen 35 Jahren erstmals in meinem Leben einen richtigen Erholungsurlaub leisten. Es sollte wieder Marokko werden, dessen Land und Gastfreundschaft ich ja bereits als Individualreisender kennengelernt hatte. Nun sollte es ein Badeurlaub in Agadir werden. 14 Tage zum Preis von 1 Woche, super Sonderangebot bei Neckermann-Reisen für etwa 650 DM, mit Halbpension.

Marokko - Erster Urlaub

Zum ersten Mal flog ich allein so eine weite Strecke. In Marokko angekommen, machte ich mich umgehend zum kilometerlangen Sandstrand auf. Für mich ein Hochgenuss in höchster Vollendung. Dass ich dieses Glück noch erleben durfte!
Als Soloreisender wurde ich zum Abendessen einem Tisch junger Leute zugeteilt, die sich in drei Pärchen und einem Einzelreisenden aufteilten, der bereits eine Woche später seinen Rückflug antrat. In dieser Formation saßen wir auch später stets zusammen. Wenn wir abends zusammen durch Agadir streiften, wurden wir mehrfach von Einheimischen angesprochen, die uns Haschisch oder anderes Zeugs anboten. Haben wir natürlich dankend abgelehnt. Dann stellte sich aber auch ein Mann vor, der uns eine Touristenführerlizenz vorlegte und uns anbot, preiswert Land und Leute kennenzulernen. Wie teuer genau, wollte er uns gemäß unserer Zufriedenheit überlassen.

So bot er uns zunächst den Besuch einer abgelegenen Oase von Tuareg-Nomaden tief im Süden Marokkos an. Dazu mieteten wir uns zwei Autos (R4), mit denen wir abseits aller üblichen Wege durch die schüttere Schönheit des Landes fuhren. Einmal blieben wir gleich mit allen zwei Wagen im Wüstensand stecken, weil sich einer unserer Fahrer nicht an seine Anweisung hielt, möglichst ohne jede Verzögerung über die Sanddünen zu fahren. Wir bekamen die Autos zwar stets mit gemeinsamen Kräften aus dem Sand gehoben, blieben aber sofort wieder im tiefen Sand stecken. Also setzte sich unser Führer selbst ans Steuer und tatsächlich, ihm gelang das Kunststück, mit dem Wagen aus dem Sand herauszukommen. Ein echter Schreckensmoment, denn wir alle hatten sowohl Geld als auch Ausrüstungen, wie Fotoapparate und Videokameras im Wagen liegen.
Wenn er nun gewollt hätte, wäre er auf Nimmerwiedersehen mit dem Wagen davon gefahren. Doch nein, es war ein ehrlicher Mensch, der kurz darauf auch den zweiten Wagen aus dem Sand

befreite. Nach langer Fahrt trafen wir tatsächlich im marokkanischen Niemandsland auf eine Oase, die nur durch einen gesicherten Eingang zu betreten war. Im Innenbereich einer fortähnlichen Schutzanlage waren große Zelte aufgebaut, die von echten Tuareg-Nomaden bewohnt wurden. Wie wir später erfuhren, war ein Großteil von ihnen gerade mit einer Karawane von Lebensmitteln und anderen Dingen wieder in Richtung Mauretanien unterwegs. Umgehend wurden wir zu einer typischen Teezeremonie eingeladen und unterhielten uns über mehrere Übersetzerstationen hinweg. Denn die Tuareg sprachen einen Sprache, die nur ein weiterer Übersetzer verstand und an unseren Führer dolmetschte. Der uns wiederum im gebrochenen Englisch berichtete, bevor jemand anderer die Inhalte mir ins Deutsche verständlich machen konnte. Quasi ein völkerumspannende stille Post, die hier in überaus fröhlicher Runde wirksam wurde.

Innerhalb unserer "Gespräche" kam heraus, dass die Tuareg angeblich noch nicht einmal wussten, was ein Flugzeug ist und ein Älterer von ihnen in ungläubiges Gelächter ausbrach, als wir ihm zu erklären versuchten, dass es sich dabei um Maschinen mit Motoren von hunderten Pferdestärken handelte. Er lachte nur kopfschüttelnd und meinte voller Überzeugung, dass er uns nicht glaubte, dass da oben hunderte von Pferden ein Flugzeug ziehen würden. Einfach herrlich noch auf solch eine Unbedarftheit zu treffen. Aber gastfreundlich waren sie ohne Ende. Sie luden uns sogar zur Begleitung einer ihrer nächsten Karawanen ein. Aber dies war uns allein schon aus zeitlichen Gründen nicht möglich. Ansonsten hätte ich mir durchaus vorstellen können, eine Zeit lang mit solchen Menschen mitzureisen, die sich mit der Natur und dem Wenigen, was sie tragen konnten begnügten, um in der Kargheit ihrer Wüstenwanderungen dennoch ein zufriedenes Leben zu führen. Ich denke, hier hätten wir alle noch etwas von ihnen lernen können. Ja so ein Abstecher in die Ursprünglichkeit des Lebens, abseits aller Konsumzwänge hat etwas Erhabenes an sich, um der eigenen Seele Gelegenheit zu bieten, sich wieder ein

Stück weit zu erden, um sich selbst und den grundlegenden Bedürfnissen wieder bewusster zu werden. Von daher war mir dieser Abstecher eine echte Bereicherung.

Es dauerte nämlich nicht lange, um von der Habgier unserer eigenen Kultur und Landsleuten zutiefst beschämt zu werden. Denn nachdem wir mit unserem Führer einen weiteren Ausflug nach Marrakesch unternahmen, innerhalb dessen er uns mit Orten und Menschen in Kontakt brachte, dessen Gelegenheiten kaum normalen Touristen vergönnt ist, musste ich sehr an mich halten, um nicht vor Ärger in die Luft zu gehen. Denn gruppenintern hatten wir uns bereits vor den Ausflügen auf eine angemessene Entlohnung unseres Führers verständigt, auf dessen Einhaltung sich zum Abschluss seiner Dienste auf einmal keiner mehr verpflichtet fühlte. So ein erbärmliches, feiges und habgieriges Verhalten war mir noch nie untergekommen. So dass ich mich in der moralischen Pflicht sah, den Großteil seiner Entlohnung aus eigenen Tasche zu zahlen. Einfach grauenhaft, welch ein schäbiges Bild über uns Deutsche hier von eigenen Landsleuten gezeichnet wurde. Ansonsten verlief der Urlaub allerprächtigst.
Oder nein, es gab noch etwas, was mir nachhaltig in Erinnerung blieb. Etwas was mir bis dahin noch nie dermaßen deutlich aufgefallen war. Überall begegnete ich hier augenscheinlich glücklichen Menschen in trauter Zweisamkeit, um mich in dieser Umgebung seltsam berührt unwohl zu fühlen, so als gehörte ich als außenstehender Zuschauer nicht hierher. Auch nicht zu unserer Gruppe von lauter Pärchen, um mich als 5. Rad am Wagen wahrzunehmen. Ja fühlte nach langer Zeit früherer Heimkindertage zum ersten Mal wieder diese unendlich zehrende Einsamkeit, die mich schon seit Jahren umgab. Die mir vor lauter Verzweiflung meiner vorangegangenen Armut und Arbeit über Arbeit nie zuvor so deutlich bewusst wurde, wie in diesem Moment. In der Gewissheit diesen Zustand ändern zu müssen, trat ich bald darauf die Rückreise an.

Suche nach Lebenspartnerin - Heirat

Ich hatte mir ja nun mit harter Arbeit die Voraussetzungen zur Pflege von Freund- oder besser noch Partnerschaften erarbeitet. Gemäß meinen neuen Einkommensverhältnissen, bewohnte ich seit etwa 1991 eine von mir akkurat hergerichteter 2 Zimmer-Wohnung auf etwa 60 qm. Wunderschön als letztes Haus einer Sackgasse, direkt am Waldrand eines abgelegenen Dorfes. Einfach traumhaft. Nun besaß ich endlich die Voraussetzungen, um mögliche Freund- oder besser noch Partnerschaften eingehen zu können. Denn bis dahin hätte ich mich viel zu sehr geniert, engere Freundschaften einzugehen, da ich ja wusste, ihnen nichts für eventuelle Unternehmungen oder gemeinsame Essen bieten zu können. Das war nun ja endlich vorbei. Nur fehlte es jetzt noch an entsprechenden Menschen. Doch wie solche kennenlernen, wenn ich selbst kein Typ war, der andere Menschen mal einfach so anzusprechen vermochte? Die Lösung meines Problems ergab sich aus der zufälligen Entdeckung einer Zeitschrift namens "Heim und Welt", die mir von meinem älteren Vermieter-Ehepaar in die Hand fiel.

Eigentlich ein triviales Tratschblatt, welches mir nur der auffällig häufigen Partnerschaftsanzeigen von eigenen Glaubensbrüdern, bzw. Schwestern ins Auge fiel. Diese Art von Partnerschaftsanzeigen war offiziell seitens der Zeugen Jehovas als sittlich fragwürdig verpönt. Aber warum nicht doch einmal versuchen? Also fasste ich mir ein Herz und gab eine nette Partnerschaftsanzeige in der Rubrik Suchen auf. Nach einigen Wochen bekam ich die gesammelte „Ausbeute" meiner Annonce vom Verlag nach Hause gesandt. Ganze drei Zuschriften. Zwei von Ihnen stellten sich mit dürftigen Worten als eine allein-erziehende Mutter und einer weiteren nichtssagenden Zuschrift vor.

Eine Dame von 34 Jahren hingegen fiel mir sofort in ihrer gestandenen Persönlichkeit auf, wie sie sich auf einer ganzen DIN-A4 Seite gelungen vorzustellen wusste und diesen positiven Eindruck mit einem freundlich lächelndem Foto abrundete.

Dieser Eindruck sollte sich später weiter vertiefen, denn fairnesshalber antwortete ich allen drei Damen in ähnlich offener Weise, um ihnen auch von mir einen ersten Eindruck zu ermöglichen. Während sich die erstgenannten Damen fortan in Schweigen hüllten, war es wieder Margarete, die unseren ersten Kontakt mit ausführlichen Briefen fortsetzte.

Durch unsere Schriftwechsel zeichneten sich immer deutlichere Übereinstimmungen in unseren Wesen und Lebenserwartungen ab. Mit jedem weiteren Brief wuchs das Vertrauen, hier einen einfühlsamen Menschen vor mir zu haben, die mir in meinen Gedanken und Gefühlen jederzeit zu folgen vermochte und sich damit ein gegenseitige Vertrautheit entwickelte, wie ich sie zuvor nur selten verspürt hatte.
Sollte ich etwas gleich auf Anhieb die richtige Frau gefunden haben? Es war so unglaublich, wie unheimlich zugleich. Aber was sollte ich machen, bis auf musikalische Vorlieben verstanden wir uns in jeder Beziehung. Oh je was war das für ein unbeschreiblich schönes Gefühl, wenn sie mich abends anrief und nur danach fragte, wie es mir gerade ging? Mein Gott, wer hatte mir denn jemals zuvor solch eine Frage gestellt? Tja, was soll ich um den heißen Brei schreiben.
Egal, welche versteckt prüfenden Fragen ich stellte, es gab scheinbar nichts, worin wir nicht miteinander harmonierte und so war es nur mehr eine Frage der Zeit, in der wir uns kennen- und lieben lernten, um nicht mal ein Jahr nach unserem ersten Kennenlernen zu heiraten.

Damit erhielt mein Leben einen weiteren Schub nach oben, obwohl auf der anderen Seite zeitgleich gerade mein so erbauliches Arbeitsleben wegbrach.
Arbeit, die mir trotz erheblichen Stress und Mühen richtig Spaß machte. Nicht zuletzt, da meine Chefs unverkennbar hinter mir standen und meine Arbeit in höchster Weise wohltuend wertschätzten.

Diese Erfahrung wurde mir zu einer der größten Bereicherungen meines Lebens. Deshalb empfand ich den urplötzlichen Zusammenbruch unseres Unternehmens als außerordentlich bedauerlich.

Die Geschäftsführer hatten sich aus mir nicht nachvollziehbaren Gründen überworfen. Quasi über Nacht verschwanden Kapital in mehrfacher Millionenhöhe, sowie auch ganze LKW-Ladungen mit hochwertigen Computeranlagen. Ein unglaublicher Vorgang, der das Unternehmen weit schneller zum Einsturz brachte, als es zuvor kometenhaft von einer Drei-Mann-Klitsche zu einer multiplen Unternehmensgruppe mit über 200 Angestellten aufgestiegen war.

Als Mann für alle Fälle war mir das „Privileg" vorbehalten, den Insolvenzverwalter bei der Verkaufsabwicklung der Vermögensanteile bis zum bitteren Ende zu unterstützen. Damit bekam ich noch sehr nahe mit, wie sich der zuvor dicht umschwirrende Freundeskreis meines ursprünglichen Juniorchefs schnellstens in Wohlgefallen auflöste. Kein Geld – keine Freunde - hieß hier die unmissverständliche Botschaft.

Womit auf der anderen Seite ersichtlich wird, auf welch parasitärer Basis gerade gegenüber erfolgreicher, machtvoller oder berühmter Menschen, viele vermeintliche Freundschaften beruhen, um sich in seiner eigenen Kleinheit im glanzvollen Dunstkreis anderer wenigstens zeitweilig erhaben fühlen zu dürfen. Mit dem Verlust meines Arbeitsplatzes war auch die Frage entschieden, wer von uns beidem zu wem ziehen würde.

In Bezug auf unsere Heirat, wäre noch hervorzuheben, dass bei unserer Hochzeitsfeier, von der Schwiegermutter abgesehen, von keinem von uns weitere Verwandtschaft teilnahm. Bei mir war es ja kein Wunder, da es schon länger keine verwandtschaftlichen Kontakte mehr gab, seitdem mich mein Schwager aus seiner Wohnung geworfen hatte, während Margaretes spärliche Verwandtschaft unwissentlich durch zeitgleiche Planungen bedingt zufällig am selben Tag andernorts den jeweils 50. Geburtstag ihrer Schwester und Schwagers feierten. Dennoch entwickelte sich unsere Feier mit unseren etwa 60 Gästen zu einem außerordentlich fröhlichen Fest.

Zu unseren Flitterwochen in einer luxuriösen Hotelanlage in der Dominikanischen Republik erspare mir hier langatmige Urlaubserinnerungen, wenngleich mir bei unseren selbst initiierten Privatausflügen über das Land selten zuvor unsere Privilegierung gegenüber Menschen ins Auge fiel, die in erkennbar ärmlichsten Verhältnissen leben mussten, während wir vergleichsweise reichen Touristen die Annehmlichkeiten des Lebens in von der einheimischen Bevölkerung hermetisch abgeriegelten Urlaubsanlagen genossen.

Mein Inneres ließ mich deutlich spüren, wie sehr mein eigenes Glück geschmälert wird, während vorherrschender Mangel die umgebenden Menschen in bitterer Abhängigkeit gefangen hielt. Wäre doch alles gleich viel angenehmer, wenn alle Menschen in ähnlicher Weise das eigene Glück teilen dürften. Aber wenn bittere Armut und überschwänglicher Überfluss aufeinandertreffen, bereitet dieses erkennbare Ungleichgewicht meiner Ansicht nach niemandem Freude.

Zudem war ein deutlicher Unterschied zwischen unseren Armen in Deutschland und den Armen hier im fernen Land ersichtlich. Während unsere Armen in Deutschland weitgehend voneinander isoliert ein eher griesgrämiges Dasein fristen, erhielten sich die Einheimischen hier trotz allem gegenwärtigen Mangel eine bemerkenswert beschwingte Fröhlichkeit, die es ihnen erleichterte ihr entbehrungsreiches Los gemeinsam zu ertragen. Woran leicht zu erkennen war/ist, dass es nicht darauf ankommt, was jemand hat, sondern eher von welche Qualität soziale Gemeinschaften getragen werden.

Viel zu schnell war diese Zeit vorbei, um von vielerlei neuen Erfahrungen und Glück getragen zwei Wochen später wieder den Rückflug anzutreten.

Hausmeister in edlem Seniorenstift

Noch vor unserer Heirat hatte ich mich mit einer ersten Eingabe auf eine Stellenausschreibung als Hausmeister einer edlen Seniorenresidenz beworben und wurde vermutlich meines überaus positiven Arbeitszeugnisses wegen auch prompt eingestellt. So durfte ich gleich am nächsten Tag unserer Rückkehr aus den Flitterwochen meine neue Stellen antreten.

Eine wahrlich interessante Herausforderung, die mir schon deshalb gelegen kam, da ich zu älteren Menschen schon immer recht schnell einen guten Draht bekam. Und so war es auch. Mit den Bewohnern kam ich meist allerbestens zurecht. Kein Tag verlief wie der andere, sodass die Zeit stets wie im Fluge verging. Zudem waren mir zwei Zivildienstleistende unterstellt, mit denen wir uns in allen regelmäßigen Arbeitserfordernissen abwechselten.
Ich hatte eine super nette Chefin, mit der es sich prima zusammenarbeiten ließ, wenngleich sich das Arbeitsklima im Laufe der Jahre, nachdem die Anforderungen von Jahr zu Jahr seitens der zentralen Führungsstelle der Privatinvestoren mit Sitz in München kontinuierlich angezogen, am Ende stressbedingt doch etwas eintrübte. Dennoch darf ich sagen, dass auch diese Zeit der nächsten 8 Jahre zu meinen angenehmen Erinnerungen meines Berufslebens zählen wird.
Allerdings war der Umgang oder die unmittelbare Nähe mit sterbenden Menschen eine eher bedrückende Erfahrung. Zumal wenn ich in den Pflegestationen hautnah miterleben konnte, wie schwer sich manche Sterbende mit dem Loslassen taten. Andere dagegen, legten sich nach den Mittagessen friedlich zum Mittagsschlaf hin, um daraus nicht mehr zu erwachten. Herrlich. Andere wiederum erwischte es in jeder denkbaren Situation. Sei es auf der Toilette, unter der Dusche oder eben auf dem Sofa. Der Tod kam überwiegend überraschend und stets auf leisen Sohlen daher.

Das schreckte mich indes nie so sehr, wie der sichtbare Todeskampf den manche Bewohner/innen zum Teil über Wochen hinweg standzuhalten versuchten, um letztlich doch qualvoll zu verlieren. Hier hätte ich mir zu Gunsten der im Sterben liegenden Menschen eine würdeangemessene Sterbehilfe gewünscht.

Ich denke, dass sich darin die grausamen Folgen unserer religiös verquerten Glaubensethik widerspiegelt. Das sage ich als Person, die nur gelegentlich mit solchen Situationen in Berührung kam. Wie gehen da erst Pflegekräfte mit dieser Belastung um, die sich derartigen Anblicken nicht mal entziehen dürfen?

Also ich empfinde es brutal und skandalös, wie Pflegekräfte für ihren überaus belastenden Dienst, mit verhältnismäßig geringem Lohn abgespeist werden. Gerade sie, die uns gesamtgesellschaftlich davor bewahren, uns näher mit dem Thema Alter und Tod auseinandersetzen zu müssen. Häufig sind sich genau solche Angehörigen nicht zu schade, den ohnehin schon überlasteten Pflegekräften vermeintlicher Versäumnisse wegen gegenüber ihren "entsorgten Alten" die Hölle heiß zu machen, um kurz darauf beschwingt im elterlich finanzierten Mercedes-Cabrio unbeschwerten Lebensfreuden entgegenzueilen. Zeit hat ja schließlich kaum noch jemand, um sich um eigene Kinder oder betagte Eltern zu kümmern.

Das liegt meiner Ansicht nach klar erkennbar an der eingeschliffenen Praxis, die Bequemlichkeit und Luxus des eigenen Egos höher zu achten und sich dafür erwerbsmäßig zu verbiegen, statt mit gesunden Menschenverstand die grundlegenden Bedürfnisse zur Stärkung familiärer und sozialer Gemeinschaften zu stillen. Daher habe ich im 2. Teil einige Ideen eingebracht, wie dieses und andere Probleme im positiven Sinne überwunden werden könnten.

Tja, wohl dem, wer es sich leisten kann, den letzen Lebensabschnitt in Edeleinrichtungen verbringen zu dürfen, in dem ich 8 Jahre lang mit überwiegender Freude beschäftigt war.

Wer indes glaubt, dass die menschliche Zuwendung innerhalb des Pflegebereichs ähnlich glanzvoll ausfallen würde, wie es der äußere Schein solcher Häuser verheißt, sollte sich besser keinen Illusionen hingeben. Auch hier nur Pflege im Minutentakt. Wie könnte es auch anders sein. Denn wenn zur peniblen Abrechnung von „Leistungen" inzwischen jede kleinste Handreichung dokumentiert werden muss, kann ein Pflegedienst am Ende nur in einer inhumanen Sackgasse enden.

Auch die Kräfte des Personals sind endlich und müssen sich selbstschützend in der Abwehr allzu liebevoller Zuwendung verhärten, um nicht selbst an der sichtbaren Trostlosigkeit dieses Enddaseins innerhalb eines Massenabfertigungsbetriebes in den Wartehallen des Todes zu zerbrechen. Dessen "Pflegeeinrichtungen" vorranging der gepflegten Gewinnoptimierung finanziell übersättigter Investoren dienen, während eine aufrichtige Hinwendung bedürftiger Menschen entgegen allen schönfärbenden Beschwörungen eher einem geheuchelten Feigenblättchen gleicht. Kein einziger Mensch - egal ob Kind oder älterer Mensch - möchte von Natur aus von seiner Familie ausgeschlossen in einem "Abfertigungsbetrieb" verbannt werden.

Wie weit wir es mit unseren unseligen Sozialstrukturen gebracht haben, die so unbarmherzig einseitig auf die Erfüllung von Arbeit ausgerichtet sind, sieht man schon an unseren alten Menschen, die aus Rücksicht ihre Verwandtschaft zu belasten, sich selbst gegenüber nicht einmal mehr das Bedürfnis nach familiärer Teilhabe wie auch liebvoller Zuwendung eingestehen können, und sich lieber selbstverleugnend in die seelenlose Abhängigkeit gewinnorientierter Finanzdienstleister begeben (müssen), an denen unsere vermeintlich christlichen Organisationen gleichfalls einen unheilvollen Anteil haben. Womit ich keinesfalls die bewundernswerten Leistungen der pflegenden Angestellten herabwürdigen möchte, sondern lediglich auf den fragwürdigen Istzustand unserer Pflegebetriebe aufmerksam machen möchte.

Wenn ich nur daran denke, wie wenige Menschen Pflegetätigkeiten ihrer Berufung wegen, sondern vielmehr der Not des Gelderwerbs wegen, verrichten müssen, dann sollte sich niemand über überforderungsbedingte lieblose Behandlungen, bis hin zu gewalttätigen Übergriffen wundern, von denen mir selbst in meiner einstigen Edeleinrichtung einige bekannt wurden. Dessen Kräfte natürlich fristlos gekündigt wurden. Dabei möchte ich nicht wissen, wie viel Übergriffe oder herabwürdigende Behandlungen in allen bundesdeutschen Pflegeeinrichtungen überforderungsbedingt unentdeckt bleiben. Von dieser Warte aus gesehen, kann keine noch so edle Heimeinrichtung als Familienersatz zur Pflege alter oder auch junger Menschen empfohlen werden. Stattdessen wären wir meiner Überzeugung nach alle besser beraten, "Pflegedienste" in kleine, familiär anmutende Pflegestellen zu dezentralisieren.

Ähnlich wie ich als einfacher Hausmeister die Herausforderungen eines feinen Seniorenstifts gern angenommen habe und weitgehend erfolgreich erfüllen konnte, weil ich den Willen, die Kraft und den Mut aufbrachte, meine Aufgabenstellungen auch mit unkonventionellen Ideen zu lösen, sollten wir da von unseren studierten und hochbezahlten Fachkräften zugunsten entgegenkommender Mitmenschlichkeit nicht viel zwingender einen ähnlich flexiblen und lösungsorientieren Arbeitseinsatz erwarten dürfen? **Wo bleiben die Ideen?**

Könnte es sein, dass sich zu unseren zahlreichen gesellschaftlichen Problemstellungen nur deshalb noch keine sinnvollen Alternativen durchsetzen konnten, weil wir schon viel zu lange gemeinschaftlich im engen Korsett unserer Normalität erstarrt sind? Hier besteht meiner Überzeugung nach dringender Handlungsbedarf!

Geburt der Kinder

Mit der Heirat nahm ich den Familiennamen meiner Frau an und konnte damit endlich einen Namen ablegen, der wie ein Fluch mit seiner schweren Hypothek auf mir lastete.

Von Anfang an stand fest, dass wir eine richtige Familie mit Kindern gründen wollten. Bei diesen Planungen stand für mich der Gedanken im Vordergrund, meinen Kindern ein weit liebevolleres Elternhaus zu bieten, als ich es erfahren musste. Unsere Kinder sollten in jedem Fall in einem Umfeld von Liebe und Harmonie aufwachsen. Ebenso, wie ich es mir im Nachhinein immer selbst gern als Kind gewünscht hätte. Nur dass sich unser Kinderwunsch bereits so schnell erfüllen sollte, wie es dann kam, damit hatte niemand von uns gerechnet.
Denn Margarte blieb bereits im Januar die Regelblutung aus, weswegen sie sich zum Frauenarzt begab und mir anschließend noch auf meiner Arbeitsstelle freudestrahlend um den Hals fiel, um mir die frohe Botschaft des positiv ausgefallenen Schwangerschaftstest mitzuteilen. Wahnsinn!
So hatten wir allen Grund zur Freude, um mit liebevoller Bedachtsamkeit unser Esszimmer in ein schnuckeliges Kinderzimmer umzugestalten. Essen konnten wir schließlich auch im Wohnzimmer. Die Küche war dafür viel zu klein, da hätte nicht mal ein kleiner Tisch drin Platz gehabt.

Wir haben uns sehr intensiv mit der bevorstehenden Geburt unseres ersten Kindes beschäftigt. Haben immer wieder gemeinsam die ersten Geräusche und Bewegungen in Margaretes Bauch erlauscht und ertastet. Haben unserem Kind bewusst schöne Musik vorgespielt. Genutzt oder in unserem Sinne abgefärbt haben unsere Bemühungen aber offensichtlich nicht, wenn ich daran denke, was für eine schräge Musik (für uns) sich unser inzwischen erwachsenes Kind heute anhört. Am 17. September 1994 kam endlich unsere langersehnte Tochter Julia zur Welt.

Mir wurde angeboten, die Nabelschnur zu durchtrennen, da ich aber Angst hatte, damit Mutter oder Kind weh zu tun, verzichtete ich lieber darauf. So nabelte die Hebamme Julia ab, die auch schnell zu schreien begann und sich gar nicht mehr beruhigen wollte. Nicht einmal, als Julia auf Mamas Brust gelegte wurde.

Nach einer Weile reichte mir die Hebamme Julia mit der freundlichen Ermutigung, sie in einer vorbereiteten Kinderwanne zu baden. Ich übernahm Julia und was für ein Wunder, in dem Augenblick, als ich sie in das warme Wasser eintauchte, hörte sie augenblicklich zu schreien auf und schaute mir selig lächelnd in die Augen. Oh manno, das war so ein ergreifender Moment, wie man ihn nur selten im Leben zu spüren bekommt. Einfach wunderschön.

Zusammenfassend bin ich jedenfalls davon überzeugt, dass selten ein Mensch mit so viel herzlicher Liebe erwartet und in ihr neues Leben begleitet wurde, wie wir uns über Julias Geburt freuten. Sie war das Produkt unserer Liebe und wurde entsprechend mit allen Sinnen behütet und sprichwörtlich auf Händen getragen.

Doch seltsamerweise entwickelten sich zwischen Margarete und mir nach ihrer umjubelten Rückkehr nach Hause seltsame Missverständnisse. Denn egal was ich machte oder sagte, sie bekam es ständig in den falschen Hals, um gegen mich gerichtet zu werden.

Logisch, dass auch ich mich da missverstanden verhärtete und mit meinen Reaktionen wiederum Öl ins schwelende Feuer goss. Die alsbald den Auszug von Margaretes zur Folge hatten. So dass wir nur ein paar Wochen nach der Geburt von Julia vor der Zerreißprobe einer Trennung standen, dessen Grund eigentlich keiner von uns beiden realistisch nachvollziehen konnte. Sie gab mir die Schuld für unser Zerwürfnis, während ich kaum noch verstand, wie sie alles was ich tat oder sagte gegen mich gerichtet verdrehte.

Eine Katastrophe, wie sie kaum schlimmer eintreten konnte. Im Nachhinein bin ich mir ziemlich sicher, dass diese seltsamen Missverständnisse aus einer Wochenbettdepression heraus entstanden, von deren Existenz ich damals noch nichts wusste. Ich war total am Boden zerstört. Verstand einfach die Welt nicht mehr, wie so etwas passieren konnte, denn nach wie vor liebte ich meine Margarete noch immer über alles.

Diese Verzweiflung suchte sich in völlig abstrusen Handlungen ein Ventil. Keine Ahnung wie sich solche idiotischen Aktionen manifestieren. Fakt bleibt indes dass ich vor lauter Verzweiflung, Wut und Ärger mit ihren Wagen nach Aschaffenburg fuhr, um mich dort in Bahnhofsnähe nach langen Jahren der Abstinenz an einem Geldspielautomaten abzureagieren. Doch nachdem ich das erste 5 DM-Stück in eine der Teufelskisten gesteckt hatte und gleich darauf 5 Sonderspiele gewann, drückte ich das Geld am Ende mit gewonnenen 7 DM gleich wieder heraus. Es bedeutete mir einfach nichts mehr.
Also raste ich wieder voll überschäumendem Frust zurück und legte bei voller Geschwindigkeit einfach mal den Rückwärtsgang ein. Dies hatte ein grässliches Kreischen zur Folge, bis der Wagen zum Stillstand kam. Immer noch besser der Wagen, als wenn mich irgendwelche Leute von einem Brückenpfeiler kratzten mussten. Ich rief den Abschleppdienst, die den Wagen zu unserer bekannten Werkstatt abschleppten und sich der Werkstattleiter die Haare raufte, wie so ein unerklärlicher Getriebeschaden entstehen konnte.
Margarete habe ich bis vor kurzem, über die wahre Ursache dieses Schadens an ihrem Wagen in Unkenntnis gelassen. Ist ja wohl auch peinlich genug, um zu verstehen warum. Es war halt wirklich ein Akt absoluter Verzweiflung. Denn was hätte ich denn machen sollen, wohin zurückziehen, wenn mich Margarete rausgeschmissen hätte. Ich kannte hier ja kaum jemanden, um im Notfall nochmal wieder ganz von vorn ein neues Leben aufzubauen. Eben ein absoluter Katastrophenzustand.

In meiner Not rief ich den vorsitzführenden Aufseher unserer Glaubensgemeinschaft an, um ihn regelrecht um Hilfe anzuflehen. Garantiert hatte er anhand meiner Stimme und Schilderung von meinem seelischen Ausnahmezustand gewusst. Umso ernüchternder fiel seine abweisende Antwort aus, keine Zeit zu haben, da er gerade damit beschäftig sei, sein Wohnzimmer zu tapezieren. Also versuchte ich es mit anderen Ältesten unserer Versammlung, die sich mein Problem wenigstens mal anhören wollten. Doch was wäre ich, sofern meine Kraft ausgereicht hätte, aus der Haut gefahren, als sich dann zwei von ihnen bei mir meldeten und in mir unverständlicher Weise, zu grinsen und lachen anfingen, während ich vor seelischer Verzweiflung in hellen Flammen stand.

Fassungslos über dieses Ausmaß unmenschlicher Instinktlosigkeit, stand spätestens mit diesem Augenblick für mich die Überzeugung fest, dass diese armseligen Figuren niemals durch Gottes Geist in ihr Ältestenamt berufen worden sein konnten, andernfalls sie meine Not nicht dermaßen verkannt hätten. Also suchte ich einen anderen Weg, um Margarete wieder zurück zu bekommen.

Im Telefonbuch fand ich die Adresse einer Familienberatungsstelle, bei der ich kurzfristig einen Termin bekam und in dessen Anschluss gebeten wurde, Margarte zu bitten, sich gleichfalls an diese kirchlich geführte Institution zu wenden. Zum Glück war sie ebenfalls bereit, ein erstes unabhängiges Gespräch zu führen.

Es folgten weitere, bald auch gemeinsame Gespräche mit einem super taffen Psychologen, der es irgendwie schaffte, den Knoten zwischen uns aufzulösen, um nach ein paar strapaziösen Wochen endlich wieder vereint zusammen zu ziehen. Denn bis zu diesem Zeitpunkt wohnte Margarete bei ihrer Schwester und einer ihrer zahlreichen Freundinnen. Und seltsam, als wäre kaum etwas geschehen, fanden wir genauso schnell wieder zusammen, wie wir uns zuvor zerstritten hatten. Ich war heilfroh, auch wieder meinen kleinen Sonnenschein in meine Arme schließen zu dürfen.

Schade, eigentlich hätte ich mir gern noch etwas mehr ungestörte Zeit mit Margarete gewünscht, aber da uns Julia bereits so schnell als Bereicherung des Lebens geschenkt wurde, hieß es von nun ab sich zugunsten des Kindes selbst ein Stück weit zurückzunehmen. Leider nicht immer mit dem Erfolg, wie ich ihn mir heute in der Nachbetrachtung gern gewünscht hätte.
Alles klappte soweit wunderbar mit uns zusammen. Nur abends so zwischen 20:00 und 24:00 Uhr entwickelte Julia die besondere Eigenart, aus uns unerfindlichen Gründen über Monate hinweg abends ständig schreien zu müssen. Egal wohin wir gingen, niemand konnte uns sagen, welche Ursache dieses Schreien haben konnte und schon gar nicht, wie dieses wahrlich nervenstrapazierende Geschrei abzustellen war.

Einzig womit sie zu beruhigen war: Wenn man sie halb über die Schulter legte und ständig mit ihr hin und her lief. Sobald einer von uns zu diesen Zeiten mit ihr auf der Schulter stehen blieb, setzt umgehend wieder ihr Geschrei an. Da Margarete bereits recht früh am Abend erschöpft war, übernahm ich diesen Part, um mit Julia auf der Schulter nahezu jeden Abend, Stunde um Stunde hin und her zu marschieren. Immerhin konnte ich dabei noch Musik hören oder auch fernsehen.
Manchmal konnte ich Julia auch schon nach relativ kurzer Zeit in ihr Bettchen legen, wo sie ruhig weiter schlief. Es konnte aber auch vorkommen, dass sie wieder erwachte und erneut zu brüllen anfing.
Einmal hatte ich es wieder geschafft, sie relativ früh schlafen zu legen und war gerade mitten in ein PC-Spiel vertieft, als sie wieder erwachte und zu schreien anfing. Ich also, Julia aus ihrem Bett genommen und erneut hin und her getragen. Zwischendurch versuchte ich immer mal wieder in der PC-Simulation einen Schritt weiterzukommen. Doch jedes Mal, wenn ich mich anschickte, dort ein paar Aktionen zu starten, meldete sich gleich wieder Julias Stimme, die damit unerbittlich verlangte, weiter zu marschieren.

Irgendwann war ich dermaßen genervt, dass mir der Kragen platzte und das schreiende Kind von mir weg auf ein dickes Kissen auf dem Sofa schmiss. Dabei kam es mir vor als, wäre sie mit ihrem Kopf über das Kissen hinweg auf die Armlehne oder sogar auf die dahinter stehende Glasplatte des Beistelltisches geknallt. Vor Entsetzen schwanden mir fast die Sinne. Mit zitternden Knien nahm ich sie sofort wieder auf. Oh Gott nur das nicht, durchfuhr es mich, denn nein, meinen Sonnenschein verletzten, war nun wirklich das allerletzte was ich ihr oder uns gewünscht hätte.
Julia brüllte jetzt natürlich noch ärger als zuvor, zu sehen war indes nichts. Dennoch habe ich Margarete sofort geweckt, um unter dem Vorwand, dass mir Julia aus der Hand gerutscht sei, sie im Krankenhaus auf mögliche Schädigungen untersuchen zu lassen. Doch glücklicherweise konnte auch dort nicht die kleinste Blessur festgestellt werden. Was für eine Erleichterung. In Gedanken sah ich mich bereits als kindesmisshandelnder Vater im Knast sitzen. Was für eine albtraumhafte Vorstellung.

Seither kann ich zumindest nachvollziehen, wie bereits ein winziger überforderungsbedingter Moment ausreicht, um selbst treusorgende Familien vollständig zu ruinieren. Ein Albtraum, der zu einem meiner bittersten Lebenserfahrungen wurde und mich dennoch nicht davor bewahrte, später weitere Fehler zu begehen. Julia wuchs in jedem Fall überaus behütet, geliebt und verzärtelt in unserer Mitte auf. Was litt ich mit ihr, wenn sie bei ihren ersten Gehversuchen stürzte und mit dem Kopf auf die Wohnzimmerfliesen aufschlug. Ich spürte den Schmerz nahezu körperlich, als wäre ich an ihrer Stelle gestürzt, weshalb wir bald darauf einen dicken Teppich fürs Wohnzimmer kauften.
Genauso wie ich nie vergessen werde, wie ich mich morgens für die Arbeit fertig machte und Julia in ihrem Gitterbettchen ständig nach ihrem Papa rief, der ich indes keine Zeit für sie hatte.
Umso bestürzender der Anblick, als mir Julia auf einmal den Flur entgegen krabbelte.

Hatte sie es doch tatsächlich in einem unendlichen Kraftakt der ihrer sehnsüchtigen Liebe zu ihrem Papa entsprach geschafft, das Gitter ihres Bettes zu überwinden, um auf der anderen Seite herunterzufallen und mich zu suchen. Das tat echt weh.

Zu jener Zeit fand ich auch wieder sporadischen Kontakt zu meiner Schwester Mo., wenngleich dieser auf rein telefonische Gespräche reduziert blieb. Durch sie kam ich nach langen Jahren auch wieder in telefonischen Kontakt zu meiner Mutter und war erstaunt, als sie uns eines Tages ihren Besuch ankündigte, da sie zuvor mit ihrem Mann Heinz irgendwo in unserer Nähe einen gemeinsamen Urlaub verbrachten und auf der Rückreise einen Abstecher zu uns einplanten. Meiner neuen Familie war meine Mutter bis dahin nur dem Namen nach bekannt, sonst hatte es zuvor keine Kontakte gegeben.

Der Besuch plätscherte ohne sonderliche Höhepunkte oder tiefergehende Gespräche dahin. Zwei Tage später verabschiedeten wir uns in freundlicher Weise voneinander und blieben noch in ein paar wenigen Telefongesprächen in Kontakt, bevor wir uns etwa 9 Jahre später ein letztes Mal wieder trafen.

Es dauerte nicht lange, bis sich unser nächstes Wunschkind ankündigte. Diesmal waren wir neugieriger und erfuhren früh, dass es sich um einen Sohn handeln würde. Wunderbar, genau so, wie wir es uns immer gewünscht hatten. Jubel hoch drei. Unser Sohnemann, den wir vorab mit dem edlen Namen Tizian Julius bedachten, kam fast genau zum vorausberechneten Termin zur Welt. Meine Mutter, der Margarete das freudige Ereignis der Geburt telefonisch mitteilte, hatte dazu nicht mehr zu sagen, als dass sie so viele Enkelkinder (11) habe, um schon gar nicht mehr zu wissen, wie viele es seien. Mit anderen Worten es interessierte sie nicht die Bohne. Seis drum, denn weder sie noch sonst jemand aus meiner Ursprungsfamilie hatten jemals Anteil an unserem Leben und blieben insofern unsern Kindern zeitlebens fremd.

Bau unseres Hauses

In unserem Haushalt wurde es nun zusehends lebendiger, aber auch enger. Die ersten Jahre konnten wir noch vergnüglich damit umgehen. Doch je älter und agiler unsere Kinder im Laufe der Zeit wurden, desto schwieriger gestaltete sich allmählich unser aller Zusammenleben. Vor allem das Wohnzimmer litt unter der fehlenden Küche. Ist halt auch etwas schwierig, zu viert auf 55 qm zu leben. Margarete machte dies weniger aus, doch mir fehlte ehrlich gesagt so etwas wie ein Rückzugsraum, um wenigstens mal zeitweise abschalten zu können. Immerhin lebten wir nicht unter Notstandsbedingungen, um diese Enge dauerhaft zu rechtfertigen oder nicht wenigstens zu überlegen, wie unsere Wohnsituation verbessert werden könnte. Also ließ ich mir verschiedene Varianten durch den Kopf gehen.
Dachte zunächst daran, eine größere Mietwohnung zu beziehen. Doch Margarete räumte Bedenken hinsichtlich ihrer Stief- bzw. meiner Schwiegermutter ein, die dann allein in ihrem Elternhaus zurückbleiben müsste. Ok, dies war keine Ideallösung, aber eine mit der wir mit Abstrichen hätten leben können. Doch Margarete wollte nicht so recht. Die nächste Option hätte im Verkauf des Hauses und Kauf eines größeren Hauses bestanden.

Nachdem wir ein paar Immobilienmakler konsultiert hatten, fanden wir bereits nach kurzer Zeit sowohl eine potenzielle Käuferin die unser Haus nur zu gern übernommen hätte, als auch ein Haus für uns, das sowohl unseren, als auch den Erwartungen unserer Schwiegermutter entsprechen müsste. Das andere Haus war gerade mal 12 Jahre alt, von einem Bundeswehroffizier der ins Rheinland umzog. 265 qm Wohnfläche, davon 60 qm in einer separat abgeschlossenen Einliegerwohnung und zudem noch ebenerdig. Ideal, wie für unsere Schwiegermutter geschaffen. Obwohl hier alles bestens zusammenpasste, war es die Schwiegermutter, die unseren Träumen mit ihren chronischen Ängsten ein Strich durch die Rechnung machte. Sie argumentierte, wir könnten das alte Haus nicht verkaufen, wenn wir noch kein Neues hätten, um anschließend zu wehklagen, wir sollten kein neues Haus kaufen, wenn das alte Haus noch nicht verkauft wäre. Uahhh....., ich wäre bald vor Verzweiflung geplatzt. Aber was sollten wir machen. Gegen ihren Willen, war da einfach kein Weiterkommen möglich. Also überlegten wir weiter. Es gab eine Idee, eventuell den Dachstuhl zu einem großen Studiowohnzimmer auszubauen und mit der Schwiegermutter die Wohnungen zu tauschen. Diese Pläne legte ich in einem groben Entwurf dem Architekten unserer edlen Senioreneinrichtungen vor, mit dem ich immer mal wieder zu tun hatte und er mir von daher einigermaßen bekannt war.

Ich bat ihn mal zu schauen, ob sich dieser Plan ohne großen Aufwand realisieren ließe? Nach ein paar Tagen trafen wir uns wieder. Er meinte ein Umbau des Dachbodens gäbe sich vom Kostenaufwand gegenüber einem Neubau kaum etwas. Mit rund 150000 DM sah er in einem Neubau die effizientere Alternative. Ein paar Nachfragen später signalisierte uns das örtliche Bauamt die Genehmigung zur Errichtung eines neuen Hauses, wenn es direkt an das alte Haus angrenzen würde. Nachdem unsere Bank ebenfalls grünes Licht für eine entsprechende Finanzierung gab, machte ich mich daran, einen groben Bauplan mit möglichst effizienten Verlegeplänen aller Versorgungsleitungen zu entwerfen.

Noch bevor der Bagger anrückte, um die Baugrube auszuheben, riss ich mit tatkräftiger Unterstützung von Margarete, zunächst mal einen massiv erbauten Schuppen ab, für deren Erstellung die Schwiegermutter einst viel Geld bezahlt hatte. Aber so ist das Leben nun mal, Altes muss weg, um Neuem Platz zu machen. Beim Abriss der letzten Mauerreste half uns noch eine Familie aus Italien, mit der Margarete schon sehr lange befreundet ist und wir später bei ihnen einige Male in den Bergen am Lago Maggiore schöne Urlaubstage verbrachten. Wirklich eine überaus nette Familie, bei deren Umgang mir später auffiel, wie liebevoll sie miteinander umgingen. Ja für mich geradezu undenkbar, selbst die erwachsenen Söhne immer noch im Schoß der Eltern schmusten. So etwas hatte ich bis dahin noch nie gesehen. Für mich im Stillen, ein sehr berührender Anblick, so eine innige Zuneigung, aus einer mir völlig fremden Welt beobachten zu dürfen.

Tja und dann begann erst der eigentliche Bau, mit Hilfe einiger Glaubensbrüder und deren handwerklichen Begabungen. Trotz aller Hilfen gestaltete sich der Hausbau für mich und Margarete zu einer echten Mammutaufgabe. An allen Arbeiten war ich beteiligt. Vom Gießen der Bodenplatte, mauern, Verlegung der Heizungsrohre und Heizkörper, Stromkabel und sämtlicher Steckdosen, umfangreiche Fliesenarbeiten, Strukturputz, im Treppenhaus und Wohnbereich, wie auch höchst zeitaufwendiger Holzarbeiten. Denn die obere Etage wurde bis auf das Bad komplett aus Holz gestaltet. Angefangen von den Zwischenwänden, Fußboden und Decken, alles war aus Holz oder mit Holz verkleidet. Nachdem ich auch die Vollholztüren eingesetzt und die bis 5 Meter hohen Wohnzimmerwände, Küche- Kinder- und Arbeitszimmer tapeziert und in letzteren beiden Teppichboden verlegt hatte, konnte wir nach über 2-jähriger Bauzeit, in denen ich kaum mal ein freies Wochenende hatte, Ende November 99 voller Stolz unser neues und wahrlich gemütlich gelungenes Heim beziehen.

Im Grunde genommen erwies sich die 2-jährige Bauphase als ein andauernder Ausnahmezustand, deren Strapazen nicht nur Margarete und mir zusetzten, sondern unsere Kinder als dunkle Kehrseite eines schönen Hauses als schmerzliche Belastung erheblich zugesetzt, wenn nicht sogar nachhaltig in ihrem Grundvertrauen geschädigt haben dürfte. Denn ausgerechnet zu deren wichtigen Lebensabschnitt im Alter von 3-5 Jahren, stand ich meinen Kindern so gut wie nicht mehr zu Verfügung. Morgens wenn ich das Haus für meine reguläre Arbeit verließ, schliefen sie genauso, wie ich meist erst tief in der Nacht von der Baustelle in unsere Wohnung zurückkehrte. Ich sah beide Kinder nur noch sporadisch, wenn ich von der normalen Arbeit nach Hause kam und schnell noch einen Kaffee mit meiner Frau trank, bevor ich wieder rüber zum Bau ging, ansonsten fast nur noch zu den Mahlzeiten. Verständlicherweise hatte ich da oft gar keinen Sinn für die Anliegen der Kinder, oder war dermaßen gereizt, um alles andere als einen liebevollen Umgang mit ihnen zu pflegen. Das war eindeutig verkehrt und bin mir sicher, dass da einiges an Vertrauen meiner Kinder zu mir zerbrochen wurde, wenn sie immer wieder in oft schroffer Form von mir zurückgewiesen wurden. Aber es war ja auch nicht so, sie bewusst zu brüskieren oder zurückweisend zu verletzen, sondern war eine über die Jahre fortlaufende Entwicklung der eigenen Überanstrengung, die ich als solche gar nicht so wahrnahm. Insofern haben eigentlich die Kinder schon zu dieser Zeit einen viel zu hohen Preis für das neue Haus zahlen müssen. Aber wer weiß so etwas schon vorher?

Ja jetzt könnten einige Leser von meinen Erfahrungen profitieren, wenn ich ihnen nur raten kann, bloß nicht selbst zu bauen, wenn damit kleinere Kinder Gefahr laufen, ein Stück weit vernachlässigt und der eigenen überforderungsbedingten Gereiztheit wegen, durch schroffe Zurückweisungen in ihrem Grundvertrauen geschädigt zu werden. Wer unbedingt bauen möchte, kann es gerne tun. Aber als Eltern kleinerer Kinder sollte man als Bauherr lieber Firmen mit dem Bau beauftragen, da die damit einhergehende Gefahr der gegenseitigen Entfremdung oder noch ernsthafterer Probleme, bis hin zur Trennung und Scheidung der mit solchen Kraftakten verbunden sein kann, den Preis den die eigenen Kinder auszubaden haben, einfach nicht Wert ist!

Soweit ist es bei uns gottlob nicht mal ansatzweise gekommen, aber ich bin mir absolut sicher, dass die intensive zweijährige Bauzeit doch erkennbar zu einer spürbaren Distanz gegenüber meinen Kindern beigetragen hat und aufgrund der weiteren Arbeiten am Haus in den darauffolgenden Jahren nie mehr so ganz aufgelöst wurde.

Hausmeisterstelle am Gymnasium - Einschulung Julia

An einem Samstag im Frühjahr 2001 entdeckte ich eine Stellenausschreibung für einen neuen Hausmeister an unserem örtlichen Gymnasium, nur 200 Meter von unserem Haus entfernt. Neben der Zeitersparnis von bislang 20 km, ergäben sich mit einer intellektuell anspruchsvolleren Lehrerschaft bestimmt hoch interessante Diskussionen, so dachte ich zumindest noch zu diesem Zeitpunkt. Also reichte ich bei der zuständigen Behörde meine Bewerbung ein.
Schon bei meinem ersten Vorstellungsgespräch, im Kreis von Vorgesetzten, Personalabteilung und Schulrektoren hatte ich den Eindruck vom Rektor des Gymnasiums besonders wohlwollend als Person seiner Wahl favorisiert zu werden. Und tatsächlich, welch eine freudige Überraschung, erhielt ich wenig später wieder einmal gleich mit meiner ersten Bewerbung die angestrebte Stellenzusage.
Dumm war nur, dass der vorhergehende Hausmeister noch so viel Urlaub und Überstunden abzufeiern hatte, um mir nicht mal für eine vernünftige Übergabe bzw. Einweisung zur Verfügung zu stehen. Besonders unglücklich, er nicht einmal bereit war, mich wenigstens am 1. Schultag für ein paar Stunden zu vertreten, damit ich an der Einschulung meiner Tochter Julia teilnehmen konnte. Ein echter Wermutstropfen an meinem ersten Arbeitstag, auch wenn Julia später mit ihrer Schultüte zum Gymnasium hoch kam und Margarete ein gemeinsames Erinnerungsfoto von diesem lang ersehnten Tag machte.

Denn ja, Julia brannte regelrecht darauf, endlich zur Schule gehen zu "dürfen". Umso schändlicher, wie schnell nach wenigen Monaten das Feuer ihrer Leidenschaft bereits in der Grundschule wieder erloschen war, obwohl sie im Gegensatz zu unserem Sohn später, mit einer wahrhaft sympathischen Klassenlehrerin ein scheinbar gutes Los gezogen hatte. Doch je länger sie zur Schule ging, desto größer zeigten sich gravierende Schwächen.

Wie sie später im fehlenden Mathematikverständnis besonders markant mit äußerst schlechten Noten zum Ausdruck kamen und am Ende eine totale Verweigerungshaltung hervorrief, sich noch weiter mit ihren demütigenden Erfahrungen auseinandersetzen zu müssen.
Margarete konsultierte mit ihr deswegen etliche Beratungsstellen und Psychologen, die ihre Verweigerungshaltung teils mit einer angeborenen Schwäche für Mathematik und Rechtschreibung diagnostizierten, die jedoch seitens ihrer Schule als nicht gegeben anerkannt wurden. Nee, also von daher war Julias Schullaufbahn von eher negativen Erfahrungen begleitet, die ihr den Spaß und Sinn am Lernen schnell und umfassend verleideten.

Dummerweise setzte ich noch einen weiter drauf, indem ich ihr wie auch später Tizian gegenüber, natürlich nur in allerbester Absicht, wiederholt in schillerndsten, bzw. düstersten Farben die Zukunft ausmalte, wenn sie sich nicht zu mehr Leistungen anstrengen würde. Was für ein Schwachsinn, wie ich es heute besser weiß. Denn damit goss ich praktisch noch mehr Öl ins Feuer, um ihr recht erfolgreich jede Lust an Schule und Lernen zu nehmen.

Jedenfalls entpuppte sich der Schulbesuch für Julia schon sehr bald zu einer unsäglichen Qual, die wir mit erheblichem Aufwand auch an professionellen Nachhilfestunden nur weiter steigern konnten. Das tat mir schon damals als auch heute sehr leid, da ich nun endlich weiß, wie Bildung völlig anders vermittelt werden müsste, um die Lernfreude von Kindern zu erhalten oder gar weiter zu steigern.

Von daher dürfte die Schulzeit für Julia einige schwerwiegende Folgen nach sich gezogen haben, auch wenn sie im ersten Moment noch gar nicht als Solche erkennbar sind. Siehe 2. Teil.

Schulkiosk mit Folgen

Auch für Margarete begann mit diesem 1. Schultag ein neuer Lebensabschnitt. Denn meine Einstellung als Schulhausmeister war mit der Bedingung verknüpft, den Schulkioskbetrieb von meinem Vorgänger nicht nur weiter zu führen, sondern mit einem erstmaligen Mittagsangebot an warmen Speisen weiter auszubauen.
Margarete fiel die Entscheidung zur Aufgabe ihrer geliebten Übersetzungstätigkeiten innerhalb eines florierenden Technikbetriebs gewiss nicht leicht, um fortan einer ungewissen Zukunft entgegenzusehen, den der Schulkioskbetrieb finanziell abwerfen würde. Einzig mir zuliebe, ging sie dieses ungewisse Risiko ein, dass sich am Ende von unerwarteter Seite tatsächlich als schmähliches Risiko entpuppte. Doch bevor ein erster Pfennig eingenommen wurde, mussten wir zunächst mal rund 15000 DM in die Übernahme der alten Automaten und Neuanschaffungen von Backautomaten, wie auch Wareneinkauf investieren. Soviel hatten wir dank Hausbau nicht mehr auf der hohen Kante, weshalb eine Kreditaufnahme nötig wurde.

Wir haben es nicht bereuen müssen, denn diese Investitionen und Margaretes Engagement sollten sich zumindest langfristig rechnen. Immerhin haben wir es zuletzt geschafft, den einstigen Umsatz 60 belegter Brötchen zu Zeiten unseres Vorgängers zur sichtbaren Freude des ganzen Gymnasiums, mit einer ständig steigenden Angebotspalette von wenigstens 200 oder mehr belegten Brötchen pro Tag zu erhöhen.
Hinzu kamen Back- Süßwaren, Obst-, Michprodukte und ein ebenso vielfältiges Angebot an Heiß-, bzw. Kaltgetränken zu wahrlich moderaten Preisen. Oft waren es nur wenige Cent die wir an einem Produkt als Gewinn erzielten. Hier machte es aber die Masse von 1500 Schülern-/innen und etwa 110 Lehrkräften, um aus "Kleinvieh" ein respektables Nebeneinkommen zu erzielen.

Nein nicht in dem Sinne, nun richtig reich zu werden, aber immerhin um unseren Lebensstandard ein wenig zu erhöhen, um öfter mal auswärts Essen zu gehen. Ein Musical zu besuchen oder unseren Kindern mal ein paar Extrawünsche zu erfüllen.

Das Finanzamt dürfte sich ebenfalls an unseren Steuernachzahlungen erfreut haben, dessen Bescheide uns ständig aufs Neue unangenehm überraschten. Aber das gehörte nun mal zur Kehrseite der Medaille, die wir mit wahnsinnigem Stress und Freizeitverlust bezahlten. Unsere Lagermöglichkeiten waren nämlich so klein, um nahezu jeden zweiten Tag nach Feierabend auf langwierige Einkaufstouren gehen zu müssen, sowie abends die Gerätschaften teils reparieren, säubern, die Automaten mit Waren oder Kleingeld auffüllen, bzw. die Einnahmen zählen und das Kleingeld in Papier einrollen mussten.

Allein sonntags war ich geschlagene 3 Stunden damit beschäftigt, Aufschnitt an Wurst und Käse zu schneiden und portionsweise zu verpacken, in dessen Anschluss die Schneidemaschine penibel gereinigt werden musste. Da blieb für unser Familienleben echt kaum noch Zeit.

Selten dass ich es Werktags vor 20:00 Uhr nach Hause schaffte, um morgens wieder turbomäßig loszulegen. Was umso stressiger wurde, wenn mir zwischenzeitlich technische Störungen in der Schule oder andere wichtige Aufträge durch Lehrkräfte dazwischen kamen.

Zudem waren wir gefordert, ein frisches Mittagessen anzubieten. Das war mit dem gewöhnlichen Küchenherd fast gar nicht zu bewerkstelligen. Dennoch legte sich Margarete kräftig ins Zeug, um die Geschmäcker mit verschiedensten Angeboten an warmen Speisen zu treffen. Seltsamerweise mit eher bescheidenem Erfolg, da sich die Wenigsten die Zeit zu einem richtigen Mittagessen nehmen wollten.

Erst als uns der Elternbeirat empfahl, es doch mal mit Schnellgerichten wie Pizzas, Baguettes und fertig portionierten Nudelgerichten zu versuchen, stieg die Nachfrage sprunghaft in die Höhe. Nur war es hier zum Teil noch schwieriger Pizza und andere Gerichte ständig in ausreichender Stückzahl auf Lager vorzuhalten, weshalb wir nahezu täglich bis nach Aschaffenburg die Discountermärkte nach passenden Waren abklappern mussten. Doch ja, es war Stress pur.

Zudem mokierten sich meine Vorgesetzten meiner vorgesetzten Behörde teils unverblümt darüber, dass die Kioskeinnahmen mein reguläres Gehalt überstiegen. Dabei waren sie selbst bei meiner Einstellung beteiligt, die den Kioskbetrieb mit meiner Einstellung als Voraussetzung verbanden, nun aber vom Erfolg, wie wir den Kioskbetrieb führten offensichtlich mit Neid betrachteten.

Da wir meiner anstellenden Behörde von allen Automatenumsätzen, nein nicht Gewinn, sondern tatsächlich vom Umsatz, jeweils 5% quasi als Gegenleistung zur kostenlosen Nutzung der Küche, sowie für den Strom und Wasserverbrauch abführten, konnten sie sich recht gut ausrechnen, welche Gewinne wir so in etwas erzielten, von denen wir neben meiner Frau allerdings auch noch weitere drei Angestellte bezahlten.

Reich konnte man damit jedenfalls nicht werden, aber immerhin ein auskömmliches Einkommen erzielen, von dem wir alle nach der Devise, leben und leben lassen, leben konnten.

Mit Einrichtung der Nachmittagsbetreuung 2007 und Inbetriebnahme einer eigenständigen Mensa wurde uns unter unfairen Umständen der Betrieb des Kiosk entzogen. Der schändliche Kioskentzug erwies sich im Nachhinein aber doch noch als nützlicher Gewinn. Denn tatsächlich ging es unserer Familie stressbedingt, der mit dem Kioskbetrieb verbunden war, nicht wirklich gut. Aber das waren auch Prozesse, die wir im Eifer des Gefechts, es möglichst allen Recht zu machen, noch nicht so in der Tiefe wahrnahmen. Dem Grunde nach waren wir ständig dauergestresst.

Ich denke am schlimmsten mussten dies unsere Kinder ausbaden, für die kaum noch Zeit für eine liebevolle Hinwendung blieb. Ja so manches Mal meldete sich mit allem Nachdruck mein schlechtes Gewissen, wenn sie gegen ihre Einwände nur schnell genug mit Fertigkost abgespeist wurden. Auf der anderen Seite fühlten sie sich natürlich auch geehrt, wenn sie mit ihren Freunden und Freundinnen ankamen und ihnen großzügig einige Süßigkeiten spendieren konnten. Aber das konnte natürlich kein Ersatz für eine liebevolle und persönliche Zuwendung bleiben und gestehe, mich oft genug vor ihrer Hausaufgabenbetreuung gedrückt zu haben.

Vielleicht hätte ihre schulische Entwicklung eine ganz andere Richtung genommen, wenn ich mich mehr und intensiver um sie gekümmert hätte. Heute sehe ich mein damaliges Agieren natürlich mit bedauernden Unbehagen, wie oft ich sie wiederholt von mir zurückgewiesen habe, auch wenn sie sich in ihrer Verzweiflung manchmal an meine Beine klammerten, um mich am weggehen zu hindern. Ich habe schon damals innerlich gespürt, dass mein Verhalten ihnen gegenüber nicht in Ordnung war, aber aus Gründen der eigenen Bequemlichkeit hielt ich sie mir doch viel zu oft auf Abstand.

Ja, mich manchmal regelrecht vergaß, wie in einem Fall, als Julia so im Alter von 7-8 Jahren partout nicht ins Bett gehen wollte. Bis mir irgendwann dermaßen der Kragen platzte, um vor ihren Augen eine nagelneue Puppe zu zerfetzen, die sie tags zuvor von meiner Schwägerin geschenkt bekam. Oh je, oh je, ich fürchte, dieser Ausraster dürfte Julia als traumatisches Erlebnis in Erinnerung geblieben sein.

Im Nachhinein kann ich nur darüber staunen, in welch früher Zeit sie sich bereits zu einer eigenständigen Persönlichkeit entwickelte, die sich recht früh gegen meine Anweisungen erhob oder sich zur Wehr zu setzen versuchte, wenn ich ihr mal den Hintern zu versohlen versuchte. Gottlob kam dies wahrlich nur selten vor.

Aber spätestens im Alter von 13/14 Jahren merkte ich selbst, wie entwürdigend und hilflos solche Versuch der Respektgewinnung ausfielen. Julia hatte zu diesem Zeitpunkt bereits ihren eigenen Kopf entwickelt. Dies führte beispielsweise in ihrem Alter von etwa 12 Jahren dazu, dass sie sich lauthals weigerte, auf ihr Zimmer zu gehen. Als ich sie dann mit einigem rohem Geschubse endlich nach oben bewegen konnte, raubte es mir fast den Verstand, als ich kurz darauf realisieren musste, dass sie sich mit aneinander verknoteten Schals von unserem französischen Schlafzimmerfenster, aus etwa 3-4 Meter Höhe abgeseilt hatte.

Unglaublich, um mir vor Augen zu führen, welch eine unbändige Willenskraft bereits in jungen Jahren in ihr loderte. Gleichzeitig aber auch die eigene Unzulänglichkeit zu spüren, ohne deren Härte Julia bestimmt niemals so einen Ausweg gesucht hätte.

Doch ja ich schämte mich, als ich sie nach einer Weile mit dem Auto wieder von der Straße auflas. Nur zugegeben hätte ich es damals noch nicht. Es war eine Zeit der Entfremdung, so empfand ich es zumindest, ohne von mir aus eine Möglichkeit zu finden, sie wieder zurück zu gewinnen. Denn wir hatten zuvor ein weit innigeres Verhältnis.

Julia war mir zuvor schon immer irgendwie näher als unser Sohn Tizian gewesen und wäre es vermutlich auch geblieben, wenn ich sie zu ihrer Schulzeit nicht so idiotisch unter Druck gesetzt hätte. Ihr nicht nur die Zukunft als mögliche Versagerin vor Augen führte, die später für andere Leute Toiletten putzen müsse, wenn sie sich nicht mehr für die Schule anstrenge, oder sie so

manches Mal als dumm hinstellte. Heute weiß ich, wie sehr ich sie mit meinem unreflektierten Verhalten seelisch gepeinigt habe. Wahrscheinlich habe ich mit derartigen „Ermunterungen" sogar selbst den Grundstein für ihren zunächst bescheidenen Schulerfolg gesetzt. Doch immerhin, trotz meines wenig schmeichelhaften Vaterbildes haben sich unsere Kinder am Ende für ihre/unsere Verhältnisse doch noch recht zufriedenstellend entwickelt.
Dazu mussten wir nicht einmal mehr irgendwelchen „motivierenden" Druck ausüben. Nein, Julia fand an ihrer praktisch orientierten Ausbildung zur Hauswirtschafterin auf einmal so viel Gefallen, um heute nach dem Besuch weiterführender Schulen kurz davor steht, nun selbst als Fachlehrerin ihre wegweisende Berufung gefunden zu haben.

Bedingt durch pädagogisch vollkommen unfähige Lehrkräfte hatte auch unser Sohn zunächst erhebliche Lern-Schwierigkeiten. Aber toi toi toi, hatte er auf der anderen Seite wenigstens das Glück von besonders talentierten Lehrkräften in seinem Selbstwert soweit motiviert zu werden, um in einem fulminanten Schlussspurt seine Schule mit einem imposanten Ergebnis abzuschließen.
Nach seiner ehrgeizigen Ausbildung zum Chemikanten, dessen vorzeitige Prüfung er mit sehenswerten Noten abschloss, habe ich nicht den geringsten Zweifel, dass er auch seine weiteren Pläne in ähnlicher Zielstrebigkeit erreichen wird.

Tja, was Motivation doch alles bewirken kann! Wenngleich diese Motivationen weniger elterlichen Fürsprachen entsprachen, sondern tatsächlich allein aus ihnen selbst heraus entflammte.

Das ganze Ausmaß der familiären Katastrophe

In Folge meiner biografischen Aufarbeitung suchte ich 2003/4 wieder das Gespräch zu meiner Schwester Mo. Erst im Verlauf dieser Gespräche erfuhr ich, dass sich die sexuelle Gewalt meines Vaters ihr gegenüber nicht nur auf ein einmaliges Ereignis beschränkte, wie ich bis dahin glaubte, sondern sich über viele Jahre erstreckte, an dessen Beginn sich meine Schwester nicht einmal mehr erinnern konnte.

Nie im Leben hätte ich bei meinen Schwestern, insbesondere dieser Älteren, so eine Leidenstragödie vermutet. Bei der ältesten Schwester hätte man da schon eher was vermuten können, wenn man da früher ein Augenmerk für entwickelt hätte. Denn sie war schon immer etwas anders, der man jeden Satz mühsam aus der Nase ziehen und sich zu einem aufgesetzten Lachen quälen musste. Ihr fehlt jene fröhliche Leichtigkeit, mit der die andere ältere Schwester recht erfolgreich ihr Martyrium zu überspielen vermochte.

Dabei gab es durchaus deutliche Anzeichen, die früher aber nie als solche wahrgenommen wurden. Schon damals schaukelte sie sich jeden Abend mit dem Kopf hin und her in den Schlaf und ritzte sich später als Heranwachsende wiederholt mit Messern Scheren die Arme und Beine auf. Damals wurde das einfach nur für eine verrückte Macke gehalten.

Vermutlich standen damit wohl auch die ständigen Schlägereien mit ihrem ersten Ehemann in diesem Zusammenhang. Erst als sie sich mehr zufällig wegen ihrer extremen Eifersuchtsproblemen in psychologische Behandlung begab, wurden ihr erst wieder die wahren Ursachen all dieser Folgesymptome bewusst gemacht.

Oh Gott und niemand da, der ihr zuvor hilfreich zur Seite stand? Obwohl auch sie sich schon mehrfach umzubringen versuchte, ohne dass ich davon etwas wusste. Deren Versuche stets dem stillen Schrei um beachtenswerte Annahme galten?

Umso erstaunlicher erscheint mir, wie sie sich trotz all dem Scheiß den sie durchleiden musste, wie auch der wiederkehrenden Depressionen, sie sich dennoch bis heute ihren erfrischend fröhlichen wie auch manchmal verzweifelten Lebensmut bewahren konnte. Allein der Gedanke daran treibt mir noch heute Tränen in die Augen.

Insbesondere als sie mir das erste Mal davon erzählte, wachte ich zum ersten Mal in meinem Leben nachts auf, da mir im Schlaf warme Tränenbäche die Wangen runter liefen. So irreal und unfassbar, dass ich die Ausmaße dieser Tragödie erst 2004 zu hören und noch langsamer zu begreifen begann.

Und von alledem wollte unsere Mutter nichts bemerkt haben? Zumindest berichtete mir diese gut vertraute Lieblingsschwester, dass unsere Mutter ihr versichert habe, nie etwas vom väterlichen Missbrauch mitbekommen zu haben. Was für ein elendiger Selbstbetrug meine Mutter betreffend. Denn mit dieser Schwester führte ich noch viele weitere Telefongespräche oder trafen uns in Frankenberg um in ruhiger Umgebung unsere Leidenserfahrungen auszutauschen.
Dabei kam nun doch heraus, dass unsere älteste Schwester unserer Mutter bereits sehr früh vom eigenen Missbrauch durch den Vater berichtete hatte. Statt Verständnis oder hilfreichen Schutz bekam die älteste Schwester als Reaktion von der Mutter indes nur eine ordentliche Tracht Prügel, weshalb diese Schwester später nicht mehr wagte, sich jemanden hilfesuchend anzuvertrauen.

Ich habe anschließend selber lange Zeit im Internet nachgeforscht und mit Ärzten gesprochen, an dessen Ende außer Frage stand, dass unserer Mutter, die über lange Jahre hinweg andauernden Übergriffe des Vaters den Schwestern gegenüber niemals unbemerkt geblieben sein konnten. Was mich zur Frage führte, welcher unserer Elternteile wohl das kältere Herz aufwies?

Von daher war mir noch unbegreiflicher, wie sich meine älteste Schwester dazu hergeben konnte, um diesen menschlichen Eisberg bis zu ihrem Tod 2005 im Alter von fast 78 Jahren zu pflegen?
Zu dieser Zeit 2004 taten sich mir Dimensionen des Schmerzes auf, die ich erst später soweit analytisch zu verarbeiten vermochte, um inzwischen ein gutes Stück weit nachvollziehen zu können, wie sich solch eine Katastrophe entfalten konnte. Nämlich aus der eigenen erfahrenen Lieblosigkeit zweier Menschen heraus, die in einem gnadenlosen Umfeld gesellschaftlicher Normen und Erwartungen eine aus Not geborene Gemeinschaft bildeten, jedoch keine Mittel mehr fanden, den Zug der Gewalt gegeneinander und vor allem gegen ihre eigenen Kindern im liebvollen Geiste anzuhalten.

Damit erklärte sich nun auch, warum unsere jüngste Schwester die Mutter einst bei jedem Einkauf oder sogar zu ihren Putzstellen begleiten musste. Denn damit blieb wenigsten sie vom Missbrauch verschont. So hieß es jedenfalls. Wenngleich sie für meine Begriffe auch irgendwie seltsam in sich gekehrt blieb und auffallend schnell gekränkt auf banale Missverständnisse mit Rückzug reagierte.

Doch war ihr distanziertes Verhalten bei weitem nicht so ausgeprägt wie bei meiner ältesten Schwester, mit der ich ihm Rahmen all dieser Gespräche, die sich mir zu dieser Zeit auftaten, ebenfalls mal telefonieren konnte und mir auf meinen Hinweis, dass wir doch nun öfter mal miteinander telefonieren könnten, tatsächlich erwiderte, "nee, sie würde lieber mit unserer jüngsten Schwester telefonieren".

Ups..... ? Das saß und haben uns seit 2004 auch nicht mehr gesprochen. Wie ich auch mit Ausnahme der einen Schwester Mo seit dieser Zeit keinen Kontakt mehr zu jemanden meiner Ursprungsfamilie bekommen habe.

Immerhin kontaktierte ich 2004 nach gut 20-30 jähriger Distanz von mir ausgehend meinen ältesten Halbbruder, da ich mir von ihm weitere Antworten auf offene Fragen erhoffte. Angesichts seiner Reaktion musste ich jedoch erschüttert feststellen, wie sehr er trotz seiner geistigen Reife, der es schon lange als erfolgreicher Unternehmer zu etwas gebracht hat, noch immer in der Vergangenheit stecken geblieben ist.

Gerade ihn hatte ich stets in furchtsamer Erinnerung behalten. Umso erstaunlicher, dass ich die Kraft aufwies, um mich zu überwinden, ihn nach so langer Zeit anzurufen. Von daher war es nicht weiter verwunderlich wie überrascht er über meinen Anruf war und ich ihm den Grund meines Anrufs mit meinem Klärungsbedürfnis meiner erlittenen Gewalt und Misshandlungen während meiner frühen Kinderzeit erklärte.
Im Gegensatz zu seiner kraftvollen Selbstherrlichkeit, wie ich ihn von früher her kannte, verhielt er sich nun ausgesprochen unsicher und reserviert. Er entgegnete hilflos anmutend, sich keiner Gewalt mir gegenüber erinnern zu können und - auch nicht erinnern zu wollen!
Ja, auch nicht wollte, gleich in seiner ersten Antwort.

Als ich ihn daraufhin fragte, ob er meine Misshandlungen genauso erfolgreich verdrängt habe wie die Mutter, die sich ja gleichfalls weigerte, dieses Thema auch nur anzuschneiden und ich weiter ausführte, er doch sicher wissen müsse, dass man nicht mal einen Hund so mies behandeln würde, wie ich einst behandelt wurde, antwortete er mir plötzlich in gepresstem Tonfall wörtlich: „Dass daran ja nur unser Vater schuld gewesen sei, der mich stets bevorzugt und gegen unsere Mutter aufgehetzt hätte".

Eilends schob er hinterher, dass ich mit diesem Thema bloß nicht unsere hinfällige Mutter konfrontieren sollte und er weiter keine Zeit mehr habe, das Gespräch mit mir fortzusetzen. Er würde mich aber später telefonisch zurückrufen.

So endete unser kurzes aber enorm aufschlussreiches Gespräch nach so langer Zeit. Ich saß geplättet da, als hätte mich ein Zug überfahren, so fassungslos trafen mich seine Worte. Brachte mein Bruder darin doch unverkennbar zum Ausdruck, wie er immer noch in den Abhängigkeiten der alten Welt stecken geblieben war. Sonst hätte ihm bewusst sein müssen, dass ich damals als nachweislich geistig und körperlich weit zurückgebliebenes Kind, nicht den Hauch einer Chance besaß, um mich gegen den erdrückenden Fels Mutter zu erheben. Zumal mir jede Erinnerung daran fehlt, worin mich der Vater bevorzugt behandelt oder gar gegen die Mutter aufgehetzt haben könnte.

Es war der Augenblick, in dem ich meine verinnerlichten Ängste vor meinem einst überaus gewalttätigen Bruder verlor. Dem gegenüber ich mich zuvor stets winzig klein und irgendwie schuldhaft fühlte. Nein, er war nicht mehr die übermächtige gottgleiche rechte Hand meiner Mutter, der mich einst wie einen lästigen Hund aus dem Weg trat, sondern ein ähnlich armes Schwein wie mein Vater, der nichts verstand und aus dieser Blindheit heraus, auch seine eigene Frau und Kinder mit despotischen Getöse gewalttätig dominierte.

Dieses Bild wurde einmal mehr durch seine Feigheit unterstrichen, mich entgegen seiner geäußerten Zusage bis zum heutigen Tag nicht mehr zurückzurufen. Für mich damals Anlass genug, um daraufhin all meine Fassungslosigkeit, meine Trauer, Wut und Anklage in einem 9-seitigen Erklärungsversuch zusammenzufassen und diese gleichlautend an all meine 5 Geschwister zu senden.

Reaktionen erfolgten bis auf meine eine Schwester, mit der ich mich zu dieser Zeit so vertraut wie keinem Menschen zuvor fühlte, bis auf den heutigen Tag keine. Das war mir ab diesem Augenblick auch nicht mehr wichtig.

Weil es der Augenblick war, in dem ich mich endgültig von den Fesseln meiner Ursprungsfamilie befreite. Allein dieser Akt, war für mich eine unglaubliche Erleichterung.

Es blieb nunmehr ihnen überlassen, sich in dieser destruktiven Familienkonstellation wahrzunehmen und die wahnsinnigen Lasten in hilfreicher Form aufzuarbeiten, die jedem einzelnen von uns durch unsere seelisch erstarrten Eltern aufgebürdet wurden.

Ich fürchte nur, dass ihnen weiter die Kraft und Mut fehlen wird, um sich gleichfalls bewusst, den fürchterlichen Begebenheiten unserer einstigen Kindertage zu stellen. Aber dafür bin ich gewiss nicht verantwortlich. Interessiert mich heute ehrlich gesagt auch nicht mehr.
Denn zu einer Familie werden wir kaum mehr zusammenwachsen, wie dies gemäß meinen Beobachtungen von Foren, innerhalb vieler Missbrauchsfamilien gleichfalls den üblichen Realitäten entspricht.

Letzte Begegnung - Tod der Mutter

Anlässlich einer Mutter-Kind-Kur an der sich meine Frau, mit unseren Kindern 2004 an der Nordsee aufhielt, begegnete ich meiner Mutter ein letztes Mal. Zu diesem Zeitpunkt hatte ich gerade wieder sporadischen Kontakt zu meiner nächst älteren Schwester aufgenommen und wusste daher, dass meine jüngere, wie auch älteste Schwester irgendwo in der Nähe von Kiel wohnten.
Meine jüngere Schwester wohnte zusammen mit einem Lebensgefährten in einer Mietwohnung, während meine älteste Schwester zusammen mit einem alkoholkranken Lebensgefährten und meiner Mutter ein eigenes Haus bewohnten, welches unser ältester Halbbruder eigens zur Pflege unserer Mutter gekauft hatte. Die Mutter, zu diesem Zeitpunkt 77 Jahre alt, bedurfte bereits betreuender Pflege, da sie sich demenzbedingt nicht mehr allein vorstehen und versorgen konnte.

So liefen während der Mutter-Kind-Kur ein paar Telefondrähte heiß, um mich bei der Gelegenheit auch mal bei meinen Schwestern zu einem Besuch anzumelden. So tuckerte ich bereits wenige Tage später mit meinem Chopper in den Norden, um noch am gleichen Tag mit großer Freude meine Margarete und unsere Kinder wiederzusehen.
Ich mietete mich in eine Pension ein, um am nächsten Tag einen bequemen Abstecher zu meinen Schwestern vorzunehmen.

Die Begrüßung gegenüber meiner jüngeren und ältesten Schwester fiel nach gut 15-20 Jahren unseres letzten persönlichen Kontaktes, wie schon früher freundlich aber auch irgendwie fremd aus. Im Rahmen ihrer aufgesetzten Heiterkeit konnten sich natürlich binnen Stundenfrist keine tiefgreifenden Gespräche entwickeln, weshalb die gemeinsame Konversation in ihrem Wohnzimmer oberflächlich und nichtssagend verlief.

Daher setzte ich mich zu meiner Mutter, die etwas abseits allein an einem Tisch saß. Nach ihrem letzten Besuch bei uns vor neun Jahren war sie sichtlich hinfällig geworden. Wir sahen uns eine Weile wortlos an, bis ich mich nach ihrem Befinden erkundigte. Mit brüchiger aber unverkennbarer Engelsstimme antwortete sie mir ebenso belanglos, um anschließend wieder in Schweigen zu verfallen. Ich mag mich irren, aber während wir uns weiter schweigend musterten, hatte ich das Gefühl, wie meine innere Frage spürbar zwischen uns stand: "Ob sie sich noch erinnerte?" Doch lag zwischen uns eine derart weite Ferne, um längst keine ernsthafte Antwort mehr zu erwarten.

Früher spürte ich in ihrer Gegenwart immer eine gewisse Zerrissenheit zwischen der Suche nach ihrer Liebe und einer unterschwelligem Ablehnung, aber bei diesem Besuch, spürte ich nichts dergleichen. Es war viel eher ein Gefühl völliger Gleichgültigkeit, als säße mir eine völlig fremde Frau gegenüber, die mir vom Bild her zwar als Mutter bekannt war, aber nicht das Geringste für oder gegen sie empfand. Sie bedeutete mir einfach nichts mehr.
Lange hielten wir uns auch nicht bei meiner Verwandtschaft auf, denn das Haus mit seinen dunklen Holzdecken machte auf uns alle einen bedrückenden Eindruck. So war ich froh als wir voneinander Abschied nahmen und zurück ans Meer fuhren, um den Abend in familiärer Eintracht mit meiner Margarete und den Kindern zu genießen.

Meine Schwestern habe ich seither nicht wieder gesehen. Lediglich ein paar Telefongespräche führten wir noch 2004 miteinander, bevor sich der Kontakt erneut verlor und bis heute abgerissen blieb. Ich hatte auch wirklich keinen Drang mehr, wie sonst üblich, mich ihnen ständig aufs Neue kränkend anbiedern zu müssen. Wenn sie mich nicht als Bruder wahrnehmen konnten, dann war es dank unserer grausamen Eltern leider so unabänderlich.

Meine Mutter sah ich nicht wieder. Ende 2005 wurde mir drei Wochen nach ihrer Beerdigung in einem anonymen Briefumschlag die kopierte Sterbeurkunde und eine ausgeschnittenen Sterbeanzeige zugesandt. Womit auch in diesem Schlussakt einmal mehr die vollständige Zerrüttung meiner ursprünglichen Familie unter Beweis gestellt wurde, deren Ursachen ganz klar bei unseren Eltern und deren vorangegangenen Elterngenerationen begründet lag. Die sich nie über das Ausmaß der katastrophalen Folgen von gleichgültiger Lieblosigkeit, innerhalb ihren eigenen Kindheiten bewusst wurden und dementsprechend all ihre verinnerlichten Verbitterungen und Herzenshärte an die eigenen Kinder weiter gaben und damit Spiralen nicht enden wollender Tragödien aufrecht erhielten.

Ob es mir gelingen wird, diesen Kreis zu durchbrechen, wird sich vermutlich erst sehr viel später erweisen, wenn meine Kinder daran stehen, wiederum ihren eigenen Kindern jene Liebe und mitmenschlichen Werte zu vermitteln, die notwendig sind, um jenes bleibende Fundament in Liebe zu gießen, mit dem es ihren Kinder möglich wird, sich zu mitfühlenden, glücklichen, und selbstgenügsamen Menschen zu entwickeln. Ich wünsche es Ihnen und unserer Gesellschaft nur zu sehr von Herzen.

Immerhin haben sie nun durch erklärende Gespräche, die ich bis in die Gegenwart mit ihnen führe, wie auch spätestens mit diesem Vermächtnis die Chance, sich ihrer Stärken und Schwächen bewusst zu werden, um einen anderen Weg einzuschlagen, auf dem meiner Überzeugung nach die meisten Menschen in unserem Land noch immer unbewusst bzw. orientierungslos umherirren. Von daher dürfte hiermit verständlich werden, warum ich mich im weiteren Verlauf dieser Betrachtungen so vehement für aufklärende Bildung stark mache. Denn nur wenn wir uns bestehender Missstände bewusst werden, haben wir die Möglichkeit, uns sowohl individuell als auch gemeinschaftsdienlich neu zu orientieren.

Die Entdeckung meiner Biografie, wie auch immer wiederkehrenden Betrachtungen, die mit der Erstellung dieses Werkes erforderlich waren, hat mich Einiges an Wehmut und Tränen gekostet. Aber mir geht es inzwischen wieder stabil genug, um mit dieser Vergangenheit als unabänderlichen Bestandteil meiner selbst leben zu können ohne daran zu zerbrechen.

Sie hat verständlicherweise Spuren und Narben hinterlassen und erklärt damit wohl auch ein wenig, warum sich in meinem Gesicht so selten eine entspannte Fröhlichkeit ablesen lässt. Womit ich mich aber keinesfalls als kranker oder verbitterter Mensch definieren möchte.

Bei weitem nicht, da ich meinem/unserem Leben inzwischen zahlreiche positive Seiten abgewinnen konnte. Ja, bin sogar ziemlich sicher, dass ich Liebe, Glück und Selbstzufriedenheit vermutlich wesentlich intensiver wahrnehmen kann, als Menschen die das Glück hatten, nur wenige Berührungen mit den Schattenseiten des Lebens zu bekommen und wünschenswert auf eine glückliche und behütete Kindheit zurückblicken dürfen.

Ja bin froh und dankbar für all die zahlreichen glücklichen Momente, die ich bis heute noch mit meiner lieben Margarete teilen und erleben durfte.

Wahrlich keine Selbstverständlichkeiten, denn 2006 entwickelte sich hinsichtlich Margaretes Gesundheit eine grauenvolle Katastrophe, die an Dramatik kaum zu überbieten war. Die in Folge ärztlicher Fehlbehandlungen im Nachgang einer Gebärmutterentfernung schon so dicht an der Grenze zum Hier und Jenseits stand, um mich gefordert zu sehen, mich gemeinsam mit unseren Kindern an ihrem krankenhäuslichen Sterbebett zu verabschieden.

Das Schicksal oder unsere Schutzengel waren uns am Ende doch gewogen, um heute demütig gegenüber dem Glück des Augenblick zu werden, der sich nicht in der Fülle von Äußerlichkeiten bemerkbar macht, sondern einzig in der kurzen Distanz liebender Menschen und der Fülle aufrichtiger Zuwendungen, die wir unseren Kindern und nahen Mitmenschen erweisen.

Schlusswort - Ende Teil 1

Noch ein Wort zum Schluss des ersten Buchabschnitts. All jene, die mich persönlich kennen und angesichts dieser biografischen Zusammenfassung verunsichert sind, wie sie in Hinblick dieser "Zumutung" oder Betroffenheit heraus weiter mit mir umgehen sollen, möchte ich ganz einfach bitten, mir weiterhin so unbefangen zu begegnen, wie es noch vor dieser Betrachtung möglich war. Denn trotz der Entdeckung meiner selbst ab 2003, bin ich dennoch stets die gleiche Person geblieben, auch wenn zuvor niemand wusste, welche "Geschichte" ich mit mir trage. Weiter möchte ich ergänzen:

1. Die dargelegten Inhalte entsprechen der ungeschönten Wahrheit, die ich mir, sofern es meine Kinderzeit betrifft, weder aussuchen, noch selbst auf deren Entwicklungen Einfluss nehmen konnte.

2. Die beschriebenen Geschehnisse sind Vergangenheit, für die ich weder bedauert werden möchte, noch darauf basierende Rücksichtnahmen beanspruche. Erkennbar bin ich zu jener Persönlichkeit gereift, die nichts mehr mit der Hilflosigkeit meiner Kindheit gemeinsam hat.

3. Ich hiermit zu einem Handlungsbewusstsein beitragen möchte, damit wenigstens nachfolgende Kindergenerationen vor ähnlichen Erfahrungen bewahrt werden. Reicht doch schon ein Bruchteil dessen aus, um Kinder und Mitmenschen für ihr weiteres Leben massiv zu schädigen.

Die Zeit danach?

Zeit der Fremde,
des Suchens,
der Einsamkeit,
des Strauchelns,
des Aufstehens,
der Zweifel,
der Flucht,
des Stillstands,
der Entbehrungen,
der Mauern,
der Stille,
des Kampfes,
der Auszehrung,
des Erwachens,
der Bitternis,
der Resignation,
des Trostes,
des Widerstands,
der der Hoffnung,
der Träume,
der Fröhlichkeit,
des Glücks,
der Freude,
des Ankommens

Morgenrot am Anfang und Ende des Kreises,
pulsierender Herzschlag, der Leben verheißt.

Zweiter Teil

Warum kaum gesellschaftliches Interesse?

Soweit zu meiner Biografie, deren Dimensionen mir erst 2003 durch Folterberichte von AI bewusst wurden. Bis dahin hatte ich meine Kindheit schon als recht bedrückend, aber immer noch verhältnismäßig normal erachtet. Ich war ja das vermeintlich schwierige Kind, mit dem meine Familie nicht zurechtkam. Heute weiß ich es besser, da nicht "schwierige" Kinder problematisch sind, sondern in erster Linie die versagenden Elternhäuser einschließlich des desinteressierten Sozialumfelds.

Ob sich jemand, der nicht von ähnlichen Abgründen betroffen ist, angesichts meiner gewonnenen Erkenntnisse, meine niederschmetternde Fassungslosigkeit, überschäumende Wut, abgrundtiefen Hass oder Depressionen vorstellen kann, die mit dem plötzlichen Entdeckungsprozess einhergingen?
Insbesondere, als ich im Zuge meiner Aufarbeitung 2003/2004 eigentlich mehr genötigt, statt aus freien Stücken, eine Psychologin aufsuchte und sie mich noch innerhalb der ersten Stunde unseres Kennenlernens mit dem Verdacht eines frühkindlichen Missbrauchs konfrontierte, fuhren meine Emotionen erst so richtig Achterbahn.

Noch am selben Tag begab ich mich via Internet auf die Suche nach Anhaltspunkten, die für oder besser gegen ihren Verdacht sprachen und fand wenig später in speziellen Missbrauchsforen eine geradezu höllische Unterwelt voller Schmerz und Abgründen vor, wie sie mir zuvor nie bekannt wurden.

Ich lernte eine Vielzahl erschütternde Erfahrungen kennen, die zur Folge hatten, dass ich manche dieser Foren über Jahre hinweg aktiv begleitete.

Ich erlebte dort Menschen, die es nicht mehr geschafft haben, ihr Trauma zu überwinden, indem sie ihren Qualen selbst ein erlösendes Ende setzten. Aber auch wiederum andere, die durch sexuelle Gewalttaten, meist durch nahe Angehörige zugefügt, dermaßen in ihrem Grundvertrauen zerbrochen schienen, um kaum mehr Hoffnungen für ihr weiteres Leben zu erkennen. Umso schöner war es, mitverfolgen zu dürfen, wie manche der von Missbrauch betroffenen Menschen, trotz ihrer unerträglichen Lasten, auch durch hilfreiche Fürsprachen der Forengemeinschaft, noch zu einer hoffnungsvollen Lebensfreude zurück fanden.

Die dahinterstehenden Dramen hätte ich garantiert niemals entdeckt, wenn ich mich nur mal für ein paar flüchtige Momente in diesen Foren umgesehen hätte, wie es sonst üblich ist, wenn wir uns mit Themen beschäftigen, die uns nicht sonderlich interessieren. Oder machen wir uns etwa Gedanken, unter welchen Umständen unsere Schwerbehinderten, Obdachlosen oder alte Menschen, ihr unglückliches Los ertragen müssen?

NEIN, das interessiert uns gewöhnlich ganz und gar nicht, weil wir erst aufmerksam werden, wenn wir selbst in schmerzlicher Weise direkt mit derartigen Themen in Berührung kommen.

Jedenfalls wurde mir im Laufe der Jahre, in denen ich mich in Internetforen so intensiv mit Gewaltthemen auseinandersetzte erstmals bewusst, wie oberflächlich wir uns noch immer gesamtgesellschaftlich mit dem Thema Gewalt und seinen vielfältigen Auswirkungen befassen.

Diese Aussage möge bitte niemand als Vorwurf verstehen, sondern für die nachfolgenden Betrachtungen einfach nur im Sinn behalten werden, wie ausweichend wir nahezu alle mit unangenehmen oder für uns uninteressanten Dingen umgehen.

Ich habe mich zuvor ja auch nicht intensiver mit derlei Themen beschäftigt, sonst hätte ich 1976, als der Missbrauch meiner Schwester durch meinen Vater bekannt wurde und er sich noch am selben Tag das Leben nahm, wahrscheinlich ein deutlich anteilnehmenderes Interesse entwickeln müssen. Aber ich nahm die Enthüllung damals kaum anders auf, als ein unliebsames Missgeschick, dessen Folgen meine Schwester meiner Überzeugung gemäß, schon nach einer überschaubaren Zeit überwunden haben würde.

Also nichts, womit ich mich oder andere Menschen sich länger als nötig beschäftigen müssten. Zumal alles, was im weitesten Sinne mit Sexualität zu tun hat, auch heute noch einer weitgehenden Tabuisierung unterliegt, die uns scheinbar nichts angeht, weil es per se als unschicklich gilt, intimere Themen aufzugreifen, sofern sie uns nicht persönlich betreffen.

Ja, letztendlich weiß doch aufgrund dieser unausgesprochenen Tabuisierung kaum jemand, wie wir solche Themen aus der eigenen Unkenntnis und Unsicherheit heraus ansprechen können bzw. dürfen. In Bezug auf Sexualität erkenne ich hier ein klares Indiz unzureichender Breitenaufklärung.

So entfiel nach dem Suizid des Vaters aufgrund der vorherrschenden Tabuisierung auch in unserem familiären Rahmen eine hilfreiche Aufarbeitung, nicht nur seiner verübten Gewalttaten, sondern aller Gewaltbeteiligten. Somit brachte mich erst wieder die möglicherweise eigene Missbrauchs-Betroffenheit dazu, mich intensiver mit dieser speziellen Gewaltthematik auseinanderzusetzen.

Ich war entsetzt, erst ab diesem Zeitpunkt auch gefühlsmäßig nachvollziehen zu können, wie verheerend sich sexueller Missbrauch auf die Betroffenen, als auch in indirekter Form auf Nichtbetroffene auswirkt.

Von da ab bedurfte es nur noch weniger Überlegungen, bis mir klar wurde, wie sehr es innerhalb unserer gesamten Gesellschaft an qualitativ hochwertiger Aufklärung zum umfassenden Thema Gewalt fehlt, um nicht nur Kinder vor solch monströsen Katastrophen zu bewahren, wie ich sie hier mit meinen Erfahrungen aus einer vermeintlich vergangenen Zeitepoche dargelegt habe.

In Hinblick auf meine eigenen Erfahrungen wurde mir jetzt auch viel verständlicher, warum es nicht nur in unserem Land keine ernsthafteren Bemühungen gibt, um mit aller verfügbaren Entschlusskraft unterschiedslos jedem Kind eine gewaltfreie Kindheit zu ermöglichen.

Verständlich, denn wenn mich das Thema sexuelle Gewalt zuvor nie wirklich erreichen konnte, obwohl ich vom Missbrauch gegenüber einer meiner Schwestern wusste, um wie viel geringer dürften sich da erst unsere Mitmenschen für unangenehme Gewaltthemen interessieren, die weit weniger bis gar nicht mit derartigen „Abgründen" in Berührung kommen?

Ich denke, diese Nichtbetroffenheit und damit fehlenden Berührungspunkte, insbesondere unter unseren landesweiten Führungspersönlichkeiten aus eher intakten Familienverhältnissen, dürften maßgeblich für die soziale und politische Ignoranz, bzw. Untätigkeit gegenüber den Bedürfnissen von Menschen verantwortlich sein, die von Gewalt, Armut und anderen Widrigkeiten betroffen sind.

Aktives Handeln ist daher auch heute noch in unserem vorgeblich aufgeklärten Zeitalter dringend erforderlich, wie mir spätestens ab dem Moment bewusst wurde, als ich erkannte, wie viele wertvolle Jahre meines Lebens ich in meiner vermeintlichen Normalität von Schuld und Scham gefangen war und nun erst 46-jährig beginnen durfte, mich von den elenden Fesseln meiner Vergangenheit zu befreien.
Einerseits eine unbeschreibliche Erleichterung, andererseits aber auch mit Wehmut um all die möglichen Lebenschancen und Glück verbunden, die mir durch meine fürchterliche Kindheit vorenthalten blieben.

Wobei mir inzwischen weitere katastrophale Biografien von häuslicher Gewalt, Heimerfahrungen und dem Leben danach bekannt wurden, um zu wissen, welches Glück ich noch hatte.

Denn danach hätte es mich genauso gut weit schlimmer treffen können. Bin also froh, dass ich aus der unheilvollen familiären als auch gesellschaftlichen Unbewusstheit noch einigermaßen glimpflich davon gekommen bin, um derart menschliche Verrohungen nicht gleichermaßen zu wiederholen.

Von dieser Warte aus gesehen, dürfte kaum überraschen, wie schnell sich mir im Rahmen meiner biografischen Aufarbeitung gleich mehrere wichtige Erkenntnisse eröffneten.
Dazu zählt die Erkenntnis, meine gewalttätige Kindheit und ihre Folgen **VIEL ZU SPÄT** realisiert zu haben.

Dazu zählt die Erkenntnis, wie geringe Kenntnisse wir gesamtgesellschaftlich über die Ursachen und Auswirkungen von Gewalt und Armut auf alle Betroffenen, wie auch Nichtbetroffene haben, deren Folgen uns seit ewigen Zeiten bis in die Gegenwart ein friedsames Zusammenleben erschweren.

Jedes Jahr werden auch heute noch viel zu viele Kinder Opfer von Vernachlässigung, Misshandlungen und Missbrauch. Dabei spielt es kaum eine nennenswerte Rolle, ob es je nach Quellen „nur" **50** oder **170** Kinder jährlich sind, die ihr häusliches Martyrium nicht überleben oder sich die nachweislich etwa **220** Kinder/Jugendlichen jährlich von eigener Hand das Leben nehmen.

Jedes einzelne dieser verstorbenen Kinder, die kaum Chancen bekamen, ihr einzigartiges Leben zu entfalten, steht jeweils als Mahnmal unsäglicher Tragödien, die durch unsere allgemeine Unbewusstheit und Desinteresse an effektiven Hilfen überwiegend vermeidbar wären.

Die gleiche Unbewusstheit, die kaum minder tragisch, zur schmerzlichen Trennung von **55.390 (2015)** vernachlässigten, misshandelten oder übergriffbetroffenen Kindern von ihren „geliebten" Familien beitrug, die zu ihrem Schutz oder auf eigenem Wunsch vor ihrem unheilvollen Familienumfeld in stigmatisierende Heim- oder Psychiatrieeinrichtungen eingewiesen wurden.

Siehe nachfolgende Zahlen mit kontinuierlich steigender Tendenz:
2011/**38.500** - 2012/**40.200** - 2013/**42.000** - 2014/**48.059**

Und das bei lange Zeit entgegengesetzt abnehmenden Geburtenraten! Inzwischen nehmen die Geburtenraten wieder zu.
Siehe unter: **www.destatis.de** – Stichwort: **Inobhutnahmen**.

Unterstrichen wird der gesellschaftliche Niedergang unserer landesweiten Unbewusstheit durch jährlich über **100.000** familiäre Interventionen seitens Jugendämtern oder Sozialbehörden, die auf ambulantem Weg notwendige Hilfestellungen leisten, um Familien ein halbwegs spannungsärmeres Zusammenleben zu ermöglichen.

Diese ersten Erkenntnisse in Verbindung nicht abreißender Horrormeldungen öffentlicher Medien über Kindesmisshandlungen waren mir zu ungeheuerlich, um sie einfach auf sich beruhen zu lassen. Schließlich wusste ich ja aus eigener Erfahrung, wie auch aus zahlreichen Rückmeldungen meiner Webseite und zurückliegendem Engagement für ehemalige Heimkinder alter Prägung, welche weitreichenden Folgen jede Form von Gewalt, insbesondere häusliche Gewalt gegenüber Kindern, nach sich zieht.

Da sollte meiner Überzeugung nach im präventiven Sinne unbedingt mehr geschehen als bisher. Daher fasste ich meine gewonnenen Erkenntnisse zunächst in ***drei Primärforderungen*** zusammen, mit denen ich mich an verschiedene Menschen, wie etwa Journalisten, Politiker, Soziologen als auch namhaften Hilfsorganisationen wandte.

An sie alle richtete ich die Bitte, meine gewaltpräventiven und aufklärenden Ideen aufzugreifen, damit sie möglichst flächendeckend an allen Schulen als verbindliche Unterrichtsinhalte eingeführt werden.

Ich denke/hoffe, auch die Mitlesenden hier werden am Ende dieser Betrachtungen das wichtige Erfordernis hilfreicher Bildungsreformen nachvollziehen können, mit denen wir tatsächlich einen realistischen Wandel für unser aller Wohl erreichen können.

Drei Primärforderungen

So erkenne ich in drei relativ einfach durchzusetzenden Forderungen die elementaren Grundvoraussetzungen für einen durchgreifenden Kinderschutz, der im gleichen Maße dem Schutz unserer gesamten staatlichen Gemeinschaft dient.

Diese Primärforderungen stehen als Grundpfeiler weiterer Bildungsvisionen, die mir geeignet erscheinen, um nicht nur unsere eigene Gesellschaft auf eine neue Stufe sozialverbindender Errungenschaften zu erheben.

Mit den drei Reformnotwendigkeiten können nachfolgende Kindergenerationen meiner Überzeugung nach weit effektiver vor Gewalt und überforderten Eltern geschützt werden, wie es mit gegenwärtigen Hilfsangeboten längst nicht mit der gebotenen Breitenwirkung erzielt werden kann.

Diese drei Elemente könnten noch innerhalb eines überschaubaren Zeitrahmens in unsere gegenwärtigen Bildungsstrukturen einfließen und würden somit bereits kurzfristig und in hilfreicher Weise unsere Heranwachsenden von Morgen erreichen, ohne gleich alles von Grund auf umkrempeln zu müssen.

Meine weiterführenden Bildungsvisionen dürften hingegen absehbar mehr Zeit und vor allem Einsichten benötigen, um sich in ähnlicher Weise durchzusetzen, wie dies mit den nun folgenden Schutz- bzw. Grundpfeilern schon sehr viel eher möglich wird.

Daher stelle ich diese hier nun zunächst in zusammengefasster Kurzform – und erst anschließend mit erweiterten Erklärungen dar:

1. Gewaltprävention damit Kinder so früh wie möglich begreifen lernen:

- was Gewalt eigentlich ist?
- durch welche Mechanismen Gewalt entsteht?
- durch welche vielen Facetten Gewalt zum Ausdruck kommt?
- wie sich Gewalt auf die Betroffenen auswirkt?
- wie jeder vorausschauend und deeskalierend auf Bedrohungen oder Provokationen reagieren kann?

2. Sensibilisierung von Eigen- und sozialem Verantwortungsbewusstsein durch:

- Sensibilisierung an Verantwortung sich selbst und der sozialen Gemeinschaft gegenüber
- Umfassende Aufklärung über Gesundheit und Ernährung
- Aufklärung über Werbemanipulationen
- Aufklärung wie unser Finanzwesen funktioniert
- Umfassende sexuelle Aufklärung. Damit Kinder nicht für die Unzulänglichkeiten ihrer Eltern büßen müssen

3. Elternvorbereitung

- verbindliche pädagogische Grundausbildung für alle
- Ausbildung über die physischen und psychischen Entwicklungsvorgänge vom Kleinkind bis zum Heranwachsenden
- Pflege-Grundausbildung bezüglich Kleinkinder und betagte Menschen

Punkt 1 - Gewaltprävention

Dieser Part beinhaltet bei entsprechend frühzeitiger, also auch altersangemessen beginnender Aufklärung, (möglichst im Kindergarten beginnend), den immens wichtigen Vorteil, Kindern frühzeitig die Gelegenheit zu bieten, ihre möglicherweise eigene Gewaltbetroffenheit zu realisieren und damit bereitstehende Hilfsangebote abrufen bzw. in Anspruch nehmen zu können.

Damit erhielten Betroffene die Chance, ein erlittenes Trauma schneller zu überwinden, womit wir als staatliche Gemeinschaft vor einem großen Anteil überbordender Folgeschäden/Kosten bewahrt blieben, die gewöhnlich mit gewaltgeschädigten Menschen verbunden sind. Womit jeder Euro, der nicht mehr in Negativleistungen zur Behandlung von Folgekosten investiert werden muss, umgehend in sinnvolle Positivleistungen wie anspruchsvollere Aufklärung und Weiterbildungsmöglichkeiten von nachrückenden Pädagogen angelegt werden kann.

Aus der hochinteressanten "Traumafolgenkostenstudie" des Instituts für Gesundheits-System-Forschung, Kiel (seit 2012 unter der ISBN-Nummer 978-3-88312-327-1 erhältlich) ergibt sich allein aus den Folgen traumatisierter Kinder und Jugendlichen für unser Land, eine gesamtgesellschaftliche Belastung von über 11 Milliarden Euro jährlich!

Weiter hat die Bundeszentrale für gesundheitliche Aufklärung in einer ebenso beachtenswerten Kosten-Nutzen-Analyse errechnet, dass die Interventionskosten bei Kindesgefährdungen mindestens 60 mal höher zu Buche schlagen, als jene Hilfen, die heute schon für präventiv wirksame Projekte investiert werden.
Siehe unter: **www.fruehehilfen.de/wir-ueber-uns/aufgaben**

Angesichts solcher Dimension von Summen dürften wir hiermit vielleicht schon eine leise Vorstellung davon bekommen, was mit einem Bruchteil von 11 Milliarden Euro jährlich, die uns bereits heute als Traumafolgekosten bekannt sind, geleistet werden könnte, um alle Kinder/Heranwachsende gewaltpräventiv zu erreichen. 11 Milliarden Euro entsprechen auf ALLE Bürger umgerechnet, also vom gerade geborenen Baby, bis hin zum sterbenden Greis, einer jährlichen Investition von 137,50 € pro Kopf. Anders berechnet entspräche die Verteilung der 11 Milliarden Folgekosten gegenüber den 3-15 Jährigen einer vergleichbaren pro Kopf-Investition von etwa 1.375 Euro und Jahr. Diese Summe entspricht bereits etwa einem Viertel der jährlich aufgewandten Bildungskosten pro Schüler/in in Deutschland.

Dabei sind in der Summe von 11 Milliarden nicht ansatzweise die weit höheren Kosten eingerechnet, die uns durch gewöhnliche Folgeschäden unseres "normalen" unbewussten Umgangs entstehen, die sich ebenfalls in Kriminalität, Krankheit, Gewalt, Suchtverhalten und weiterer negativer Aspekte auswirken.

Gewaltpräventiv eingesetzte Gelder könnten demnach sehr sinnvoll und effektiv eingesetzt werden, wie z.B. in videounterstützten Rollenspielen, die ich unterschiedslos allen Schulen zur regelmäßigen Übung, bzw. Anwendung empfehlen würde, um Kindern und Heranwachsenden zu helfen, ihr Verhalten unter verschiedenen Belastungssituationen selbst zu reflektieren.
Denn in der Regel haben nicht einmal erwachsene Menschen eine Vorstellung darüber, wie sie mit ihrer Gestik, Tonfall und Vokabular auf Außenstehende wirken.

Ich denke, dies wäre eine überaus hilfreiche Maßnahme, die mehr als nur erstaunte Aha-Erlebnisse erzeugen dürften. Ja, wäre es nicht wünschenswert, wenn jeder Mensch ermutigt würde, das eigene Ich und die Welt in ihren Zusammenhängen tiefer zu hinterfragen?
Wir beobachten und beurteilen zwar mit leidenschaftlicher Hingabe unsere Mitmenschen, haben aber gewöhnlich kaum Kennt-

nisse über Ursachen und Wirkungen unserer eigenen Verhaltensweisen. Gerade in Hinblick der gegenwärtig ausufernden Isolation unter Kindern und Heranwachsenden, deren Betätigungsfelder sich außerhalb des Schulbetriebs zunehmend auf Fernseh- und PC-Konsum, wie auch weitverbreiteter Smart-Phone-Abhängigkeit konzentrieren, dürften mit der Beteiligung an gemeinsamen Rollenspielen bleibende Erkenntnisse für ihr weiteres Leben gewinnen, um gegenseitig berechenbarer und damit entspannter miteinander umzugehen lernen.

"Dank" beliebter Smart-Phones, Internet und anderer moderner Medien stehen Jugendliche und Erwachsene zwar immer häufiger in recht engem Kontakt. Nur verlieren sie meiner Beobachtung nach aufgrund des distanzierten Umgangs zunehmend die Fähigkeit, im direkten Augenkontakt Gesprächsinhalte und Gestik ihrer Gegenüber sicher in Einklang zu interpretieren. Diese Unsicherheiten führen wiederum zu größeren Missverständnissen und tragen zu mehr gegenseitiger Isolation bei.

Früher war das weniger ein Problem, da Familien früherer Zeit gewöhnlich weit kinderreicher waren und in einem Umfeld größerer Verwandtschaftskreise engere und somit kommunikationsförderliche Kontakte bestanden. Und nicht zu vergessen, sich diese Kinder nicht voneinander isoliert in passiver Form von einem Fernseher oder PC unterhalten ließen, sondern im engsten Kontakt aktiv mit Nachbarkindern auf der Straße oder weiteren Umgebungen gespielt oder gemeinsame Abenteuer bestanden wurden. In diesem Rahmen wurden ohne jedes äußere Zutun Sozialkompetenzen und die Sicherheit erworben, Wort und Gestik seines Gegenüber korrekt deuten zu können.

Somit, ganz WICHTIG, gehört Kommunikationstraining ebenfalls dazu, um die gemeinsame Ausdrucksfähigkeit und Qualität unserer Sprache zu steigern. Denn kaum etwas anderes wirkt sich so destruktiv wie unsere Sprache aus, wenn sie durch gedankenlose Nachlässigkeit zu viele Interpretationsmöglichkeiten bein-

haltet und damit zu unbeabsichtigten, aber dennoch konfliktträchtigen Missverständnissen beiträgt. Deshalb halte ich persönlich wenig von einer diplomatisch verschnörkelten Sprache, wie sie uns z.B. durch verklausulierte Arbeitszeugnisse bekannt ist. Wenn es etwas zu sagen oder zu klären gilt, dann bitte stets mit einer für jeden nachvollziehbaren klaren und bemüht respektgeprägten Sprache.
Diese Dinge dürfen jedoch niemals nur auf rein theoretischer Basis vermittelt werden, sondern müssten zum einprägsameren Verständnis durch real nachvollziehbare Übungen soweit trainiert werden, bis deren Anwendungen verinnerlichter Teil unseres gesellschaftlichen Selbstverständnisses geworden sind.

Ich empfinde es jedenfalls mehr als bedenklich, wenn freundliche Umgangsformen, wie Grüßen, Danke oder Bitte sagen heute immer öfter nur mehr zur gelegentlichen Vorteilsgewinnung genutzt werden. So zumindest meine Beobachtungen, die sich auf Schüler-/innen wie auch gleichermaßen auf erwachsene Personen einschließlich Lehrkräfte beziehen.

Auf diesem Weg dürfte sich die Verwendung unserer alten Benimm-fibel á la Knigge in einer modernen Fassung bestimmt als überaus hilfreich erweisen.
In eine ähnliche Richtung geht meine Idee, in Schulen anzufangen, jede Kritik konsequent mit abweisender Ächtung zu begegnen, wenn sie nicht wenigstens mit einem konkreten Alternativvorschlag verknüpft ist. Denn, wenn man mal genauer hinschaut, haben wir uns gemeinschaftlich auf eine Jammerkultur auf höchstem Niveau entwickelt, in der sich nahezu alle leidenschaftlich über Dieses und Jenes beklagen, jedoch ohne fähig oder willens zu sein, Kritik mit eigenen Alternativangeboten zu bereichern. Diese Maßgabe würde zu einem verständnisvolleren und somit friedfertigeren Umgang miteinander beitragen, wenn wir gefordert wären, die Beweggründe unserer Gegenüber nachzuvollziehen. Im Falle eigener Kritik würde diese Vorgabe dazu

führen, uns ernsthafter mit einer angesprochenen Thematik auseinanderzusetzen, um aktiv nach hilfreichen Alternativen zu suchen. Im Ergebnis steht der Gewinn an weit größerer Klarheit, die kaum mehr Raum für unterschwellige Missverständnisse bietet.
Überhaupt wäre es an der Zeit, Kritik bewusst zu üben, um ein Gespür dafür zu entwickeln, ab wann Kritik verletzend wirkt, oder vielmehr als Chance erkannt wird, um daran positiv zu wachsen. Dies setzt aber erst mal voraus, dass wir dem destruktiven Charakter von Kritik den Boden entziehen, indem wir die Stärke üben, Kritik zu ertragen, ohne wie aus verletzten Kinderzeiten verinnerlicht, gleich volle Lotte in breiter Abwehrstellung dagegenzuhalten. Also mal lieber stillhalten, in sich kehren, um in einer kurzen Selbstanalyse den Ist-Zustand wahrzunehmen. Dürfte jedenfalls hilfreicher als die gegenwärtige Praxis sein, die stets mit der latenten Gefahr verbunden ist, in erstarrter Rechthaberei selbst ungerechtfertigte Positionen zu verteidigen.
Eigenschaften, die erst mal benötigt und eingeübt werden sollten, um die Basis für ein spannungsärmeres Miteinander zu entwickeln. Unsere Schulen könnten hierzu einen wertvollen Beitrag leisten, um die Grundlagen für eine verständnisvollere Gesellschaft zu legen.
In diesem Zusammenhang gehören an jede Schule psychologisch geschulte Fachkräfte, die helfen müssten.

1. Lehrkräfte darin zu unterweisen und strikt darauf zu achten, bei jeder sich bietenden Gelegenheit das Selbstwertgefühl von Kindern zu stärken, statt sie demütigend zurück- oder zurechtzuweisen. Hierzu würde ich sowohl Lehrkräften als auch Eltern das hochinteressante Buch: „**Die neue ich kann Schule**" des einstigen Sonderpädagogen Franz-Josef Neffe zur Ansicht empfehlen, der es nachweislich schaffte, selbst jene Kinder erfolgreich zu motivieren, die von seinen Kollegen bereits als hoffnungslose „Fälle" abgeschrieben waren.

Der Schlüssel zu seinen Erfolgen lag ganz klar in der einfachen Maßgabe, Kindern auf Augenhöhe zu begegnen und das Gefühl bzw. die Zuversicht zu vermitteln, ebenfalls zu können, was auch anderen möglich ist. Das Buch und viele weitere hochinteressante Themen können direkt auf seiner Webseite unter: **www.Coue.org** abgerufen werden.

2. Sollten psychologisch geschulte Fachkräfte in einem kontinuierlichen Rahmen Schülern/innen all die unterschiedlichen Facetten zum Thema Gewalt und deren Folgen vermitteln, um möglichst frühzeitig eine etwaige eigene Gewaltbetroffenheit zu realisieren und damit auf bereitstehende Hilfsangebote zugreifen zu können. Dies wäre für bereits gewaltbetroffene Kinder insofern wichtig, um ihnen noch frühzeitige Korrekturen innerhalb ihres eigenen Verhaltens zu ermöglichen.

Denn aus diesen malträtierten oder auch „nur" gedemütigten, in ihrer Selbstachtung tief verletzten Kindern, die noch gar nicht begreifen, was ihnen angetan wurde, wie sie nicht nur in körperlicher, sondern weit häufiger seelischer Form verbogen und bis hin zur Lebensuntüchtigkeit durch Familie und Gesellschaft verstümmelt wurden, werden eines Tages wiederum jene erwachsenen Menschen, die in Unwissenheit all ihrer bestehenden Mängel und Verletzungen, blind und zornig wie waidwunde Tiere um sich schlagen und damit - einem Perpetuum Mobile gleich - wiederum ihre Umwelt vergiften:

- Sei es, weil wir Gefahr laufen, den aufgestauten Frust und Gleichgültigkeit, wie auch Orientierungslosigkeit solcher Menschen mit unserer Gesundheit oder gar Leben zu bezahlen.

- Sei es, weil uns Drogen- und Eigentumsdelikten drohen.
- Sei es, weil wir uns religiös oder ideologisch fanatisierter Menschen zu erwehren haben, die innerhalb solcher Kreise ihre anerkennungsspendenden Fluchtburgen gefunden haben.
- Sei es, weil unser Miteinander von missgünstigen und missgelaunten Menschen belastet und unser Arbeitsklima von chronisch gereizten Menschen beherrscht wird.
- Sei es durch den hohen Anteil von Scheidungen, die derart zerrissene Menschen nach sich ziehen.
- Sei es, weil sich auch unsere Kinder, bereits frühzeitig mit verhaltensgestörten Kindern aus Nachbarschaft, Kindergarten und Schulen herumschlagen müssen.
- Sei es, weil wir die Kosten von Zerstörungswut oder Folgen von Verbrechern bis hin zu deren Sicherheitsverwahrung tragen.
- Sei es, weil wir deren nachweislich höheren Krankenaufwendungen, bis hin zu Heim-, bzw. Psychiatrieaufenthalten, wie auch Therapieaufwendungen tragen müssen.
- Und nicht zu vergessen, wir gleichfalls gemeinsam all die Kosten von Sozialbedürftigkeit, Arbeits- oder Erwerbslosigkeit aufbringen müssen, die sich als Folgen körperlicher und seelischer Gewalt gegenüber Kindern erst viel später gesellschaftsbelastend auswirken.

Ausgrenzung - Schweigen - Kriminalisierung

Dazu sei angemerkt – nicht ein einziges Kind wird als schlechter Mensch mit schädlichem Charakter geboren, sonder einzig wir Erwachsenen nehmen maßgeblich Einfluss darauf, in welche Richtung sich ein Mensch in seinem fortlaufenden Leben entwickelt. Wenn jemand zum Verbrecher und/oder Gewalttäter wird, dann ist dies stets als Folge unseres eigenen Versagens zu erachten. Das heißt, inwieweit wir junge Menschen zuvor dermaßen in ihrer Selbstachtung und seelischen Integrität verletzt und durch unsere lieblosen Zurückweisungen bereits so massive Anerkennungsdefizite hervorgerufen haben, um diese Menschen zu gefühllosen Egoisten aufzuziehen, die selten aus eigener Kraft herausfinden, wie weitgreifend manifestierte Anerkennungsdefizite zu seinem oder auch ihrem sozialschädigenden Verhalten beitragen.

Daher wundert es mich nicht, warum Menschen mit einem lädierten Selbstbewusstsein in ihrer Identitätsfindung besonders anfällig sind, um sich in konspirativen Kreisen krimineller Milieus oder in ideologischen Randgruppen zu verfangen, denn dort wird ihnen oft erst die anerkennende Selbstbestätigung geboten, die ihnen zuvor versagt blieb. Ja, sich darin im gleichen Maße abgrenzend radikalisieren, je mehr sie von der Normgesellschaft ausgrenzend abgelehnt werden.

Oder ist es etwa nicht so, dass wir „guten Mittelstandsbürger" gern in belehrender Selbstgefälligkeit auf die vermeintlich allzu faulen und dummen linken Punker- oder rechten Neonazis herabblicken? Von den Ausgrenzungen zugewanderter Menschen ganz zu schweigen. Womit ich nicht nur Ausländer fremder Kulturen einbeziehe, sondern gleichfalls zugewanderte Mitbürger aus Nachbarstädten oder anderen Bundesländern, denen häufig mit abgrenzenden Misstrauen begegnet wird.

Dabei sieht es mit Blick auf unsere vermeintlich besseren Kreise, die es zu gutdotierten oder angesehenen Persönlichkeiten geschafft haben, doch keineswegs besser aus.

Sie erliegen, meiner Überzeugung nach, ebenfalls den Versuchungen, um sich gemäß ihrer Stellungen, Einkommen und ehrenden Ämtern für die Defizite ihrer einstigen Kindertage schadlos zu halten. Andernfalls würden sich solche Menschen weit erkennbarer um einen gesellschaftlich gerechteren Ausgleich bemühen, statt sich hinter den Barrikaden ihrer errungenen Positionen vor ihren Mitmenschen zu verschanzen. Siehe die zahlreichen Beispiele aus unseren Kirchenkreisen, Sozialwesen oder Politik. Müsste es da in Kenntnis zahlreicher gesellschaftlicher Nöte nicht wesentlich mehr Anstrengungen geben, um eklatante Mängel, wie ich sie hier noch weiter zur Sprache bringe, energischer abzustellen?

Doch NEIN – Nichts dergleichen passiert, weil sich von edlen Ausnahmen abgesehen, auch unser ach so "selbstloses" Sozialwesen dahingehend verselbstständigt hat, um aus der Not unserer Mitmenschen einen profitablen Wirtschaftsbetrieb aufrecht zu erhalten, an dem besonders Leute in leitenden Positionen sowohl einkommensmäßig, machtorientiert, als auch gesellschaftlichen Ehrungen profitierend, kaum mehr ein aufrichtiges Interesse an hilfreichen Veränderungen aufweisen.

Ein weiteres weniger hoch angesiedeltes Beispiel:
Journalisten, die mit skandalträchtigen Enthüllungen, wie z.B. über die einst katastrophalen Heimzustände vergangener Jahrzehnte nicht nur finanziell profitierten und in einem bekannten Fall für sein Engagement sogar mit dem ehrenden Bundeverdienstkreuz ausgezeichnet wurde, eben weil er den Skandal öffentlich gemacht hatte.
Gerade diese Person, die nun im ehrenden Blickpunkt der Öffentlichkeit stand und genau mitbekam, wie die ehemaligen Heimkinder von Vertretern aus Kirchen und Verwaltungsbehörden in Bezug einer von ex-Heimkindern geforderten Entschädigung in niederträchtigster Weise entschädigungsabweisend über den sogenannten "Runden Tisch Heimerziehung" gezogen wurden, glänzte ähnlich wie die meisten anderen Medien zu diesem

neuerlichen Skandal mit gleichgültigem Schweigen.
Siehe: **www.ex-heimkinder.de/Desinteresse.htm**

Eben, weil sich in unserem Land nicht nur auf medialer Ebene eine unbarmherzige Abgreifmentalität durchgesetzt hat, die Leid und Katastrophen nur mehr aus Sicht giergetriebener Gewinnperspektiven betrachtet, statt durch konstruktive Anregungen hilfreiche Beiträge zur Überwindung gesellschaftlicher Mängel anzubieten.

Wenn es - wie so oft gefordert - heißt, dass jener, der Unrecht sieht und dazu schweigt, sich genauso schuldig macht, dann dürften wir jetzt eine leise Vorstellung davon bekommen, wie gering der Unterschied zwischen unserer vermeintlich ehrenwerten Gesellschaft und jenen Menschen ist, die uns medial als parasitäre Unterschicht wie Drogenabhängige oder pöbelnde Trinker vorgeführt werden.

Die weniger Glück oder Gelegenheiten geboten bekamen, um in wirtschaftliche, soziale oder politische Machtpositionen zu gelangen, wo uns diese Herrschaften durch ein Heer von Wirtschaftslobbyisten manipuliert, in unaufrichtiger Untätigkeit, gesamtgesellschaftlich weit mehr Schäden zufügen, als uns alle kriminalisierten Haschischkonsumenten, Schwarzfahrer oder Bankräuber zusammengenommen jemals schaden könnten.

Wie perfekt Medien dieses verlogene Schauspiel mittragen, möchte ich an einem kleinen Beispiel aus dem Bundestagswahlkampf 2013 veranschaulichen.

Da trat die Partei der SPD mit der Absicht an, den Steuersatz für Besserverdienende zu erhöhen. Eigentlich eine sozialförderliche Absicht, wenn wir bedenken, dass von den Besserverdienenden im Gegensatz zu Lohnabhängigen ohnehin die Wenigsten den vollen Steuersatz unserer staatlichen Solidargemeinschaft abführen.

Den Menschen unseres Landes wurde jedoch von der CDU und ihren nahestehenden Medien durch ihr Verschweigen, dass sich

die Steuererhöhung nur gegen Besserverdienende richten sollte, nach außen propagiert, als trete die SPD für eine generelle Steuererhöhung ein, unter der besonders wieder der kleine Mann zu leiden habe.
Nur um an diesem kleinen Beispiel deutlich zu machen, wie durch gezieltes Weglassen oder Hinzufügen von Informationen, unsere Mitmenschen bewusst belogen und damit zur Vorteilsgewinnung einzelner Interessengruppen gezielt manipuliert werden.

Nur geht es hier nicht um ein paar zehntausende Euro, die ein in Verschuldungsnot geratener Bankräuber erbeuten könnte, sondern um richtig exorbitante Millionen- und Milliardenbeträge, die mit solcher Art Betrug unserer Sozialgemeinschaft entzogen werden.
Während der Bankräuber lange Jahre im Knast seine Strafe absitzt, zeichnen sich nicht minder asozial tätige Staatsvertreter gegenseitig für ihr „Verdienste" mit einkommensträchtigen Beförderungen und ehrenden Abzeichen aus. So etwa im mir bekannten Fall eines diakonischen Vertreters und Teilnehmer am "runden Tisch Heimerziehung", der nach gelungener Abweisung nur zu berechtigter Entschädigungsbegehren von ehemaligen Heimkindern, umgehend als Dank für sein "erfolgreiches Abwimmeln" im Sinne seiner kirchlichen Herrschaft, umgehend in ein leitendes und hochdotiertes Kirchenamt befördert wurde.
Mit einem ehrlichen und respektvollen Geist christlicher Gesinnung wie wir uns mehrheitlich als Staatsgemeinschaft definieren, hat ein solch ehrloses Verhalten nicht das Geringste zu tun.

Aus der Art unseres bisherigen Zusammenlebens, egal ob seitens der abgehobenen „Oberschicht" oder sich zunehmend verweigernden „Unterschicht", zeichnen sich meiner Ansicht nach sehr schön die erkennbaren Folgeschäden ab, die geradezu zwangsläufig aus früh erworbenen Anerkennungsdefiziten hervorgehen. Damit wird deutlich, wie wir alle mehr oder weniger ausgeprägt, Opfer unserer wenig bewussten Erziehung werden.

Bisher ineffektive Strafen und die bessere Alternative

Wenn demnach als Folge unserer mangelhaften erzieherischen Kompetenzen, Menschen nachweislich so habgierig, gewalttätig, oder anderweitig straffällig werden, um sie zum Schutz der Allgemeinheit mit Freiheitsstrafen zu belegen, dann ist in diesem Zusammenhang auch unsere Praxis der Gefängnisverwahrung zu hinterfragen.

Denn wem nützt es, wenn verurteilte Straftäter für eine kurze oder längere Zeit einschließlich sorgloser Rundumbetreuung einfach nur weggeschlossen bleiben? Zumindest dann niemandem, wenn sie sich vor einer Haftentlassung nicht intensiv mit den Folgen ihrer Taten auseinandergesetzt haben, um ein erforderliches Unrechtsbewusstsein zu gewinnen, mit dem wir gemeinschaftlich vor schädigende Wiederholungstaten bewahrt blieben.

Deshalb würde ich Gesetzesbrecher, egal ob Schwarzfahrer oder Mörder, über eine Mindeststrafe hinaus so lange eine unbegrenzte Haftzeit auferlegen und sie mit ihren Taten und Opfern, sowie eigenen Defiziten konfrontieren, bis sie empathisch in der Lage sind, das von ihnen verübte Unrecht nachzuvollziehen.

Mit der damit verbundenen Reue dürfte am Ende auch der Gedanke eines wünschenswerten Täter-Opfer Ausgleichs sinnvoll zum Tragen kommen. Ich denke, diese Maßgabe sind wir allen Menschen schuldig, die eigentlich von Kindesbeinen an Opfer wurden und nie verstanden haben, warum sie später so und nicht anders handelten.

Wer indes bereits so tiefgreifend geschädigt wurde, um im pathologischen Sinn kein Mitgefühl mehr für seine Umwelt entwickeln zu können, dürfte somit für die familiären als auch gesellschaftlichen Verfehlungen mit lebenslänglicher Sicherungsverwahrung büßen. Damit sind längst nicht nur Kleinkriminelle gemeint, sondern ausnahmslos alle, die sich gemeinschaftschädigend verhalten. Egal ob korrupte Politiker, Umweltfrevler, Steuerhinterzieher oder Schwarzfahrer.

Deshalb baue ich darauf, dass ich mit meiner schonungslos offenen Biografie allen Mitlesenden ein wenig die Augen für die Einsicht geöffnet habe, wie verdammt schmal der Grat ist, ob sich ein Mensch gesellschaftsverträglich entwickelt oder nicht. Zumindest wurde mir in der Rückschau bewusst, wie schnell ich damals mit den falschen Kontakten richtig tief und dauerhaft ins kriminelle Milieu hätte abrutschen können.

Unsere eigenen persönlichen, wie auch gesamtgesellschaftlichen Versäumnisse beschwören demnach all die zahlreichen Tragödien herauf, die wir in Unkenntnis unserer eigenen Blindheit gegenüber all den straffällig gewordenen Menschen verurteilen. Nicht zuletzt, um uns selbst ein Stück weit aus unserem eigenen Elend zu erheben, wenn wir nur passende Gelegenheiten finden, um so eine arme Sau (sorry Mensch) im gegenseitigen Schulterschluss ohne Hintergrundwissens des woher und wohin, - Ursache und Wirkungen - durchs Dorf oder Land zu jagen.

Etwa die junge Frau, die ihr Kind ausgesetzt hat, die rechte Hohlbirne, die Ausländer zusammenschlägt, aber auch den millionenschweren Steuerhinterzieher, der kein Gespür mehr dafür hat, wann genug genug ist.

Hiermit dürfte wenigstens ansatzweise verständlich werden, wie facettenreich das Thema „Gewalt" ist und bei weitem nicht nur zu beschützende Kinder betrifft, sondern ausnahmslos jeden von uns angeht, weil wir auch dann direkt und indirekt von Gewaltauswirkungen betroffen sind, wenn wir das Glück hatten, in einem weitgehend gewaltfreien und liebevoll geprägten Elternhaus heranwachsen zu dürfen.

Punkt 2. - Bildung von Verantwortungsbewusstsein

- Sensibilisierung für die Verantwortung sich selbst und der sozialen Gemeinschaft gegenüber
- Gezielte Informationen über Gesundheit und Ernährung
- Aufklärung über Werbemanipulationen
- Aufklärung, wie unser Finanzwesen funktioniert
- umfassende sexuelle Aufklärung. Etwa um zu vermeiden, dass weiterhin zu viele "Ballastexistenzen" das Licht der Welt erblicken, um für die Unzulänglichkeiten ihrer Eltern büßen zu dürfen.

Dieser Part beinhaltet zum Beispiel die wichtige Einsicht zur Eigenverantwortung, um sofern den Kinderschuhen entwachsen, jeder für seine eigenen Bedürfnisse einzustehen hat, statt bequemlichkeitshalber unser Gemeinwesen zu bemühen, Ansprüche zu erfüllen, die normal jeder mit einem gesunden Maß an Selbstdisziplin regeln könnte.

Das bedeutet natürlich auch, sich durch entsprechende Bildung soweit zu qualifizieren, um später einer Tätigkeit/Arbeit nachzugehen, mit dessen Einkommen es möglichst jedem gelingt, die eigenen Bedürfnisse und Selbstverwaltung sicherzustellen.

Wenn darüber hinaus Erwerbstätigkeiten mit erfüllender Freude verbunden wären, hätten wir bereits beste Voraussetzungen für ein positives gesellschaftliches Klima geschaffen.

Selbstverständlich darf und soll jeder die Solidargemeinschaft beanspruchen dürfen, dies aber bitte nur im Rahmen des unvermeidlich Notwendigen.

Hier sind wir als Gesellschaft gemeinschaftlich gefordert, bedürftige oder in Not geratene Mitmenschen so lange hilfreich zu unterstützen, bis es ihnen möglich ist, sich selbstverantwortlich vorzustehen.

In umgekehrter Richtung sollte weder geistiger noch materieller Überfluss toleriert werden, um diese Überlegenheit in unmoralischen Dimensionen auf Kosten Schwächerer auszunutzen oder Abhängigkeiten zu schaffen, aus der sich etwa Geringverdienende kaum mehr aus eigener Kraft befreien können.

Gemäß dem Motto "geteilte Freude ist doppelte Freude", wäre es für uns alle hilfreicher, darauf zu achten, verantwortungsbewusst mit unseren materiellen wie auch immateriellen Gaben umzugehen. Nicht zufällig wurde in unserem Grundgesetz der Leitsatz „Eigentum verpflichtet" festgeschrieben.

Finanzen

In diesem Zusammenhang gehört auch die überfällige Aufklärung hinsichtlich des weltweiten Finanzsystems mit seinem ungeheuerlich unrechtmäßigen Zinseszins tiefer beleuchtet.

Schon heute ist für jeden halbwegs interessierten Menschen absehbar, dass unser gegenwärtiges Finanzsystem mit seiner exponentiell anwachsenden Zins- und damit auch Schuldenlast, gar nicht anders kann, als eines nicht mehr allzu fernen Tages zu kollabieren und damit die globale Menschheit aus ihrer gegenwärtigen Zinsknechtschaft in katastrophale Dimensionen von Armut, Krieg und Verwüstungen stürzen wird.

Alternativ wird es wahrscheinlicher zu einer Abschaffung des Bargeldverkehrs auf Kosten vollständiger Kontrolle des Einzelnen kommen. Diesen Hinweis habe ich hier bereits 2013 niedergeschrieben.

Inzwischen (2016) ist dieser Hinweis fast schon unverrückbar Bestandteil von Überlegungen zur Bargeldabschaffung geworden. Hierzu möchte ich gern auf die hochinteressante Dokumentation "**Thrive**" auf dem Internetportal Youtube aufmerksam machen.

In diesem sehenswerten Filmbeitrag werden die Hintergründe des weltweiten Finanzwesens recht anschaulich erläutert und auf sinnvolle Alternativen aufmerksam gemacht. Davon erfahren wir durch unsere regulären Medien, die soweit es unsere gebührenfinanzierten Staatssender angeht und die Pflicht hätten, uns Bürgern gegenüber einen gesellschaftlichen Informationsauftrag zu erfüllen, in der Regel kaum etwas.

Dabei wären solche dargelegten Informationen überaus wichtig, um zu erkennen, in welchem Ausmaß unser Finanzwesen und ungerechte Vermögensaufteilung zu einem erheblichen Teil für den zunehmenden gesellschaftlichen Zerfall und den damit einhergehenden Problemen nicht nur unserer Staatsgemeinschaft verantwortlich sind.

So ermittelte 2013 die Qxfam-Studie folgende Vermögensverteilung.
1% der Weltbevölkerung besitzt knapp 50% allen weltweiten Vermögens = 110 Billionen US Dollar.

Das ist 65-mal so viel wie die gesamte ärmere Hälfte der Weltbevölkerung an Vermögen besitzt.

Nur 85 Menschen auf der Welt besitzen genauso viel Vermögen wie die ärmere Hälfte der gesamten Weltbevölkerung.

In den USA hat das obere 1 % der Vermögenden seit 2009 95% aller US-Gewinne eingefahren, während 90% der US-Bevölkerung gleichzeitig ärmer geworden ist.

Diese Studie ist bereits überholt, siehe neue Studie von 2016, nach der inzwischen nur noch 62 Menschen genauso viel Vermögen wie die ärmere Weltbevölkerung besitzen.
siehe:
www.oxfam.de/system/files/o_eins_fruehling2016_web.pdf

Würde dagegen das Vermögen der Reichen weltweit gleichmäßig auf alle Menschen verteilt werden, stünde jedem Erdenbewohner vom gerade geborenen Baby bis hin zum sterbenden Greis ein Vermögen von rund 75.000 Dollar zur Verfügung.
Dieses Geld in vielen Händen, käme damit der Wirtschaft sicher wesentlich sinnvoller zugute, weil sich die Menschen dafür etwas kaufen könnten und würden, statt gemeinwohlschädigend nur für wenige Reiche auf passiven Konten zinssteigernd anzuwachsen.

Diese Ungleichverteilung trägt weltweit zu ungeheuren sozialen Spannungen bei, unter der stets Kinder als schwächste Glieder zuerst die schmerzlichen Folgen zu spüren bekommen.
siehe: **www.ex-heimkinder.de/Ursachen-im-Detail.htm**

Je früher wir demnach unser bestehendes Finanzgebaren kritisch hinterfragen, desto schneller dürfte sich die Erkenntnis zur Einführung hilfreicher Alternativen wie z.B. dem **Freigeld** durchsetzen, wie es bereits im letzten Jahrhundert von Silvio Gesell höchst erfolgreich eingeführt, aber aufgrund politischer Einflussnahmen des etablierten Großkapitals verboten und damit wieder aus dem Verkehr gezogen wurde.

siehe: **http://de.wikipedia.org/wiki/Silvio_Gesell**

Die Initiative für natürliche Wirtschaftsordnung (Inwo) stellt auf ihrer Webseite nicht nur plausible Überlegungen hinsichtlich einer ökonomisch sinnvollen Geldrefom dar, sondern bietet im Sinne einer gerechten Nutzung aller Ressourcen überzeugende Ideen für eine längst überfällige Bodenreform dar.

siehe: **www.inwo.de/geldreform**
sowie: **www.inwo.de/boden-und-ressourcenreform**

Werbung

Heute vielfach zu einer entstellten Form von Habgier verkommen. In Bezug auf Eigen- und Sozialverantwortungsbewusstsein gebührt gleichsam der Werbewirtschaft unsere ungeteilte Aufmerksamkeit. Deren ungehemmtes Wüten von unhaltbaren Versprechungen, bis hin zu unverblümten Lug und Trug, tragen maßgebend zur Auflösung unserer staatlichen Gemeinschaft bei.

Im Besonderen, wenn bisherige gesellschaftsverbindende Werte, wie Zuverlässigkeit, Offenheit und Vertrauen zerstört werden, wie sie durch permanenten Dauerbeschuss unseriöser Werbung zunehmend unser gemeinsames Fundament gegenseitiger Achtung und Aufrichtigkeit auflösen.

Denn wenn Vertrauen erst einmal durch schwelendes Misstrauen ersetzt wurde, ist der unheilvolle Nährboden für gewalteskalierende Missverständnisse bereits zur bitteren Ernte angelegt. Da bedarf es nur noch eines unbedeutenden Anlasses, um ein gesellschaftliches Pulverfass massenhysterisch zur Explosion zu bringen.

Daher gilt, durch aufklärende Transparenz notwendiges Wissen zu vermitteln, um für jeden nachvollziehbar zu machen, mit welchen Tricks wir täglich von hochstudierten Fachexperten der Psychologie manipuliert, belogen und betrogen werden, um jede nur denkbare menschliche Regung auszunützen und in irrationale Konsumzwänge umzumünzen.

Während ihre Studienkollegen auf der anderen Seite nicht weniger kostenintensiv hoffnungslos überfordert sind, diese übersättigte, aber dennoch seelisch ausgezehrte Konsumgesellschaft wieder sinnstiftend aufzupäppeln.

Meiner Meinung nach müsste zumindest die therapeutisch arbeitende Zunft von Psychologen dem medialen Wüten ihrer in der Werbewirtschaft angestellten Kollegen ähnlich wortreich Einhalt gebieten. Doch merkwürdigerweise bleibt es da an allen Fronten still. Etwa weil beide Seiten bestens voneinander profitieren?

Daher ist es längst an der Zeit, dem ungebremsten Treiben der Werbewirtschaft durch ebenbürtige Aufklärung endlich Einhalt gebietend entgegenzutreten und unsere Mitmenschen auf einen fairen Umgang zu sensibilisieren.
Schließlich dürfte jedem Einleuchten, dass nur ein vertrauensvolles Miteinander die Grundbasis jeder Gemeinschaft bilden kann.

Inzwischen ist unsere Gesellschaft durch das Bombardement andauernder, jedoch kaum haltbarer Werbeversprechen dermaßen misstrauisch geworden, um sich kaum mehr die Mühe zu machen, aufrichtig gesinnten Alternativen einer Prüfung zu unterziehen. Eben, weil hinter jedem neuem Angebot das inzwischen verinnerlichte Misstrauen steht, erneut betrogen zu werden.

Mit unlauteren Machenschaften wird demnach nicht nur unser gegenseitiges Vertrauen untergraben, sondern verhindert in erheblichen Umfang die Verbreitung sinnvoller und gesunder Alternativen.

Ernährung

Da versteht es sich von selbst, auch der Gesundheit und Ernährung, weit mehr Aufmerksamkeit zu schenken, um eine verantwortungstragende Weitsicht und Selbstdisziplin zu entwickeln, die uns gesund erhält und die nötige Gelassenheit für ein glückliches Leben eröffnet.

Für Schulen bietet sich hier ein weites Betätigungsfeld in Bezug auf einen ehrlichen Umgang mit allem an, was mit gesunder Ernährung zu tun hat. Beispielhaft stehe hier einmal zu untersuchen, in welchem Ausmaß unsere Lebensmittel mit Chemiezusätzen versetzt werden, um sie uns billig, aromatisch - optisch verlockend, andererseits aber auch gesundheitlich höchst bedenklich zu präsentieren.

Oder weiß etwa jemand, wie viele verschiedene chemische Zusatzstoffe nur allein in Brot und Brötchen enthalten sind? Oder welche organschädigenden Wechselwirkungen all die einzelnen chemischen Zusatzmittel in ihren unterschiedlichen Dosierungen im Laufe eines Tage, der Woche oder der Jahre mit unseren Nahrungs- und Genussmitteln auf uns haben?
Siehe: z.B. Handelsblattartikel **Diagnose Krebs, Zeitbombe Fehlernährung** bitte googeln.

In diesem Rahmen würde sich für Schüler/innen der Besuch von Produktionsstätten von Lebensmitteln oder Schlachthöfen außerordentlich lehrreichen erweisen. Denn mit derart wichtigen Detaileinblicken dürfte die nötige Motivation gefördert werden, wieder mehr Achtung vor dem Leben von Nutztieren zu gewinnen und Wertschätzung für von eigener Hand hergestellter Lebensmittel zu erlangen. Dessen Qualitäten und handwerklichen Erfordernissen immer mehr Mitbürgern fremd geworden sind.

Fachleute beklagen schon seit Jahren das zunehmende Unvermögen junger Menschen, nicht einmal mehr markante Gerüche und Geschmäcker von geläufigen Gewürzen oder Gemüsesorten benennen oder voneinander unterscheiden zu können.
Von daher hätte die Hinwendung zu derlei grundlegenden Wissensgebieten die Berechtigung, eine bedeutsame Renaissance in unserem Bildungswesen einzunehmen.

Weitere kritische Themen wie Aspartam, Glutamat, Milch, Phthalate, Fluoride, Aluminium, Kosmetik, und und und..., dürften eine unerschöpfliche Quelle weiterer wertvoller Lebenshilfen darstellen.
Ist im Prinzip ja alles nichts Neues. Nur erreichen uns geistreiche Informationen häufig erst relativ spät oder selten, da sie eher von Nischensendern/Medien behandelt werden. Ein größerer Teil von uns nimmt sich aber auch kaum mehr die Zeit, sich mit kritischen Inhalten auseinanderzusetzen, oder haben bereits resignierend aufgegeben, sich mit Themen zu beschäftigen, die sie ihrer Überzeugung nach, ohnehin nicht mehr beeinflussen können.

Das muss/sollte nicht sein. Schließlich leben wir in einem übersprudelnden Informationszeitalter. Ein größeres Problem besteht da allenfalls in der Vertrauenswürdigkeit der Informationsquellen. Dennoch lohnt es sich zu suchen. Etwa auf der youtube-Plattform. Thema: **Mythos deutsches Brot.**

Da gibt es zu obigen Stichwörtern eine nicht enden wollende Fülle außerordentlich aufschlussreicher Dokumentationen und Aufklärungs-videos.
Einfach mal probieren, wie z.B. unter Stichwort: **Zeitbombe Zucker, - unser täglich Brot.**

Oder einfach mal in die Linkliste auf der gleichnamigen Webseite www.bildungsnot.de reinschnuppern. Da finden Interessierte eine Fülle nachdenkenswerter Anregungen.

Sexuelle Aufklärung

Als weiterer extrem wichtiger Punkt hinsichtlich Eigen- und Sozial-Verantwortungsbewusstsein erachte ich eine erhebliche Intensivierung zu Themen der Sexualaufklärung in unseren Schulen für höchst überfällig. Denn erst wenn junge Menschen nicht nur intellektuell, sondern vielmehr auch auf emphatischer Ebene nachvollziehen können, wie sich ihre Verhaltensweisen auf ihre Mitmenschen auswirken, wird sich erst ein Bewusstsein für einen rücksichtsvollen und gepflegten Umgang sich selbst und der Umwelt gegenüber ausbilden.

Gerade in Hinblick auf sexuelle Lust, die meinen Beobachtungen nach innerhalb der Menschheit übergangslos in allen denkbaren Variationen angelegt ist, gehört dieser Aspekt weit intensiver behandelt, um anzuerkennen, wie lebensverachtend jeder Versuch bleibt, die menschliche Natur in schwarz-weiß Kategorien einzugrenzen.
In Bezug darauf wurde die Menschheit nicht nur in unserem eigenen Land durch kirchlich spirituell deklarierte Indoktrinationen über Jahrhunderte hinweg an der Entfaltung ihrer naturgegebenen Sexualität behindert, verfolgt und teils auch umgebracht.

Diese Verkrustungen beginnen sich zwar gegenwärtig, wie z.B. gegenüber der Homosexualität aufzulösen, doch haben sie noch längst nicht die wünschenswerte Toleranz und Akzeptanz gefunden, um damit ähnlich entspannt umzugehen, wie dies gegenüber Heteroorientierten als normal und selbstverständlich gilt.
Gern hätte ich dem letzten Satz das Prädikat Unbefangenheit hinzugefügt, wenn sie denn gegeben wäre, aber trotz aller öffentlichen Beteuerungen bis heute nicht den Realitäten entspricht.

Ähnlich dürften auch heute noch als Zwitterwesen geborene Menschen fürchten müssen, für die zufälligen Launen der Natur verspottet und geächtet zu werden, wie dies noch nicht allzu lan-

ge her gegenüber homosexuell orientierten Menschen noch zur normalen öffentlichen Praxis gehörte.
Ebenso düster dürfte das Toleranzverständnis in Bezug auf zahlreiche weitere Formen sexueller Vorlieben und Praktiken aussehen. Daher erachte ich eine umfassende Sensibilisierung und Thematisierung auch grenzwertiger Neigungen für absolut empfehlenswert, um z.B. pädophil veranlagten Menschen möglichst früh und einprägsam die dramatischen Folgen eines nachgebenden Verlangens gegenüber ihrer begehrten Zielgruppe von Kindern vor Augen zu führen.
Je früher eine entsprechende Aufklärung erfolgt, desto vielversprechender dürften die Chancen stehen, derart problematisch orientierte Personen mit angemessenen präventiv wirksamen Hilfsangeboten zu erreichen.

So lange jedoch solche wichtigen Themenbereiche schamvoll ausgeklammert werden, desto weniger dürfen wir uns über hysterische Überreaktionen oder Ausgrenzungsbestrebungen jener Menschen wundern, die ihr eigenes lädiertes Selbstwertgefühl durch die entwürdigende Herabsetzung noch Schwächerer aufzuwerten versuchen.
Es gibt so viele Arten von Neigungen, die untereinander auch noch in allen Schattierungen variieren, dass es hier schwer fällt, einzelne herauszugreifen. Dieser Blickwinkel hat sich mir nicht von allein erschlossen, sondern Foren haben mir erst für diese Gegebenheit den Blick geschärft.

So würde ich allen Interessierten gern ein ausführliches Studium des Forums unter der Adresse **www.med1.de** und dort im Speziellen die Rubrik "Sexualität" zur Ansicht empfehlen.

Was sich da Menschen im Schutz der Anonymität getraut haben, miteinander an Erfahrungen, Wünschen und Fragen auszutauschen, ohne dass ein Admin mit moralischem Zeigefinger Grenzen setzte, ist wahrlich respekteinflößend.

Angesichts der dargelegten Gesprächsinhalte verging mir in der Anfangszeit echt noch Hören und Sehen, aber je öfter ich dort mitlas, musste auch ich anerkennen, dass offenbar auch Neigungen und Praktiken normal sind, die ich mir in meiner Partnerschaft nicht mal im Traum vorstellen könnte, weil es mich bereits bei so manchen Vorstellungen schaudert.

Aber das ist eben meine persönliche Wahrnehmung, während andere z.B. mit Sadomaso-Spielchen erst so richtig in lustvolle Stimmung geraten. Wobei es sicher auch mal interessant wäre zu untersuchen, inwieweit sexuelle Prägungen durch ein mehr oder weniger gewaltbetontes oder ablehnendes Elternhaus mit all den hier genannten Elementen beeinflusst werden.
Für mich war die Zeit, in der ich mich dort eigentlich wegen meiner ursprünglichen Heimaufarbeitung angemeldet hatte, am Ende ein hoch lehrreiches Studium.

In diesem mir als größtem deutschlandweit bekannten Forum, bekommen wir im Querschnitt aller Themen erste Vorstellungen über die Vielfalt an Neigungen, die dort aus allen Teilen der Gesellschaft zum Ausdruck gebracht wurden. Ich denke, dies ist nicht nur einen Blick wert, um unseren eigenen Horizont zu erweitern, sondern vielmehr um wahrzunehmen, wie groß offensichtlich das Bedürfnis ist, sich über die eigene Sexualität auszutauschen. Und sei es nur, um zu erfahren, mit öffentlich verbrämten Neigungen nicht allein zu sein.

Für mich stehen die dortigen Forumsinhalte als Indiz dafür, unter welchen Verklemmungen die Menschheit unter der jahrhundertealten moralischen Zwangsjacke unserer Kirchen teils bis auf den heutigen Tag auf breiter Front leiden mussten, um ihre naturgegebene Sexualität schamhaft zu verleugnen.
Was diese Verleugnungen an Einbußen an Glück und Lebensfreude hervorrufen, muss ich kaum jemanden erzählen, der nur mal aufmerksam unsere katholische Geistlichkeit beobachtet.

Zu offensichtlich ist das verkniffene Lächeln, mit denen sie ihre sexuelle Selbstverleugnung pflegen. Dabei ist es längst kein Geheimnis mehr, wie die katholische Kirche mit finanziellen Zuwendungen darum bemüht ist, die gröbsten zölibatären Übertretungen an Mütter von Priesterkindern und Opfer pädophiler Priester zum Schweigen zu verpflichten.
siehe: **http://netzwerkb.org**,
und: **http://michaeltfirst.blogspot.de**,
oder: www.spiegel.de/spiegel/print/d-25990787.html
(**Gottes heimliche Kinder**)

So lässt sich auch in Hinblick auf die globale Welt sehr schön ableiten, je konservativer Religionsrichtungen in rigider Weise die natürliche Sexualität beschränken, desto stärker sucht sich die menschliche Natur/Sexualität im Verborgenen ein entspannendes Ventil.
Diese These wurde in den letzten Jahren durch zahlreiche Enthüllungen von sexuellen Missbräuchen nicht nur im Umfeld unserer Amtskirchen, sondern in nahezu allen weltweit kirchlich geleiteten Einrichtungen in erschütternde Anhäufungen unter Beweis gestellt. Oder zappen Sie mal abends durch die Satelliten-Fernsehprogramme. Insbesondere durch Sender islamischer Staaten, die bekanntlich in Hinsicht sexueller Freizügigkeit als besonders konservativ gelten.
Fiel zumindest mir und meiner Frau augenblicklich ins Auge, als ich auf unserem Satelliten-Receiver die Fernsehprogramme neu einrichten musste und dabei gleich beim ersten Buchstaben A wie in einigen arabischen Sendernamen, auf diese verblüffende Entdeckung stieß.

Angesichts der auffälligen Fülle sexueller Angebote, die abends auf solchen Sendern über den Bildschirm flimmern, wundert es mich heute nicht mehr, wie diese vermeintliche Sittsamkeit ad absurdum geführt wird. Eben, weil sich die menschliche Natur niemals dauerhaft verleugnen lässt.

Damit demnach möglichst niemand durch sexuelle Begierden geschädigt wird, halte ich eine breit gefasste Aufklärung über die menschliche Physiologie und Normalität der unterschiedlichen sexuellen Prägungen, sowie die frühzeitige Sensibilisierung des emphatischen Gewissens für dringend erforderlich.

Gerade das enorm hohe Interesse an natürlichen Bildern oder Filmen, aus dem heraus sich ein verselbstständigter Wirtschaftszweig wie etwa die Porno-Industrie und zahlreiche Magazine mit Nacktabbildungen etablieren konnten, zeigen unverkennbar auf, wie sehr wir uns gemeinschaftlich von der ursprünglichen Natur und eigenen Körperlichkeit entfernt haben.
Da liegt es auf der Hand, dass der naturgemäße Entdeckungsdrang des Menschen genau jene Dinge zu ergründen sucht, die ihm offensichtlich vorenthalten werden.

Demgemäß wäre es hilfreicher, eher mehr nackte Menschen zu zeigen, statt krampfhaft zu versuchen, junge Menschen vor solchen Anblicken oder Begegnungen zu bewahren. Denn es muss zu denken geben, warum unsere Bundesbürger zu Tausenden in ferne Länder reisen, um andernorts ungezwungen die Freikörperkultur zu pflegen.
siehe google: **tourismus nackte tatsachen aussergewöhnliche fkk-reiseziele weltweit.**

Noch wichtiger erachte ich indes die intensive Auseinandersetzung mit allen Folgen von Gewalt, insbesondere der sexuellen Gewalt, damit heranwachsende Menschen ein nachvollziehbares Gefühl für deren verheerende Tragweiten entwickeln können.

Eine derartige Sensibilisierung könnte ich mir sehr gut in der Begleitung und inhaltlichen Auseinandersetzung von Missbrauchsforen vorstellen, in denen betroffene Opfer anonym ihre Leiden und Ängste beschrieben.

Es wird ja schließlich Gründe haben, warum diese Menschen nach ihren erlittenen Gewalttaten bereits in Kinderjahren nicht nur intensiv an Suizid denken, sondern ihn auch verüben, bei entsprechend hohen Dunkelziffern all der misslungenen Versuche.
Dies zu erspüren ist möglich, wie ich aus meiner längeren Forumsbegleitung und Beteiligungen heraus bestätigen kann.

Die desaströse Palette von Persönlichkeitsverletzungen, die durch alle Formen von Gewalt, insbesondere aber der sexuellen Gewaltbetroffenheit in frühen Kinderjahren ausgelöst werden, reichen von gesellschaftlicher Isolation, Depressionen, selbstverletzendes Verhalten, um überhaupt noch ein Gefühl wahrzunehmen, bis hin zur völligen Abspaltung in verschiedene Persönlichkeiten. Weiter geht's mit teils lebenslangen Flashbacks, die die Betroffenen auch Jahrzehnte später in den Augenblick des Missbrauchs des einst gefühlten Schmerzes, der Ausweglosigkeit und Ausgeliefertsein versetzen. Also in solchen Augenblicken in intensivster Form in die vergangenen Verbrechenssituationen zurückversetzt werden.
Etliche, die später von chronischen Nervenschmerzen (Fibromyalgie) oder urplötzlich auftretenden Panikattacken der Todesangst erfasst werden können. Nachhaltig in ihrem Selbstvertrauen zerstört werden und auch anderweitig chronisches Misstrauen gegenüber ihrer Umwelt mit entsprechenden Kontrollzwängen und vielen anderen Folgesymptomen mehr entwickeln können, die im Ergebnis dazu beitragen, ihr eigenes Leben nicht mehr als lebens- oder liebenswert zu empfinden.

All diese Leidensattribute müssen häufig in äußerst langwierigen und kostspieligen Behandlungen abgemildert werden. Denn nein, eine vollständige Heilung kann es nach sexuellen Gewaltverbrechen, insbesondere jenen, die Kindern widerfahren niemals geben.

Daher stellt sexuelle Gewalt stets ein unwiderruflicher Seelenmord dar, der unter allen Umständen verhindert werden muss! Siehe auch diese auszeichnungswürdige youtube-Dokumentation unter dem Titel: „**Eine Pfarrerin kämpft um ihr Leben.**"

Daher meine ich, dass der hochgradigen Sensibilisierung um die Folgen eines zu leichtfertigen unbedachten Umgangs mit der eigenen Sexualität höchste Priorität zugemessen werden sollte. Denn diese wirken sich längst nicht nur gegenüber Opfern sexueller Gewalt aus, mit deren Offenbarung oftmals gleich ganze Familien dauerhaft gesprengt werden und nicht selten die betroffenen Opfer als Nestbeschmutzer sich selbst überlassend, familiär ausgestoßen bleiben. Das sind echte Tragödien, die abgestellt gehören.

Also bloß keine falsche Prüderie aufkommen lassen und Jugendlichen ruhig die Betrachtung von Pornofilmen als Hausaufgabe auferlegen, damit das vermeintlich Schmuddelige gründlich enttabuisiert wird und sie merken, dass Sex, von Variationen abgesehen, immer nur dasselbe ist, während es in einer liebevollen Partnerschaft in erster Linie auf die innere Harmonie verbandelter Menschen ankommt.

Um der Gefahr vorzubeugen, Sexualität einseitig als gewaltbesetzt zu dämonisieren, wäre es auf der anderen Seite ähnlich wichtig, auch die angenehmen Aspekte genauer zu betrachten und damit jedem Menschen zu einem frühzeitig, unbefangenen aber auch verantwortungsvollen Verhältnis der eigenen Sexualität zu verhelfen. Das Forum unter **www.med1.de** könnte dazu eine beachtenswerte Hilfe darstellen.

Schwer betroffen ist gleichfalls die Mehrheit aller Menschen, die - mehr zufallsbedingt - als unerwünschte Kinder das Licht der Welt erblickten. Nur kennt kaum jemand jene Studien, die bisher das Ausmaß unerwünscht gezeugter Menschen beleuchtet haben. Negativ versteht sich. Zu diesem zusammenfassenden Ergebnis und wahrlich höchst bedrückenden Einzelresultaten kam z.B. in

den 90er Jahren eine Studie der Universität Bremen, die von den Professoren Schwarz und Amendt geleitet wurde.
Im Vergleich zu erwünscht gezeugten Kindern, konnten sie in ihrer Studie eindrucksvoll nachweisen, wie weit unerwünschte Zeugungen von Kindern, das Leben derart geborener Menschen auffällig belasten.
Die umfangreiche Palette negativer Begleiterscheinungen reichen von vorgeburtlichen Entwicklungsverzögerungen, geringerer Intelligenz, erhöhten Risiken von Erkrankungen oder Suchtpotenzialen, wie auch gesteigerter Misshandlungs- und Missbrauchsgefährdung, aber auch Deliktgefährdung, höherem Anteil an Arbeitslosigkeit, bis hin zu nachweislich früherem Ableben.

Was Wunder, wenn diese frühzeitig belasteten Menschen überdurchschnittlich hohe Anstrengungen aufwenden müssen, um wenigstens äußerlich den Anschein eines halbwegs erfolgreichen Lebens zu generieren.
Also alles in allem eine überaus imposante Studie mit richtungsweisenden Aspekten für unser aller Zusammenleben, die zu meiner Überraschung nicht mal ansatzweise in der Öffentlichkeit oder innerhalb unseres Bildungswesens wahrgenommen wurde.

Diese Studie wurde 1990 unter dem Titel: "**Das Leben unerwünschter Kinder**" veröffentlicht. Ich würde mir hier eine aktualisierte Neuauflage wünschen, um sie allen Schulen zur intensiven Betrachtung zu empfehlen.
Ich denke, es dürfte so langsam verständlich werden, warum ich so enorm hohen Wert auf aufklärende Bildung lege. Eben, weil derart lebensnahe Inhalte weit wichtiger sind, als jeder noch so formvollendete grammatikalische Aufsatz oder weitschweifige Rechenformeln, mit denen wir in kühnen Theorien nach fernen Sternen greifen.
Bleiben wir lieber bei bodenständigeren Themen, wie etwa meiner dritten Säule, die ich nur zu gern und schnellstens als Lehrfach in allen Schulen etablieren möchte.

Punkt 3 – Elternvorbereitung

Aufgrund meiner eigenen familiären Erfahrungen, wie auch mit Blick auf unsere gesellschaftliche Entwicklung, gehört Elternvorbereitung zu den mir wichtigsten Themen, damit zukünftige Eltern nicht nur liebevoll, sondern auch mit einem Mindestmaß an Sachverstand auf die entwicklungsbedingten Erfordernisse ihrer Kinder einzugehen wissen.

Mir bleibt bis heute unbegreiflich, wie - nicht nur in unserem Land - jeder noch so "degenerierte" Mensch, unabhängig von seinem geistigen Reifestand, wahl- und hemmungslos drauflos "vögeln" und damit unbegrenzt Kinder in die Welt setzen darf, um diese in der Regel pädagogisch völlig unbedarft den eigenen Unzulänglichkeiten auszusetzen.
(sorry für die harte Ausdrucksweise)

Ich halte diesen Missstand im höchsten Maße für unerträglich. Insbesondere vor dem Hintergrund unserer reglementierungswütigen Amtsbehörden, die mit einer unüberschaubaren Fülle im Sinne unserer staatlichen Schutzgemeinschaft nahezu jedes Detail unseres Zusammenlebens mit kleinlichen Pflichten und Verordnungen zu regeln versuchen. In beruflicher Hinsicht werden jungen Menschen kleinkarierte Hürden auferlegt, um zunächst nur die Zugangsvoraussetzung zur Aufnahme einer angestrebten Berufsausbildung zu erhalten.

Sofern sie diese Hürde genommen haben, liegen gewöhnlich weitere drei Jahre vor ihnen, um sich die geforderten theoretischen und praktischen Fertigkeiten in Berufsschulen und Betrieben zu erschließen, die sie mit der Ablegung einer erfolgreichen Abschlussprüfung als Facharbeiter/innen innerhalb eines überschaubaren Betätigungsbereichs qualifizieren.

So etwa der Beruf des einstigen Müllwerkers, nur ein Beispiel, es möge sich kein Müllwerker herabgewürdigt fühlen, was wären wir ohne diese hart arbeitenden Männer? Heute als Fachkraft für Kreislauf- und Abfallwirtschaft bezeichnet.

Bis 2002 reichte es aus, eine Person anzulernen, um Mülltonnen zu entleeren. Heute ist damit eine 3-jährige Berufsausbildung verbunden, die zwar mehr umfasst als das Leeren von Mülltonnen, aber dennoch gegenüber den weit verantwortungsvolleren Aufgabenstellungen von Eltern, den angehenden Fachkräften erheblich mehr Sachkenntnisse abverlangt, als es von Müttern und Vätern im Umgang mit eigenen Kindern auch nur ansatzmäßig erwartet wird.

Hier entziehen sich unsere staatlichen Aufsichtsbehörden für die vergleichsweise weit anspruchsvolleren Aufgabenstellungen von Eltern hinsichtlich Pflege und Erziehung ihrer Kinder in geradezu skandalöser Weise jeder verantwortungstragenden Einflussnahme.
Auch darin wird ersichtlich, wie schwerlastig unser Bildungswesen wirtschaftsorientiert ausgelegt ist, statt dem Individuum Mensch zu helfen, mehr Lebensqualität durch Glück und Erfüllung zu entwickeln, womit ein fundamentaler Beitrag zu mehr gegenseitigem Verständnis und Frieden verbunden wäre.

Dies sollte einleuchten, denn glückliche und in sich selbst ruhende Menschen haben naturgemäß kein Bedürfnis, ihren harmonischen Zustand durch Habgier oder Zwietracht zu verändern.

Unglückliche und labile Menschen sind da hingegen weniger gefestigt. Daher sollte sich niemand wundern, warum diese Leute bekanntermaßen deutlich leichter für demagogische Hetzereien empfänglicher sind, um gegenüber vermeintlich Schwächeren oder außenstehenden Randgruppen ein Ventil für ihren eigenen Lebensfrust zu suchen.

Eklatante Bildungsversäumnisse, in Bezug auf pädagogische Erziehungskompetenzen, haben demnach schwerwiegende Folgen, die nur deshalb nicht weiter ins Auge fallen, weil wir mehrheitlich die gleichen Folgen unserer eigenen Rat- und Hilflosigkeit zu tragen haben. Sie vermitteln uns insofern eine fälschliche Normalität, da unter dieser "Betriebsblindheit" und ihren Versäumnissen alle bisherigen Generationen von Kindern und daraus hervorgehenden Gesellschaften gelitten haben, bzw. noch immer darben.

Siehe Berichte zunehmender Inobhutnahmen und Interventionen seitens Jugendämtern gegenüber meist überforderten Elternhäusern, wie auch weiterer gesellschaftlicher Folgeschäden, die an anderer Stelle noch detailliert zur Sprache kommen werden.

Damit wird verständlich, warum selbst wohlmeinende Eltern in ihren Erziehungsbemühungen schnell an ihre Grenzen stoßen, wenn ihnen als Leitbild selbst nur die leidensvollen Erfahrungen der eigenen Kindheiten zur Verfügung stehen. Das muss vordergründig noch gar nicht mal so gewaltbesetzt sein. Denn es gibt sicher viele Eltern, die aus eigener Erfahrung ihren Kindern bewusst jede Gewalt ersparen möchten und daher ihre „fehlverhaltenden" Kinder alternativ eine Auszeit auf der Treppe auferlegen oder sie in bester Absicht nur in ihre Zimmer schicken.

Habe ich übrigens auch oft genug so praktiziert, bis ich eines Tages lesen musste, dass auch dieser eher sanft gedachte Erziehungszwang Kinder massiv in ihrem Selbstverständnis/ Selbstbewusstsein schadet. Und zwar insofern, da Kindern auch in dieser Maßnahme die Schuld unseres in Wahrheit eigenen Versagens zugeschoben wird.

Denn hätten wir uns zuvor ausgiebig genug Zeit genommen, um unseren Kindern erwünschte Werte hinreichend zu vermitteln, wären sie gar nicht in Situationen gekommen, um derart hilflose „Strafreaktionen" seitens ihrer Mütter und Väter hervorzurufen.

Gut gedacht heißt demnach noch lange nicht auch gut gemacht.

In den letzten Jahrzehnten wurden zwar immer detailreichere Gesetze und Initiativen zum Schutz von Kindern eingeführt. Nur, was nützt jeder noch so gutgemeinte Erlass, wenn Eltern, von ihren eigenen Erfahrungen abgesehen, keine alternativen Handlungsweisen an die Hand bekommen, mit der sie auf ihre lebhaften, herausfordernden oder verweigernden Kinder sachverständiger reagieren könnten?

Dabei geht es nicht darum, Eltern mit gesetzlichen Vorschriften bis in ihre Kinderzimmer hinein zu schikanieren, sondern einzig um die allgemeine Sensibilisierung zu Fragen der Pflege und Pädagogik, die mit der Erziehung von Kindern verbunden sind. Wichtig ist daran einzig, dass Eltern von Morgen Angebote vermittelt werden, wie sie auf die unterschiedlichsten Herausforderungen ihrer Kinder angemessen handeln und reagieren könnten. Dahingehend fehlt es nahezu an all unseren Schulen an angemessenen Angeboten! In der Beziehung ist unsere hochtechnische Zivilisation leider noch immer ein unglaublich rückständiges Entwicklungsland geblieben.

Es gibt zwar Unmengen von gedruckten oder virtuellen Ratgebern, nur werden diese höchst selten von jenen Menschen zu Rate gezogen, die sie am dringlichsten gebrauchen könnten. Daran ändern auch vereinzelte Bemühungen seitens unserer Schulen nichts, Schüler/Innen rudimentär in Familien- oder Erziehungsfragen zu unterweisen, sofern es denn irgendwo tatsächlich solch ein reales Bemühen geben sollte.
Denn selbst zu meiner aktiven Zeit als Vorstandsmitglied des Bayerischen Schulhausmeisterverbands AOG oder als Vater meiner zwei inzwischen volljährigen Kinder, ist mir bis heute nicht eine einzige Schule bekannt geworden, in der die Schüler/innen auch nur ansatzweise über Familienpflege oder Erziehungsfragen unterrichtet wurden.

Diese landesweite Unterlassung ist besonders interessant, da ausgerechnet Bayern das einzige Bundesland in Deutschland ist, in dessen Landesverfassung gemäß §125 im Absatz 4 die Unterrichtung der Schüler/innen, in Haushaltsführung, Kinderpflege und Erziehung nicht nur gesetzlich angeordnet ist, sondern darüber hinaus als besonders wichtig deklariert wurde.
siehe: **www.ex-heimkinder.de/Landesverfassungen.htm**

Real erschöpft sich dieser Anspruch jedoch darin, Haupt- und Realschüler/innen ein wenig mit Kochen vertraut zu machen. Warum gymnasialen Schülern/Innen noch nicht einmal dahingehend etwas angeboten wird, dürfte mit der Tradition zu erklären sein, als herrschaftliche Haushalte einst vom niedrigem Standespersonal versorgt und bedient wurden, um eine Unterweisung elitärer Gymnasialschüler/innen in Kochen oder Haushaltsführung als entbehrlichen Ballast gymnasialer Lehrpläne zu erachten. Für all die vorgenannten Versäumnisse zahlen bereits sehr viele Kinder, klein wie groß, als auch wir Erwachsenen in unserem Land gemeinschaftlich körperlich, seelisch als auch finanziell einen sehr hohen Preis.

Müssten unsere politischen Volksvertreter für diese Versäumnisse nicht zwingend strafrechtlich zur Verantwortung gezogen werden, wenn unser gleichfalls antiquiertes Rechtsverständnis gemäß dem Grundsatz fordert: „Unwissenheit schützt vor Strafe nicht"?

Denn es ist ja nicht so, als ob unseren regierenden Verantwortlichen die Folgen ihrer Unterlassungen völlig unbekannt sind. Schließlich werden Jahr für Jahr ausführliche Statistiken über all die zahlreich erfassten Kinder erstellt, die überforderungsbedingt geschädigt wurden oder durch Vernachlässigung wie auch durch schwerste Misshandlungen ihr Leben verloren.
Wobei solche statistischen Zusammenfassungen lediglich die Spitze unserer gesellschaftlichen Verelendung darstellen.

Gibt es doch weit mehr gewaltbetroffene Kinder, die niemals in solchen Statistiken auftauchen, da es deren Mütter und Väter, erfolgreich verstanden, den äußeren Schein gutbürgerlicher Fassaden aufrecht zu erhalten.

Aber selbst wenn die Höhe unverkennbarer Kindswohlgefährdungen veröffentlicht werden, scheint sich seitens unserer Regierungsvertreter/innen niemand bemüßigt zu fühlen, als Fürsprecher all dieser betroffenen Kinder landesübergreifend gewaltpräventiv tätig zu werden.

So baut man lieber mehr und ausbruchsichere Kinderheime, wie auch Gefängnisse, um wenigstens einen Teil der Folgesymptome aufzufangen, statt die Ursachen zu beheben, die uns allein gemäß der zuvor erwähnten Traumakostenstudie und noch weit höheren Folgeaufwendungen unserer Unwissenheit wie auch Gleichgültigkeit gemeinschaftlich finanziell ausbluten lassen.

Man könnte auch sagen, das ist halt der Preis, den wir für die blinde Ignoranz und Arroganz von Macht zu zahlen haben, ohne dass sich dafür jemand greifbar verantwortlich fühlt.

Anerkennungsdefizite - Volksseuche Nr. 1

Doch gibt es eine weitere Form von Verletzungen deren Folgekosten allein in finanzieller Hinsicht bereits so astronomische Höhen erreicht haben dürften, um sie meiner Vermutung nach nicht einmal mehr beziffern zu können. Es klingt nicht nur ungeheuerlich, sondern ist es auch, da sich diese Kosten aus unserer aller Betroffenheit zusammensetzen, die wir uns in Unwissenheit von Ursachen und Wirkungen bereits seit vielen Generationen durch gegenseitige Verletzungen zufügen. Wir nehmen diese verletzenden Gegebenheiten nur deshalb kaum mehr wahr, weil sie unserer täglichen Gewohnheit und damit unserer realen Normalität entsprechen.

Dieses Phänomen wird gegenwärtig zwar immer beliebter gegenüber Kindern in einer abgewandelten Form als behandlungsbedürftiges ADHS = Aufmerksamkeitsdefizitsyndrom diagnostiziert, aber kaum jemand spricht mal an, in welchem Ausmaß unsere gesamte Gesellschaft von Anerkennungsdefiziten und deren verheerenden Folgen betroffen ist, die uns durch unbewusste Elternhäuser und unserem enorm destruktiven Bildungswesen zugefügt wurden bzw. bis zum gegenwärtigen Tag zugefügt werden.

Für mich DIE Entdeckung schlechthin, deren Dimensionen im Zusammenhang zwischen Ursachen und Wirkungen sich mir eher beiläufig mit der Frage nach Möglichkeiten eröffneten, wie Kinder effektiver gewaltpräventiv erreicht werden könnten. Logischerweise in einer bildenden Breitenaufklärung, wie sie bislang nur über unsere Schulen erreicht werden kann. Folglich setzte ich mich sowohl mit den gegenwärtigen Bildungsinhalten, als auch der Weise auseinander, wie unseren Kindern Wissen vermittelt wird, um so langsam ein Gespür dafür zu entwickeln, wie unsere Kinder geradezu systematisch in ihren Persönlichkeiten zermahlen werden, ohne uns Eltern bewusst zu werden.

Ob dies seitens unserer Regierenden in bewusster Absicht geschieht, vermag ich nicht abschließend zu behaupten, doch drängt sich mit Blick auf den bildungspolitischen Einfluss, den unsere Industrie- und Finanzwirtschaft gegenwärtig auf unser Bildungswesen ausüben, schon ein gewisser Verdacht auf. Für diese Entdeckung erwies es sich als überaus hilfreich, selbst als Hausmeister an einem großen Gymnasium tätig zu sein, wie auch als Vater die leidvolle Schulentwicklung meiner eigenen Kinder "livehaftig" begleitet zu haben.

Das Phänomen von Anerkennungsdefiziten ist an sich nicht wirklich neu. Neu war für mich indes die Entdeckung der Ausmaße, mit denen wir mehrheitlich von dieser „Volksseuche" und deren Folgen in unserem täglichen Miteinander belastet sind. Das geht doch schon bei Kleinkindern los, die von Geburt an auf ihre Eltern oder weiterem Familienumfeld angewiesen sind, sofern es denn noch ein nennenswertes Umfeld gibt, um in die Regeln und Gefahren ihres jungen Lebens eingeführt zu werden.

Bekanntlich ist Erfahrung der beste Lehrmeister. Doch wer möchte schon einem geliebten Kind vermeidbaren Schmerz zufügen? Demnach ist nur zu verständlich, wenn sich Eltern bemühen, ihren Kindern frühzeitig bestimmte Verhaltensweisen beizubringen. Doch da Eltern abseits intuitiver Handlungen in der Regel pädagogisch weitgehend unerfahren sind, um mit hilfreichem Sachverstand auf die Herausforderungen ihrer Kinder einzugehen, bleibt ihnen meist nur der zunehmend eingeschränkte Erfahrungsschatz der eigenen Kindheiten.

Viele unter uns kennen vermutlich jene Situationen, in denen bereits Kleinkindern anfänglich noch sanft auf die Finger geschlagen wird, damit sie dieses tun oder jenes lassen sollen? Sei es, weil wir sie vor heißen Herdplatten und anderen Gefahrenquellen bewahren möchten oder Angst um Wertsachen, wie z.B. unserem neuen Smartphone haben, welches in unwissender

Kinderhand allzu schnell Schaden nehmen könnte. Sie in Schreiphasen entnervt zurückgewiesen, bzw. sich selbst überlassend allein gelassen werden, wie es nicht nur für berufstätige Eltern und deren finanziellen Verpflichtungen oftmals unvermeidlich bleibt.
Das kenne ich von meinen eigenen Kindern, die schon morgens Aufmerksamkeit einforderten, ich mich aber nicht um sie kümmern konnte, weil ich mich zur Arbeit fertig machen musste und meine Frau noch mit dem Zeitungsaustragen beschäftigt war. Das tat mir selber im Herzen weh.
Solche "Zurückweisungen" haben deshalb nicht gleich etwas mit boshafter Gleichgültigkeit zu tun, sondern sind auch darin begründet, da wir kaum noch auf eine engere Verwandtschaft zurückgreifen können, die im Bedarfsfall mal schnell unterstützend zur Seite steht. Insbesondere für viele Alleinerziehende eine nervenaufreibende Herausforderung, die fast zwangsläufig zu persönlichkeitsschädigenden Zurückweisungen von Kindern beitragen dürfte.
Zumal bekanntermaßen besonders oft Kleinkinder dem Alltagsstress in Verbindung von Persönlichkeitsdefiziten ihrer Mütter oder Vätern zum Opfer fallen, wenn diese gegenüber ihren Kindern in einem nur kurzen Augenblick die Nerven verlieren und in ihrer mentalen Hilflosigkeit ihre kreischende Nervensäge (Kind) verzweifelt zu Tode schütteln.

Aber auch sonst ergeben sich bereits in der Kleinkindphase zahlreiche Situationen, in denen Kindern etwas abgefordert wird, oder sie brüsk zurückgewiesen werden, statt uns die Zeit zu nehmen, die angemessen wäre, um ihnen ein nachvollziehbares Verständnis für die Zusammenhänge unserer Welt und ihrer Regeln durch ruhige Erklärungen oder besser noch am elterlichen Vorbild zu (er)wachsen.
Wo indes zunehmend die Zeit und Muße fehlt, um Kinder zu wünschenswerten Verhaltensweisen zu bewegen, entsteht immer mehr (Zeit)-Druck, der letztlich dazu führt, dass Kinder grob

zurückgewiesen werden, auch wenn man ihnen nicht gleich gewalttätig begegnet. Wie oft werden Kinder sich selbst überlassen, und als Ausgleich des eigenen schlechten Gewissens, mit unnützen Spielzeugen überschüttet, statt ihnen die Zeit zu widmen, ihnen einfach nur zur Seite zu stehen?

Ich muss gestehen, dass ich meinen Kindern gleichfalls viel zu oft nicht zur Verfügung stand, obwohl sie mich dringend gebraucht hätten. Aber ich (er)fand immer wieder selbstgefällige Ausflüchte, um mir gegenüber meine Abwesenheit bequemlichkeitshalber selbst zu rechtfertigen. Mir fehlte wie vermutlich anderen Müttern und Vätern auch, einfach noch das ultimative Verständnis dafür, dass Kinder nicht nur so nebenbei mitlaufen, sondern tatsächlich unsere volle Aufmerksamkeit benötigen, um in sich ruhend ihre Welt zu entdecken und diese Entdeckungsfreude erhalten, ohne seelisch verletzende Zurückweisungen fürchten zu müssen.

Bestrebungen einer betont geduldsamen Hinwendung sind natürlich umso schwieriger zu realisieren, je kleiner unsere Verwandtschaft und vertrauter Freundschaftskreis aus der näheren Nachbarschaft geworden ist, die unseren Kindern als Teil eines unterstützenden Sozialumfeld zur Verfügung stehen könnten.

Diesem Aspekt ist insoweit besondere Aufmerksamkeit zu widmen, da Kinder der Gegenwart häufig darauf beschränkt sind, ihre sozialen Kontakte auf nur noch sehr wenige Einzelpersonen fokussieren zu können. Damit geht ihnen die Bandbreite verloren, mit ihren Sorgen und Nöten eines umgebenden Sozialumfeldes aufgefangen zu werden oder Freuden mit Freunden oder Familien zu teilen, wie dies zu früheren Zeiten begleitender Großeltern, Tanten, Onkeln und Nachbarschaft meist noch selbstverständlich war.

Mit dem Verlust dieses sozialen Feedbacks geht ihnen gleichzeitig die Möglichkeit verloren, das weite Spektrum alternativer Handlungsweisen kennenzulernen, die ihnen bei der Eigenent-

wicklung großzügigerer Entscheidungen oder Beurteilungskompetenzen behilflich wären.
Diese Entwicklung schreitet mit zahlreichen weiteren belastenden Faktoren wie (Schule, Beruf, Werbung) seit vielen Jahren voran, weswegen längst nicht nur Kinder der Gegenwart, sondern vielfach auch deren Mütter und Väter massiv von der Volksseuche betroffen sind.

Von Anerkennungsdefiziten betroffene Menschen drehen sich daher im Bemühen um äußere Anerkennung wesentlich auffälliger um die eigene Achse, sodass dieser Faktor im Zusammenspiel mit Zeitdruck, und anderweitiger Sorgen dazu beiträgt, eigenen Kindern kaum mehr ausreichende Aufmerksamkeit zu widmen. Von daher dürfen wir wohl davon ausgehen, dass die überwiegende Mehrheit unserer landesweiten Kinder nicht zufällig der anspruchslosen und phantasieraubenden Fernseh-/ und Computerunterhaltung als passiver Spiel-/ Erziehungsersatz ausgesetzt sind.
Denn Hand aufs Herz, welche alleinerziehende Mutter oder welche doppelverdienenden Ehepaare haben, so erschöpft wie sie nach ihrem Feierabend häufig sind, noch die Lust und Muße sich täglich aufs Neue aufmerksam mit ihren Kind/ern zu beschäftigen oder stehen ihren Kindern zur Verfügung, wenn diese ihre Aufmerksamkeit einfordern?

Es hat demnach nachvollziehbare Gründe, warum Kinderärzte schon länger die landesweit defizitären motorischen und sprachlichen Fähigkeiten nicht nur von Vorschulkindern beklagen. Siehe z.B. Artikel aus WAZ mit dem Titel: **Kinder können heute nicht mehr mit der Hand schreiben.** (bitte googeln)
Denn in welchen Familien wird mit Kindern noch hingebungsvoll gespielt, gebastelt, getollt oder gesungen?

In früheren kinderreichen Zeiten übernahmen diesen Part die Nachbarschaftskinder und nahen Anverwandten, um sich drinnen wie draußen in oft abenteuerlicher Weise selbst zu beschäftigen. Aber heute, wo viele (Einzel)Kinder zumeist voneinander isoliert vor dem Fernseher, PC oder Smartphone sitzen?

So erfahren im Umfeld enorm gestiegener beruflicher Belastungen von Eltern innerhalb zurückliegender Jahrzehnte, Kinder bereits zahlreiche Zurückweisungen, die sich schon seit vielen Jahren in einer auffällig ansteigenden Behandlungsbedürftigkeit von Kindern mit Aufmerksamkeitsdefizit-Symptomen bemerkbar machen.

Müsste hier nicht die Grundsatzfrage gestellt werden, warum wir überhaupt noch Kinder in die Welt setzen, wenn wir aufgrund unserer persönlichen Defizite, beruflichen Pflichten, Karriereabsichten und gestiegenen Freizeit-/Erholungsansprüchen kaum mehr die Zeit haben, um uns mit gebotener Hingabe dem eigenen Nachwuchs zu widmen?

Wobei ich davon überzeugt bin, dass ein erheblicher Anteil von Kindern das Licht der Welt erblicken, um ihren Müttern oder Vätern als herzerwärmender Ersatz ihrer eigenen lieblosen Kindheiten zu dienen. Indem diese angeführten Eltern versuchen, ihren Kindern all jene Zuwendung und Liebe angedeihen zu lassen, die sie sich selbst gern in ihrer eigenen Kindheit erwünscht, aber vergeblich erhofft haben. Doch gerade sie scheitern oft an ihrem eigenen Ansprüchen, wenn ihnen die Erfahrungen und erforderliche Sachverstand fehlt, wie sie sich nicht nur als liebevolle, sondern auch pädagogisch kompetente Eltern erweisen können.

Erfüllen sich die stillen Erwartungen solcher Mütter oder Väter nicht, weil sich ihnen ihre limitierten Befähigungen frustrierend bemerkbar machen, dürfte dieser Umstand dazu beitragen, dass derart desillusionierte Elternteile das Interesse an ihrem rebellierenden Kind verlieren und es sich weitgehend selbst überlassen oder sogar gewalttätig behandeln. Ein Fakt, der vor dem Hintergrund immer mehr alleinerziehender Elternteile gleichfalls zunehmend an Bedeutung gewinnt und unser Interesse an Kind und Gesellschaft lebhaft entfachen müsste.

Solange diese Welt so gedankenlos mit sich selbst und ihren Kindern umgeht, halte ich die Zeugung von Kindern, um sie den Unzulänglichkeiten dieser verlogenen und egozentrischen Welt auszusetzen, geradezu für ein Verbrechen gegen die Menschlichkeit.

Berücksichtigen wir, dass die Mehrheit aller Menschen eher zufällig das Licht der Welt erblicken, dann weist dieser Umstand noch einmal nachdrücklich auf die wichtige Bedeutung einer intensiven Sensibilisierung unseres Verantwortungsbewusstseins hin, damit möglichst gar keine unerwünscht gezeugten Kinder mehr als "Ballastexistenzen" ein schmerzliches Dasein fristen müssen.

Aber auch in Hinblick auf erwünschte Kinder, müssen wir uns da nicht berechtigt fragen, wer sich überhaupt noch Kinder leisten kann, oder mit welcher Absicht sie gezeugt werden?

Liebe zum Kind oder Ehepartner? Oder etwa doch nur als ergänzendes Statussymbol, um unserem Umfeld zu demonstrieren, wie potent wir sind, oder es nach kaum mehr geglaubter Zeit auch zu einer eigenen Familie gebracht haben, um der gesellschaftlichen Norm zu entsprechen und damit als vollwertiges Mitglied der Gesellschaft anerkannt zu werden?

Hier ist jeder gefordert, mal tief in sich hineinzuhorchen, um die Beweggründe etwaiger Kinderwünsche zu erforschen.
Hinsichtlich weitverbreitetem Hasten durch den Alltag besteht ohnehin ein gesellschaftlicher Widerspruch, wenn wir immer öfter fehlende Zeit reklamieren, obwohl wir bereits seit Jahrzehnten mehrheitlich von sozialen Errungenschaften geregelter Arbeitszeiten profitieren, von denen wenige Elterngenerationen vor uns nur träumen konnten. Dennoch waren Kinder jener Zeit,

dank intakter familiärer- und sozialer Nachbarschaftsgemeinschaften längst nicht so oft sich selbst überlassen wie heute.

Heute leiden Kinder weniger an physischen Hunger, wohl aber an Vereinsamung, wenn sie kaum mehr reale Spiel- und Gesprächspartner/innen finden, egal ob unter Gleichaltrigen oder seitens ihrer erwachsenen Familien und Nachbarschaften.

Zunehmend werden sie von früh auf in Ganztagesbetreuungseinrichtungen abgeschoben, dessen Betreuungsqualitäten den kostenlosen Angeboten unserer Staatsgemeinschaft entspricht, denen unsere Kinder weit weniger wert sind, als deren Mütter und Väter, die doch bitte baldmöglichst der Wirtschaft wieder als produktionssteigernde "Arbeitssklaven" zur Verfügung stehen mögen.
Als "Glanzpunkt" ökonomischer Sachzwänge, wurde mir durch einen Hausmeisterkollegen einer anderen Schule in Bayern berichtet, in der Kinder im Rahmen der "Nachmittagsbetreuung" tatsächlich sich weitgehend selbst überlassen blieben, während ihr Treiben vom fernen Sekretariat aus durch eine Videokamera überwacht wurde und der Sekretärin die Aufgabe oblag, durch die Sprechanlage Ordnungsanweisungen zu erteilen!

Nicht nur wegen solch seelenloser Auswüchse wären wir gesamtgesellschaftlich gefordert, den tieferen Sinn zu hinterfragen, welchen Wert wir Kindern und unserem Umgang mit ihnen in Zukunft beimessen wollen?
Wenn es lediglich darum geht, potenzielle Eltern, als mit staatlichem Eltern- und Kindergeld alimentierte "Gebärquellen" zu verwerten", damit der Wirtschaft auch künftig eine ausreichende Rohstoffreserve an Arbeitssklaven als gefügiges Personal zur Verfügung stehen, deren Kindheiten möglichst pflegeleicht, aber wirtschaftseffizient zu überwinden sind und gleichzeitig weiterhin jeder über die hier dargelegten Missstände hinwegsieht, dann

besteht wohl auch weiterhin kein Handlungsbedarf, um den Wert von Kindern und unser aller Zusammenleben zu hinterfragen.

Wenn wir jedoch darüber nachdenken, unsere gemeinsame Lebensqualität in Bezug auf Glück und erfüllter Selbstgenügsamkeit auf eine neue Stufe anzuheben, dann dürfte es an der Zeit sein, nach der industriellen Revolution, nun auch die längst überfällige soziale Revolution anzustoßen. Unter anderem um anzuerkennen, dass Glück und innere Friedsamkeit ausschließlich im zugewandten Miteinander erreicht werden kann, während wir aus allen Geschichtsarchiven herauslesen könnten, wie jeder Versuch in abweisender Isolation dauerhaft ein spannungsarmes Leben zu führen, unweigerlich zum Scheitern verurteilt ist.

Isolation steht für Distanz und Grenzen, mit all den eskalierenden Spannungen, die aus Misstrauen und daraus abgeleiteten Missverständnissen erwachsen, wie sie im Kleinen zwischen unseren Wohnungsnachbarn oder auch zwischen Nachbarstaaten zum Tragen kommen. Siehe die beispielhaft spannungsgeladene Grenze zwischen Nord- und Südkorea. Was sich da im Großen abspielt, vollzieht sich auch im Kleinen, wenn wir unseren Blick auf die zunehmenden Ängste superreicher Menschen richten, die sich aus Furcht vor Überfällen oder anderen neidvollen Reaktionen ihrer Mitmenschen in festungsartig ausgebauten Wohnanlagen verschanzen, um derart abgeschottet ein zwar gesichertes, aber auch bedenklich einsames Leben zu führen.

Aber verhalten wir uns nicht ähnlich, wenn wir den Luxus schätzen gelernt haben, in sicherer Distanz unserer PS-strotzenden Autos an jenen vorbeirauschen zu dürfen, die noch zu Fuß unterwegs sind und damit weit häufiger Gefahr laufen, mit den unangenehmen Niederungen des Lebens in Berührung zu kommen? Etwa um weit häufiger auf frustrierte und gewaltgeneigte Menschen zu treffen, die auf der bildungspolitischen Verliererstraße unterwegs sind?

Zweifellos besteht zwischen Frust, Ängsten und Gewaltbereitschaft auf der einen Seite, gegenüber erfahrener Bildung auf der anderen Seite ein untrennbarer Zusammenhang.

Die Problematik der gesellschaftlichen Distanz und zunehmenden Entfremdung ist gleichfalls ein bedeutsames Resultat unserer Zeit geworden. Denn nie zuvor hat der Bildungsgrad einen so maßlosen Einfluss auf das weltumfassend extrem auseinanderklaffende Einkommensgefälle ausgeübt wie in der Gegenwart.

Die damit einhergehende Vermögensungleichverteilung trägt somit nicht nur zur Vertiefung von Not, Kriminalität und Gewaltauswüchsen bei, sondern schafft auf allen gesellschaftlichen Ebenen eine menschliche Distanz und Isolation, die sich letztlich auch in den Kinderzimmern unserer Familien widerspiegeln.

Nämlich von gleichfalls kindheitsgeschädigten Müttern und Vätern, die sich generationsübergreifend im Hamsterrad wirtschaftlicher Zwänge um Sicherheit und Anerkennung abstrampeln, darüber indes tragischer weise den Blick sowohl für die eigenen Bedürfnisse, als auch für die Bedürfnisse ihrer Kinder und Erfordernisse gegenüber einer intakten Sozialgemeinschaft verloren haben, über die wir uns gemeinhin als gegenseitig beschützende Staatsgemeinschaft definierten.

Dies betrifft im besonderen Maß jene seelisch entartete Spezies Menschen, denen persönliche Karrieren - anerkennender Erfolg und Gewinne weit wichtiger als eine spürbare Beziehung zu den eigenen Kindern geworden ist und diese in eigener Selbstverleugnung, den Kindern vermeintlich etwas Gutes zu tun, in karriereverheißende Kaderschmieden kostspieliger Internate abschieben.
Natürlich ist per se nicht alles schlecht und schädlich, was in Verbindung mit Leistungsbereitschaft steht. Schließlich liegt es in der menschlichen Natur, egal ob jung oder alt, immer wieder

aufs Neue unsere eigenen Grenzen auszuloten. Hat bislang ja auch prima hingehauen, um mit geistiger Überlegenheit den Fortbestand der Menschheit zu erhalten.

Aber was sich im Moment so vor dem wirtschaftlichen Hintergrund im Anspruch auf schneller - höher - weiter und vor allem gewinnträchtiger abspielt, ist im gegenseitigen Konkurrenzgebaren bestens geeignet, auch unsere letzten sozialverbindenden Tugenden auszulöschen.

Mit derart gemeinschädigenden Ansprüchen haben wir uns bereits generationsübergreifend auf einen unheilvollen Weg gebracht, wenn wir nicht mehr die Zeit und Muße aufbringen, unseren eigenen Kindern die nötige Zeit und Aufmerksamkeit zu widmen, die zur Ausbildung eines gesunden Selbstwertgefühls und gewachsener Selbstautonomie beitragen.
Als Resultat all unserer armseligen Wertevorstellungen gehen aus Kindern zwar erkennbar erwachsene Persönlichkeiten hervor, die in ihrem jungen Leben aber nahezu ausnahmslos zu kurz gekommen sind. Zu kurz an liebevoller Zuwendung, Spaß und Spiel, ohne aufmerksame Förderung und Ausbildung ihrer physischen wie auch geistigen Talente. Sie legen zwar äußerlich ein bemerkenswert zur Schau getragenes Selbstbewusstsein an den Tag, doch wer genauer hinschaut, bemerkt die lautlosen Schreie um anerkennende Beachtung ihrer Persönlichkeiten.
Ich sage nur Stichwort Markenzwang. Damen die sich selbst nach dem Kauf des 40. Paar Schuhe nicht entscheiden können, welches Paar sie gerade anziehen sollten. Oder entspricht diese Manie nicht eher der profanen Absicht, größtmögliche Aufmerksamkeit und umstehende Anerkennung zu erzielen?

Männer neigen hingegen eher zu kostspieligen „Spielzeugen" um mit den eingekauften Leistungen einen auf dicken Larry zu markieren. Seien es PS-strotzende Fahrzeuge, leistungsstarken PCs oder Power-Musikanlagen. Nach ökonomischen Gesichtspunkten, ist normal niemand auf solche Potenzverstärker angewiesen. Wenn uns diese „Spielzeuge" dennoch lieb und vor allem teuer sind, dann ganz sicher weil sie primär noch eine ganz andere Aufgabe zu erfüllen haben, statt uns nur von A nach B zu bringen, soweit es unsere Pkws betrifft.

Alternativ stehen genügend berufliche, politische, sportliche als auch ehrenamtliche Auswahlmöglichkeiten zur Verfügung, um ein in Kinderzeiten lädiertes Ego durch Ansammlungen von Ehren, Ansehen und Macht aufzuwerten. In dessen Riege sich auch so manche extrovertierte Künstler/innen einreihen dürften. Der Umgang mit diesem Personentypus ist schon anstrengend genug, aber weit gemeinschaftsschädigender wie all die zuvor genannten, wirkt sich die unersättliche (Hab)Gier aller Menschen aus, die ihre innere Leere mit der Anhäufungen von irrationalen Reichtümern wie auch Konsumgütern zu füllen versuchen, die gemeinhin als Statussymbole der Reichen, Schönen wie auch Mächtigen der Welt gehuldigt und beworben werden.

Darin manifestieren sich all die auszehrenden Anerkennungsdefizite, wie sie bereits im Vorschulalter wie auch innerhalb des familiären Umfelds hervorgerufen und im Rahmen der staatlichen Zwangsbeschulung noch um ein Vielfaches weiter verschärft werden. Einmal, indem Eltern ihre Kinder mit offenen indirekten Erwartungshaltungen unter steigenden Erwartungsdruck setzen, den sie in vergleichbar jungen Jahren vermutlich selbst nie hätten erfüllen können.

Gerechtfertigt werden solche an sich gut gemeinten Erwartungshaltungen meist in der Hoffnung: – **„Meine Kinder sollen es mal besser haben"**, als man es noch von der eigenen schmerzlichen Kindheit und dem anstrengenden Leben danach in Erinnerung hat. Eben weil die vorangehenden Elterngenerationen in der Regel eher noch unsensibler und gewaltvoller mit den Kindern von einst umgingen, die nun wiederum heute als Eltern in erzie-

herischer Verantwortung ihrer Kinder stehen und dabei nahezu vollkommen die eigenen in Kinderzeiten zugefügten Verletzungen aus dem Blickfeld verloren haben.
Darin manifestiert sich eine grandiose Überlebensfunktion unseres menschlichen Geistes, um selbst allerschlimmste Erlebnisse oder Qualen in einem Prozess seliger Verdrängung vollständig oder um wichtige Bestandteile reduziert, vergessen zu können.

Allerdings beinhaltet dieser Vorteil auch den Nachteil, sich im Umgang mit den eigenen Kindern der einstigen Kinderqualen kaum mehr bewusst zu sein, um sie bedachtsam vor ähnlichen Erfahrungen zu bewahren. Leistungserwartungen stellen Eltern demnach natürlich nur in bester Absicht, wenn es darum geht, ihre Töchter und Söhne dahingehend zu begünstigen, um frühzeitige Vorteile gegenüber ihren Mitschüler/innen und später konkurrierenden Arbeitssuchenden zu erlangen.

In gutsituierten Kreisen dünken sich Eltern besonders kultiviert, keine Mühen und Kosten zu scheuen, um ihre Kleinkinder, kaum dass sie sich mit unverständlichen Gebrabbel bemerkbar machen, in kostspieligen Privatkindergärten oder später in Edelinternaten frühestmöglich auf Höchstleistung zu trimmen.
siehe auf youtube: "**Mein Baby lernt Englisch**".

Eben um gegenüber ihren späteren Mitschülern, möglichst schon mit Grundschuleintritt vorteilhafte Wissensvorsprünge zu nutzen.

Zu meinem tiefen Bedauern ließ ich mich ebenfalls dazu hinreißen, meinen Kindern eine düstere Zukunft als Verlierer zu zeichnen, sollten sie sich nicht genug anstrengen, um in der Schule mitzukommen.
War damit also keinen Deut besser als jemand unserer Durchschnittsbürger/innen.

Destruktive Schuleinflüsse

Das war noch zu einer Zeit, als ich selbst noch nicht aus meinen Schlaf erwacht war, um unser gesellschaftliches System dermaßen kritisch zu hinterfragen, wie ich es ab 2004 begann.

Was dieser Druck bei meinen Kindern bewirkte, (damals 7 + 9 Jahre alt) konnte ich demnach live mitverfolgen und weiß daher, wovon ich rede, wenn Kinder den Erwartungsdruck ihrer Eltern nicht zu erfüllen vermögen.
Kinder lieben ihre Mütter und Väter immerzu vollkommen selbstlos und machen ihre Liebe niemals von Bedingungen abhängig, die Eltern indes an ihre Kinder richten und sie im Fall des "Versagens" mit Liebesentzug, Herabwürdigungen, Drohungen oder gar körperlicher Gewalt abstrafen.

Daher habe ich nicht die geringsten Zweifel, dass sich ausnahmslos alle Kinder zunächst aufrichtig bemühen, die an sie gestellten Anforderungen durch Eltern und Schulen zu erfüllen. Doch selbst wenn kein ungebührlicher Erwartungsdruck seitens der Eltern ausgeübt wird, stößt jedes Kind irgendwann an seine Grenzen, um den geforderten Unterrichtsinhalten noch mit wissbegieriger Freude zu folgen, da es immer Unterrichtsfächer geben wird, die kaum mehr dem Naturell oder Interesse der jeweiligen Kinder entsprechen.

Oder sie gerade keine Lust haben, sich binnen Minutenfrist mit einen ministeriell vorgegebenen Thema zu beschäftigen. Wie es auch genug Lehrkräfte gibt, die in ihrer pädagogischen Begabung einfach zu limitiert sind, um ein anregendes Interesse am aktuellen Lehrstoff zu entfachen und über die Wochentage verteilt zu erhalten. Folglich werden Kinder mit fragwürdigen Noten in Themengebieten abgestraft, die weder ihren natürlichen Interessen entsprechen, noch ihr individuelles Persönlichkeitsprofil berücksichtigen, oder vorhandene pädagogische Defizite ihrer unterschiedlichen Lehrkräfte einbeziehen.

Wie fragwürdig Noten das Selbstwertgefühl von Kindern verletzen, kann selten besser als im Schulsport demonstriert werden. Denn ein dickes Kind, welches vor der gesamten Klasse oder gar innerhalb eines größeren Kreises ungelenk vorgeführt wird, kann sich noch so viel anstrengen, niemals wird es auch nur annähernd notenmäßig die selbe positive Aufmerksamkeit bekommen wie ein vergleichsweise schlankes, agiles Kind.
Welche Selbstwertgefühle schlechte Noten auf Kinder auslösen, wird hoffentlich noch jeder Erwachsene aus der eigenen Schulzeit kennen. Es sei denn, sie wurden der qualvollen Erinnerungen wegen bereits selig verdrängt.

Schmerzliche Erfahrungen treffen ebenso auf Schüler/innen zu, die gar nicht mal so schlecht sind, aber dennoch massive Selbstzweifel auslösen, wenn ihre Noten nicht ihr aufrichtiges Üben und Lernen daheim widerspiegeln. Sei es, weil der Fragenkomplex anders als erwartet ausfällt, oder sie unter Prüfungsängsten leiden. Was an sich schon unverkennbarer als Indikator eines massiv entarteten Lernsystems gewertet werden darf.

Denn wer sich mit natürlicher Begeisterung interessanter Themen angenommen hat, weist gewöhnlich keine tiefgreifenden Prüfungsängste auf. Prüfungsängste sind Versagensängste, auf die jeder von uns in unterschiedlichen Ausprägungen konditioniert wurde. Derlei Erfahrungen über lange Jahre hinweg, in denen die Persönlichkeiten der Schüler/innen immer wieder durch fragwürdige Noten, pädagogisch inkompetente Lehrkräfte und Eltern mit überzogenen Leistungserwartungen in Frage gestellt werden, kann niemals folgenlos bleiben.
Demotivation, Unlust und Verweigerungshaltung dürften hier noch zu den "harmlosen" Folgeschäden zählen. Denn damit wird erst so richtig das Karussell von Anerkennungsdefiziten und

Minderwertigkeitskomplexen angeschoben, wenn derart betroffene Kinder immer weiter den Anschluss zum geforderten Normmaß verlieren, auf dass sie bildungsmäßig geformt werden sollen.
Darüber hinaus verlieren Kinder, mit derartigen Widrigkeiten konfrontiert, ein großes Stück weit die Begeisterung ihrer naturgemäßen Neugier des spielerischen Entdeckens. Real mündet diese Praxis in einer einzigartigen Vernichtung wertvoller Begabungspotenziale, über die ausnahmslos JEDER Mensch verfügt, die aber im Gleichheitswahn unserer Bildungsstätten systematisch zugemüllt, wenn nicht sogar gänzlich ruiniert werden.

Wenn man unsere Schüler/innen so im täglichen Miteinander beobachtet, könnte man natürlich glauben, dass hier ein zu negatives Bild unserer Schulbetriebe gezeichnet wird. Da doch allem Anschein nach die meisten Schüler/innen ganz gut mit ihren Schulen und deren Anforderungen zurechtkommen. Das stimmt aber nur insoweit, da sich die meisten Schüler/innen im Laufe ihrer Schullaufbahnen in Ermangelung besserer Alternativen notgedrungen ihrem Umfeld angepasst haben. Ähnlich wie auch im Nazideutschland die Gefangenen in Konzentrationslagern, trotz größter Nöte und Repressalien noch eine scheinbar fröhliche Leichtigkeit entfalten konnten, die es ihnen erlaubte, zur allgemeinen Erheiterung und Zerstreuung, freudevoll zu singen, zu musizieren oder lustige Theaterstücke aufzuführen.

Natürlich sind unsere Kinder heute nicht vergleichbar mit dem Tode bedroht, aber dennoch dürfte sie in hartnäckigen Verweigerungsfällen, die volle Härte gesetzgeberischer Sanktionen, bis hin zum Sorgerechtsentzug der Eltern und Einweisung in selbstbestimmungsvernichtenden Psychiatrien oder Heimeinrichtungen drohen.
Demnach wird das destruktive Lebensumfeld durch seine erzwungene Gewohnheit zur Normalität, so wie auch mir meine Kindheit über Jahrzehnte hinweg einigermaßen normal vorkam.

Ich kannte ja kaum etwas anderes, so wie auch unsere Schüler/innen kaum eine freudvollere Alternative zu ihrem gegenwärtigen Schulalltag kennen. Die meisten Schulkinder können sich zwar dennoch eine ungebrochene Fröhlichkeit erhalten, dies ist aber weniger ein Verdienst unserer vorgeblich humanistisch ausgerichteten Bildungsstätten, sondern eher den psychischen Widerstandskräften der Kinder selbst zuzuschreiben. Anders könnten sie kaum das staatliche Dauerbombardement destruktiver Eingriffsversuche auf ihre Persönlichkeiten überstehen.

Auf der anderen Seite begegnen mir jeden Tag die erkennbar abgestumpften Gesichter vieler Kinder/Jugendlichen, denen Schule bis zum sprichwörtlichen Erbrechen verleidet wurde. Als Hausmeister gehört die Entfernung solch unappetitlicher Folgen unseres Bildungswesens ebenfalls zu meinem Aufgabenbereich.

Wobei ich aber keineswegs den Eindruck erwecken möchte, dass Übelkeit und Erbrechen allein auf psychische Belastungen zurückzuführen sind. Aber immerhin habe ich im Laufe meiner 15-jährigen Hausmeistertätigkeit an unserem Gymnasium wiederholt beobachten können, wie meist jüngere Schüler/innen, die sich verzweifelt mit Händen und Füßen wehrten, von ihren Müttern oder anderen Familienangehörigen gewaltsam ins Schulgebäude geschleift werden mussten.

So bleibt es nicht aus, dass unsere bundesweiten "Schulkrankenzimmer" nahezu täglich von leistungsdruckgeplagten Kindern belegt sind, die dort mit unterschiedlichsten Symptomen eine zeitweilige Atempause vor unserem Bildungsmoloch suchen.

Ich habe nicht den geringsten Zweifel, dass Kinder stets ihr Möglichstes tun, um die an sie gestellten Forderungen zu erfüllen. Schließlich versuchen sie nach Kräften, das Wohlwollen und die Anerkennung ihrer Eltern und ihres Umfelds zu erzielen.

Wenn dieses Bemühen nicht erfüllt werden kann, dann trifft daran kein einziges Kind ein schuldhaftes Versagen. Versagt haben in solchen Fällen einzig und allein wir Erwachsenen.

Wir sind vor lauter eigenen Verletzungen selbst Gefangene höchst ungesunder Leistungsvorstellungen geworden. Wir hinterfragen kaum mehr, warum wir uns in unserem gesellschaftlichen Hamsterrad immer unerbittlicher abstrampeln und darüber den Blick für unsere eigenen, als auch im Besonderen den Blick für die Bedürfnisse unserer Kinder verloren haben. So pflegen wir, eingebettet von eigenen Verletzungen, eine Bildungskultur mit völlig überalterten Lehransätzen, die mit einer ebenso fragwürdigen Personalstruktur, systematisch weiter zur Zementierung unserer deformierten Gesellschaft beiträgt.

In diesem Rahmen bleibt für die meisten Schüler/innen der Schulbetrieb nun mal mit dem Nimbus Pflicht und freudloser Last verbunden. Nutzlos vergeudete Lebenszeit, wenn wir bedenken, wie angestrengt sich Schüler/innen im Gleichheitswahn unserer Schulen erzwungenermaßen damit erschöpfen müssen, irgendwie halbwegs akzeptable Noten in Themengebieten zu erzielen, die sie nicht interessieren und die sie auch später in ihrem Berufsleben überwiegend nicht mehr benötigen. Diese nutzlosen Energien wären weit besser in individuelle Förderungen persönlicher Neigungen investiert.

Gleichsam vergeudete Energien auf Lehrerseiten, die sich nerven- und kräftezehrend darin verausgaben, den wenig interessierten Schülern /innen sinnentleerte Lehrplanvorgaben zu vermitteln. Denn so lange gemäß gängiger Praxis nicht einmal versucht wird, Schulkindern den Sinn zu erklären, warum sie gerade diesen oder jenen Unterrichtsinhalt erlernen sollen, bleibt eine solche Unterrichtsgestaltung auch weiterhin vollkommen sinnfrei.

Dennoch schaffen die meisten jungen Menschen anpassungsbedingt einen gemeinhin anerkannten Schulabschluss. Darin spiegelt sich indes nur ein Bruchteil der Möglichkeiten an Potenzialen wider, die jeder Schüler und jede Schülerin mit ihren individuellen Talenten entwickeln könnte, wenn man sie denn nur früh genug gefördert hätte, statt alle auf ein niederschwelliges Niveau zu trimmen.

Der salbungsvolle Bildungsanspruch des Förderns und Forderns unserer Kultusministerien erweist sich hier bei näherer Betrachtung als illusorischer Selbstbetrug. Denn wo und mit welchen Inhalten werden Kinder in unseren Schulen gefördert?

Etwa ihre ganzheitlichen Persönlichkeiten mit all den Fähigkeiten, Neigungen oder Talenten, die bei jedem Menschenkind so völlig individuell angelegt sind? Nichts von dem wird gefördert, weil wirtschaftsdienliche Vorgaben einer unersättlichen Geldelite immer noch höher erachtet werden, als die Persönlichkeitsförderung unserer Kinder.

Oder schon vergessen, mit welcher Leichtigkeit, trotz erbittertem wie auch begründetem Widerstand durch Eltern, Lehrern und Schüler-/Innen, Wirtschaftslobbyisten die Verkürzung der gymnasialen Schulzeit, genannt "G8", von 9 auf 8 Jahre durchsetzten?

Womit diese Schüler/innen seither noch schärfer als zuvor in der Ausgestaltung und Pflege ihrer sozialen Kontakte eingeschränkt sind und damit die unheilvolle Fortentwicklung zum egomanischen Einzelgängertum weiter verfestigt wird.

Als langjähriger Hausmeister eines großen Gymnasiums beobachte ich diese verhängnisvolle Entwicklung bereits seit längerer Zeit. Ja selbst die schülereigenen Jahrgangssprecher/innen beklagen zunehmend den um sich greifenden Egoismus untereinander, weil sich Mitschüler/innen bei gemeinschaftlichen Veranstaltungen immer auffälliger durch Abwesenheit ihrer zuvor verabredeten Verantwortung entziehen.

Beispielhaft möchte ich hier den erkennbar abflachenden Teamgeist ins Feld führen, wie er zu früheren Gemeinschaftsveranstaltungen wie etwa Schuldiscos oder Abiturientenverabschiedungen durch eine Vielzahl helfender Hände noch wesentlich ausgeprägter zum Tragen kam, nun aber seit Jahren in auffälligem Maße kontinuierlich wegbricht.

Etwa zum Aufräumen nach einer Schuldisco oder feierlichen Verabschiedung der "erfolgreichen" Abiturienten.
Hier habe ich schon erleben müssen, dass sich nach einer Disco-Veranstaltung am nächsten Morgen gerade mal eine junge Dame statt der vereinbarten 20 Schüler/innen zum Aufräumen einfand. Oder nach einer Abiverleihung am nächsten Tag, statt der schriftlich vereinbarten 25 Helfer, nur noch 5 engagierte Schüler/innen eintrafen und damit Gefahr bestand, mit den wenigen Kräften kaum mehr das riesige Festzelt abräumen zu können.

Aber sieht es denn außerhalb der Schulbetriebe in punkto berechenbarem Engagement besser aus? Meinen Erfahrungen nach sieht es da keinen Deut besser aus.

Ein Beispiel: 2008 wandte ich mich in meinem aktiven Bemühen um Bildungsreformen auch an Bundestagsabgeordnete, von denen der bemerkenswert engagierte Herr Paul Lehrieder so freundlich war, mein Schreiben direkt ans Bayerische Kultusministerium weiterzuleiten. Auf indirektem Weg erhielt ich von dort in einem 6-seitigen Schreiben Antwort darauf, warum mein Gesuch um Einführung der oben erwähnten Primärforderungen als verbindliche Unterrichtsinhalte zurückgewiesen wurde. siehe: **www.ex-heimkinder.de/Lehrieder.htm**

Ich las die Erklärungen und konnte nur verwundert staunen, was an Bayerischen Schulen angeblich bereits alles in Hinsicht Haushalt, Kinderpflege und Erziehung unterrichtet würde.

Das las sich in dem Schreiben soweit wirklich alles wunderbar und wäre froh, wenn davon real nur ein Bruchteil zutreffend wäre.
Doch nein, NICHTS, aber auch wirklich gar nichts davon stimmt bis heute mit den Realitäten überein, womit sich mir nur zu berechtigt die Frage stellte, von welchem fernen Planeten aus das Bayerische Kultusministerium das untertänige Volk mit derart unzutreffenden Erlässen zu beglücken versuchte?

2009 bekam ich die Gelegenheit, dem Bayerischen Kultusminister höchstpersönlich meine drei deklarierten Primärziele als verbindliche Bildungsinhalte vorzustellen und war geradezu fassungslos, mit welch einer kaltschnäuzigen Einsilbigkeit er meine Vorstellungen mit den entsetzten Worten: "UNMÖGLICH - so etwas brauchen wir nicht", ohne jeden Versuch einer inhaltlichen Vertiefung zurückwies.

Ganz anders, teilte mir der Bayerische Lehrerverbandspräsident 2008 in einem Email-Schreiben mit, dass er meine Forderungen wörtlich: "im höchsten Maße für unterstützungswürdig erachtete."
Doch leider erwies sich diese hoffnungsvolle Aussage später, als ich seine konkrete Unterstützung erbat, genauso als Enttäuschung, als auch all die anderen hochgestellte Persönlichkeiten, Institutionen und Journalisten, die ich in den zurückliegenden Jahren hilfesuchend anschrieb.

In einem geradezu deprimierenden Desaster endete eine bundesweit von mir an über 1100 Schulrektoren und Rektorinnen gerichtete Umfrage. siehe: **www.ex-heimkinder.de/Umfrage.htm**

Eine Aktion, die mich einen kompletten Sommerurlaub von drei Wochen beschäftigt hielt, um jede zutreffende Emailadresse ausfindig zu machen und jeden Rektor/In einzeln anzuschreiben.

In jedem Bundesland wandte ich mich an jeweils 20 Haupt-, 20 Real- oder Gesamtschulen, sowie 20 Gymnasien. In Bayern sogar an jeweils über 50 Schulen.

Trotz des erkennbar ernsthaften Inhalts, hinsichtlich meiner Fragen, wie sie persönlich den Bildungsreformbedarf zu meinen vorgestellten Themen erachteten, haben am Ende nur ganze 5 Rektoren den Mut zu einer Antwort gefunden.

Die Mehrheit hatte offensichtlich zu viele Bedenken/Ängste, eine eigenständige Meinung zu äußern. Möglicherweise war ich ihnen aber auch in meiner Vorstellung als einfacher Hausmeister nicht würdig genug, um auf Augenhöhe derart wichtige Themen ansprechen zu dürfen? Was sofern zutreffend, umso erbärmlicher auf alle hochgeschätzten Pädagogen unserer "Leeranstalten" zurückfällt, da ich ein ähnlich interessiertes Engagement zu allererst von ihrer Seite ausgehend erwartet hätte. Doch da kommt seit Jahren und Jahrzehnten kaum etwas an richtungsweisenden Vorschlägen, um unseren Kindern oder Gesellschaft zu innovativen Fortschritten zu verhelfen.

Sie sind ähnlich in tatenloser Apathie erstarrt wie der Großteil unserer Gesellschaft, die durch unser persönlichkeitszersetzendes Bildungswesen aus "Kaiser-Wilhelm-Gedächtniszeiten" darauf konditioniert wurden, "dass es die da oben schon für sie richten werden".
Dabei wäre auch ihnen jederzeit die Möglichkeit gegeben, aus eigenem Antrieb neue Inhalte oder Schwerpunkte an ihren jeweiligen Schulen zu setzen, wie das Beispiel der **Willy-Hellpach-Schule in Heidelberg** mustergültig unter Beweis stellt.

In diesem Gymnasium führte der Rektor ein völlig neuartiges Unterrichtsfach mit dem Schwerpunkt (Lebens)Glück ein.
www.willy-hellpach-schule.de/joomla/index.php/neuigkeiten/
10-neues-schulfach-glueck

Und zwar überaus erfolgreich, um bundesweit weitere Rektoren-/innen zu animieren, diesem Beispiel zu folgen und als reguläres Unterrichtsfach in ihren jeweiligen Schulen einzuführen. Um nur mal ein Beispiel zu zeigen, dass es in unserer Bildungslandschaft durchaus vereinzelte Reformansätze gibt, die aber bei weitem nicht den vorhandenen Reformstau in unserem Land auflösen.

So fand ich eine vielsagende Aussage/Anweisung durch Gustav von Rochow (1792 – 1847), einst preußischer Innen- und Staatsminister, an einem älteren Schrank in unserer Schule klebend, in dem es hieß:
"Es ist dem Untertanen untersagt, den Maßstab seiner beschränkten Einsicht an die Handlungen der Obrigkeit anzulegen".
Da ist man erst mal sprachlos und froh, dass die Welt wenigstens in dieser Hinsicht schon einige Schritte weiter ist. Andernfalls sich unsere Kirchenfürsten noch immer der einträglichen Leibeigenschaft bzw. Sklaverei erfreuen dürften oder wir noch immer an jedem Schlagbaum regionaler Mörderbanden, aus denen nachfolgend Fürstentümer und Königshäuser hervorgingen, willkürlichen Tribut zahlen müssten.
Doch trotz aller bisherigen Fortschritte ist unsere Gesellschaft noch immer weitgehend hierarchisch geprägt und verhindert damit maßgebend die Ausgestaltung eines sich gegenseitig aufbauenden Gemeinwesens. Insbesondere, da vorhandene Ideenpotenziale innovativer Maßnahmen, wie z.B. dem Kinderschutzgedanken kaum Chancen gegeben sind, um von unten, dem "gewöhnlichen" Bürger, nach oben, richtungsweisend von den Regierenden aufgegriffen zu werden.
Das Resultat unserer hierarchisch geprägten Gesellschaft, ist jedem von uns durch unsere täglich erfahrbare Ellbogenmentalität und Art wie aggressiv, respektlos, ehrlos, gleichgültig, egoistisch und misstrauisch wir trotz unserer vorgeblich christlichen Prägung noch immer miteinander umgehen, nahezu überall präsent.

Doch weil diese Zustände unserer Normalität entsprechen, werden sie in ihren Ursachen und Wirkungen kaum mehr kritisch hinterfragt.
Glauben Sie nicht? Na dann "geigen" Sie Ihrem Chef/Vorgesetzen doch mal frei heraus die Meinung, was Sie an seinem Führungsstil nicht alles auszusetzen haben oder im konstruktiven Sinn für verbesserungswürdig erachten! Welche Reaktion werden Sie wohl erwarten dürfen?

Wenn er Sie nicht sofort cholerisch polternd über Ihre unbotmäßige Majestätsbeleidigung rauswirft, denn als nichts anderes wird er Ihre noch so sachlich oder betont freundlich vorgetragene Kritik aufnehmen, dürfen Sie in der Regel davon ausgehen, dass er Ihnen anschließend kaum mehr mit unbefangener Freundlichkeit begegnen wird. Und wenn er Ihnen nicht das Leben schwer machen sollte, so werden Sie aller Wahrscheinlichkeit nach erleben, wie er Sie schneiden und sich weiter in seinem Büro, - seiner schützenden Trutzburg einigeln wird, um möglichst niemanden eine kritische und damit verletzende Angriffsfläche zu bieten. Ja, je höher die Position, desto einsamer und furchtsamer schotten sich viele Vorgesetzte oder Firmenleitungen vor ihren Mitmenschen und Mitarbeitern ab.

Besonders hartnäckig hat sich diese hierarchische Abschottung innerhalb unserer Bundeswehr erhalten. Meinen einstigen Beobachtungen gemäß ein Sammelbecken zerschundener Seelen, denen in Anbindung ihres strukturierten Alltags eine steife Uniform vielfach als willkommener Rückgratersatz dient.

Einst, als ich noch im Tiefbau beschäftigt war und von der Firmenleitung für einen fortbildenden Polierlehrgang auserwählt wurde, nahm mich eines Tages der Firmenprokurist zur Seite, um mir nahezulegen, schon vor dem Lehrgang eine respektgebietende Distanz zu meinen Kollegen einzunehmen, da ich als Polier ja dann zu deren Vorgesetzten aufsteigen würde.

Ist das nicht verrückt? Nein, ist es nicht, sondern noch immer die feudalistische Denke einer vermeintlich hinter uns gelassenen Zeitepoche.
Damit wird sehr schön ersichtlich, wie Angst vor Repressalien, oder die Furcht, jemand könne unbotmäßig am Stuhl sägen, den Höhergestellte erklimmen konnten, im erheblichen Umfang den täglichen Umgang mit- und untereinander bestimmen.

Für diese manifestierten Ängste sind meiner Überzeugung nach nicht nur pädagogisch unbedarfte Eltern, sondern gleichfalls in erheblichem Ausmaß unser destruktives Bildungswesen mitverantwortlich, wenn unsere Kinder in ihrem Schulalltag zu obrigkeitshörigen Ja-Sagern abgerichtet werden, statt ihre persönlichkeitsbildende Potenziale zu fördern.
Seit Einführung der Schulpflicht, standen in erster Linie industrielle Interessen und deren Erfordernisse für unsere Bildungsinhalte im Vordergrund, damit nach der industriellen Revolution Werktätige in die Lage versetzt werden sollten, Betriebs- und Bauanleitungen zu lesen bzw. neu zu entwerfen.
siehe: www.ex-heimkinder.de/Bildungszweck.htm

Daran hat sich im Prinzip bis auf den heutigen Tag nicht viel geändert. So dient unser gegenwärtig selektives Bildungswesen, geteilt in Haupt-, Realschulen und Gymnasien, primär noch immer dazu, unsere Kinder auf ein wirtschaftsfreundliches DIN-Maß zu nivellieren, um sie der Wirtschaft als vorsortierte Arbeitssklaven zuzuführen.

Wer meint, dies wäre eine zu negative Bezeichnung, darf sich gern mal überlegen, was in der englischen Bezeichnung von Personalleitungen das vorangestellte HR in der Bezeichnung Manager zu bedeuten hat. Um es kurz zu machen, steht es schlicht für Human Resources. = menschliche Rohstoffe, bzw. Betriebsmittel.

Bildung erfüllte eher am Rande humanistische Ziele, wie sie in verklärenden Hochglanzbroschüren gern herausgestellt werden. Kinder wurden in Bezug auf unsere Regelschulen eh noch nie ernsthaft als einzigartige Individuen gesehen, die zu eigenständig handelnden Persönlichkeiten gefördert werden sollten.
Ausnahmen bilden hier lediglich einige wenige elitäre Privatschulen, wie z.b. die Schloss-Schule in Salem, die nach eigenem Bekunden besonderen Wert auf die Persönlichkeitsentwicklung ihrer Schüler-/innen legt. Für dessen individualinspirierenden Dienste Eltern aber auch monatlich gut 3000 Euro und mehr auf den Tisch legen müssen.
siehe: **www.salem-net.de/aufnahme/aufnahme/kosten.html**

Ob sich diese Privatschulabgänger mit besten Verbindungen zu Schlüsselstellen in Wirtschaft und Politik später als herausragend gesellschaftsförderlich erweisen, ist mir indes noch nicht aufgefallen.

Von Anbeginn der Schulpflicht ging es zumindest in unseren staatlichen Regelschulen vordergründig darum, junge Menschen als angepasste und dienstbeflissene Arbeitssklaven heranzuziehen. Dazu bediente sich die Obrigkeit einer Lehrerschaft, deren Linientreue quasi durch Schweigegeld erkauft wurde, wie sie mit den noch immer wirksamen Beamtenprivilegien verbunden sind. Nämlich kaum eine eigenständige oder gar konträre Meinung gegenüber den obrigkeitlichen Lehrplanvorgaben erheben zu dürfen.
So werden bis zum heutigen Tag Kinder gleichgerichtet oder mit herabwürdigenden Bewertungen bedacht, die einem Kind verinnerlichen, weniger zur Gemeinschaft der vermeintlich Erfolgreichen zu gehören. Jenen Erfolgreichen, die fleißiger, folgsamer und sich mehr angestrengt haben, um mit dem Prädikat guter Schulnoten, die nötige Motivation zu erhalten, der sie auf Ihrer angepassten Linie hält. In dessen System nichts stärker gefürchtet wird, als dieses System kritisch in Frage zu stellen.

Dementsprechend werden unsere heranwachsenden Kinder mit allen Instrumenten beherrschender Dominanz, Noten- und Leistungsdruck dermaßen geformt und beschäftigt gehalten, um ihnen kaum jemals eine tiefgreifende Chance zur kritischen Reflexion unserer Hochleistungsgesellschaft zu eröffnen. Gilt es doch im Wettbewerb der globalen Märkte einen Eroberungskrieg um irdische und geistige Ressourcen zu führen, ohne dessen ständige Anstrengungen unser Staat Gefahr läuft, schon bald wieder hinter vermeintliche Entwicklungsländer zurückzufallen.

So zumindest die düsteren Szenarien, wie sie uns regelmäßig von zahlreichen Sprachorganen der Wirtschaft vorgezeichnet werden.

Wachstum, Wachstum über alles, heißt die inoffizielle Staatshymne beim Tanz um den alleinseligmachenden Mammon. Dass dabei auch die allgemeine Bürgerverdummung ungeahntes Wachstum erfährt, um kaum mehr wahrzunehmen, dass sich unsere staatliche Gemeinschaft in beängstigender Auflösung befindet und hinsichtlich sozialem Frieden und Verbundenheit längst hinter vermeintlich primitiven Entwicklungsländern zurückgefallen ist, sei hier wenigstens vollständigkeitshalber am Rande bemerkt. Denn was kommt am Ende unserer Bildungsnivellierung heraus?

Junge, egozentrische Heranwachsende, die weder etwas über ihre Talente und Neigungen wissen und die Fähigkeit zum kreativen eigenständigen Denken verloren haben.

Diesen Fakt kann ich gleichfalls aus meiner beruflichen Erfahrung heraus bestätigen, wie mir als ehemals verantwortlicher Hausmeister einer großen Seniorenresidenz, ständig mehrere Zivildienstleistende unterstützend zur Seite standen. Mühelos konnte ich hier die unterschiedlichen Absolventen von Haupt-, Realschulen oder Gymnasien erkennen. Nämlich in der Fähigkeit, selbstständig praxisbezogene Aufgabenstellungen zu lösen.

Hauptschulabgänger waren hier nahezu regelmäßig den Abiturienten erkennbar überlegen. Sollte zumindest zu denken geben. So bleibe ich bei meiner Überzeugung, dass in unseren "Dressuranstalten" junge Menschen abgerichtet werden, um vor allem zu funktionieren und kritiklos Anweisungen zu erfüllen.

Entsprechend monoton erweist sich der Lebenszyklus der meisten Menschen, die Tag für Tag roboterhaft von einem Feierabend zum anderen, von Wochenende zu Wochenende, bis zur Rente ihre Arbeitspflicht ableisten. Von freudvoller Lebenserfüllung dürften dabei nur die Wenigsten beseelt sein, wie jeder sehr gut aus dem allgegenwärtigen Stöhnen über den Arbeitsalltag all der Menschen um uns herum heraushören könnte.

Doch statt nach innen zu horchen, um zu ergründen, wie wir unser Leben glücklicher gestalten könnten, versuchen wir vergeblich, die innere Leere mit vermeintlichen Statussymbolen zu kompensieren, die uns vortäuschen, gleichfalls zu den erfolgreichen und scheinbar glücklichen Menschen zu gehören, wie sie uns von instruierten Medien realitätsentfremdet als erstrebenswerte Vorbilder präsentiert werden.

Aus zahlreichen Gesprächen, die ich bis heute führen konnte, weiß ich, dass auch unsere Lehrkräfte diese Problematik ähnlich wahrnehmen, aber selbst Gefangene des Systems sind und lieber heute als morgen lebenszugewandtere Lehransätze vermitteln würden.

Das sind unumstößliche Fakten, die es endlich in ihrer Tragweite anzuerkennen gilt, weil die daraus resultierenden Folgen, all der durchlebten Niederlagen, Demütigungen, Zurecht- und Zurückweisungen, wie sie aus unseren gegenwärtigen Schulzwängen hervorgehen, tiefe Narben in den Seelen unserer Schüler/innen, unserer eigenen geliebten Kinder hinterlassen, die später in ihrer Gesamtheit als manifestierte Anerkennungsdefizite eine verheerende Spur gesellschaftlicher Verwüstung hinterlassen, deren sich die wenigsten Menschen bewusst sein dürften.

Auch hier gilt, da wir alle unsere Schulzeiten durchlaufen haben, wird dieses System nicht mehr hinterfragt und entspricht somit einer ähnlichen "Normalität", wie ich bis zum 46. Lebensjahr noch immer den Eindruck hatte, dass meine katastrophale Kindheit, noch relativ normal war.

Dieses Erwachen hat mir erst die Augen für all die Fragen eröffnet, wie es damals wie heute noch zu solchen oder ähnlichen Katastrophen kommen kann und bin davon überzeugt, die richtigen Erklärungen hinsichtlich Ursachen und Wirkungen in Bezug zu unserem grundsätzlich problematischen Miteinander gefunden zu haben. Werde ich hier noch weiter erläutern.

Obrigkeitshörigkeit Teil vieler Probleme

Etwa, indem unser wirtschaftsorientiertes Bildungssystem mit seinen Leistungsprinzipien zur Förderung jener elenden Obrigkeitshörigkeit beiträgt, unter der eine unüberschaubare Fülle innovativer Ideen und Weiterentwicklungen in persönlicher, sozialer, wirtschaftlicher, politischer, ja eigentlich allen Lebensbereichen erstickt werden.

Eben, weil es in unserem Land weniger darum geht, was jemand zu sagen hat, sondern mehr Wert darauf gelegt wird, wer mit welchen Titeln etwas verlauten ließ. Womit die Botschaft verbunden ist, Du bist nur wer, oder wirst wahrgenommen, wenn Du über herausragende finanzielle Mittel, ehrende Titel oder wenigstens gute Beziehungen zu solchen Personen verfügst. Ansonsten bleibst Du allenfalls das unbeachtete Rädchen im wirtschaftsdienlichen Zwangsgetriebe.

Hierzu habe ich als öffentlicher Angestellter ein sehr anschauliches Bild vor Augen, welches ich meinen Lebtag nicht vergessen werde. Als Angestellter habe ich nicht nur seitens der Schule, sondern auch seitens meiner Amtsbehörde eine Fülle von Vorgesetzen, die unterschiedlichen Abteilungen vorstehen.

Mit wenigen Ausnahmen, allesamt Damen und Herren, die mit ihren Vorgesetztenallüren wenige Zweifel darüber aufkommen lassen, welch kleines Licht so ein Hausmeiser für sie ist, den man bevormundend und besserwisserisch von oben herab behandelt. Ein Beispiel:

Als mich mein Vorgänger in die erforderlichen Tätigkeiten innerhalb des Gymnasium einführte, demonstrierte er in zwei Restmüllcontainer steigend die Notwendigkeit, den Restmüll mit dem eigenen Körpergewicht zusammenzupressen, andernfalls der Platz bis zur nächsten Leerung nicht ausreichen würde.

Wie bitte, ich sollte als ausgewiesener Allergiker, mit dieser schimmelstrotzenden Praxis meine Gesundheit aufs Spiel setzen? Vollkommen unnötig, wie ich aus meinem vorherigen Beschäftigungsverhältnis heraus nur zu gut wusste. Da reichte ein kurzer Anruf bei der gleichen zuständigen Müllentsorgungsfirma und schon einen Tag später stand eine weitere Restmülltonne parat.

Nicht so bei meinem vorgesetzten Behördenvertreter. Selbst so eine bedeutungslose Anforderung musste über seinen Schreibtisch für eine Zustimmung laufen, um ihn mit der Bestellung eines zusätzlichen Restmüllcontainers zu betrauen. Worum er sich gemäß seiner Zusicherung auch umgehend kümmern wollte. Doch selbst nach zwei Wochen hatte ich noch immer keine weitere Tonne. Meine Nachfrage beim besagten Vorgesetzten wurde wiederum mit dem Hinweis, dass er daran sei, unwirsch abgewimmelt.

Zwei Wochen später ähnliche Aussage. Es müsse noch etwas abgeklärt werden. Wieder zwei Wochen später hieß es, die Entsorgungsfirma würde den Container in Kürze aufstellen. Als mir einige Zeit später immer noch kein weiterer Restmüllcontainer zur Verfügung stand, rief ich die Entsorgungsfirma, wie von meinem vorherigen Beschäftigungsverhältnis gewohnt, nun selber an, um mich nach dem Verbleib des überfälligen Containers zu erkundigen.

Ich fiel bald aus allen Wolken, als mir mein Gegenüber am Telefon erklärte, dass seitens meiner Amtsbehörde noch nicht mal eine Anfrage für den angeforderten Restmüllcontainer vorlag. Konnte ja wohl nicht wahr sein!

Erneut rief ich den Vorgesetzen an und fragte scheinbar unwissend, was denn nun mit dem Container sei?
Wieder bekam ich die ausweichende Antwort, dass er da noch etwas abzuklären habe.

Als ich ihm daraufhin eröffnete, dass ich selbst bei der Entsorgungsfirma nach dem Verbleib meiner erwünschten Tonne gefragt hatte und der Firma von meinem Vorgesetzen noch immer keine Anfrage vorlag, kam mir dieser in brüllendem Tonfall fast wutschnaubend durchs Telefon.
"Was mir einfallen würde, mich hinter seinem Rücken um Dinge zu kümmern, die in seinem Zuständigkeitsbereich lägen?!"

Soweit nur ein Beispiel von vielen, die ich mit meinen Vorgesetzen innerhalb der letzten 15 Jahre erleben durfte. Übrigens, der Container wurde am nächsten Tag geliefert. Noch ein Beispiel:

Es ergab sich, dass ein Neubauabschnitt, mit dem unser Gymnasium erweitert wurde, wegen irgendwelcher Finanzfragen von einem Staatssekretär abgenommen werden musste, der zu diesem Anlass eigens 400 km aus München anreiste.

Es war ein Bild für die Götter, wie er so mit meinen Vorgesetzen im Schlepptau durch das Schulgebäude zog und in erkennbarer Überzeugung seiner wichtigen Stellung wortreich hierhin und dorthin gestikulierend, dieses oder jenes bemängelte. Hinter ihm tippelten in devoter Haltung, also in erkennbarer Neigung von Kopf und Rücken, meine sonst selbstbewusst auftretenden Vorgesetzen, die ihre, im Schoß in- und übereinander gelegten Hände windend, nicht müde wurden, nahezu jede Verlautbarung des Staatsekretärs, mit einem beflissenen, "Jawohl, Herr Staatssekretär" zu quittieren.
Soll sich jeder selbst seine Gedanken zu solchem Gebaren machen.
Aber schauen Sie sich doch mal genauer um. Ist diese elende Obrigkeitskriecherei nicht in allen gesellschaftlichen Bereichen offen ersichtlich? Vielleicht nicht immer gleich so prägnant, wie an diesem Beispiel, aber doch eigentlich überall präsent.

Was da an wertvollen Potenzialen an Mitarbeiterideen und Engagement erstickt wird, um auch von unten heraus wirtschaftliche, politische besser soziale Fortschritte zu erzielen, weil sich "Untergebene" nicht trauen, oder von Vorgesetzten weder gehört, noch eine Mitsprache auf Augenhöhe erlaubt wird, ist mit Worten fast nicht zu fassen, aber eindeutig als eine der Folgen unseres unseligen Bildungssystems zurückzuführen.

Indem in unseren Schulen auf ähnliche Weise keine aufrichtige Mitsprache erwünscht ist, sondern von allumfassend dominierenden Lehrkräften den Kindern von oben herab der vorgegebene Lehrstoff widerspruchsabweisend im Dreiviertelstundentakt in immer komprimierteren Dosierungen auferlegt wird.

Für Wiederholungen bleibt aufgrund der straffen Lehrplanvorgaben kaum die nötige Zeit. Wer nicht mitkommt - Pech gehabt, muss selber zusehen, die Defizite auf dem ausufernden Nachhilfemarkt für teures Geld nachzuholen.

Ganz schlecht sind jene dran, die sich dem Leistungsdruck zu verweigern versuchen, oder gar mit einer eigenen Meinung die Lehrkraft oder Lehrstoff in Frage stellen. Umgehend werden sie von oben herab im Wissen überlegener Rhetorik der Lächerlichkeit preisgegeben oder mit herabwürdigenden Noten sanktioniert. Wenngleich es auch Ausnahmen gibt, ist dies ein unumstößlicher Fakt gelebter Schulpraxis.

Und diese über die gesamte Schulzeit hinweg eingefahrene Praxis soll keine Spuren hinterlassen? Ich sage, wir nehmen die Spuren nur nicht mehr bewusst zur Kenntnis, weil sie von klein auf unserer Normalität nahezu täglicher Verletzungen unserer Persönlichkeiten entsprechen!

Schülernachhilfe - SKANDAL erster Güte

Besonders arm dran sind da jene Schüler/innen, deren Elterneinkommen nicht ausreicht, um professionelle Nachhilfedienstleister in Anspruch zu nehmen. "Lernrückständige" Kinder, wie auch heranwachsende Jugendliche versuchen da auffallend häufig, die notenmäßig ausbleibende Anerkennung, durch eskapadenhafte Verhaltensweisen zu kompensieren.
Nicht zuletzt, um mit allerlei Störmanövern ihre Mitschüler/innen am weiteren Davonziehen zu hindern. Nutzt ihnen indes selten etwas, da sie damit nachvollziehbar, eher gereizte Reaktionen seitens ihrer Lehrkräfte provozieren. Geraten somit immer schneller ins Abseits der Klassengemeinschaften, dessen Eigendynamik zur weiteren Steigerungen der eigenen Frustration, des vermeintlichen Versagens beitragen.

Allein die Tatsache, dass sich bis heute ein verselbstständigter Wirtschaftszweig auf dem Nachhilfesektor mit einem jährlichen Umsatz von 1,5 Milliarden Euro (2012) etablieren konnte, müsste jeden von uns entrüstet aufstehen lassen. Denn wenn unser Staat mit seiner gesetzlichen Schulverpflichtung den Anspruch erhebt, unsere Kinder allgemeinbildend zu unterrichten, dann haben die aufsichtsführenden Staatsverantwortlichen unserer Kultusministerien auch gefälligst darauf zu achten, dass ihr eigener propagierter Anspruch ebenso inhaltlich erfüllt wird.

Davon kann gegenwärtig überhaupt keine Rede mehr sein, wenn ein wirkungsvolleres Erreichen fragwürdigster Lehrplanvorgaben stillschweigend an profitorientierte Nachhilfedienstleister und an das stille Heer privater Nachhilfeunterrichtungen delegiert wird.

So wendeten Eltern 2012/2013 im Durchschnitt für ihre bundesweit 8.557.069 schulpflichtigen Kinder, allein für professionelle Nachhilfen jährliche Kosten von etwa 175 Euro pro Kopf auf.

Wohlgemerkt vom Erstklässler bis hin zum Abiturienten, mit weiterhin steigender Tendenz.
siehe aktuellen Statistiken, wie z.b. der **Bertelsmannstiftung** oder auf **http://de.statista.com**

Wobei zu beachten ist, dass die privat geleisteten Nachhilfestunden in dieser Berechnung noch völlig unberücksichtigt geblieben sind! Diese Leistungen, die wir mit unseren Steuern finanzieren, sollten eigentlich in unseren normalen Regelschulen in ihrem bildungsgemäßen Selbstanspruch personell, räumlich quantitativ wie auch qualitativ erfüllt werden.

Kein Mensch käme vergleichsweise auf die Idee, eine Handwerkerleistung ein zweites Mal zu bezahlen, wenn eine vertraglich vereinbarte Leistung nicht oder zu schlampig erfüllt wird. Wir würden diesen imaginären Handwerker gerichtlich verklagen, um die Erfüllung seiner zugesagten Leistung zu erzwingen.

Bildungsmäßig funktioniert dies seltsamerweise nicht. Ich sage nur, Obrigkeitshörigkeit in perfekter Symbiose mit der Arroganz von Macht.

Jedenfalls versagen unsere Regelschulen zunehmend ihrem Selbstanspruch, ohne dass dieser Negativentwicklung bisher korrigierende Konsequenzen oder die überfällige Ablösung der zuständigen Regierungsverantwortlichen nach sich gezogen hätte. Warum? Weil wir diesen Machtstrukturen bislang hilflos ausgesetzt waren. Nicht zuletzt da schon unsere Eltern, Großeltern usw. innerhalb autoritärer Schulzwänge generationsübergreifend darauf konditioniert wurden, obrigkeitlichen Anweisungen widerspruchslos Folge zu leisten.
Dieses Bildungssystem wurde zwar schon immer mal wieder von mehr oder weniger prominenten Kritikern gegenüber unseren Bildungsverantwortlichen reklamiert. Aber hat sich deswegen tatsächlich etwas Grundlegendes verändert?

Nein - Weil es bis heute keinen Dialog auf Augenhöhe gibt oder erlaubt wird. Oder wie war das noch, als ich dem Bayerischen Kultusminister mein Anliegen vortrug, welches er ohne jeden Versuch eines vertiefenden Gesprächs brüsk und einsilbig zurückwies? Ich gehe davon aus, dass es keinem bildungsinteressierten Mitbürger gelingen wird, gegenüber all unseren anderen Bildungsverantwortlichen eine bessere Resonanz zu erzielen.

Zu abgehoben ist einfach das distanzierende Machtgefälle zwischen einsam agierenden Regierungsverantwortlichen und dem gewöhnlichen Volk, welches allenfalls den obrigkeitlichen Erlässen und Anweisungen zu befolgen hat. Mit freiheitlich demokratischen Gepflogenheiten haben derart abweisende Gebaren nichts zu tun, sondern erinnern viel mehr an feudalistische Herrschaftsansprüche.

So ergibt sich allein aus der räumlichen Enge eines Klassenraums mit 30 Schüler/innen innerhalb einer Unterrichtsstunde gerade mal ein winzig kleines Zeitfenster von maximal 1,5 Minuten, die eine Lehrkraft rechnerisch im Durchschnitt jedem Kind an persönlicher Aufmerksamkeit widmen könnte.

Grenzt es da nicht bereits an persönlichkeitszersetzender Vernachlässigung, wenn wir unsere Kinder zwischen 8:00 Uhr morgens bis 17:00 Uhr einem seelenlosen Schulbetrieb überlassen müssen, in den ihnen durchschnittlich eine Gesamtzeit von maximal 15 Minuten an persönlicher Zuwendung zuteil wird?

Real wird es noch weniger, wenn die Zeiten abgezogen werden, bis Lehrkräfte den Unterricht beginnen können und zeitig genug wieder enden müssen, damit die Schüler/innen am Ende der jeweiligen Fachstunden noch ihre Sachen einpacken und den Raum geordnet verlassen dürfen.

Müsste sich unter diesen Umständen nicht der gesunde Menschenverstand rühren, welchen Schaden wir da unseren Kindern gesamtgesellschaftlich zufügen? Wir sie in diesem Unterdrückungssystem fundamentaler Lebensqualitäten berauben - zur Unmündigkeit degradieren und wissentlich in Unkenntnis ihrer Unfreiheit belassen?

Kinder entdecken ihre Welt nicht durch Stillsitzen, sondern durch lebendige Erfahrungen im gemeinsamen Miteinander. Hier erweist sich nämlich im Langzeiteffekt, das Lernen auf gelingender Ebene eines Beziehungsaustausches stattfindet. Deshalb schneiden Privatschulen mit kleinen Lerngruppen im Ergebnis gegenüber unseren überfüllten Regelschulen verständlicherweise auch deutlich besser ab.

Von daher müsste jedem von uns einleuchten, warum unter den gegenwärtigen Umständen, die eingeforderte Wissen/Lebens-Aneignung unserer Bildungsvorstellungen nur mehr zur grausamen Qual verkommt, wenn sie die innewohnende Spontanität, lebendige Wissbegier und sprudelnde Lebensfreude unserer Kinder nahezu vollkommen ersticken. Einfach nur entsetzlich!

Übrig bleibt ein von Selbstzweifeln und Mutlosigkeit geprägtes Rumpfstück von Mensch, der nie gelernt hat, wer er ist, wo er steht, wohin es ihn drängt oder in der Lage ist sich selbst zu genügen.
Ist im Prinzip ja alles nichts Neues, denn Mahner/innen gab und gibt es schon lange, die bisher schon auf die zahlreichen unhaltbaren Bildungszustände aufmerksam machten. Doch werden sie wie zuvor erwähnt nicht gehört, weil die Bildungshoheit den einsam agierenden Kultusministerien vorbehalten bleibt. Nicht zuletzt, weil die Mehrheit unserer Mitmenschen in konditionierter Devothaltung kaum mehr willens sind, oder sich außerstande sehen, den gottgleichen Habitus der Kultusministerien ernsthaft mit nachdrücklichen Forderungen in Frage zu stellen.

Lehrkräfte zum Schweigen verdonnert

Dessen Part zumindest ich zu allererst von unseren hoch geschätzten Pädagogen erwartet hätte, die als erste die Fehler im System erkennen und korrigierend ihre Stimme erheben müssten/sollten. Schließlich müssen sie ihre eigenen Kinder ja ebenfalls dem gleichen Schulsystem ausliefern, um aus Elternperspektive die unendlichen Qualen und Demütigungen gegenüber ihren Kindern wahrzunehmen, die das Bildungswesen auf alle ausübt.
Aber dennoch bleibt es da merkwürdigerweise still. Etwa, sofern es die eigenen Kinder betrifft, sie sich nicht der verletzenden Kritik des eigenen Versagens aussetzen mögen? Oder ist dieses Schweigen nicht vielmehr darauf zurückzuführen, da diese Zustände zum Erscheinungsbild unserer Normalität gehören, die niemand weiter zu hinterfragen wagt?

Doch selbst wenn sich da vereinzelt Widerstand regen sollte, sind unsere Lehrkräfte mit ihrem abhängigen Beamtenstatus zu versklavtem Schweigen verdonnert, andernfalls sie riskieren, als störende Querulanten mit drohenden Zwangsversetzungen aus ihrem angestammten Sozialumfeld entwurzelt zu werden.

Was das bedeutet, muss ich hier wohl nicht ausladend erläutern. Es ist neben der ultimativen Entlassung aus dem Beamtenverhältnis, quasi die Höchststrafe mit der unsere Regierenden allzu offensive Querdenker aus den eigenen Reihen komfortabel sanktionieren dürfen und dieses Schauspiel so lange wiederholen könnten, bis unbequeme Kritiker mundtot geworden sind, oder mit dem letzten Rest Selbstbehauptung um Entlassung aus dem sklavischen Staatsdienst nachsuchen.
Für Menschen mit Anerkennungsdefiziten wiegen solche Herabwürdigungen ähnlich schwer, wie für ihre freie Meinungsäußerung mit karriereausbremsenden Repressalien bedacht zu werden.

Vor diesem Hintergrund wundert mich kaum mehr das vielsagende Schweigen nahezu aller 1102 Rektoren/Innen, die ich 2008 in einer bundesweiten Umfrage bat, ihre Meinung zu meinem vorgestellten Themen, Gewaltprävention, Eigen- und Sozialverantwortung, wie auch Elternvorbereitung, in einer dahingehenden Bildungsreform zu deklarieren.

Diese Umfrage erschien mir wichtig, da das Bayerische Kultusministerium meine Anregungen mit der Bemerkung abschloss:

Da uns auch seitens der Bayerischen Schulrektoren kein Handlungsbedarf bekannt wurde, sähe auch das Kultusministerium keinen Anlass, um meine reklamierten Lehrinhalte auch nur ansatzweise in Erwägung zu ziehen.

siehe: **www.ex-heimkinder.de/Lehrieder.htm**

Folgen erlittener Demütigungen

Während demnach Schulrektoren, wie auch Lehrkräfte, weiterhin unantastbar von notenlechzenden Eltern und ihren schulpflichtigen Kindern hofiert werden, müssen für all die immensen Bildungsversäumnisse, die unseren Lehrkräften gewiss nicht unbekannt sind, in erster Linie unsere Kinder büßen.
Denen im "Versagensfall" mit ebenso fragwürdigen Noten abwertend attestiert wird, zu den Dummen - Faulen und damit zu den Verlierern unserer Gesellschaft zu gehören.

Dabei bleibt völlig verkannt, wie schwerwiegend Kinder verletzend bloßgestellt werden, wenn sie trotz aufrichtigster „Anstrengungen" nur mangelhafte Noten erzielen und daraufhin aus der Klassengemeinschaft und soweit es Gymnasien betrifft, aus diesen prestigeträchtigen „Eliteschulen" ausgeschlossen werden, um ihre Lehrfolter in weit weniger anerkannten Real- oder Hauptschulen fortsetzen zu müssen.

Inzwischen genießen Hauptschulen einen dermaßen katastrophalen miesen Ruf als Sammelbecken gesellschaftlicher Looser, (Kinder, die von Erwachsenen bereits mit dem Prädikat Verlierer bedacht werden) um selbst unsere Bildungsverantwortlichen zum Handeln genötigt zu haben. Doch statt Ursachen anzugehen, begnügten sie sich mit großem Tam Tam, der Allgemeinheit ihren billigen Etikettenschwindel als Großtat zu verkaufen. So wurden die unbeliebten Hauptschulen in nicht minder unbeliebte Mittelschulen umbenannt.

Was soll der Quatsch, oder glaubt da etwa wirklich jemand, nur weil man dem Kind (Schule) einen anderen Namen gibt, dass sich damit bestehende Probleme in Luft auflösen? Gleiches gilt auch gegenüber Gesamtschulen oder jenen Bemühungen, Grundschüler/innen wenigstens die ersten Jahre vor der Pein von bewertenden Noten zu bewahren. Zudem gibt es inzwischen auch

Bundesländer, in der Schüler/innen zwar nicht mehr sitzenbleiben können, damit aber keinesfalls die strukturellen Problemfelder überwinden.

Für Kinder, die bereits recht früh realisieren, welchen Stellenwert ihre jeweilige Schulen haben, dürfte die Erfahrung, selbst eine der weniger anerkannten Schulen besuchen zu müssen, bereits mit ersten Demütigungen verbunden sein.
Teils werden Jugendlichen in solchen „Leeranstalten" bereits dermaßen negative Zukunftsperspektiven vorgezeichnet, um noch während ihrer regulären Schulzeit die Bearbeitung von Harzt-IV Anträgen einzuüben. Siehe auf youtube die Dokumentation: **Die Hartz-IV-Schule.**

Muss man da nicht zu Recht den Verstand unserer Bildungsverantwortlichen in Frage stellen? Was glauben die denn, wie Jugendliche auf solche Perspektiven reagieren? Anstrengen – für was?

Die Folgen sind doch längst hinreichend bekannt und vom logischen Aspekt nachvollziehbar, wenn ins Abseits gedrängte Jugendliche mit extravaganten Verhaltensauffälligkeiten reagieren und nichts Eiligeres zu tun haben, um ihre anerkennende Identität in Randgruppen zu suchen, die sich in deutlicher Protesthaltung von der Normgesellschaft abzugrenzen versuchen.
Als anschauliches Beispiel möchte ich hier eine Detailaussage innerhalb eines Strafprozesses darlegen.

So berichtete im Rahmen des aktuellen (seit 2013) geführten NSU-Prozesses (siehe Wikipedia) eine studierte Lehrerin als Mutter, wie ihr Sohn als einer von 3 Rechtsradikalen, die zehn Menschen aus Hass auf Ausländer ermordeten, (besser: stellvertretend für ihren eigenen Frust auf ihr wenig gewertschätztes Leben), bereits ab der 5. Klasse den Anschluss zu seinem zuvor intakten sozialen Umfeld verlor.

Durch negative Noten, fühlte er sich zunehmend in seiner Persönlichkeit herabgewürdigt, während er zeitgleich als Versager von seiner Klassengemeinschaft ausgegrenzt wurde.

Wörtlich:

Und so berichtet Brigitte Böhnhardt davon, wie Uwe ab der 5. Klasse "Probleme bekam", wie er in der 6. sitzen blieb, und wie dann, nach der Wende, die Klassen auseinander gerissen wurden.

Das, was dann geschieht, schildert die Mutter als Folge dieser Entwurzelung: Förderschule, Schwänzen, Kinderheim, Schwänzen, dann die ersten Diebstähle, Prügeleien und schließlich, mit 15, die erste, viermonatige Haftstrafe, im Gefängnis Hohenleuben. Wir waren am Ende, wussten nicht weiter, sagt Brigitte Böhnhardt. Überall sei sie gewesen, in den Schulen, bei den Behörden, in den Gerichtsverhandlungen. Nirgendwo habe man ihr geholfen.
(Text wurde der Thüringer Allgemeinen entnommen)

Womit recht gut nachvollziehbar wird, warum sich genau solche entwertet fühlende Menschen gern Randgruppen anschließen, die sich in provozierender Protesthaltung von ihrer schmerzbereitenden wie gleichsam verhassten Normgesellschaft abgrenzen und somit dem einst Schwachen ein Gefühl von verbindender Gemeinschaft und Stärke vermitteln. Was hier im eng gefassten lokalen Rahmen gilt, trifft in ähnlicher Weise auf den um sich greifenden Radikalismus der gesamten (Welt) Bevölkerung zu.

Der historisch belegt stets in ähnlichen Formen in Erscheinung tritt, wenn Menschen zuvor in ihrer Freiheit und persönlichen Entfaltung so unerbittlich eingeengt wurden, um sich identitätsspendenden Ideologien anzuschließen, wie sie häufig in fanatisierten Glaubensgemeinschaften zum Ausdruck kommen.

Ein zufriedener Mensch hätte im Umkehrschluss ja auch gar keinen Anlass, seine angenehme Lebenssituation verändern zu wollen. Was uns da noch in Zukunft aufgrund jüngster Migrationszuwanderer blüht, möchte ich hier gar nicht erst vertiefen.

Es ist nur zu verständlich, dass solche Menschen, die zu ihrem seelischen Selbstschutz teils in irrationale Ideale flüchten, später für die daraus hervorgehenden Verbrechen juristisch zur Rechenschaft gezogen werden.

Doch gehören unsere Bildungsverantwortlichen nicht im gleichen Maße auf die selbe Anklagebank, wenn sie im Wissen solch logischer Zusammenhänge, dennoch weiter an unserem destruktiven Bildungswesen festhalten, unter dem junge Menschen in ihren Persönlichkeiten verletzt werden und damit ursächlich zahlreichen Verbrechen und Gesellschaftsproblemen weiteren Vorschub leisten?

Wobei ich nicht unterstellen möchte, dass diese unseligen Entwicklungen bewusst geschürt werden. Aber erkennbar sind unsere Bildungspolitiker für die unseligen Opfer-Täter Entwicklungen in erheblichem Maße mitverantwortlich.

Nicht ohne Grund haben im dritten Reich große Teile der Bevölkerung Hitler umjubelt, der es mit berechnendem Charisma verstand, gedemütigten Menschen ein Gefühl von verbindender Gemeinschaft zu vermitteln und eine verklärende Vision vor Augen zu führen, in der sie sich dankbar über ihr eigenes Elend hinweg zu Herrschaften erhoben fühlen durften.

Dummerweise werden nicht nur unsere Schüler/innen mit überwiegend unwichtigen Inhalten überfrachtet, um kaum mal die Chance zu erhalten, sich mit wichtigeren Themen zu befassen, die geeignet wären, um aus den Fehlern der Vergangenheit zu lernen, sonst würde sich die Weltgeschichte um Herrschaftsansprüche nicht ständig wiederholen.

Berufliche Hürden

Dieser hausgemachten, sozialen Ausgrenzung wird mit den ständig weiter vollkommen unnötig angehobenen beruflichen Zugangsvoraussetzungen in nahezu allen Berufsbranchen weiterer Vorschub geleistet, wenn Jugendlichen damit die Möglichkeit genommen ist, eine wunschgemäße Berufswahl und somit Entfaltung authentischer Talente treffen zu dürfen. Dabei müsste eigentlich einleuchten, welch ein ungeheuer großes Leistungs- und Ideenpotenzial, hochmotivierter Mitarbeiter mit dieser selektiven Praxis der Wirtschaft verloren geht. Gleichzeitig trägt diese kurzsichtige Ausbildungspraxis zu einer enormen Frustentfaltung auf breiter Front bei, wenn junge Menschen nur mehr eine extrem eingeschränkte Berufsauswahl treffen können und daher geradezu ihr Leben lang gezwungen werden, ungeliebte Tätigkeiten zu verrichten. So ergab jüngst erst eine Studie der IHK:

Während sich junge Menschen mit Abitur auf alle Stellen bewerben können, stehen den Bewerbern mit Realschulabschluss etwa 87 Prozent der Stellen offen. Bei Hauptschüler sind es 39 Prozent. Ohne Schulabschluss gibt es nur in rund drei Prozent der Betriebe eine Chance auf eine Lehre.

Womit die eingeschränkte Berufsauswahl für mehr als einem Drittel aller gegenwärtigen Schulabgänger (2016) schon zu Beginn ihres beruflichen Einstiegs mit einem enormen Frustpotenzial verbunden ist. Höhere Schulzweigabsolventen sind indes kaum besser dran, da ihnen, wie nahezu allen Schulabgängern, meist genauso unbekannt geblieben ist, in welchen Berufsbereichen sie ihre Erfüllung finden könnten.

Unzufriedenheit erzeugt Frust und Resignation. Unter dieser Bürde leidet logischerweise auch die nötige Motivation, eventuell später durch Weiterbildungsmaßnahmen einen wunschgemäßen Beruf zu erlangen. Und nicht zu vergessen, wirken sich

Frust, und geringes Einkommen, wenig Anerkennung, mit all seinen weiteren negativen Begleiterscheinungen nahezu 1:1 auch auf das spätere Familienleben und im Besonderen gegenüber eigenen Kinder aus. Dieser unglückselige Stress in Kombination von Unzufriedenheit und Anerkennungsdefiziten ist darüber hinaus völlig unnötig, denn was sagen schon inhaltslose Noten über persönliche Neigungen und Fähigkeiten aus, die im regulären Schulbetrieb nicht einmal ansatzweise ausgelotet werden, da Schulkinder meist Vorgaben zu erfüllen haben, statt eigene Faszinationen zu entwickeln und/oder zu vertiefen, was ihnen Spaß macht und somit Lebensfreude erzeugt.

So wurde mir z.B. eine junge Frau bekannt, die eine Bäcker- und Konditorausbildung absolvierte. Im praktischen Teil entwickelte sie eine kreative Befähigung, die selbst ihren Chef in erstauntes Entzücken versetzte. Indes konnte/durfte sie am Ende diesen Beruf nicht ausüben, weil sie im theoretischen Teil der Berufsschulausbildung, aus welchen Gründen auch immer, notenmäßig total versagte. Womit so ein wunderbar kreativ berufener Mensch völlig unverständlich um wichtige Lebensperspektiven und Entfaltung ihres natürlich vorhandenen Talents gebracht wurde. Wie schändlich und menschenverachtend!

Auf den Punkt gebracht, spiegelt sich in den wenig aussagekräftigen Benotungen kaum mehr als der Perfektionsgrad wider, mit dem Lehrkräften die augenblickliche Dressur einer mehr oder weniger fehlerarmen Wiederholung zuvor angesprochener „Leerinhalte" durch ihre Schüler/innen gelungen ist.

Warum dieses abgefragte Wissen anschließend nahezu genauso schnell wieder vergessen ist, weil es weder interessierte, noch in einem nachvollziehbaren Zusammenhang anderer Unterrichtsfächer steht, interessiert anschließend niemanden mehr. Weshalb diese ineffektive „Wissensvermittlung" von Schülern/innen bezeichnenderweise als sinnloses "Bulimie-Lernen" deklariert wird.

Müssten wir uns da nicht gemeinschaftlich fragen, wozu der ganze Stress und Krampf um Noten, wenn behandelte Lerninhalte, des dichten Lehrplans wegen, der überwiegend zusammenhanglos fragmentarisch und realitätsentfremdet vermittelt wird, bereits kurz nach der Klassenarbeit wieder vergessen ist?

Dieses Phänomen wird nicht allein durch Pisa-Studien offenbart, sondern wird schon längere Zeit von Ausbildungsbetrieben und Universitäten als eklatanter Mangel an Allgemeinbildung beklagt, ohne dass dieser offenkundigen Entwicklung durch unsere Kultusministerien Abhilfe geschaffen wurde. Wozu auch, wenn ihnen nichts Besseres einfällt als den Status Quo zu erhalten. Zudem auch mal angesprochen werden darf, wie unsinnig willkürlich die Notengebung bleibt, wenn Schülern/innen nicht einmal erklärt wird, worauf die inhaltlichen Notengebungen beruhen.
Die steigenden Tendenzen psychologischer Inanspruchnahmen, wie auch Pharmaunternehmen, deren Aktien-Anteilseigner seit Jahren in Sektlaune schwelgen, seitdem sie in schulpflichtigen Kindern einen boomenden Absatzmarkt für ihre fragwürdigen Erzeugnisse erobert haben, darf an dieser Stelle nicht unerwähnt bleiben, um hervorzuheben, wie weit wir es in unserem Land mit unseren Anspruchsexzessen gegenüber unseren Kindern bereits gebracht haben, statt ihnen die Zeit zur naturgemäßen Reife zu überlassen.

Es dürfte demnach verständlich werden, dass unser gegenwärtiges Bildungssystem ohne Rücksicht auf die so vielfältig individuellen geistigen, körperlichen oder charakterlichen Eigenheiten und Entwicklungen, mit dem unsere Kinder bildungsmäßig wie eine grobe Dampfwalze überfahren werden, um sie auf ein wirtschaftskonformes „DIN-Maß" zu nivellieren, gar nicht anders kann, als mit seinen beständigen Forderungen statt individualgerechten Förderungen, im Fließbandbetrieb Schule, seelisches Unheil zu produzieren.

Folgen der Orientierungslosigkeit in der Berufswahl

Diese jungen Menschen weisen am Ende ihrer Schulpflicht weder fundierte Kenntnisse über eine eigenverantwortliche Lebensführung sich selbst, der sozialen Gemeinschaft, noch gegenüber der Welt auf, von der wir alle leben müssen.

Außer zu konsumieren, wissen sie nichts darüber, wie sie Glück und Selbstgenügsamkeit finden können. Nichts darüber, wie sie sich über ihren Selbstwert, ihre Fähigkeiten und Neigungen definieren, dessen Grundlagen als Voraussetzung eines erfüllten und friedsamen Lebens gelten und so verhalten sie sich auch in ihrer eigenen Unkenntnis.

Wozu also all dieses hochgezüchtete Dressieren, von deren Inhalten Schüler/innen nicht einmal erfahren, wozu ihnen der Lehrstoff im realen Leben dienen könnte? Wozu das Einpauken einer nicht endenden Fülle zusammenhangloser Theorieinhalte, die im realen Leben kaum benötigt werden und deshalb in den Bereich beruflicher Weiterbildung gehören.

Entsprechend orientierungslos verlassen am Ende der regulären Schulzeit die Mehrheit aller jungen Menschen die Schulbank, um sich in Berufsausbildungen zu stürzen, von denen sie kaum eine Vorstellung darüber haben, welche längerfristigen Anforderungen mit ihrer Berufswahl verbunden sind.

In Bezug auf Lehrkräfte wirken sich die Folgen besonders fatal auf unsere Kinder aus. Denn wie erwähnt, fehlen Schulabgängern oft konkrete Vorstellungen, für welche Berufswahl sie sich entscheiden könnten/sollten/dürfen. Eingedenk ihrer eigenen Schulzeit orientieren sich junge Menschen natürlich auch nach dem, was ihnen von der Schulzeit her vertraut ist. Was liegt da näher, als ein prestigeträchtiges Lehramtsstudium anzustreben?

Doch wie in anderen Berufszweigen ähnlich, erweist sich die Erkenntnis, die falsche Berufswahl getroffen zu haben, oft erst zu spät, weil es schon einen großen Unterschied macht, ob man innerhalb oder vor einer Klasse undisziplinierter oder provozierender Schüler-/innen sitzt.

Nur wer hat in einem Alter, in dem man sich anschickt, auf eigenen Beinen zu stehen, oder zu Hause bereits Frau und Kinder zu versorgen hat, noch den Biss und finanziellen Mittel, um eine alternative Ausbildung aufzugreifen, die schon eher den eigenen Talenten und Vorlieben entsprechen könnte? Insbesondere, wenn man sich des bewundernden Stolzes der Angehörigen sicher sein darf, es zu einem angesehenen Beruf mit guten und gesicherten Einkommen geschafft zu haben?

Die Wenigsten werden da ihren inneren Schweinehund und die Vorzüge des wohlversorgten Beamtendaseins überwindend ein zweites Mal von vorne anfangen.
Leidtragende bleiben in allen Fällen stets unsere Kinder, die dem mürrischen Frust und teils auch gravierenden pädagogisches Unvermögen solcher Lehrkräfte hilflos ausgeliefert werden.

Meinen Beobachtungen nach, haben Kinder ein recht treffsicheres Gespür für die unterschiedlichen Qualitäten von Lehrkräften. Zumindest stimmten deren Urteile, wie sie Lehrkräfte unseres Gymnasium einst auf dem Bewertungsportal **Spickmich.de** beurteilten, ziemlich treffsicher mit meinen eigenen Beobachtungen überein.

Daher müsste in der künftigen Lehramtsausbildung wesentlich mehr Wert auf pädagogische Befähigungen oder besser natürlichen Talente der angehenden Lehrkräfte geachtet werden, wie gut es ihnen gelingt, auf Kinder einzugehen und für Lehrthemen zu begeistern.

Was da zum Teil auf unsere Kinder losgelassen wird, grenzt meiner Ansicht nach bereits vielfach an fahrlässiger Körperverletzung!

Schließlich ist es kein Geheimnis, dass häufig psychisch verletzte Menschen Machtpositionen wie das machtvolle Lehramt anstreben, mit dem eine weitgehende Unantastbarkeit ihrer Person verbunden ist, wie sie fälschlicherweise im Umgang mit vermeintlich schwachen Kindern erwartet wird. Fälschlicherweise deshalb, da Kinder durchaus verletzend herausfordern können oder Eltern von Lehrkräften Rechenschaft einfordern, warum sich ihr Kind bei der einen oder anderen Lehrkraft nicht erwartungsgemäß entwickelt.

Dieser Eindruck wurde auch während meiner „Forenzeit" nachhaltig bestätigt, in der ich auffallend häufig mit geschädigten Menschen in Berührung kam, die trotz ihrer eigenen erheblichen psychischen Schwierigkeiten ein Lehramt anstrebten. Kam aber erst später dazu, die daraus ableitenden Rückschlüsse zu erkennen.
So bleibt nicht weiter verwunderlich, warum ich in der Schule meiner Kinder, als auch innerhalb meines Gymnasiums, an dem ich arbeite, immer wieder auf Lehrkräfte traf und noch immer treffe, denen geradezu ins Gesicht geschrieben steht, wie sehr ihnen jedes pädagogisches Fingerspitzengefühl fehlt. Sei es, weil sie mir, so komplexbeladen wie sie mir teils erkennbar erscheinen, nicht einmal fähig sind, mir beim Grüßen (sofern sie grüßen) offen ins Gesicht zu sehen.

Manchmal bekomme ich sehr gut mit, wie unscheinbare Persönchen vor Kindern in Klassenzimmern zu wortgewaltigen Generälen mutieren und kein Gespür dafür entwickeln, wie sie mit ihrem selbstverliebten Dozieren, Kindern jeden Mut zu sinnvollen Nachfragen nehmen.

Aber auch das andere Extrem, unvorstellbarer Gleichgültigkeit, ob die Klasse den Unterrichtsanweisungen Folge leistet oder nicht, ist mir nicht fremd geblieben. Darüber hinaus begegnen mir natürlich auch jene Lehrkräfte, die wie bereits erwähnt, kaum ihren inneren Lebensfrust verbergen können und so unwirsch und abweisend wie sie mir, als auch untereinander begegnen, für Schüler/innen kaum zugänglicher ihr tägliches Pflichtprogramm abspulen.

Auf der anderen Seite möchte ich nicht den Eindruck erwecken, als gäbe es kein Bemühen, den bescheidenen Verhältnissen entsprechend auch gute Arbeit zu leisten. Doch ja, ich habe etliche wunderbare Menschen kennen und schätzen gelernt, die ihren Lehrberuf wirklich aus spürbarer Berufung erfüllen. Fragen Sie mal Schüler/innen, die weisen ihnen unverkennbar den Weg, zu den wahrhaft berufenen Lehrkräften.

Die meisten Lehrkräfte trauen sich aber auch nicht eigenverantwortlich, aus ihrem eingefahrenen Gleisbett zu springen, um eine lebensnähere Unterrichtsgestaltung auszuprobieren. Die Freiheit ist jeder Lehrkraft unbegrenzt gegeben, jedoch werden die vorhandenen Freiräume aus verinnerlichter Anpassungspflicht, viel zu selten genutzt.
Darauf angesprochen, bekam ich unter anderem zur Antwort, dass sich die Kinder in der bewährten Unterrichtsform wohl fühlen und demnach keiner Veränderung bedürfen.

Diese Ansicht wird gewiss jedes noch so wilde Tier teilen, welches zwischen Käfig und Freiheit wählen dürfte, wenn es zuvor nur lange genug in seinem Käfig eingesperrt wurde.

HALLO? Ist es nicht mal an der Zeit aufzuwachen um eigenverantwortlich neue Wege zu beschreiten?

Mangel an Selbstreflektion für Lehrkräfte

Doch selbst bei allen ernsthaften Bemühungen, den bescheidenen Verhältnissen entsprechend, Kinder förderlich zu erreichen, bleibt systembedingt noch immer ein gewaltiger Hemmschuh für fortschrittliche Weiterentwicklungen bestehen. So erkenne ich in Bezug auf Lehrkräfte in den fehlenden Möglichkeiten, sich selbstreflektierend zu erfahren, einen gravierenden Mangel, um sich positiv weiterzuentwickeln.

Jede Lehrkraft wird zwar ein/zwei Mal im Jahr in einer ihrer Unterrichtsstunden vom jeweiligen Schulrektor besucht und im Anschluss zu einem analytischen Gespräch gebeten, aber reicht so ein sporadischer Besuch ernsthaft aus, um fundierte Einblicke über bestehende Stärken und Schwächen von Lehrkräften zu gewinnen? Die Realität weist uns die Antwort: NEIN, so funktioniert es nicht!

Auch eine professionelle Supervision erscheint mir da wenig erhellend, da in diesem künstlich konstruierten Rahmen bereits ein kontrollierender Charakter mit unerwünschtem Erwartungsdruck entsteht, der verhindert, dass sich Lehrkräfte ähnlich gelöst und spontan wie in unbeobachteten Zeiten verhalten.

Viel sinniger halte ich die Idee, von Zeit zu Zeit unbefangen auf freundschaftlicher Ebene unterschiedliche Kollegen in den eigenen Unterricht einzuladen und sie zu bitten, ihnen ihre Eindrücke über die eigene Unterrichtsqualität mitzuteilen. Innerhalb solch eines freundschaftlichen Rahmens dürften kollegiale Anregungen weit weniger als belastende Negativkritiken empfunden werden, als würde ein vernichtendes Urteil von Schulleiterseiten aus auf eine Lehrkraft treffen. Doch da es bundesweit an solch wichtigem Feedback fehlt, bleiben unsere Schulpädagogen meist bis zum bitteren Ende einsame Einzelkämpfer, die meinem Eindruck nach aus Scham, sich vor Kollegen ihrer konzeptionellen

Armut wegen zu blamieren, auch untereinander erstaunlich distanziert begegnen.
In Erinnerung an vielfach geerntetes Schulterzucken, mit dem Lehrer-/innen meiner eigenen Kinder auf die Frage reagierten, wie sie denn ihre unterrichteten Kinder motivieren, zeichnet sich in Bezug auf pädagogische Lehrkompetenz eine entlarvende Hilflosigkeit ab.
Dies wird auch aus Perspektive meines Bürofensters über den Pausenhof ersichtlich. Nämlich in der Einsamkeit der Lehrkräfte, wie sie überwiegend allein oder mit einer anderen Lehrkraft zusammen die Pausenaufsichten ausüben. Höchst selten, dass sie mal von Schülern/innen angesprochen werden.

Diese Beobachtung ist insofern interessant, da in dieser Einsamkeit erkennbar wird, wie wenig Lehrkräfte unsere Kinder mit ihren jeweiligen Unterrichtsfächern erreichen. Denn es entspricht gängiger Lebenserfahrung, dass Referenten mit begeisternden Vortragsinhalten, selbst in Pausenzeiten niemals allein irgendwo herumstehen, sondern meist von einer Traube von Menschen umgeben sind, die GERN mehr über ein angesprochenes Thema erfahren möchten und weitergehende Fragen stellen.

Mit Blick auf unsere Pausenhöfe dürfte damit wohl klar ersichtlich werden, wie wenig es unseren Lehrkräften gelingt, mit ihren Themengebieten Interesse bei unseren Kindern zu wecken, oder inwieweit unseren Kindern die naturgegebene Begeisterung des Entdeckens abhanden gekommen ist.

Wundert mich inzwischen aber längst nicht mehr, da ich immer wieder Erklärungen zu hören bekam, wonach zu Gunsten einer eher wissenschaftlich orientierten Sachkenntnis, die wünschenswerte Vertiefung pädagogischer Elemente in der Lehramtsausbildung definitiv zu kurz kommt. Somit stehen unseren Schulkindern durchaus hochgebildete Kräfte in ihren jeweils studierten Sachbereichen vor.

Nur nützt all dieses Fachwissen wenig, wenn ihnen die pädagogische Kompetenz fehlt, um ihre Schüler/innen in einem streng reglementierten Zeitrahmen für ihre unterrichteten Themen begeisternd zu erreichen. Was umso schwieriger wird, wenn sie vor zu großen Schülerzahlen unterrichten, unter denen sich im Rahmen unserer neuzeitlichen Inklusionsbemühungen auch Kinder mit besonderen Lernbehinderungen, bzw. Verhaltensauffälligkeiten befinden.

Von daher sind auch unsere Lehrkräfte gemäß ihrer schwierigen Aufgabenstellung im Spannungsfeld allseitiger Erwartungshaltungen wahrlich nicht zu beneiden. Dabei fehlt es nicht an pädagogischen Interessenverbänden, denen es trotz aller Erkenntnisse und aussagekräftigen Studien auch zusammengenommen bis heute nicht gelungen ist, eine notwendige Verschiebung wichtiger Kernbereiche in der Lehramtsausbildung durchzusetzen.

Woraus ersichtlich wird, mit welcher unbelehrbaren Ignoranz sich unsere Kultusministerien bis auf den heutigen Tag, über alle noch so berechtigten Forderungen nach lebenszugewandteren Bildungsinhalten hinwegsetzten. Nicht hinwegsetzen dürfen?

Zudem stellt sich die berechtigte Frage, aus welchen Quellen Erfordernissen unsere Bildungsministerien ihre Lehrplanvorgaben ableiten, mit dessen Inhalten sie unsere Kinder "terrorisieren"? Oder setzen sich unsere Bildungsverantwortlichen gar irgendwo mit unseren Kindern, uns Eltern oder Lehrpädagogen zusammen, um gemeinsam zu ergründen, welche Probleme und Wünsche es seitens der Schulfamilien gibt, die in künftigen Lehrplänen verbesserungswirksam einfließen könnten?

Nein, ist mir zumindest noch nicht bekannt geworden, dass sich unsere Bildungsverantwortlichen in die „Niederungen" unserer Bevölkerung begeben hätten, um sich direkt vor Ort für ihr eigenes Handeln inspirieren zu lassen.

Von daher wird verständlich, warum die an grünen Schreibtischen verfassten Lehrplanvorgaben, so selten einen Bezug zur Realität aufweisen. Das kommt halt dabei heraus, wenn Wirtschaftslobbyisten unseren Bildungsverantwortliche ihre Wünsche und Forderungen ins Stammbuch diktieren und damit unter Beweis stellen, welchen Machteinfluss habgiergetriebene Interessenvertreter der Wirtschaft bereits über unsere Kultusministerien gewonnen haben.

Dabei treten unsere verantwortlichen Kultusministerien unerschütterlich weiter in ausgetretenen Irrpfaden auf der Stelle, auf dem sie unsere Kinder zur bildungsmäßigen Erleuchtung zu führen glauben. Gerade in Bayern meint man ja immer noch, anderen Bundesländern bildungsmäßig weit überlegen zu sein. Dessen Selbsteinschätzung sich die Bayerische Regierung 2009 eigens von Mitarbeitern des Wissenschaftlich technischen Beirats bestätigen lassen wollte.

Wider Erwarten attestierten die Eingeladenen im Anschluss ihrer Untersuchungen der Bayerischen Staatsregierung sogar einen ausgewachsenen Schulreformbedarf. Quasi eine schallende Ohrfeige für die Akteure auf dem politischen Parkett.
Die ließen es sich in althergebrachter Manier nicht nehmen, unbeeindruckt vom Ergebnis den Status Quo an Bayerischen Schulen gemäß dem Motto: "Am Bewährten festhalten", weiterhin alles beim Alten zu belassen. bitte googeln: **Experten wollen Bayerns Schulsystem umkrempeln.**

In Hessen fiel das Ergebnis einer externen Untersuchung im selben Zeitraum über die angewandte Bildungspraxis ähnlich verheerend aus. Nichts hat sich seither geändert. Weiterhin werden Schüler - der geringeren Kosten wegen - in viel zu großer Anzahl in anonymen Schulen und Schulzentren kaserniert, um in viel zu engen und steril ausgestalteten Klassenzimmern mit Standard-Bildungsmüll abgefertigt zu werden.

Beschaffenheit von Schulgebäuden

Die Beratungs- oder Einsichtsresistenz seitens unserer politisch Verantwortlichen trägt zuweilen tragische Züge, wenn es bis heute nicht gelungen ist, die Klassenzimmer moderner Neubauten wenigstens mit erfrischenden Belüftungssystemen auszustatten. Dabei haben die gegenwärtig tätigen Staatsverantwortlichen in ihren Schulzeiten doch auch schon unter der sauerstoffarmen und stickigen Luft zu enger Klassenzimmer nach Luft gejabst.

Zumal sich die abgestandene Luft in den Räumen kaum regenerieren kann, wenn nach Unterrichtsende bekanntlich gleich wieder alle Türen und Fenster geschlossen werden müssen. Auch in Bezug auf Schallschutz gibt es bislang kaum Bemühungen, den für alle nerven-strapazierende Geräuschpegel durch geeignete Baumaßnahmen auf einen erträglichen Level zu reduzieren.

Wie man von Schülern/innen unter derart widriger Begleitumständen dauerhaft geistige Hochleistungen ein- und abfordert, ist meines Erachtens ein weiterer Beleg politischer Ignoranz.

Dies trifft in ähnlicher Weise auf die nüchterne Ausstattung vieler Schulen zu, um der kindlichen Phantasie in steril getünchten Klassenzimmern kaum etwas Belebendes, Inspirierendes oder im weitesten Sinne eine Atmosphäre zum Wohlfühlen anzubieten.

Ähnlich unerträglich aber auch die Situation der Lehrkräfte, die bei Stundenwechseln binnen Minutenfrist mit schweren Taschen bepackt, über teils enorm weite Strecken der weitläufigen Schuleinrichtungen hasten müssen. Nicht einmal in den regulären Pausenzeiten ist Lehrkräften eine ungestörte Erholungszeit vergönnt, da sie innerhalb der kurzen Zeiten oftmals notwendige Absprachen mit Schulleitungen oder Sekretariaten zu treffen, wie auch andere organisatorische Fragen zu beantworten haben.

Nein, diese Schulpraxis immer größerer und komplexerer Schulen ist für alle Beteiligten nicht nur kontraproduktiv, sondern widerspricht in jeder Beziehung einer persönlichkeitsförderlichen Unterrichtung.

Privatschulen tragen diesem Erfordernis schon länger in der Unterrichtung von kleinen Gruppen innerhalb einer fast schon gemütlichen Wohnatmosphäre von teils nur 5-10 Schülern/innen Rechnung.

Wenn unser bürgerlicher Nachwuchs, gemäß offizieller Verlautbarungen demnach unser höchstes Staatsgut darstellt, dann sollten wir ihrem einzigartigen Wert angemessen, verdammt noch mal auch endlich das dafür nötige "Kleingeld" in die Hand nehmen, um ihnen eine optimale Ausbildung und Start in ihr eigenverantwortliches Leben zu ermöglichen.

Qualitäten der Lehrkräfte hinterfragen

So müssen zunächst unsere Kinder - und in weiterer Folge wir alle - als Erwachsene die bildungspolitischen Versäumnisse ausbaden, wenn unsere Lehrkräfte mit all ihren Stärken aber auch Schwächen, Schulkindern in abgeschotteten Klassenzimmern mit einer unantastbaren Machtfülle versehen, als teils unausgereifte Einzelkämpfer/innen vorstehen. Dabei können Lehrkräfte auf eine Fülle subtiler Mittel und Bewertungen zurückgreifen, um Kindern die Hölle auf Erde zu bereiten, ohne dass Schüler/Eltern die Chance gegeben wäre, die Machenschaften einer möglicherweise machtmissbrauchenden Lehrkraft zu erkennen oder erfolgreich dagegen zu intervenieren.

Wer mag, kann sich auf meiner Webseite über die 50 miesen Möglichkeiten informieren, die vor einigen Jahren von einer aufmerksamen Lehrkraft zusammengetragen wurden und wünsche allen Mitlesenden im Fall der Betroffenheit ihrer Kinder jeden erdenklichen Erfolg, um diesem unseligen Schauspiel ein erlösendes Ende zu bereiten. Siehe:
www.bildungsnot.de/lehrermobbing

Ohnehin gleicht es einem Lotteriespiel, wie sich unsere Kinder in ihren jeweiligen Schulen entwickeln. Denn entweder haben sie Glück, um eine berufene Lehrkraft vorzufinden, die ihre Schüler/innen mit mitreißenden Lehrinhalten zu begeistern versteht, oder haben das Pech, wenigstens ein quälend langes Jahr und länger weitgehend hilflos einer pädagogischen Niete ausgeliefert zu sein.
Denn innerhalb unserer Schulen gibt es so gut wie keine Chance, eine noch so inkompetente Lehrkraft wieder loszuwerden, sofern sie nicht gerade goldene Löffel gestohlen hat.

Selbst wenn Schulrektoren turnusgemäß ein/zwei Mal im Jahr, eine Unterrichtsstunde ihrer Lehrkollegen begleiten und noch so berechtigte Kritikpunkte zu reklamieren hätten, so hat ein Schulleiter quasi keine Chance, eine wer weiß wie unfähige Lehrkraft zu entlassen.

Allenfalls, können Rektoren/innen ihr Missfallen in die jährliche Mitarbeiterbewertung einfließen lassen, die sich jedoch einzig beförderungshemmend auswirken wird.
Es sei denn, die Lehrkraft würde sich demonstrativ jeglicher Zusammenarbeit entziehen. Doch dies dürfte mit Blick auf die angenehmen Vorteile einer rundumversorgten Beamtenstelle wohl eher seltene Ausnahme bleiben.
Alternativ könnten Rektoren missliebige Lehrkräfte mit ungünstigen oder auseinanderliegenden Unterrichtsstunden belegen, doch derlei Disziplinierungsversuche dürften allenfalls geeignet sein, vorhandenes Frustpotenzial weiter zu steigern.

Womit deutlich wird, wie wenig Mittel den Schulverwaltungen gegeben sind, um Lehrkräfte qualitätssteigernd zu motivieren.
Insbesondere älteren Lehrkräften, die bereits ihre höchstmögliche Beförderungsstufe erreicht haben, dürfte von ihrem persönlichen Engagement abgesehen, jeder Anreiz fehlen, ihren Unterricht für ihre Schüler/innen noch ansprechender zu gestalten.

Leidtragende bleiben stets unsere Kinder, die Gefahr laufen, durch demotivierende und selbstherrliche Lehrkräfte für ihr weiteres Leben nachhaltig geschädigt zu werden.

Dabei könnten Machtmissbrauchsrisiken für meine Begriffe recht effektiv durch die Anwesenheit mindestens einer zweiten erwachsenen Person im Klassenzimmer deutlich reduziert werden und dürfte sich nicht nur in Bezug auf betroffene Schüler entspannend auf das gesamte Schulklima auswirken.

Hierzu hatte ich 2010 auf der Internetplattform "Aufbruch Bayern", die von der Bayerischen Staatsregierung eingerichtete wurde, um ihre Bürger einzuladen, innovative Ideen zum Fortschritt von Bildung, Familie und Technologie einzubringen, selbst eine Fülle von Vorschlägen eingebracht. Eine meiner 43 eingereichten Ideen, mit denen ich als zweifacher Preisträger hervorging, lautete: Eltern könnte man meiner Ansicht nach, sofern dazu Interesse besteht, die Möglichkeit einräumen, den Unterricht ihrer Kinder auch unangemeldet begleiten zu dürfen.

Wobei ich davon ausgehe, dass eher solche Kinder den elterlichen Besuch begrüßen werden, die sich, aus welchen Gründen auch immer, bereits benachteiligt fühlen. Und klar, sollte die Begleitung zuvor zwischen Eltern und Kind abgesprochen werden, um niemanden ungewollt zu kompromittieren.

Meine Idee beinhaltet mehrere Vorteile.
Einmal dürften mit der Unterrichtsbegleitung durch Eltern Schüler-/innen vor subtilen Herabsetzungen bewahrt werden, wie sie durch Lehrkräfte unweigerlich bei bestehenden Antipathien auftreten.
Es entspricht einfach der natürlichen Lebenserfahrung, dass es immer Menschen gibt, die uns mehr oder weniger sympathisch sind und entsprechend bevorzugt oder distanzierend behandelt werden.

Klar, sind Lehrkräfte gehalten, ihre persönlichen Sympathien in ihren Handlungen/Bewertungen außen vor zu lassen. Mit Blick auf die unzureichenden pädagogischen Ansätze in der Lehramtsausbildung, wie auch zunehmend undisziplinierten oder gleichgültigen Lehrkräften, sollten wir von unseren Lehrerinnen und Lehrern aber besser nicht mehr Tugendhaftigkeit erwarten, wie sie uns im Umgang mit Menschen aus anderen Berufsbereichen gewohnt sind.

Weitere Vorteile erkenne ich in den Einblicken, die Eltern in den Unterrichtsstoff nehmen könnten, wenn es ihnen mit der zeitweiligen Klassenbegleitung leichter fällt, die Hausaufgaben ihrer Kinder inhaltlich nachzuvollziehen. Ja wahrscheinlich selbst wieder bestehende Wissenslücken schließen könnten, die ihnen aus der eigenen Schulzeiten längst wieder entfallen sind.

Auch in Hinblick der Ruhe und Ordnung dürfte sich die Anwesenheit von Eltern innerhalb der Schulfamilie positiv auswirken und die soziale Verbundenheit stärken. Zudem könnten bereitwillige Eltern, (warum auch nicht?), Lehrkräfte aktiv im Unterricht unterstützen.

Und nicht zu vergessen, erhielten Lehrer/Innen durch anwesende Eltern ein hilfreiches Feedback über ihre Unterrichtsgestaltung. Warum nicht einmal probieren?

Nichts ist unmöglich, wenn wir uns nur trauen würden, endlich neue Pfade auszuprobieren, die in alternativen Privatschulen teils längst erfolgreich beschritten wurden.

Primär benötigte Werte aktiv einüben

Meiner Überzeugung nach müsste sich die inhaltliche Unterrichtsgestaltung ganz wesentlich am realen Leben und seinen sozialen Erfordernissen orientieren, statt breitenschädigende Wirtschaftsinteressen zu bedienen.

So sehe ich z.b. das Erfordernis, innerhalb unseres gegenseitigen Umgangs eine betont positive Ausdrucksweise zu üben oder einander bewusst wertschätzend zu begegnen. Die dafür notwendigen Begrifflichkeiten, wie sie in meinem Gymnasium bereits länger als Bestandteil einer hausinternen Schulethik in einer Fülle von Schlagwörtern an den Pfeilern der Eingangshalle angebracht sind, wie z.b. Wertschätzung – Toleranz – Solidarität – Zivilcourage – Respekt – Verantwortung – Engagement – Verlässlichkeit und weitere mehr, werden zwar gern bemüht, um einen rücksichtsvollen Umgang einzufordern, nur bleiben diese Apelle inhaltslose Phrasen, wenn niemand im Detail erklärt, welche konkreten Bedeutungen sie aufweisen oder wie solche Begriffe aus grauer Theorie in gelebte Praxis umgesetzt werden.

Wer soll solche Tugenden vermitteln, wenn es Eltern vielfach ebenso an Sozialbewusstsein, Zeit und Willen fehlt, um ihren Kindern gemeinschaftsverbindende Werte näherzubringen?

Da besteht ein offensichtliches Dilemma, wenn Eltern wie Lehrer gegenseitig die Erwartung hegen, dass die jeweils andere Seite für die Vermittlung ehrbarer Tugenden zuständig sei. Doch tatsächlich, habe ich inzwischen von sehr vielen Lehrkräften die Antwort erhalten, dass sie diesen Part im Zuständigkeitsbereich der Eltern sehen, da sie mit der Vermittlung komprimierten Sachinhalte schon ausreichend genug belastet sind und daher weder die Möglichkeiten noch Absichten hegen, sich in profane Erziehungsangelegenheiten einzumischen. Nur was tun, wenn es auf allen Seiten schlicht an entsprechenden Kompetenzen fehlt?

In meinem beruflichen Alltag fällt mir dieser Mangel schon deshalb so besonders ins Auge, da auch zahlreiche Lehrkräfte teils erhebliche Mängel an zuvorkommender Freundlichkeit und Disziplin aufweisen. Dies sollte nicht wirklich überraschen. Schließlich sind unsere Lehrer/innen im Durchschnitt genau die gleichen Menschen wie jeder von uns, die alle dasselbe System durchlaufen haben. Wenn diese schleichende Nachlässigkeit demnach auch uns Erwachsene erfasst hat, was wollen wir da noch an Kinder weiter geben oder von ihnen erwarten dürfen?

Wohin diese Ignoranz in weiteren Generationen führt, möchte ich hier erst gar nicht weiter vertiefen. Damit wird indes sehr anschaulich unter Beweis gestellt, dass wir Kindern nur solche Werte erfolgreich weitervermitteln können, die uns auch selbst bekannt und wichtig sind. Deshalb gehört dieser Part zunächst wieder an unsere Schulpädagogen delegiert, um für die nächsten Generationen von Eltern die notwendigen Grundlagen zu vermitteln, die auch sie an ihre Kinder weiter geben können.

Wie schwerwiegend, ja geradezu zerstörerisch, unser gedankenlos geprägter Umgang geworden ist, kann kaum deutlicher demonstriert werden, wenn wir uns daran erinnern, wie sich unser gegenseitiger Umgang durch Elternhaus, Schule und Arbeitsumfeld geprägt, zunehmend auf die Erfüllung von Forderungen reduziert, während wir geradezu verlegen und ein Stück weit hilflos werden, wenn es darum geht unser Gegenüber, dankend, lobend, wertschätzend, ja eben auferbauend zu begegnen.

Glauben Sie nicht? Na dann rufen Sie sich doch bitte mal ins Gedächtnis, wann Ihr Kind (Kinder) Sie das letzte Mal aufrichtig wertschätzend gelobt hat (haben)? Ja richtig gelesen, wann wurden Sie von Ihrem eigenen Kind das letzte Mal lobend gewürdigt?

Diese Frage, bzw. die darauf folgenden Antworten offenbaren nämlich nichts anderes als Ihr eigenes Versäumnis, Ihr Kind selbst ausreichend genug gewertschätzt zu haben, sonst wäre Ihrem Kind diese Gepflogenheit dermaßen in Fleisch und Blut übergegangen, um diese Tugend auch Ihnen und seiner Umwelt gegenüber aus dem erlernten und fest verinnerlichten Unterbewusstsein heraus gewohnheitsmäßig widerzuspiegeln.

Die gleiche Frage dürfen wir auch in Hinsicht auf unsere Ehepartner stellen, wann Sie Ihre/n Frau/Mann nur einmal für ihre/seine Mühen um Ihr behagliches Heim oder gepflegten Garten gedankt haben?

Von einer Regelmäßigkeit gehe ich ohnehin nicht aus, sonst sähe unsere Gesellschaft bereits weit freundlicher aus. Wie steht es im Umgang mit Ihren Arbeitskollegen? Wohlgemerkt ist Wertschätzung keine Einbahnstraße, sondern beruht idealerweise auf Gegenseitigkeit. Und ja, fühlen Sie sich von Ihren Chef/Vorgesetzen wirklich wertschätzend gewürdigt? Falls ja, wie oft kam das schon mal vor? Oha, sage ich nur. Da dürfte es meinen Erfahrungen und Beobachtungen gemäß in unserem Land doch ziemlich finster aussehen. Eben, weil bisher auf die Ausbildung betont positiver Umgangsformen viel zu wenig Wert gelegt wurde.
Deshalb reicht es nicht aus, ethische Werte nur salbungsvoll zu beschwören, sondern wir benötigen hier gemeinschaftlich im wahrsten Sinn des Wortes aktiven Nachhilfeunterricht, um positiv prägende Umgangsformen zunächst mal aktiv einzuüben.

Die Vorzüge einer bewusst gelebten Wertschätzung dürften sofort einleuchten, wenn wir mal daran denken, was es für einen Unterschied ausmacht, wenn Chefs und Vorgesetzte die Leistungen ihrer Mitarbeiter/innen nicht mehr nur mit einer anonymen Lohnüberweisung vergüten, sondern sich weit öfter persönlich bei den Mitarbeitern für ihr Engagement bedanken würden und sie an Entscheidungsprozessen teilhaben ließen. So mancher Chef wird zwar ängstliche Befürchtungen hegen, dass zu viel des Lobes eine Lawine an Gehaltserhöhungswünschen auslösen könnten, doch zu solchen Befürchtungen besteht meiner Ansicht nach kaum Anlass, da sich Zufriedenheit niemals nur über die Einkommenshöhe definieren wird.

Denn stellen Sie sich mal vor, wie schnell jedes innerbetriebliche Klima steigen würde, wenn Sie Ihr Chef nicht nur morgens in offener Freundlichkeit mit ähnlichen Worten begrüßen würde wie: "Hallo Herr/Frau xyz, schön, dass sie da sind" / oder auch: "Mensch, Frau xyz, das haben Sie aber prima hinbekommen". / "Danke, dass Sie mir diese Arbeit abgenommen haben".

Solche oder ähnlich einfachen Sätze, dürfte wohl jeder Mitarbeiter, so leer wie wir gesamtgemeinschaftlich an positiven Zuwendungen sind, wie ein Schwamm aufsaugen und die Bereitschaft steigern, in positiven Sinne über uns hinauszuwachsen, ohne dass Chefs gleich befürchten müssten, dass positive Zuwendung gleich für Forderungen um Gehaltserhöhungen ausgenützt werden. Siehe meine Erfahrungen Teil 1 – „**Arbeit mit überragenden Chefs.**"

Mit einem aufrichtig wertschätzenden Umgang dürfte erkennbar eine erfreuliche Leistungsbereitschaft und belebende Kreativität als auch Selbstzufriedenheit freigesetzt werden, die mit Geld kaum aufzuwiegen sind. Doch solange sich in Chefetagen, Vorgesetzte untereinander und gegenüber ihren Mitarbeitern in ihren Büros und hinter Schreibtischen abzuheben versuchen, wird sich niemals eine förderliche Betriebskultur entwickeln, bzw. von Arbeitnehmern die Bereitschaft geweckt werden, mehr als Pflichtprogramme abzuspulen, wie ich dies in Bezug auf Lehrkräfte bereits als äußerst problematisch dargelegt habe.

So eine bewusste Wertschätzung fehlt nicht nur auf betrieblicher Ebene, sondern spiegelt lediglich wider, wie oft und gedankenlos wir auf allen gesellschaftlichen Ebenen miteinander umgehen. Doch sollte dieses Beispiel, wie auch alle anderen von mir vorgetragenen Kritikpunkte, jetzt nicht als gegen die Lehrerschaft gerichtet verstanden werden, sondern diente nur als besonders anschauliches Beispiel dafür, welche Folgen es hat, wenn wir uns in unserer Gesamtheit nicht intensiver bemühen, einen bewussteren Umgang zu üben, damit jüngere Menschen an unserem Vorbild wachsen können.

Hoffe ich doch sehr, dass auch Pädagogen meinen Überlegungen folgen können, um zu erkennen, wie sehr auch sie von meinen wünschenswerten Veränderungen profitieren werden.

Demokratie nicht nur alle 4 Jahre an der Wahlurne

Wachsen dürfen wir auch in Hinsicht eines verinnerlichten Demokratieverständnisses, welches sich durch die ungleichen Machtstrukturen, denen wir von klein auf ausgesetzt wurden/werden, erst gar nicht ausbilden konnte.
Insbesondere in Schulen, in denen Kinder null Mitspracherechte haben, um etwa für sie interessante Unterrichtsinhalte auszuwählen oder gestaltenden Einfluss auf ihre Wissensvermittlung zu nehmen.
Erst in höheren Schulklassen wird ihnen das Selbstrecht eingeräumt, zwischen Pest und Cholera wählen zu dürfen, indem sie unliebsame Fächer ablegen dürfen, aber nur um gleichzeitig ein anderes Fach aufnehmen zu müssen.

So gilt mit der Grundschule beginnend: Wer sich dem Diktat Schule, ihren Inhalten als auch autoritär auftretenden Lehrkräften zu verweigern versucht, wird gnadenlos mit verbalen, als auch notengebenden Herabwürdigungen sanktioniert, die bis zur Einweisung und Zwangsmedikationen in Psychiatrien reichen können. Doch soweit kommt es in der Regel nicht, da Kinder bereits durch ihr Elternhaus geprägt, devoten Gehorsam verinnerlicht haben und somit in ihrer weiteren Schullaufbahn stromlinienförmig angepasste Ja-Sager bleiben.
Bleiben müssen, da innerhalb unser Regelschulen die Wahrnehmung freiheitlicher Selbstbestimmung und demokratischer Umgangsformen weitgehend ungeübt bleiben, um später als aufrechte Persönlichkeiten ihren selbstbestimmten und selbstgenügsamen Lebensweg zu finden.

Daher ist wohl auch noch niemand auf die Idee gekommen, die gegenwärtige Parteiendiktatur, mit dessen Abgeordneten unsere Parlamente auf Kommunal-, Landes als auch Bundesebenen dominiert und gegängelt werden, durch wahrlich freiheitliche Kandidaten zu entstauben.

Dies wäre durch eine leichte Modifizierung unseres Wahlrechts bereits sehr schnell möglich als auch erforderlich, wenn man sich vor Augen führt, dass unser Land von gerade mal 1,5 % (= 1,2 Millionen) unserer 80 Millionen Einwohnern wahlrechtlich beherrscht wird, die sich in Parteien organisiert haben und untereinander auskungeln, wer von ihnen die begehrten Parlamentssitze besetzen darf. Deshalb werden Posten selten von echten Fachleuten besetzt, sondern von Parteisoldaten, die sich mit rhetorischem Geschick oder allseits anbiedernd nach oben geschleimt haben.

Selbst wenn es parteilose Bürger/innen vereinzelt schaffen, Abgeordnetenplätze zu vereinnahmen, so erachte ich die gegenwärtige Wahlpraxis nicht gerade als demokratieförderlich.

Eine echte bürgerliche Mitbestimmung ließe sich verhältnismäßig einfach etablieren, indem ein zuvor festgelegter Prozentsatz der Kandidaten nicht aus Parteikadern bestimmt werden, sondern von Menschen, die sich idealerweise bereits zuvor gesellschaftsdienlich wie z. B. durch aktive Ehrenämter ausgezeichnet haben. Diese könnten als anonyme Nummern in einen Topf gegeben werden, um im Anschluss der regulären Auszählung nach dem Zufallsprinzip gezogen und in die entsprechenden Parlamente entsandt zu werden.

Damit dürften sich Abstimmungsfindungen von Mehrheiten zwar schwieriger gestalten, wäre aber im demokratischen Geist dem Volk dienlicher, ehrlicher und gewiss auch belebender. Ach ja und nicht zu vergessen, würde solch eine Praxis auch unser Mitbürger wieder motivieren, sich intensiver für politischen Alltagsfragen zu interessieren.

Mangel an Zivilcourage = Mangel an Anerkennung

Wer von unseren Bildungsstätten abgeht, denkt ein selbstbewusstes Dasein zu führen, jedoch wird kaum wahrgenommen, wie sich dieses Bewusstsein primär auf sich selbst und all den Äußerlichkeiten konzentriert, über die wir unser Selbstbewusstsein mehrheitlich nach außen definieren. Jener Typus Mensch, der ständig unzufrieden über alles und jeden stänkert, aber gleichzeitig in der Erwartung verharrt, dass die es da oben schon irgendwie richten werden.

Diese angepassten Menschen müssen auch später gegenüber ihren Vorgesetzten/Chefs meist jede Spontanität unterdrücken, weil sie durch unser Bildungswesen lange genug erfahren mussten, wie ihre Individualität, ihre Lebendigkeit, als auch berechtigten Proteste bis hin zur Abstrafung ungehört blieben.

Ja in dieser Weise zu perfekten Arbeitssklaven abgerichtet wurden, die vor allem gelernt haben, Forderungen zu erfüllen, aber kaum noch in der Lage sind, eigene Interessen wahrzunehmen und sich trauen, diese nach außen zu adressieren.

Nicht zuletzt, weil sich Ängste vor zurückweisenden Verletzungen bereits durch zurückliegende Erfahrungen über lange Jahre hinweg, dermaßen verinnerlicht haben, um kaum mehr den Mut aufzubringen, Konfliktsituationen einzugehen, wie sie sich ergeben, wenn wir uns unangemessen kritisiert fühlen oder selber in berechtigter Weise etwas richtig stellen möchten. Wie etwa fragwürdige Verhaltensweisen oder selbstherrliche Entscheidungen von Mitarbeitern und Vorgesetzten.

Da wird der Ärger oft still heruntergeschluckt, weil wir von frühen Kindesbeinen an verinnerlicht haben, wie ohnmächtig und verletzend es sich anfühlt, nur aufgrund unseres jungen Alters und schwächeren Kleinheit gegenüber Erwachsenen zurückgewiesen, kritisiert oder gar geschlagen worden zu sein. Diese Kleinheit ist mental auch noch im Erwachsenenalter präsent, um gewohnheitsmäßig vor unseren Chefs/Vorgesetzen stramm zu stehen und kaum mehr wagen, unsere inneren Überzeugungen frei zu erklären, wie die Dinge sind. Zu groß sind die heimlichen Ängste, dass da jemand unsere verletzte Seite aus einstigen Kindertagen anrührt und uns daher lieber unangenehme Auseinandersetzungen verkneifen.

Dass unter solch einem gesellschaftlich verbreiteten Klima der Angst, selbst die hochgepriesene Zivilcourage auf der Strecke bleibt, ist nur folgerichtig und wird sich unter den gegebenen Umständen selbst durch tägliche Appelle unserer Politik nicht steigern können, solange wir blind für die wahren Ursachen bleiben, die solche beklagenswerte Defizite weiter begünstigen.

Defizite nicht nur an Selbstbewusstsein und damit fehlender Mut, sondern in erster Linie einem Mangel an Anerkennung, wie sie jungen Menschen in dramatischer Weise durch unsere archaisch geprägten Bildungsstätten versagt und entzogen wird. Diese Tatsache kann gar nicht deutlich genug hervorgehoben werden

Wenn ich Jugendliche so beobachte, dann verfügen sie zwar teilweise über ein bemerkenswertes Selbstbewusstsein, doch geht dies nahezu regelmäßig zu Lasten ihrer ebenso deutlich sichtbaren Ichbezogenheit. Die einhergehenden Markenzwänge zeigen aber auch, dass es mit dem herausgestellten Selbstbewusstsein nicht weit her ist, wenn es offensichtlich notwendig wird, auf diese Weise bestehende Anerkennungsdefizite kompensieren zu müssen.
Nahezu alle Eltern werden den negativen Charakter unserer staatlichen Bildungsstätten noch immer in "guter" Erinnerung haben, wenn wir daran denken, mit welcher flammenden Vorfreude unsere Kinder einst bereits ungeduldig ihrer Einschulung entgegenfieberten.

Aber wie enttäuschend, sehenden Auges hilflos miterleben und mitfühlen zu müssen, wie schnell dieses Feuer des naturgegebenen Entdeckens, im zähen Sumpf erstickender Schulzwänge erloschen war.
Sei es der Zwang, still zu sitzen, oder entgegen aller Wissbegier nur mehr den Mund aufmachen zu dürfen, um auf den gerade behandelten Stoff einzugehen. Und ja, wie oft wurde uns von unseren empörten Kindern anfänglich berichtet, wie ihre zaghaften Nachfragen mit barscher Zurückweisung im Keim erstickt wurden? Wie das halt öfter vorkommt, wenn Zeitdruck den unheilvollen Rhythmus von Lehrplanvorgaben bestimmt.

Dazu die stete Bedrohung eines vernichtenden Damoklesschwerts über sich zu wissen, um unbarmherzig jedes Kind vor der ganzen Klasse bloßzustellen, wenn es in obligatorischen Klassenarbeiten nicht den Leistungsanforderungen entsprach, die ihm seitens Lehrkräften und Eltern abgefordert wurden

Jede Note mit dem Nimbus versagt zu haben, konnte und wird sich da auch weiterhin nur unweigerlich schmerzhaft in die Seele einbrennen und traf irgendwann selbst die gelehrigsten und folgsamsten Schüler. Denn wie bereits erwähnt, ist unser Bildungswesen, von geringen Ausnahmen abgesehen, darauf ausgelegt, alle Kinder eines Geburtenjahrgangs unabhängig ihrer physischen und geistigen Reife, sowie Herkunft, Vorbildung, Interessen, Neigungen oder Fähigkeiten, auf ein gleichförmiges Format zu nivellieren. Natürlich wird dieses Ziel nicht eigens deklariert, die Realitäten weisen hier jedoch eine unverkennbare Richtung auf.

Dieses Ansinnen kann naturgemäß niemals erfolgreich enden. Erfolgreich wohl in dem Sinne, dass die meisten Heranwachsenden ihre Leidensstätten mit einem qualifizierten Schulabschluss verlassen. Aber zu welchem Preis?

Sie haben sich bis zur Selbstverleugnung anpassen müssen, andernfalls sie mit demütigenden Herabwürdigungen oder Sanktionen belegt wurden, deren zweifelhafte Rechtmäßigkeit auch von den eigenen Eltern kaum aktiv in Frage gestellt wird.

Mit Ausnahme bekannter Querulanten haben sie sich in der normalen Masse zu unreflektierten Ja-Sagern entwickelt, die ihren Lehrerinnen und Lehrern nach dem Mund reden, um von diesen gottgleichen Autoritäten mit Leistungsnoten bedacht zu werden, die schicksalhaft über das weiteres Wohl und Wehe ihres zukünftigen Lebens mitentscheiden.

Dass damit aber auch das breitgefächerte Feld, individueller Fähigkeiten wie auch Potenziale bis zur Unkenntlichkeit untergraben und Persönlichkeiten regelrecht zerstört werden, nimmt hingegen bis auf den gegenwärtigen Tag kaum jemand wahr.

Berufswahl bereits von Anerkennungsdefiziten dominiert

Selbstverständlich sind die Defizite in den unterschiedlichen Ausprägungen nicht gleich auf der Stirn junger Menschen abzulesen, aber dennoch sind sie bei jung wie alt überall präsent. So braucht sich niemand über die Orientierungslosigkeit unserer Schulabgänger/innen wundern, die in Unwissenheit ihrer eigenen Stärken oder Fähigkeiten, selten ein Berufsziel anstreben, welches ihrer innerlich überzeugten Berufung entspricht, sondern orientieren sich, von „gutmeinenden" Eltern flankiert, bei den Auswahlkriterien häufiger an hohen Einkommenserwartungen oder dem öffentlichen Ansehen ihrer Berufsauswahl.

Ich denke da nicht verallgemeinernd zu übertreiben, denn ich frage bereits seit meinen Anfangsjahren als Schulhausmeister regelmäßig abgehende Abiturienten und Schüler/innen anderer Schulen, ob und welche Berufsziele sie sich gesteckt haben und bin kaum mehr überrascht, immer wieder die Antwort zu erhalten, noch keine konkreten Ziele ins Auge gefasst zu haben.

Manche, die es sich erlauben können, nehmen sich die Zeit, um ein Jahr lang abzuschalten und einfach quer durch andere Länder zu jobben. Eigentlich ein guter Anfang, um sich selbst zu entdecken und zu entfalten, aber das hätten sie auch wesentlich früher und bei weitem weniger belastend erreichen können. Wieder Andere nehmen erst einmal in der Hoffnung, noch das Richtige zu finden, irgendein Studium auf, während sich die Nächsten auf möglichst einkommensträchtige Berufsziele stürzen.

Absolventen von Haupt- und Realschulen bleibt oftmals nicht mal eine Wahl, sondern müssen nicht selten das erstbeste Angebot aufgreifen, welches sich ihnen, auf welchen Wegen auch immer, eröffnet hat. In dieser Orientierungslosigkeit offenbaren sich bereits die tiefgreifenden Folgen ihrer langjährig erworbenen Anerkennungsdefizite. Denn einem unbewussten Selbstschutz folgend, werden damit bereits Positionen angestrebt, die sie künftig unangreifbarer-/unverletzlicher machen und gleichzeitig meist unbewusst dazu beitragen soll, ihr lädiertes Ego zu stärken. Denn biste was, dann hast du was und hast du was, dann bist du was. So eine geflügelte Redensart, die vermutlich auch heute noch von Eltern in veränderten Abwandlungen an Kinder herangetragen wird.

Eltern, die zweifellos nur das Beste für ihre Kinder wünschen, aber nicht wahrnehmen, dass es ihre eigenen verletzten Seelen sind, die an anerkennender Zuwendung und selbstloser Liebe zu kurz kamen und sich daher ein wenig am erfolgreichen Glanz ihrer Kinder zu erwärmen versuchen. Unbewusst! Dass kann hier gar nicht deutlich genug hervorgehoben werden, weil es nun mal unseren Realitäten entspricht.

Dass sie ihren Kindern mit Hinweisen möglichst erfolgreich zu sein, um viel zu verdienen, ebenso unbewusst in unzulässiger Weise das Leben beschweren, grenzt da schon an Tragödien, die sich generationsübergreifend, wie eine nicht enden wollende Spirale fortsetzt. Denn tatsächlich nehmen sie Kindern mit den eigenen Erfolgserwartungen und primären Fixierung auf Geld und Macht, die Leichtigkeit die ureigenen Neigungen, Fähigkeiten und Interessen zu erspüren, die ihnen bei einer späteren Berufswahl den Einstieg in ein glückliches und selbstgenügsames Leben erheblich erleichtern würden.

Eigentlich gehört diese Maßgabe in den selbsterklärten Hoheitsbereich unserer allgemeinbildenden Schulen, wenn sie beansprucht, junge Menschen auf ihr (selbstbestimmtes?) zukünftiges Leben vorzubereiten. Bei näherer Betrachtung erweist sich indes bei den meisten Schulabgänger/innen eine erschreckende Unkenntnis über ihr eigenes Sein und ihrer umgebenden Gesellschaft. Daran ändern selbst keine noch so ausgeklügelten Berufsberatungsangebote etwas, wie sie heute hilflos anmutend in Schulen versuchen, jungen Menschen eine Orientierung oder Lebensperspektiven aufzuzeigen.

Verlust von Verantwortung und Allgemeinregeln

Diese Aussage treffe ich auch in Hinblick auf Abiturienten, denen es im Rahmen elitärer Gymnasien vielfach an Verantwortungsgefühl mangelt. Zu erkennen, etwa am Zustand der von ihnen genutzten Räume oder grundsätzlich nach Feiern, nach denen, statt wie zuvor abgesprochen 30 Mitschüler/innen, meist kaum mehr als 5 - 10 Schülerinnen die Aufräumarbeiten in die Hand nehmen, während sich das Gros in gleichgültiger Abwesenheit übt.

Ähnlich sieht es bei wilden Feiern in der Schulumgebung aus. Da wird der Allgemeinheit ebenso bedenkenlos das Aufräumen und Säubern der besetzten Örtlichkeiten aufgebürdet, die zuvor unrat- und scherbenübersät zurückgelassen wurden, ohne dass sich auch von den „ordentlichen" Mitschüler/innen jemand bemüßigt fühlt, von ihren rüpelhaften Schulkameraden ein verantwortungsvolleres Verhalten einzufordern.

Dieser Mangel an Verantwortungsbereitschaft kommt uns richtig teuer zu stehen. So ist z.B. bekannt, dass nahezu ein Viertel des jährlichen Gesamtbudgets (ca. 10 Mill. €) der Stadt Frankfurt zur Pflege der städtischen Grünanlagen, allein für das Einsammeln und der Entsorgung von gleichgültig zurückgelassenen Unrat entfällt.

Ein Blick auf den Gesamtzustand unserer Schulen dürfte gleichfalls deutliche Hinweise auf wichtige Versäumnisse und desaströsen Machtmissbrauch aufwerfen, dem unsere Kinder innerhalb ihrer Schulpflicht ausgesetzt sind. Denn Druck erzeugt naturgemäß Gegendruck, der sich meist in Aggressionen gegen Mitschüler/innen oder in Vandalismustendenzen ein entspannendes Ventil sucht.

Unverkennbar ist diese Entwicklung auch an der zunehmenden Disziplinlosigkeit der Lehrkräfte selbst zu erkennen, die teilweise so konfliktmüde geworden sind, um von ihren Schülern/

innen kaum mehr allgemeingültige Regel einzufordern. So z.B. um nach Unterrichtsende die Fenster schließen zu lassen, den groben Unrat beseitigen oder verschmierte Tische reinigen zu lassen. Stühle, die nicht hochgestellt werden, das Licht nicht ausgemacht wird und die Türen offen stehen bleiben. Von einem Bemühen an Mülltrennung ganz zu schweigen.

Zunehmend handeln da auch immer mehr Lehrkräfte nach der resignierenden Devise: Nach mir die Sintflut. Da merkt man schon, wohin es mit uns gesamtgesellschaftlich geht.

ICH, ICH ICH,. . . ., danach kommt lange Zeit nichts mehr.

Ist ja alles nichts Neues. Eben das verletzte Ich, das so tumb und gleichgültig geworden ist, um nur mehr nach widerstandsloser Vorteilsgewinnung zu gieren.

In der Summe aller Erfahrungen, mit denen junge Menschen ihre Regelschulen verlassen, um in Berufsausbildungen überzuwechseln, ist die Mehrheit aller Schulabgänger meiner Überzeugung nach durch Familie und Schuleinrichtungen bereits so lang und tiefgreifend in ihrer persönlichen Integrität verletzt worden, um aus der Gewohnheit unserer verinnerlichten Normalität heraus, die immensen Verletzungen, Ursachen und Wirkungen, weder wahrnehmen, noch zu hinterfragen vermögen.
Damit bleiben ihnen mehrheitlich die destruktiven Folgen verschlossen, wie sie sich in dramatischer Weise auf unsere gesamte Gesellschaft in manifestierten Anerkennungsdefiziten auswirken.

Egal ob in Kindergarten, Schule oder späterem Berufsleben. Überall wirkt sich die schleichende Vergiftung zu kurz gekommener Seelen in unserem gemeinsamen Zusammenleben aus, indem jeder nach Kräften bemüht ist, sich erfolgreicher und damit vermeintlich glücklicher zu präsentieren, als es den realen Gegebenheiten entspricht oder wir uns leisten können.

Ökonomische Folgen - soziale Auflösung

Sowohl in ökologischer als auch ökonomischer Hinsicht eine extrem unheilvolle Entwicklung, wenn wir bedenken, welche Größenordnungen an Rohstoffreserven aufgewandt werden müssen, um unsere innere Leere mit aufwertenden Symbolen von Macht und Wohlstand zu füllen.

So fühlen sich viele Menschen in unserem Land nicht deshalb arm, weil sie vermeintlich arm sind, sondern weil sie sich von der vermeintlichen Wohlstandgesellschaft ausgegrenzt fühlen. Dabei vermute ich mal, dass es innerhalb der Wohlstandsklasse weit mehr echte Arme gibt, die nur deshalb so arm sind, weil sie so enorme Anstrengungen anstellen, um nach außen den Schein von Wohlstand zu erzeugen.

Unumstößlicher Fakt bleibt indes aufgrund angesammelter Anerkennungsdefizite das breite Bedürfnis, uns auf Kosten unserer Umwelt und Mitmenschen, im Sinne von ständig neuer, höher, teurer, weiter zu profilieren und dem Schein dient, mehr, reicher, angesehener, potenter zu sein als unser Nachbar, der sein lädiertes Ego ebenso mit Unmengen an materiellen Gütern zu bepflastern versucht und dennoch niemals eine ausreichende Befriedigung findet.

Beispiele dafür gibt es wie Sand am Meer, wenn es selbst milliardenschweren Superreichen nicht mehr ausreicht, untereinander wetteifernd darüber zu kokettieren, wer es unter ihnen zum üppigsten Konto, luxuriösesten Yachten oder einflussreichen Posten in der Wirtschaft oder Politik gebracht hat.

Solche Leute haben oftmals in ihrem Allmachtsrausch jedes Gespür für moralischen Anstand und Mitmenschlichkeit verloren, wenn sie nicht mehr erkennen, wann genug genug ist.

Siehe die wiederkehrenden Meldungen von Steuerhinterziehungen in Millionenhöhe, mit denen sich Superreiche ihrer sozialen Verantwortung gegenüber unserer staatlichen Solidargemeinschaft entziehen. Als besonders unrühmliches Vorbild dürfte da FC. Bayern Münchens Präsident Uli Hoeneß als millionenschwerer Steuerhinterzieher in die Geschichtsbücher eingegangen sein. (mindestens 30 Millionen an Steuern hinterzogen).

Im Falle des Gründers der bekannten Drogeriekette Müller, reichte selbst ein Milliardenvermögen nicht mehr aus, um es sich einfach wohlsein zu lassen. Nein, mit hochspekulativen Börseneinsätzen scheiterte sein Versuch, ultimative Phantastillionen zusammenzuraffen, um am Ende fast alles zu verlieren, was er sich zuvor, auf Kosten demütiger und fleißiger Mitarbeiter/innen mühsam aufgebaut hatte.

Bitte googeln unter: **Drogerieunternehmer Müller verspekuliert sich mit Franken.**

Wozu der ganze Krampf? Ich sage nur: innere Leere.

Ein in dieser Hinsicht ökonomisch höchst gemeinschaftsschädigendes asoziales Verhalten, wenn man bedenkt, dass solche seelisch ausgezehrten Menschen ihre Erfolge auch all den Errungenschaften zu verdanken haben, die zuvor von allen Menschen unserer staatlichen Gemeinschaft über viele Generationen hinweg gemeinsam erschaffen wurden.

Insofern ist es nur recht und billig, wenn jeder Mitbürger gemäß seiner wirtschaftlichen Leistungskraft an einer gerechten Steuerabgabe beteiligt wird. Schließlich dienen die zugegeben ungeliebten Steuerabgaben zur Aufrechterhaltung unserer beschützenden Solidargemeinschaft.

Wenn sich nun all jene, die sich hochspezialisierte "Steuerentziehungshelfer" leisten können, erfolgreich vor ihrem Anteil drücken dürfen, warum sollen sich dann die weniger betuchten Mitbürger noch verpflichtet fühlen, sich an allgemeingültige Regeln zu halten? Steuerhinterziehung trägt mithin zur Auflösung jeder staatlichen Gemeinschaft bei.

Außer Frage steht hier seit langem die Notwendigkeit eines reformierten vereinfachten und für jeden nachvollziehbaren Steuerrechts. Wäre an sich gar kein Problem. Probleme bereiten nur die Profiteure unseres entarteten Steuerdschungels, die weiter ungerührt Klüngelwirtschaft im großen Stil auf Kosten der Allgemeinheit betreiben.

Zu welchen Blüten die unersättlich Habgier entartet ist, wurde uns in jüngerer Vergangenheit immer wieder durch aufgeflogene Steuerhinterzieher bekannt, die im Rahmen aufgekaufter Daten-CDs mit Angaben über Abertausende Schwarzgeldanleger aufgespürt werden konnten und zu einer Welle strafvereitelnder Selbstanzeigen führten.

Allein den Bayerischen Finanzämtern flossen auf diesem Weg innerhalb von zwei Jahren zusätzliche Steuereinnahmen von sage und schreibe 735 Millionen Euro zu!

Oftmals schwerreiche Unternehmer, deren Sprachorgane nicht müde werden, von ihren Arbeitnehmern/innen öffentlichkeitswirksam Lohnzurückhaltung fordern, aber selbst den Hals nicht voll genug bekommen können und damit unserer staatlichen Gemeinschaft die notwendigen Mittel zu einem gerechteren Miteinander entziehen.

Es ist jener Typus Mensch, der aufgrund unbewusster Anerkennungsdefizite jeden Blick für moralischen Anstand verloren hat und als Arbeitgeber oder Anteilseigner nur mehr danach giert, den Rahm aller Erfolge, die im eigentlichen Sinne die Mitarbeiter erwirtschaften, sich weitgehend selbst aneignet, statt die eingestellten Arbeitnehmer gleichfalls am Erfolg zu beteiligen.

DAS sind in unserem Land die echten Asozialen, die durch ihre uneinsichtige Habgier dazu beitragen, dass es immer mehr Menschen in unserem Land am Nötigsten fehlt, um in Würde Teilhabe an unserer Gesellschaft zu nehmen.

Zusätzlich stellen sie mit ihren instrumentalisierten Medien, die ohnehin schon gebeutelte sogenannte "Unterschicht" als parasitäre Sozialschmarotzer dar, um der ausgepressten Mittelschicht Schuldige zu präsentieren, auf die sich ihre eigene Unzufriedenheit fokussieren soll, statt zu erkennen, wem in unserem Land eine wahrlich nur zu berechtigte kritische Aufmerksamkeit gebührt. Doch besteht bei genauerer Betrachtung gegenüber diesen super Asozialen dennoch kein Grund zur Häme, wenn wir mitbekommen, dass auch diese Giergetriebenen, trotz ihrer monströsen Vermögen, kaum glücklicher sind, wie die darbenden Armen unter uns.

Oder warum sonst suchen diese Leute vergeblich den ultimativen Kick in Drogen- Alkohol- oder Sexexzessen, wie sie von zahlreichen sogenannten prominenten Persönlichkeiten hinreichend bekannt werden? Darunter etliche, die in Unverständnis ihrer inneren Leere trotz allem äußeren Reichtum ihrem unerfüllten Leben von eigener Hand ein vorzeitiges Ende setzten? Wie etwa der Sohn von Verleger Springer.

Auch der einstige Pharmamilliardär Merckle gehörte in diese unglückliche Riege.
Bitte googeln unter: **Milliardär Merckle begeht Selbstmord.**

Geld macht Menschen demnach gewiss nicht glücklicher. Dennoch werden unsere wirtschaftsergebenen Medien nicht müde, uns diese seelisch verkrüppelten Menschen als heroische Vorbilder zu präsentieren, damit das schulverdummte und seelisch ausgezehrte Volk, der Wirtschaft all den heile Welt versprechenden Schund abkaufen.

Gilt es doch im nie endenden Wettlauf, den Schönen, Reichen als auch Mächtigen der Welt nachzutun, um der eigenen Familie-/Arbeitskollegen/Nachbarn/Freunden oder besser gleich der ganzen Welt gegenüber zu demonstrieren, gleichfalls zum erlauchten Kreis der vermeintlich Erfolgreichen und Glücklichen zu gehören.

Eine höchst zweifelhafte Zurschaustellung, die oft genug auf Pump finanziert wird, unter dessen angespannten Haushaltskassen wiederum Kinder als schwächste Glieder einer abwärtsgerichteten Spirale zu leiden haben, die den innewohnenden Missmut der Erwachsenen ausbaden müssen, wenn sich diese in ihrem verzweifelten Bemühen um ein wenig äußere Anerkennung, selbst immer tiefer in den Sumpf fesselnder Abhängigkeiten manövrieren.

Von "Primitiven" lernen was Glück ist

Wie ein glückliches und erfülltes Leben aussehen könnte, davon haben wir in unserer vermeintlich hochzivilisierten Leistungsgesellschaft schon gar keine Vorstellung mehr. Deshalb würde ich uns allen ein Studium von Filmdokumentationen empfehlen, in denen über vermeintlich primitive Ureinwohner dieser Welt berichtet wird.
Auch das Buch "**Traumfänger**" von Marlo Morgan, könnte uns da in Bezug auf australische Ureinwohner eine hilfreiche Sichtweise vermitteln. Damit bekämen wir wieder eine vage Vorstellung darüber, worauf es tatsächlich im Leben ankommt.

Nämlich in erster Linie um intakte Lebensgemeinschaften!

Innerhalb derer unwichtig bleibt, was einer hat, sondern einzig von Bedeutung ist, wie intensiv Beziehungen untereinander gepflegt werden. Allein schon deshalb überlebenswichtig, wenn es gilt, als Gemeinschaft von dem leben zu müssen, was die Natur am jeweiligen Ort und Zeitpunkt anbietet. Wir könnten daraus lernen, wie jede Form schleichenden Egoismus, den sicheren Zerfall und Tod gänzlicher Lebensgemeinschaften nach sich ziehen wird.
Solch ein Zerfallsprozess wurde vor rund 30 Jahren mal in einem Dokumentarfilm, mit dem Titel: "Das verlernte oder verlorene Lachen" im Fernsehen gezeigt. Da wurde anfangs das einfache aber glückliche Leben einer Ureinwohnergemeinschaft vorgestellt, bevor sie mit "christlichen" Missionaren und ihren bigotten Moralvorstellungen in Berührung kamen.

Schon bald nach der „erfolgreichen" Christianisierung der einstigen Heiden, hieß es nun für die „Primitiven", sich bekleiden und arbeiten gehen zu müssen, um sich all den Krempel leisten zu können, den sie zuvor nie benötigt hatten. Folgerichtig zogen kurz darauf auch jene Missgunst und Unzufriedenheiten in ihre

Lebensgemeinschaft ein, die auch uns heute das Leben so wahnsinnig schwer machen. Vorbei war es mit der paradiesischen Leichtigkeit wie sie zuvor gemeinsam lebten. Und für all die „guten Gaben", sollten sie Gott fortan zu Dank verpflichtet sein? Was für eine verrückte Welt!

Daher könnten wir aus dem noch weitgehend intakten Sozialgefüge von Ureinwohnern eine Vorstellung für unseren eigenen Mangel erzielen. Indem wir registrieren dürfen, wie unbeschwert, ausgeglichen und behutsam diese Menschen miteinander umgehen. Und obwohl sie um ihrer Urtümlichkeit belächelt, nichts außer ihre gemeinschaftlichen Hütten und ein paar lebensnotwendige Utensilien besitzen, sprühen diese „Primitiven" oftmals vor Lebensglück.

Wie ist so ein Glück in einem Umfeld auch erkennbarer Entbehrungen nur möglich, habe ich mich früher schon angesichts solcher Dokumentationen gefragt und denke, die Antwort darin gefunden zu haben, mit welcher intensiven Zuwendung dort Kinder heranwachsen. Die müssen nicht einmal betont liebevoll bemuttert werden, da ihnen selbst im Fall von Verstimmungen, stets die gesamte Lebensgemeinschaft zur Seite stehen, die sie ähnlich einer Ehe in guten wie in schlechten Zeiten gegenseitig auffangen, trösten, lehren und stärken.

In solch einem gemeinschaftlichen Umfeld können sich erst gar keine behandlungsbedürftigen Depressionen, burn-out oder sonstige Psychosen ausbilden, wie sie in unseren Gesellschaften aufgrund der um sich greifenden Isolationen immer schneller und kostenträchtiger ausufern.
Dadurch ergibt sich für den Nachwuchs überhaupt keine Notwendigkeit, eine Schule in unserem Sinne zu besuchen, da sie ständig mit allen und allem mitten im Leben stehen, um sich ausreichend zu versorgen und trotz manch gemeinsamer Entbehrungen dennoch ein erfülltes bzw. genügsames Leben führen.

Unsere zivilisierte Gesellschaft hat sich hingegen ständig weiter voneinander entfremdet, um kaum mehr sichere gemeinschaftsverbindende Umgangsformen zu beherrschen, die für ein entspanntes und harmonisches Miteinander aber nun mal unerlässlich sind.

Erkennbar wird dieser neuzeitliche Mangel z.B. an der ausufernden Respektlosigkeit gegenüber Institutionen wie Polizei, Feuerwehr oder Rettungskräften, die sich derzeit immer häufiger hochaggressiven Mitbürgern zu erwehren haben, (wie z.b. sogenannte Fußballfans) die kompromisslos auf Krawall gebürstet sind, oder wie man aus der rechte Szene heraus weiß, "Spaß" daran haben umherzustreifen, um in Rudelstärke Ausländer zu klatschen oder wie im Fall des NSU-Prozesses sogar mitleidlos umzubringen.

Echte Tragödien, die auf Unkenntnis von Ursachen und Wirkungen beruhen. Somit wird verständlich, warum unser Nachwuchs aus Mangel an gemeinschaftlichen Vorbildern, im Gegensatz zu weit enger verbundenen Ureinwohner, heute mehr denn je, praktischer Übungen in gemeinsamen Umgangsformen benötigen.

Weiter lässt sich meiner Überzeugung nach recht gut ableiten, dass der Grad von Lebensglück und Selbstzufriedenheit im hohen Maß von gegebenen Selbstentfaltungsmöglichkeiten unserer Kinder und aufmerksamen Bereitschaft der Erwachsenen auf ihre Fragen einzugehen, statt ihnen unverlangte Antworten auf ungestellte Fragen eintrichtern zu wollen, abhängig ist.

Die Folgen des Mangels an aufmerksamer Zuwendung und unzureichender Selbstbestätigung gegenüber Kindern sind eigentlich unübersehbar und dennoch nehmen wir sie gesamtgesellschaftlich kaum wahr. Spätestens daran könnten wir nun erkennen, wie sehr uns die eigenen erlittenen Verletzungen und Defizite aus unseren Kindertagen den Blick für Ursachen und Wirkungen verstellt haben.

Andernfalls gäbe es längst ernsthafte Bemühungen für notwendige Korrekturen oder wenigstens hilfreiche Ergänzungen. Doch nichts dergleichen geschieht bisher. Stattdessen nehmen wir ungerührt hin, wie wir uns zusehends weiter voneinander isolieren, da jeder mit sich und seinen hilflosen Versuchen beschäftigt ist, sein Glück im Anhäufen von Statussymbolen und Konsum zu definieren, die uns wie begehrliche Mohrrüben vor dem Esel, als lockende Vorbilder präsentiert werden, damit wir uns in unserem Hamsterrad zum Segen der Wirtschaft und Superreichen, ja nur schneller und gedankenloser abstrampeln, ohne je einen rudimentären Glückszustand zu erreichen.

Von rühmlichen Ausnahmen abgesehen, erkennen wir in der Regel kaum, wie wir mit unserem eigenen Verhalten zu jener auseinanderspreizenden Einkommensschere beitragen, bei dessen Betrachtung sich sowohl die Nimmersatten mit ihren obszönen Vermögenswerten genauso wie die ausgepressten Arbeitssklaven gemeinsam als Verlierer erweisen.
Weil Glück niemals aus der Fülle dessen kommen kann, was wir äußerlich besitzen oder begehren, sondern in erster Linie daran, welchen inneren Reichtum an Liebe wir von unseren Familien und unserem sozialem Umfeld auf unserem Lebensweg mitbekommen haben und ob wir später in der Lage sein werden, diesen inneren Reichtum mit unseren Mitmenschen zu teilen. Der Mensch ist von Natur aus ein Gemeinschaftswesen. Einzelgängertum und Egoismus haben da keine langfristigen Überlebenschancen.
Wenn es also darum geht, die Ursachen von Missgunst, Neid, Streit, Verbrechen, Krieg und was unsere Kinder betrifft, von Vernachlässigung, Misshandlungen oder gar Missbrauch zu verringern/beseitigen, dann bedarf es meiner Ansicht nach eines Neustarts in Richtung aufklärender Lebensbildung, um die erforderlichen Voraussetzungen für eine gedeihliche Entwicklung aller Menschen innerhalb ihrer Familien als auch unserer/jeder staatlichen Gemeinschaft zu fördern.

Zumindest hoffe ich inständig, mit meinen zurückliegenden Zeilen einigermaßen verständlich dargelegt zu haben, wie sehr wir aus unser eigenen überlieferten Betroffenheit heraus verlernt haben, die Grundbedürfnisse nach ungeteilter und liebevoller Aufmerksamkeit unserer Kinder zu erkennen oder zu erfüllen.

Ein solches Bewusstsein bildet sich nicht von selbst aus. Damit wird wohl auch verständlich, warum ich so vehement für die verbindliche Einführung entsprechender Lehrinhalte an unseren Schulen eintrete, für die zunächst Pädagogen von Morgen in Sachen kontinuierlicher Aufklärung zum Thema Gewaltprävention, Eigen- und Sozialverantwortungsbildung, sowie ganz wichtig, Elternvorbereitung, zunächst selbst ausgebildet und sensibilisiert werden müssten.

Obwohl mir alle Themenbereiche ähnlich wichtig sind, erkenne ich in der Elternvorbereitung den akutesten Handlungsbedarf, damit in unserem Land nicht weiterhin jede Woche 2-3 Kinder an den Folgen von Vernachlässigung oder Misshandlungen durch heillos überforderte Eltern sterben müssen.

Abgesehen von gelegentlichen Ausnahmen, in denen unsere Medien solche Dramen brutalstmöglich zur eigenen Gewinnmaximierung ausschlachten, erfährt in unserem Land eigentlich kaum mal jemand etwas über diese Begebenheiten. Hingegen wird in allen möglichen Gazetten nahezu täglich weltbewegend darüber berichtet, ob und wenn ja, in welcher Farbe ein vermeintliches Starlet gerade sein Höschen trägt.

Ich sage nur, „Brot und Spiele", um das verdummte Volk mit Belanglosigkeiten beschäftigt zu halten, statt den Sinn ihres eigenen Seins tiefer zu hinterfragen. Zumindest für mich, der ich selber von massiver häuslicher Gewalt und deren weiteren Folgen betroffen war, geradezu unerträglich, warum da nicht längst weit mehr in präventiver Aufklärung geleistet wird, wenn man es nur konsequent und ernst genug anginge.

Wie wahnsinnig wichtig möglichst früh ansetzende aufklärende Bildung für uns alle ist, habe ich zurückliegend nun hoffentlich plausibel genug dargestellt, wenn wir ausnahmslos alle direkt indirekt von Vernachlässigung, Misshandlungen und Missbrauch von Kindern betroffen sind. Da nehmen sich die jährlich über 55.000 Kinder/Jugendlichen, die mit steigenden Tendenzen Heimeinrichtungen zugeführt werden oder den über 100.000 familiären Interventionen durch Jugendämter, wie auch den nachweislich 15.000 missbrauchten Kindern jährlich, nur als einsame Spitzen unserer gesellschaftlichen Verelendung aus. (Stand 2015).

Jedes einzelne betroffene Kind stellt stets ein Opfer zu viel dar, denen durch unterlassene Bildung der Eltern und gedankenlosem Desinteresse unserer Gesellschaft der Zugang zu einem freiheitlichen, glücklichen und selbstgenügsamen Leben erschwert oder gänzlich versagt bleibt.

Wozu unbewusste Gedankenlosigkeit durch Sorgeverantwortliche führen kann, habe ich in all den bitteren Konsequenzen mit meiner eigenen Biografie darzustellen versucht. Meine Gewalterfahrungen liegen nun zwar schon Jahrzehnte zurück, die Gründe, die zu Gewalt führen und auch heute noch Abertausende Kinder treffen, sind indes geblieben. Daher hoffe und baue ich darauf, dass ich Sie mit meinen dargelegten Aspekten erreichen konnte und Sie sich zumindest schon mal anfänglich darin wiedererkennen konnten.

Um die Dimensionen aller Gewaltbetroffenheit in ihrer ganzen Tiefe zu erfassen, bedarf es für Mitlesende wohl ähnlich eine gewisse Zeit, wie auch meine Bewusstwerdung seit 2003 in längeren Etappen verlief, bis ich das katastrophale Ausmaß meiner Vergangenheit gänzlich zu erfassen vermochte.

Wenn ich Sie mit den zurückliegenden Zeilen aber schon mal nachdenklich gestimmt habe, um irgendwann gleichfalls zur

Überzeugung zu gelangen, dass es so nicht weiter gehen darf und sich entschlossen haben auch etwas zur notwendigen Veränderung beizutragen, dann bitte ich Sie, weitere Bekannte aus Ihrem Familien-, Arbeits- oder Freundeskreis anzusprechen und die dargelegten Inhalte zu thematisieren. Denn je mehr Menschen Kenntnis von Ursachen und Wirkungen erlangen und aufzuwachen beginnen, desto entschiedener können wir gemeinsam für ein verändertes Werteverständnis mit entsprechend angepassten Lehrinhalten für unsere Kinder von morgen beitragen.

Wir haben die Kraft die Welt zu verändern. Denn wenn ich als einfacher Bürger die Kraft und Mühe aufbringen konnte, um diese Ziele in erklärende Worte zu fassen, dann haben Sie vermutlich ebenfalls die Kraft, einen kleinen Anteil für eine bessere Welt mitzutragen. Deshalb lasst uns bitte zunächst gegenüber den Kultusministerien für neue Bildungsinhalte und ein neues Werteverständnis in unseren zukünftigen Regelschulen eintreten.

Primär gilt es, meine drei wichtigsten Hauptanliegen so bald wie möglich als verbindliche Unterrichtsinhalte einzuführen.

- Gewaltprävention

- eigen- und soziale Verantwortungsbereitschaft

- wie auch Elternvorbereitung

Diese Ziele könnten mit guten Willen bereits in wenigen Jahren unsere Kinder erreichen, wenn unsere nachrückenden Lehrkräfte zunächst selbst zu diesen Themenbereichen geschult wurden.

Für weit umfassendere Reformen, wie ich sie nachfolgend skizzieren werde, wird es wohl noch etwas mehr Zeit bedürfen, bis sich die nötige Einsicht zu einer flexibleren Hinwendung gegenüber unseren Kindern für deren förderliche Entwicklung durgesetzt hat.

Vision - freies Lernen

Deshalb werde ich nachfolgend einige weitere Ideen vorstellen, von denen ich überzeugt bin, dass sie in absehbarer Zeit angewandt, unser Bildungsverständnis und bisheriges Auseinanderleben revolutionieren wird, sofern wir mutig und flexibel genug sind, unkonventionelle Gedanken zuzulassen, um sie an unseren Schulen wenigstens schon mal versuchsweise einzuführen.

Neben den bereits dargestellten Primärzielen würde ich mir für die weitere Zukunft die Aufhebung aller Noten wünschen, die bis heute eher destruktiv auf das Selbstwertgefühl von Kindern wirken und damit erkennbar zu den beklagenswerten gesellschaftlichen Zuständen beitragen.

In einer Schule von Morgen, stelle ich mir ohnehin eine völlig neue Schulform vor, in der es keine festen Klassen mehr gibt, sondern Kinder aus eigenen Stücken/Interesse angebotene Kurse/Seminare besuchen, in der nur ein bestimmter Lehrpunkt, wie z.B. korrekte Satzzeichen in Deutsch behandelt werden und jedes Kind gemäß seinem individuellen Fortschritten eine unbenotete Prüfung ablegt.

Diese Prüfung stellt lediglich fest, ob der angestrebte Wissensumfang ausreicht, um die nächst höhere Lehrlektion in Angriff zu nehmen. Falls nicht, darf das Kind jede Übung so lange wiederholen, bis es die Prüfung erfolgreich abschließen konnte und damit befähigt ist, den nächst höheren Kurs zu besuchen.

Ähnlich könnte in allen Fächern wie z.B. Mathematik möglichst realitätsbezogene Grundrechenarten geübt werden, in der wiederum jede Lektion bei entsprechendem Verständnis mit einer separaten Prüfung abgeschlossen wird. Mehr bedarf es doch gar nicht, um alle Kinder gemäß ihrem eigenen Tempo zu fördern.

Wer das nötige Verständnis mitbringt, erhält damit die Möglichkeit, sich schneller weiter zu entwickeln, während „Spätzünder" damit gleichfalls die Gelegenheit erhalten, das gleiche Ziel etwas später zu erreichen, ohne sich demütigenden Zwängen aussetzen zu müssen.

Wer merkt, dass ein Fach wie z.B. Chemie nichts für ihn/sie ist, lässt das Fach einfach links liegen und intensiviert sein/ihr Engagement lieber in Fächer, die ihr Interesse geweckt haben. Denn wo Interesse auf Resonanz stößt, dürften meiner Überzeugung nach, auch die naturgegebenen Talente aller Menschen, egal ob jung oder alt, zu finden sein. Möglich aber auch, dass diese Menschen erst später wieder ihr Interesse an zuvor abgewiesenen Fächern entdecken. Die Wahrscheinlichkeit, unter solchen Umständen eine Leidenschaft neu zu entdecken, dürfte mit solch einer "Entdeckungspraxis" ein Leben lang lebendig erhalten bleiben.

Im Gegensatz dazu wird jungen Menschen der Gegenwart durch starren Regelunterricht und demütigenden Notengebungen noch immer allergründlichst jede Lust und Interesse an der neuerlichen Entdeckung von zuvor ungeliebten Themengebieten ausgetrieben.

Ich denke, es bedarf nicht allzugroßer Phantasie, um das riesige Entwicklungspotenzial aller Menschen zu erkennen, die mit freizügigen und zwanglosen Bildungsangeboten verbunden wären.

Da unsere Schulpädagogen unterschiedliche Lehrtalente aufweisen und Schüler/innen gewöhnlich auf unterschiedlichen Ebenen zu begeistern vermögen, wäre es ebenso sinnvoll, Kindern jederzeit den Wechsel in Parallelkurse mit anderen Lehrpersonen zu ermöglichen.

Primär geht es darum, jungen Menschen ein breites Angebot zur Erfüllung ihres natürlichen Entdeckungsdrangs anzubieten, um sich fortlaufend und selbstbestimmt weiter entwickeln zu dürfen, bis sie die wegweisende Reife und Überzeugung zur Ergreifung von Berufstätigkeiten gewonnen haben, die weitgehend ihren wahren Berufungen und Talenten entsprechen. Somit erzielen sie auf diesem Weg die Voraussetzungen, um in sich selbst ruhend, jene Selbstgenügsamkeit zu erreichen, die sich auf alle Lebensgemeinschaften friedsam und entspannend auswirken würden.

Unsere bisherigen Schulgebäude könnten mit einigen sinnvollen Umbauten weiterhin als zentrale Begegnungsstätten genutzt werden. Nur dass Kinder dort nicht mehr zu Unterrichtsstunden gezwungen werden, sondern ihren natürlichen Bedürfnissen nach Spiel, Sport, Musik, Theater und was auch immer, ungezwungen ihre jeweiligen Talente erproben und vertiefen dürfen.

Dazu bedarf es keiner Lehrer mehr mit hochstudierten Fachwissen, sondern vielmehr Menschen, die einfach nur Freude im Umgang mit Kindern haben und für deren betreuende Begleitung ganz normal bezahlt werden. Damit bekommt auch ein weiterer Gedanke von Elternbegleitung in Kindergärten eine ganz neue Gewichtung, dessen Idee ich noch an andere Stelle ansprechen werde.

Kurzum, Kinder sollten selbst auswählen dürfen, wo sie was und wann lernen möchten. Wer glaubt, dass Kinder bei einer freien Wahl nur mehr faul vor dem PC oder Fernseher sitzen würden, verkennt die Tatsache, dass sich Kinder liebend gern mit neuen Herausforderungen beschäftigen, wenn ihnen passende Angebote zur Verfügung stünden.

Denn im Ebenbild Gottes oder auch universellen Kraft, kann der Mensch gar nicht anders, als auf allen Ebenen des Lebens selbst schöpferisch tätig zu sein, um die Welt nach allen Fragen des woher und wohin zu hinterfragen und kreativ weiter zu gestalten.

Deutschland gilt gemeinhin als Land der Dichter und Denker. Das ist aber nur insoweit korrekt, da es mit Blick auf unsere Geschichtsbücher vorwiegend "Müßiggängern" der elitären Oberschicht vergönnt war, die nötige Zeit und Muße zu finden, um mit ihrem freien Geist Gedanken und kreative Ideen zu entwickeln. Diesen Vorbildern gemäß wäre es sicher sehr hilfreich, auch unseren Kindern die Chance einzuräumen, sich ebenso frei entwickeln zu dürfen.

Wenn sich gegenwärtige Kinder da eher passiv und apathisch verhalten, dann dürften die Ursachen für ihre Interessenlosigkeit darin begründet liegen, wie sehr wir sie zuvor eingeengt und innerhalb unseres erzwungenen Bildungswesens erschöpft haben. Mit einer breiten Angebotspalette zwangloser Beschäftigungsbereiche dürfte jedes vermeintlich faule Kind in erfrischender Tatenfreude aufleben.

Diese Maßgabe hätte den Vorteil, dass damit endlich allen Kindern unabhängig von ihrer Vorbildung, physischen oder psychischen Entwicklung die gleichen Chancen gegeben sind, sich gemäß ihrem eigenen Tempo zu entwickeln. Der Unterschied würde nur mehr darin bestehen, wann Kinder/Jugendliche ihre gesteckten Ziele und Reife erreichen, die ihnen später eine Orientierung für ihre weitere berufliche Entwicklung ermöglichen.

Diese Chance sollte jeder Mensch auch im allgemeinen Interesse erhalten. Denn haben junge Menschen erst einmal die Möglichkeit erhalten, sich selbst in all ihren Stärken und Schwächen zu erfahren, werden ihnen diese Erfahrungen auch später in beruflicher Hinsicht helfen, ihre eigene Berufung für Tätigkeiten zu finden, mit denen sie später glücklich und selbstzufrieden arbeiten möchten.

Im Gegensatz dazu sind heute durch den vorschädigenden Ballast leider viel zu viele Mitbürger unterwegs, die in Unkenntnis von Ursachen und Wirkungen, ihre Umwelt mit dem eigenem Frust belasten oder ihre Mitmenschen auch massiver schädigen.

Natürlich werden in sich selbst ruhende Menschen, kaum mehr das Bedürfnis haben, als Krücke mangelnder Anerkennung oder lädiertem Selbstbewusstseins, ständig mehr konsumieren zu müssen. Weshalb abzusehen ist, dass solch eine Bildungsform auch wirtschaftliche Auswirkungen nach sich ziehen wird. Aber da bin ich guten Mutes, dass da recht innovative Lösungen gefunden werden, die sich in respektvoller Weise an den Bedürfnissen aller Menschen orientieren werden, ohne dass deshalb gleich die ganze Weltwirtschaft zusammenbrechen wird.

Lernen orientiert sich in einer solch dargebotenen Form wieder am natürlichen Entdeckungsdrang, wie er allen Menschen innewohnt. Der meist aber durch historisch begründete Zwänge feudaler Zeiten und gegenwärtiger Wirtschaftsvorgaben in erstarrten Schulverordnungen regelrecht zugemüllt wurde.

Jeder Mensch interessiert sich in unterschiedlichen Ausprägungen für alle denkbaren Fragen, über das Was, Wieso, Weshalb, Woher, Wohin, Warum, usw. seiner umgebenden Welt, sonst hätte die Menschheit niemals all die technologischen Fortschritte erzielen können, mit dessen Entdeckungen die gesamte Zivilisation ihr Leben vereinfachen und bereichern konnten.

Diese Fortschritte wurden wiederum regelmäßig von einzelnen Persönlichkeiten entdeckt oder fortentwickelt, weshalb völlig unverständlich bleibt, warum wir innerhalb unseres Bildungswesens so vehement versuchen, alle jungen Menschen gleichförmig auf ein niederschwelliges Wissensniveau zu zwingen?

Völlig unnötig, wie am Beispiel der inzwischen hochanspruchsvollen IT-Technologie für jeden nachvollziehbar erkennbar ist. Diese Technologie hat sich weitgehend fernab aller Regelschulen

allein aufgrund von Menschen durchgesetzt, die einfach nur gemeinsam Interesse und Freude an spannenden Weiterentwicklungen hatten und in dieser Form von Mensch zu Mensch ihre weltweite Verbreitung fand. Daher mein Appell: Überlasst Kindern und Jugendlichen selbst, ihre Welt gemäß ihrem eigenen Tempo und Vorlieben zu entdecken!
Es würde alle bisherigen Grenzen sprengen und gemäß meiner Vision auch Behinderten als auch Kindern ausländischer Eltern ermöglichen, ohne stigmatisierende Ausgrenzung Anteil an unserer Gesellschaft zu nehmen. Eben, weil es nicht mehr darauf ankommt, wer der Erste und Beste innerhalb einer Gemeinschaft ist, sondern vielmehr alle die Chance haben, sich selbst innerhalb ihrer Umwelt zu entdecken und daraus später Ziele für ihren weiteren Lebensweg abzuleiten.

Ein weiterer Vorteil wird aller Voraussicht nach in längerfristigen sozialen Bindungen bestehen, wie sie sich häufiger bilden, wenn Menschen mit ähnlichen Interessenlagen zusammenfinden und in dieser Form die Chance hätten, sich gemeinsam statt in gegenseitiger Konkurrenz weiter zu entwickeln. Wodurch auch unserer weltweiten Wirtschaft konzentrierte Ideenpotenziale ungekannten Ausmaßes zufließen dürften.

Die Förderung des individuellen Menschen kommt insofern stets unserer gesamten Gesellschaft zu Gute. Denn wenn sich jeder unter uns sicher, angenommen und mit dem was er ist, hat oder tut gewertschätzt fühlt, geht es auch uns, sowohl im familiären, als auch gesamtgesellschaftlichen Rahmen gut.

Wir haben nur dieses eine Leben und daher sollte auch jeder die gleichen Chancen bekommen, so glücklich und unbeschadet wie möglich im Schutz einer sich gegenseitig unterstützenden Gemeinschaft so individuell zu leben, wie ihr oder ihm der Sinn steht.

Wir alle können nur davon profitieren, einander zu vertrauen, wenn wir verstehen, warum sich Dinge so verhalten, wie sie sind. Dann kommen wir auch darauf, dass die gegenwärtigen Unterrichtsinhalte, wie auch Form der Vermittlung vielfach an den Bedürfnissen von Schüler/innen vorbeigehen und wie von zahlreichen Pisa-Studien belegt, nur eine geringe Nachhaltigkeit aufweisen.

Das ist eine logische Folge, wenn an den natürlichen Lebensbedürfnissen von Kindern vorbei versucht wird, ihnen innerhalb kürzester Zeit immer anspruchsvollere Lehrplanvorgaben einzutrichtern, die weder fächerübergreifend miteinander verzahnt sind und oft genug noch nicht einmal auf den vorherigen Unterrichtsstoff aufbauen.

Zudem erkenne ich in der weitläufigen Praxis, Unterrichtsinhalte nahezu vollständig vom realen Leben und Natur zu entkoppeln, ein schwerwiegendes Versäumnis, dessen Korrektur allen Kindern und Jugendlichen immens helfen würde, Lehrinhalte mit einem bleibenden Nutzen sprichwörtlich zu begreifen.
Eingedenk meiner eigenen Grundschulzeit, ist kaum nachvollziehbar, warum solch ein wichtiges Erfordernis, um lebendiges Interesse zu erhalten so sträflich vernachlässigt wird. Und da wundern sich unsere „Bildungsexperten" allen Ernstes über die zunehmende Verflachung von Allgemeinwissen?

Lernorte selbst verwalten

Dazu kann ich unseren Kultusministerien nur empfehlen, ihre Augen zu öffnen, um die Unterrichtsgestaltung, wie auch Inhalte, wieder mehr am realen Leben zu orientieren. Das bedeutet in Bezug auf die gegenwärtige Praxis, Unterrichtsinhalte konsequent um all die Anteile auszudünnen, die später ohnehin noch einmal im Rahmen der Berufsausbildungen aufgegriffen werden. Damit bleibt genügend Zeit, um sich tatsächlich mit interessanten Inhalten, wie z.b. gesunder Ernährung zu widmen. In denen Klassen ruhig wieder schuleigene Gärten anlegen oder aufs Land hinausfahren, um selbst Obst, Gemüse und Getreide anzubauen, zu pflegen, zu ernten und auch wieder lernen, eigene Nahrung zuzubereiten.

Warum sollten Schüler/innen nicht in der Lage sein, sogar den eigenen Mensabetrieb, vom Einkauf, Zubereitung der Speisen und Reinigung selbst zu bewirtschaften, bzw. zu verwalten? Ist doch absoluter Unsinn, wenn dem kleinliche hygienische Bedenken vorgeschoben werden, nur weil in unserem Land viel zu viele Nebensächlichkeiten überreglementiert sind.

Oder stirbt in Zweit- oder Drittlandstaaten die Bevölkerung aus, wenn sich deren Privatschlachtungen und Verkauf bereits seit Jahrhunderten unverändert selbst am schmuddeligsten Straßenrändern abspielen? Ist mir zumindest noch nicht in einem bedrohlichen Ausmaß bekannt geworden.

Zumal auch in den wenigsten heimischen Haushalten nicht mal ansatzweise ähnlich kleinliche Hygienevorschriften beachtet werden, wie sie unserer Gastronomiewirtschaft auferlegt sind.

Wenn ich da beispielsweise nur an unsere eigenen zahlreichen Gammelfleischskandale denke, dann dürfte die eigene Vermarktung-/Verarbeitung sogar noch mit einem gesünderen oder wenigsten reinerem Angebot verbunden sein, als der anonyme "Dreck", den unsere Schüler/innen serviert bekommen.

Was Wunder, wenn unsere Regierenden die Devise der kostengünstigsten Versorgung für unsere Kinder ausgegeben haben und Schulmensen im Gegensatz zu betrieblichen Kantinen meist ohne jede staatliche Bezuschussung mit einem täglichen Einkaufsbudget von nicht mal 1,50 € pro Kind und Mahlzeit auskommen müssen, um unsere Kindern ein „vollwertiges" Mittagsmenü aufzutischen.

Nicht umsonst wurde von unseren Medien zu Recht und wiederholt die oft minderwertig Qualität der Mittagstischangebote an unseren Schulen, aufgegriffen, ohne dass dies korrigierende Konsequenzen nach sich gezogen hätte.
bitte googeln : **Schulkinder essen oft zu ungesund.**

Von daher wäre eine Selbstverwaltung durch Schüler/innen mit enormen Vorteilen in der Entwicklung von Verantwortungs-, Hygienebewusstsein, Managementenwicklung und sozialen Kompetenzen verbunden, die im Nachhinein unserer gesamten Gesellschaft zugute kämen. Und ja, eigentlich könnte auch gleich ein Großteil der Schulverwaltung an die Hand von Schüler/innen gelegt werden. Spätestens mit dieser Maßgabe, würden heute noch unbedarft verübte Vandalismustendenzen vermutlich recht schnell ein kostensparendes Ende nehmen.

Die Bedenkenträger unter uns, werden nun vermutlich protestierend ins Feld führen, dass daran beteiligte Schüler/innen den anderweitigen Lehrstoff verpassen würden. Ihnen möchte ich mit dem einfachen Hinweis entgegnen, dass wir uns ruhig von dem Gedanken verabschieden dürfen, alle Kinder zur gleichen Zeit mit derselben Qualifikation an ein Ziel bringen zu müssen.

Je flexibler wir Erwachsenen unseren Kindern die Zeit einräumen, sich gemäß ihren eigenen Vorlieben zu entwickeln, desto größer dürfte sich damit ihre spätere Lebensfreude entfalten und damit auch deren Kinder vor elterlichen Folgen wie Überforderungen ,mürrischen Zurückweisungen, Unbeherrschtheit und

Gewalt schützen. Schließlich sollte uns die Unversehrtheit unserer Kinder nicht nur in politischen oder kirchlichen Sonntagsreden am Herzen und Interesse liegen, als jeder ökonomische Größenwahn.

Übrigens kann ich da auch auf meine persönlichen Erfahrung verweisen, die eindeutig belegen, dass sich die zeitweilige Abwesenheit vom Unterricht auch über längere Zeiträume von Tagen hinweg, auf Schüler/innen, die sich zum Teil in recht zeitintensiven, unterrichtsfremden Arbeitsgemeinschaften engagierten, nicht nachteilhaft auf ihren weiteren schulischen Erfolge auswirkte.

Im Gegenteil, kann ich davon berichten, dass sich innerhalb der letzten 10 Jahre, vier oder fünf unserer Schüler, die im schulinternen Technikteam mitwirkten, teils noch während ihrer Schulzeit, jeweils unabhängig voneinander ein finanzielles Standbein als selbstständige Veranstaltungstechniker erschufen.

Weiter stelle ich immer wieder fest, wie auffällig sich die aktive Beteiligung von Schülern/innen an Theaterprojekten außerordentlich persönlichkeitsreifend bemerkbar macht. Überhaupt kann man sich nur wundern, woher die Theaterbeteiligten die Zeit und Kraft hernehmen, um neben dem regulären Schulbetrieb noch den Luxus umfangreicher Textpassagen auswendig zu lernen oder auch anspruchsvolle Choreografien einzuüben.

Kürzlich erst (2014) habe ich einige unserer Theatermitwirkenden dazu befragt und bekam in bestürzender Offenheit die Spontanantwort zu hören, dass es das Einzige sei, was ihnen an unserer Schule richtig Spaß machte und sie sich daher kaum anstrengen brauchten, um selbst hochanspruchsvolle Theaterstücke einzustudieren.

Eben, weil alles was mit Spaß und Freude verbunden ist, weit weniger Anstrengungen bedarf als stupides Büffeln lebensferner Formeln, Vokabeln, oder Literaturinterpretationen. Andernfalls hätten sie, wörtlich: „dem quälenden Bulimie-Lernen am liebsten mit einem suizidalen Finale ein erlösendes Ende gesetzt".
Diese Aussage wurde zwar nur von einer Person geäußert, aber gleichfalls von nahezu allen umstehenden Theatermitwirkenden mit einem beifälligen Kopfnicken quittiert. Müsste eigentlich in alarmierender Weise zu denken geben.

Seltsam nur, dass all die vorangehenden Schülergenerationen, die sich ihrerseits schon in ähnlicher Weise durch ihre Schullaufbahnen quälen mussten, heute, da sie selbst in Verantwortung stehen, dieselben Qualen gegenüber gegenwärtigen Schulkindern nicht mehr wahrnehmen können. Ich behaupte hierzu: weil sie ihre schmerzlichen Erfahrungen selbst wirkungsvoll verdrängen mussten. Nicht zuletzt, da ja alle um sie herum nichts anderes kannten und somit eine Normalität suggerierte, die niemanden gut getan hat und daher schnell verdrängt wurde.

Nun, mit sinnvollen Alternativen und vor allem dem Leben zugewandten Angeboten würden unsere Kinder endlich tatsächlich etwas für ihr reales Leben lernen. Es muss doch erschrecken, wenn, wie in einem Beispiel live im Fernsehen zu sehen war, selbst Lehrer grundlegende Wissenslücken aufweisen, wenn sie z.B. nicht einmal mehr Pfefferminzblätter von Erdbeerblättern unterscheiden können.

Mathematik und Physik könnte mit dem praktischen Bau von Baumhäusern oder fahrbaren Seifenkisten verbunden werden, die später im sportlichen Wettkampf gegeneinander antreten, um zu erforschen, mit welchen Mitteln weitere Steigerungen möglich sind. Diese Art praktischen Lernens würde doch sofort weit eher innovatives Denken, sowie praktische Fertigkeiten vermitteln und gleichzeitig die Begeisterung an kreativen Herausforderungen steigern. Entwicklungen, die sich gewiss auch später im Erwachsenenleben produktivitätsfördernd in der Wirtschaft bemerkbar machen dürften.

Zumindest würde sich hier für alle Schüler ein hoch belebendes und kreativ herausforderndes Lernumfeld eröffnen, das ihnen die Perspektiven zu einem wahrlich selbstständigen und verantwortungsbewussten Leben eröffnet. Praktisches Wissen mit einem bleibenden Nutzen sollte die oberste Prämisse unserer Bildungsziele darstellen.

Nur fürchte ich, dass unsere ministeriellen Krawattenträger mit derlei Gedanken Schwierigkeiten haben, um ihr "bewährtes" Gleisbett zu verlassen. Die in ihren steifen Anzügen Sicherheit benötigen, um nicht selbst den ordnungsgemäßen Boden zu verlieren, den sie über Jahrhunderte hinweg so leidenschaftlich gepflegt haben, ohne jemals bewusst den Sinn ihres Tuns hinterfragt zu haben. Es ist der gleiche Beamtentypus, der seine Tatenlosigkeit heute wie schon zu NS-Zeiten in devoter Obrigkeitshörigkeit mit dem ewig gleichen verantwortungsabweisenden Argument rechtfertigte, nur Vorgaben von oben gefolgt zu sein.

Ähnliche Anweisungen, die einst Millionen Menschen um ihren Frieden, ihr Glück und Leben brachten, mit denen auch heute unsere Beamten dienstbeflissen allen fragwürdigen Anweisungen der Kultusministerien folgen. Deren Zweck nicht hinterfragt wird und noch weniger Bereitschaft besteht, eigenständige Alternativen zu entwickeln, obwohl dessen Erlässe und Vorgaben auch heute noch hunderten Kindern jährlich, zwar nicht direkt, aber gewiss in indirekter Weise das Leben kosten.

Abertausende weitere Kinder, die anderweitig geschädigt werden, um ihren Familien entnommen zu werden und Abermillionen von Mitbürgern, die gleichfalls unter den verheerenden Auswirkungen unseres unseligen Bildungswesen darben müssen.

Mit dieser elendigen Obrigkeitshörigkeit und verinnerlichten Angstkultur ist wohl auch das Schweigen der von mir angeschriebenen 1102 Schulrektoren, wie auch auffallende Stille seitens unserer gesamten Lehrerschaften zu erklären. Oder warum verweigern sich unsere Kultusministerien, nach positiven Erkenntnissen aus Privatschulen zu suchen, um diese in Regelschulen zu integrieren? Genau daran ist doch erkennbar, wie wenig Bereitschaft besteht, um entwicklungsfördernd von- und miteinander zu lernen.

Diese eitle Selbstverliebtheit in allen Entscheidungsebenen unseres Schulwesens und damit verbundenen Tatenlosigkeit kostet nicht nur Leben sondern gleichfalls wahnsinnige finanzielle Summen, um all die damit verbundenen Folgeschäden zu behandeln. (11 Milliarden Euro plus irre Steigerungen) Und kaum jemand, der auch nur darüber nachdenkt, wie uns mit der allgegenwärtigen Apathie wertvollste Lebensqualitäten verloren geht?

Von den wöchentlich 2-3 durch Vernachlässigung und Misshandlung gestorbenen Kindern abgesehen, nehmen sich in unserem Land die jährlich etwa 10.000 Suizidtoten, plus weitaus höhere Dunkelziffer an "missglückten" Versuchen, bestimmt nicht ihr einmaliges Leben, weil es ihnen so froh und leicht ums Herz war, sondern weil wir gemeinsam durch tatenlose Obrigkeitsgläubigkeit verhindern, dass sich unsere Kinder und damit auch unsere gesamte Gesellschaft selbstbewusst und glücklich entwickeln kann. Ich bin gespannt, ob sich durch meine dargelegten Gedanken, endlich mehr Einsicht und Mut entwickeln wird, unser Bildungswesen energischer und kritischer zu hinterfragen und mehr Mitmenschen die Bereitschaft einbringen, sich aktiv für sinnvolle Alternativen einzusetzen, wie ich sie hier angeschnitten habe.
Dazu möchte ich hier gleich noch ein paar Anregungen einbringen, die mir überaus sinnvoll erscheinen und relativ schnell schon heute in unseren Regelschulen umgesetzt werden könnten.

Ganzjährige Schulunterbrechung

Wie ich zuvor beschrieben habe, weisen eine sehr große Zahl unserer Schulabgänger keine Vorstellungen bezüglich ihrer zukünftigen Berufsorientierung auf. Wie auch, wenn sie innerhalb des Schulbetriebs kaum ernsthaft in der Entwicklung ihrer Interessen, Neigungen oder Fähigkeiten gefördert wurden?

Damit sich diese unhaltbaren Zustände bereits kurzfristig ändern, möchte ich für alle Schüler eine einjährige Schulunterbrechung anregen. Und zwar abhängig vom Schultyp, zumindest im noch gegenwärtigen System, macht es aus meiner Sicht Sinn, die Schüler-/innen zwischen der 8-10 Klassen einer einjährigen Erholungspause vom Schulbetrieb zu ermöglichen. Diese Zeit würde sich anbieten, um im Wechsel von etwa 2-4 Wochen in verschiedensten Bereichen der Wirtschaft, Kunst, Verwaltung und Sozialwesen Praktikumserfahrungen zu sammeln.

Der Vorschlag bietet gleich mehrere Vorteile.

1. Bekommen sie damit eine Erholungspause, die Sinn macht, da Vielen von ihnen zu diesem Zeitpunkt bereits der Schulbetrieb zum Hals raus hängt und in der Hochphase der Pubertät ohnehin mit einem erkennbaren Leistungseinbruch einhergeht.

2. Sie bekämen Gelegenheit, sich intensiver in verschiedenen Berufsbereichen umzusehen, wodurch bestehende Vorbehalte und mögliche Vorurteile reduziert werden könnten.

3. Durch ihre praktischen Erfahrungen erhielten sie fundierte Kenntnisse über eigene Fähigkeiten und Neigungen.

4. Würden sich daraus im weiteren Schulverlauf eine höhere Motivation ergeben, um konkret gefasste Ziele zu erreichen.

5. Könnten Schüler/innen auf höhere Bildungswege verzichten, wenn sie ihre Berufung in Berufssparten entdeckt haben, die auch mit einem Haupt- oder Realschulabschluss zu erreichen sind.

6. Würde sich eine frühzeitige "Selbstfindung" durch die damit einhergehende Selbstzufriedenheit, äußerst positiv auf unsere gesamte Gesellschaft niederschlagen.

Da es sich hierbei um gesellschaftsdienliche Maßnahmen handelt, sollte der Staat mit spürbaren Steuererleichterungen oder anderweitiger finanzieller Unterstützung allen Betrieben/Behörden/Musik-/Theater/-Sporteinrichtungen positive Anreize schaffen, um Schülerinnen und Schülern praxisorientierte Praktikumserfahrungen zu ermöglichen. Sofern dies nicht zu erreichen ist, könnten eigens dafür eingerichtete Übungswerkstätten einen ähnlichen Zweck erfüllen.

Diese Idee stößt nicht immer auf Zustimmung, wie ich bereits im Kreis von Elternbeiräten erfahren konnte, denen ich diese Vorstellung unterbreitete und in Punkt 5 spontan von einer Mutter mit der entrüsteten Bemerkung zurückgewiesen wurde, dass ihr Kind (13/14 Jahre alt) in jedem Fall eine akademische Laufbahn einschlagen werde!

Ein anschauliches Beispiel, um innezuhalten und darüber nachzudenken, inwieweit Kinder um ihrer selbst Willen gezeugt und zu lebensfrohen Persönlichkeiten gefördert werden, oder ob sie nicht doch mehr der profanen Stärkung unseres eigenen Egos dienen, wenn wir ihnen die Marschrichtung höchstmöglicher Einkommen für ihre bevorstehenden Lebenswege diktieren.

Kindergarten nur in Begleitung der Eltern

In ähnlicher Weise steht die Frage im Raum, welchen Stellenwert wir Kindern zuweisen, wenn wir sie in die Welt setzen, um sie anschließend in immer jüngerem Alter Kindergärten oder Ganztagesstätten zu überlassen? Diese unselige „Abschiebepraxis" steht im krassen Widerspruch zu allen Studien als auch ursprünglichen Natur des Menschseins, die nahezu einstimmig belegen, wie elementar wichtig gerade in den ersten Lebensjahren eine möglichst enge und ausgestaltende Bindung zwischen Eltern und Kind ist.

Dieses naturgegebene Erfordernis zur Ausbildung eines unerschütterlichen Basisfundaments an Grundvertrauen, wird mit der frühzeitigen Abschiebung von Kindern geradezu mit Füßen getreten. Wenn wir vorgeben, unsere Kinder zu lieben, sollten wir ihnen auch die notwendige Aufmerksamkeit zuwenden, um ihnen ein solides Fundament für ihr späteres Leben zu verschaffen.

Rhetorische Frage: Müsste man nicht konsequenterweise all jenen Menschen verbieten, Kinder in die Welt zu setzen, die ihrer beruflichen Karriere wegen oder aus finanziellen Erwägungen heraus nicht bereit oder in der Lage sind, sich in den ersten Lebensjahren bedingungslos ihren Kindern zu widmen?

Als humanistisch orientierte Lebensgemeinschaft, die am Wohl aller Kinder interessiert ist, könnten wir aber wenigstens hilfreiche Grundlagen schaffen, um Kinder in ihrem Grundvertrauen auch unter der Voraussetzung zu stärken, wenn diese in Kindergärten oder Ganztageseinrichtungen betreut werden.

Nämlich in der Idee, Müttern als auch Vätern wenigstens in der Anfangszeit, beispielsweise innerhalb eines halben Jahres, die aktive Begleitung ihrer Kinder in Kindergärten oder anderen Einrichtungen zu ermöglichen.

Wobei ich gleichzeitig den verbindlichen Kindergartenbesuch oder privat initiierte Kinderkrippen zur physischen und psychischen Förderung von Kleinkindern in Begleitung ihrer Mütter oder Väter sehr begrüßen würde.

Diese Idee beinhaltet gleichfalls mehrere Vorteile.

1. Könnten sich Kinder entspannt in größere Gemeinschaften eingewöhnen, weil sie die Sicherheit hätten, zu jedem Zeitpunkt in die schützende Obhut ihrer Mütter oder Väter zu gelangen.

2. Könnte durch die Anwesenheit zahlreicher Mütter oder Väter das Betreuungspersonal für alle wohltuend entlastet werden.

3. Eltern würden wieder lernen, sich sinnvoll mit ihren Kindern zu beschäftigen, wie Singen, Spielen und zu Basteln, statt sie der anspruchslosen Fernsehunterhaltung oder isolationsfördernden PC-Spielen in ihren Kinderzimmern zu überlassen.

4. Dürfte auf diesem Weg in erheblichem Maße die soziale Gemeinschaft gestärkt werden. Oder ist es etwa nicht so, dass wir kaum noch unsere direkten Nachbarn kennen und uns voneinander isoliert in unseren Wohnräumen verschanzen?

Wenn wir vorgeben, dass Kinder die wertvollsten zu beschützenden Wesen unseres Staates darstellen, dann dürfen wir ihrem Wert angemessen auch das nötige Kleingeld in die Hand nehmen, um diese überaus wichtige Elternbegleitung innerhalb erster Lebensjahre zu finanzieren.

Geld dazu ist im Überfluss vorhanden, wie alljährlichen Statistiken über die Anhäufung von Privatvermögen offenlegen.

Gegenwärtig kursiert in Deutschland ein Privatvermögen von rund 6 Billionen Euro, woraus sich rechnerisch ein durchschnittliches Barvermögen vom 1-tägigen Baby, bis hin zum sterbenden Greis von sage und schreibe rund **70.000 Euro** für jeden von uns ergeben würde.

Unter der grundgesetzlichen Prämisse, wonach Eigentum verpflichtet, sehe ich für uns alle in finanzieller Hinsicht genügend Potenzial, um unseren Kindern gegenüber unter Beweis zu stellen, welchen gemeinschaftlichen Wert sie für uns darstellen.

Kindergeldzahlungen einstellen

In diesem Zusammenhang würde ich auch gleich die fragwürdigen Kindergeldzahlungen einstellen, von denen Kinder eigentlich am wenigsten profitieren. Dieser Vorschlag mag im ersten Augenblick irritieren, doch schauen und bewerten Sie bitte selbst, ob diese Idee auf den zweiten Blick nicht doch die vernünftigere Alternative zur herkömmlichen Praxis darstellt.

Demnach halte ich es für sinnvoller, das Kindergeld vollständig einzustellen, um im Gegenzug allen minderjährigen Kindern dieses Landes einschließlich ihrer Eltern einen ständigen und kostenlosen Zugang zu allen kulturellen Stätten und geistigen Einrichtungen zu ermöglichen, die von Staat oder Gemeinwesen, wie Bibliotheken, Schwimmbädern, Theatern, Museen, musikalische Veranstaltungen, Volkshochschulen, Sportveranstaltungen und dergleichen mehr angeboten werden. Mit dieser Maßnahme kämen die finanziellen Mittel, die dem Kindergeldgedanken zugrunde liegen tatsächlich und ausschließlich allen Kindern für aktive Freizeitgestaltung im Kreis ihrer Familien, steigender Allgemeinbildung und sozialfördernde Identifizierung mit der eigenen Kultur unserer gesamten Gesellschaft zugute.

Damit würde auch der zweifelhafte Anreiz entfallen, Kinder des Kindergeldes wegen in die Welt zu setzen, da gerade Kinder aus diesem Umfeld heraus besonders stark misshandlungs- und vernachlässigungsgefährdet sind. Wodurch gleichzeitig ein wichtiger Beitrag zu einem sinnvollen Kinderschutz geleistet wird, wenn Eltern mit dieser Maßnahme gehalten wären, verantwortungsbewusster mit der eigen Sexualität und etwaigen Kinderwünschen umzugehen. Deshalb soll in Fällen von Bedürftigkeit niemand auf sich allein gestellt bleiben. Eine Einzelfallprüfung von erforderlichen Hilfen, macht hierbei sicher mehr Sinn, statt nach dem Gießkannenprinzip sowohl über bedürftige als auch nicht bedürftige Eltern Gelder zu verteilen.

Abschaffung der beruflichen Voraussetzungen

Da Schulzeugnisnoten kaum mehr aufzeigen, als dass es Schülern-/innen gelungen ist, "Leerinhalte" mehr oder weniger anpassungskonform und fehlerfrei zu wiederholen, hingegen in Hinblick auf berufliche Befähigungen und Talenten keine Aussagekraft aufweisen, fordere ich die Abschaffung, bzw. eine deutliche Reduzierung der gegenwärtig bestehenden Zugangsvoraussetzungen für alle Ausbildungsberufe, da mit diesen lebenseinschränkenden Hürden zahlreiche junge Menschen nur aufgrund fragwürdiger Noten daran gehindert werden, sich im positiven Sinne beruflich und persönlich selbstbestimmt weiter zu entwickeln.

Womit ein ungeheuer großes Wertschöpfungspotenzial verloren geht, wenn engagierte und leistungsbereite Menschen nur aufgrund ihrer Noten daran gehindert werden, einen wunschgemäßen Beruf zu ergreifen, der ihrer realen Berufung entsprechen könnte und statt dessen gezwungen werden, ihre Berufswahl aus einem drastisch reduzierten Berufsangebot zu treffen, innerhalb dessen sie ihre eigentlichen Talente und Befähigungen kaum mehr entfalten können.

Welches gesellschaftsübergreifendes Frustpotenzial mit der gegenwärtigen Ausbildungspraxis, bzw. deren Auswahl erschaffen wird, dürfte uns allen nur zu gut bekannt sein, wenn wir uns an die zahlreichen Beispiele entsinnen, in denen wir von unfreundlichen, mürrischen und teils sogar aggressiven Personen aus allen Bereichen der Wirtschaft, Verwaltung und dergleichen konfrontiert wurden.

Und bitte nicht vergessen, wie sich dieses geballte Frustpotenzial besonders negativ auf Kinder auswirkt, gegenüber denen sich frustrierte Menschen besonders eilfertig abreagieren.

Darüber muss man nicht mal diskutieren, weil es erfahrungsgemäß so ist.

Die deutliche Absenkung oder besser noch Aufhebung der beruflichen Zugangsvoraussetzungen, wird von selbst zu einem gesunden Ausleseprozess führen, dessen Risiken (auch gegenwärtig vorhanden) relativ einfach zu begegnen sind, wenn heranwachsende Schüler/innen zuvor ausreichend Gelegenheit erhalten z.B. durch meinen Vorschlag der einjährigen Schulunterbrechung in längerfristigen Praktikumserfahrungen, ihre natürlichen Talente und Fähigkeiten zu erkennen und zu vertiefen.

Die Idee würde durch den erheblichen Zuwachs an selbstzufriedenen Menschen auch zu einem absehbar entspannterem Klima innerhalb unserer Gesellschaft beitragen und darüber hinaus den Unsinn am Festhalten des dreigliedrigen Schulsystems unter Beweis stellen.

Darüber hinaus wäre es aus meiner Sicht durchaus angebracht, die gegenwärtige meist dreijährige Ausbildungspraxis von Grund auf neu zu überdenken. Dazu besteht in weniger anspruchsvollen Tätigkeiten normal gar kein vernünftiger Anlass. Ohnehin ist es in der Wirtschaft längst übliche Praxis geworden, ihre benötigten Arbeitskräfte bedarfsgerecht zu spezialisieren.

Ich spreche da aus eigener Erfahrung. Denn wenn ich da an meine eigene Umschulung zum Büro- und Informationselektroniker denke, dessen Spektrum die Wartung und Reparatur aller nur erdenklichen bürotypischen Gerätschaften umfasste, kann aufgrund der unüberschaubaren Geräte-Vielfalt wegen kaum jemand in diesem Beruf erfolgreich bestehen. Weshalb die meisten mir bekannten Firmen dazu übergegangen sind, sich in Eigenregie interessierte Techniker heranzubilden, die sich auf eine eng begrenzte Auswahl spezialisiert haben und damit weit effizienter arbeiten können, wie jene, die alles abzudecken versuchen.

In ähnlicher Weise wird bereits vielfach in Industrie und Handwerk verfahren, um sich bedarfsgerechtes Personal heranzubilden. Von daher machen die notenabhängigen Zugangsvoraussetzungen zu vielen Berufsausbildungen kaum noch wirklich Sinn.

Ohnehin wäre es viel interessanter, wenn für alle berufstätigen Menschen die Möglichkeit zu einem spontanen Wechsel ihrer Tätigkeiten offen stünde. Flexibilität wird doch ohnehin schon von allen Menschen abverlangt. Warum nicht auch in dieser Hinsicht? Eine solche Praxis würde vielen Berufstätigen die Chance ermöglichen, bis ins hohe Alter hinein erfüllenden Tätigkeiten nachzugehen.

Ein flexibler Tätigkeitswechsel ohne lästige Hürden käme insofern nicht nur dem Einzelnen, sondern der Wirtschaft gleich mit vorteilhaft zugute und würde den Krampf um nichtssagende Noten ein für allemal friedsam beenden.

Lohn gemäß Leistung neu definieren

Bei dieser Gelegenheit könnten wir auch gleich mal ernsthaft darüber nachdenken, ob unser Lohn-, bzw. Gehaltsgefüge, wie Arbeit vergütet/bezahlt wird, noch zeitgemäß ist?

Abgesehen davon, dass der heutige Mindestlohnstandard kaum ausreicht, um jenen "Leistungsempfängern" eine gleichberechtigte Teilhabe an unserer Gemeinschaft zu ermöglichen und Kinder unter der einschränkenden, bzw. ausgrenzenden Armut ihrer Eltern stets als erste die Leidtragen sind, müsste sich der Arbeitslohn meiner Überzeugung nach stärker nach der realen Leistung und Schwere orientieren, die für Arbeit erbracht werden muss.

Da nach meinem Modell, wie Menschen zu ihrer Berufung finden, Arbeit eher mit freudvoller Erfüllung verbunden ist, dürfte auch das Kriterium von Leistung neu gewichtet werden.

So bleibt nicht einzusehen, warum richtig anstrengend zupackende Handwerker mit teils lebensgefährlichen Tätigkeiten oder emotional höchst belastete Pflegedienste mit einem sichtbaren Nutzen für ihr eingebrachtes Engagement weit geringer vergütet werden, als Angestellte mit körperlich und seelisch weit weniger belastenden Verwaltungsaufgaben. Wozu ich auch Managertätigkeiten zähle, die in jüngerer Vergangenheit ihrer exorbitanten Bezüge wegen zwar in berechtigte Kritiken geraten sind, aber dennoch keine spürbare Konsequenzen fürchten mussten.

Klar, kann man argumentieren, dass ein akademisch gebildeter Manager, bedingt durch die längere Studienzeit, ein höheres Gehalt für sich beanspruchen darf, um keine Nachteile in der späteren Rentenbemessung zu erhalten. Dieser Ausgleich steht selbstverständlich jedem zu, der sich eigenverantwortlich engagiert hat, aber alles was darüber hinausgeht, ist meiner Ansicht nach nicht mehr gerechtfertigt. Auch nicht, weil ein Manager oder höherer Verwaltungsangestellter etwa mehr Verantwortung zu tragen hätte. Es ist ja nicht so, als würde jemand schweren Herzens gegen seinen/ihren Willen gezwungen werden, verantwortungstragende Aufgaben zu erfüllen. Wenn jemand eine Managertätigkeit anstrebt, dann doch hoffentlich aus dem einzigen Grund, weil es solchen Menschen Freude macht, Verantwortung und Herausforderungen zu übernehmen.

Zudem bleibt kritisch zu hinterfragen, warum Manager zum Teil mit einem Zigfachen eines normalen Lohneinkommens für ihr sozialschädigendes Agieren belohnt werden, wie es üblich geworden ist, um Produktionsabläufe im Sinne weniger, aber umso gewinnsüchtigerer Anteilseigner immer schlanker zu rationalisieren. An dessen Ende immer mehr Menschen gar keine Arbeit mehr haben, dafür aber von immer weniger Menschen Höchstleistungen abverlangt werden.

Wobei doch hinlänglich bekannt ist, wie schwer belastend sich die zunehmenden Überforderungen von berufsgestressten Eltern auch auf den eigenen Nachwuchs auswirken.

Wobei sich Stress längst nicht nur durch ausrastende Eltern gegenüber ihren Kindern schädigend auswirkt. Nein, Stress ist eine lebensbedrohliche Komponente unseres Arbeitslebens, wie auch gemeinschaftlichen Sozialisation.

Denn nicht nur physische und psychische Überforderungen machen krank, sondern bereits das Bewusstsein der ungerechten Bezahlung, oder durch Verarmung bedingte soziale Ausgrenzung verursachen lebensbedrohlichen Stress. Lebensbedrohlich insofern, da Stress neben einer Reihe begleitender Erkrankungen wie z.B. hohen Blutdruck zu einem nachgewiesenermaßen im Durchschnitt 10 Jahre früherem Ableben derart betroffener Mitmenschen führt.

Daher dürfte sich eine angemessene Neubewertung unseres Lohn-/Einkommensgefüges gleichsam positiv auf unsere Gesellschaft und im Besonderen auf unsere Kinder auswirken. Dazu gehört gleichfalls die finanzielle Aufwertung von ungeliebten oder unbequemen Tätigkeiten.

Wenn ich z.B. daran denke wie herablassend und billigst abgespeist Reinigungspersonal für ihre teils überaus anstrengenden Tätigkeiten behandelt werden, wäre es wahrlich an der Zeit, mit einer entsprechenden finanziellen Aufwertung auch solcher Tätigkeiten mehr respektvolle Achtung zu verschaffen. Oha, was würden so manche Beschäftige gleich mit einer weit höheren Motivation und leuchtenden Augen ihrer Arbeit nachgehen, wenn mit einer hohen Entlohnung ihre Tätigkeiten angemessen aufgewertet würden. Mit einer derartigen Wertschätzung würden wahrscheinlich auch wieder mehr einheimische Mitbürger solche bislang unbeliebte Tätigkeiten aufgreifen, auf dessen Putzstellen sich gegenwärtig fast nur noch weit ärmere Bewohner mit Migrationshintergrund bewerben.

Gegenwärtig ist ohnehin die Tendenz zu beobachten, wie wenige junge Menschen einen handwerklichen Beruf anstreben, bei dem sie sich schon mal die Hände schmutzig machen. Ist dies nicht auch eine Folge dessen, wie geringschätzig gegenwärtig handwerkliche Arbeit erachtet und entlohnt wird? Nun ich denke auch hier wird sich über kurz oder lang eine Neubewertung durchsetzen. Die angedachte Neubewertung ist auch insofern nachvollziehbar, da nach meinen Vorstellungen immer mehr Menschen einen echten Lebenssinn in ihren beruflichen Tätigkeiten finden, statt gehetzt und lustlos zu funktionieren, um imaginäre Ziele des Wohlstands oder Anerkennung zu erreichen.

Unsere zukünftigen Mitmenschen werden sich wünschenswert in ihrer Mehrheit selbstzufrieden Beschäftigungen zuwenden, von denen sie überzeugt sind, sich diesen Tätigkeiten ihrer selbst

Willen oder eines gesellschaftlichen Nutzens wegen widmen zu wollen.

Hier möchte ich nur mal das positive Beispiel des begnadeten Musikers Yiannis Hryssomallis hervorheben. Unter seinem Künstler-Pseudonym Yanni hat dieser inzwischen weltbekannte Musiker von früh auf zu seiner wahren Berufung finden dürfen. Indem ihm seine Eltern bereits mit 6 Jahren, als er seine Liebe zur Musik zu entdecken begann, völlig freie Hand ließen, seinen eigenen Musikstil ohne Beeinflussung „professioneller" Nachhilfen selbst zu entwickeln.

Herausgekommen ist ein Mensch, durch dessen Kompositionen eindrucksvoll zum Ausdruck kommt, wie harmonisch und selbstzufrieden es im Inneren dieses Menschen heute aussieht. Einfach phantastisch und durchaus nachahmenswert. siehe wikipedia, Stichwort **Yanni**

Allgemeinschädigende Produkte verbieten

Eine ähnliche Selbstgenügsamkeit würde ich uns auch in produzierender Hinsicht wünschen. Denn so Manches wird einzig unter dem Aspekt der schnöden Profitgier hergestellt. Davon weisen viele Produkte überhaupt keinen gesellschaftlichen Nutzen auf, sondern fügen uns im Gegenteil, gemeinschaftlich sogar besonders hohe Schäden zu.

Deren Folgekosten uns jedoch in voller Höhe aufgebürdet werden, während die Gewinne nur sehr wenigen Investoren zufließen. Siehe Beispiel Tabakindustrie oder auch Herstellung und Vertrieb sogenannter Glücksspielautomaten. Hier haben politisch aktive Lobbyisten ganze Arbeit geleistet, um gesunden Menschenverstand mit dem Totschlagargument wegfallender Arbeitsplätze für dumm zu verkaufen.

Unsinn hoch drei, wenn am Beispiel solch fragwürdiger Produkte weit mehr Menschen geschädigt werden, als sie einen Nutzen für unsere Gemeinschaft ausweisen. Gleiches gilt in vielen anderen Bereichen. Insbesondere der chemischen Industrie, Pharmaerzeugnissen als auch weitem Feld unserer Nahrungsindustrie.

Wie unsinnige, ja geradezu mafiöse Umtriebe unser Land und Leute meiner Überzeugung nach schädigen, wird kaum ersichtlicher als in der gewinnträchtigen Vermarktung der Pharmaindustrie. Da werden z.B. Krebspatienten keine anderen (teils hier bei uns unbekannten, aber in anderen Ländern bereits mit viel Erfolg angewandten) Alternativen als die "hochgelobte" Chemotherapie oder wenigstens - je nach Fall - eine Kombination beider Behandlungen vorgeschlagen. Viele beschäftigen sich ja erst mit dem Thema Krebs, wenn es sie selbst oder jemand aus der Familie trifft.

Wenn die Behandlung von Krebspatienten mit giftigen Chemo-Cocktails angeblich so erfolgreich bis alternativlos ist, wie sie uns allgemein verkauft wird, wie kann es dann sein, dass inzwischen schon mehr als jeder zweite Mensch in unserem Land Krebs trotz Chemotherapie nicht überlebt oder besser an den Folgen der Behandlungen stirbt?

Ich denke, hier kann jeder mit halbwegs gesundem Menschenverstand nachvollziehen, woran Patienten, die sich solchen Vergiftungstherapien unterziehen wohl eher sterben. Krebserkrankungen sind meiner Überzeugung nach logische Folgen unserer langjährigen Vergiftung durch den Verzehr chemisch verunreinigter Lebensmittel, die in ihren unterschiedlichen Zusammensetzungen und deren Wechselwirkungen untereinander uns immer häufiger Krebsauswüchse bescheren.

Statt den Körper noch weiter massiv mit gewinnträchtigen Pharmaprodukten zu belasten, wäre es weit gescheiter, alles daran zu setzen, um die innewohnenden Abwehrkräfte, über die ausnahmslos jeder Mensch verfügt, massiv zur eigenen Gesundung zu stärken. Doch da mit derart unterstützenden Maßnahmen kaum Geld zu verdienen ist, werden die weit gesünderen Alternativbehandlungen gar nicht erst in Erwägung gezogen, sondern bekanntermaßen von den Sprachorganen unserer Gesundheitslobbyisten sogar noch der Lächerlichkeit preisgegeben.

Dabei gibt es sehr wohl anerkannte Alternativbehandlungen. Wie sie z.B. Lothar Hirneise in seinem Buch mit dem ironischen Titel:
"Chemotherapie heilt Krebs und die Erde ist eine Scheibe"
zusammengetragen hat.

Sofern es zutrifft, dass in Israel mehr als hundert mal weniger Menschen als in Europa an Krebs sterben, obwohl dort ein Viertel aller Einwohner rauchen, dann dürfte das Ergebnis wohl eindeutig in der unterschiedlichen Behandlungsmethodik begründet liegen. Denn im Gegensatz zu Europa werden in Israel Krebspatienten weit weniger mit Chemotherapien behandelt, sondern die körpereigenen Abwehrkräfte mit ausgesuchter Ernährung gestärkt.

Dies wollte ich nur mal als Beispiel angeführt haben, um zu demonstrieren in welch dramatischer Weise Habgier in Verbindung von Obrigkeitshörigkeit, Verängstigung und Werbetrommelfeuern, bereits unser Leben und Sterben beeinflusst haben.

Hier dürften wir alle von einem ethischen Wandel hin zu einem ehrlichen und vertrauenswürdigen Umgang miteinander profitieren. Weg von den umweltzerstörenden Monokulturen, um wieder vielen selbstständig tätigen Kleinbauern ein genügsames Ein- und Auskommen zu bieten.

Es gibt zahlreiche Felder unseres sozialen Gefüges, die kritisch überdacht und einer Neubewertung bedürfen. Auch hinsichtlich unsere Wahrnehmung, was Macht, Anerkennung und Ehren gebührt, neu zu definieren, wenn wir uns als Teil einer gemeinsamen Staatsgemeinschaft verstehen.

Eigentlich hätte ich diesen Part gern auf unsere globale Welt bezogen, aber dafür dürften die meisten unter uns noch nicht bereit sein, um anzuerkennen, dass wir alle zu einer untrennbaren Weltgemeinschaft gehören, ohne dessen Zusammenhalt niemand dauerhaft glücklich leben wird.

Aufklärung über die wahren Sozialschmarotzer

Soweit einige Ideen, die meiner Überzeugung nach zu einem gütigen und friedsamen Gesellschaftsklima beitragen dürften.

Naheliegend benötigen wir eine hochwertigere aufklärende Bildung, um die unscheinbaren Ursachen, die Misshandlungen, Vernachlässigung oder gar Missbrauch gegenüber Kinder begünstigen, für jeden von uns besser durchschaubarer zu machen.

Solch eine Sensibilisierung sollte uns allen weit wichtiger sein, als jeder sonstige Bildungsmüll, mit dem unsere Kinder innerhalb ihrer Klassenzimmer überfrachtet werden.

Seit vielen Jahren schon steht die Überforderung von Müttern und Vätern in Erziehungsfragen an erster Stelle, derentwegen auch gegenwärtig jährlich Abertausende Kinder brutal an Leib und Seele verletzt werden. Dabei ist es nicht so, dass deren Mütter oder Väter aus perverser Freude ihre Kinder misshandeln. Vielmehr wissen sie sich den Herausforderungen ihrer Kinder kaum mehr anders als gewaltsam oder abweisend zu erwehren. Zumal der stetig anwachsende Stress im Arbeitsleben weiter dazu beiträgt, die nervlichen Daumenschrauben anzuziehen.

Da bleibt kaum mehr die nötige Erholung, um den Alltag im Büro, Familie, Haushalt und Freizeitstress, unter dem begleitenden Werbetrommelfeuer, möglichst über die persönlichen Leistungsgrenzen hinaus konsumieren zu müssen, noch mit ruhiger Gelassenheit zu bewältigen. Doch solange wir uns nicht der Ursachen und Wirkungen bewusst sind, werden wir uns weiterhin in unserem jeweiligen Hamsterrad bis zur Erschöpfung abstrampeln, an deren Folgen unsere Kinder und damit auch wir gesamtgesellschaftlich Schaden nehmen.

Nicht ganz zufällig, leiden immer mehr Menschen an Depressionen, wie auch Burnout-Syndrom und verzeichnen Krankenkassen eine nie zuvor gekannte Zunahme psychologischer Inanspruchnahmen. Ich denke, eine klare Folge ausufernder Isolation und beruflicher Erwartungshaltungen gegenüber dem Einzelnen. Der Mensch ist eben nicht geschaffen, um vordergründig gewinnorientierte Wirtschaftsinteressen zu bedienen, sondern würde dem Grunde nach, wenn man ihn/sie denn nur ließe, lieber glücklich in harmonischer Eintracht mit seinen Mitmenschen zusammenleben. In ärmeren Ländern besteht dieser Zusammenhalt meist noch und ist unter vermeintlich primitiven Bevölkerungen sogar weit fester verankert.

In unserer vermeintlichen Zivilisation ist dieser Zusammenhalt jedoch weitgehend der egozentrischen Ellbogenmentalität gewichen, um sich auf Kosten unserer Mitmenschen selbsterhöhend zu profilieren. Oder schon mal bewusst darauf geachtet, wie unbewusst wir miteinander umgehen und dennoch in der Überzeugung unserer eigenen Normalität leben?

Beispielhaft ist mir schon länger aufgefallen, wie undifferenziert Medien von vermeintlichen Bestien misshandelnder Eltern berichten und die Schicksale ihrer Opfer gewinnträchtig ausschlachten, während der durchschnittliche Gutmensch, die eigenen Unzulänglichkeiten aus dem Sinn verlierend, solche öffentlichen Inszenierungen nur zu gern aufgreift, um sich in seiner eigenen verletzten Kleinheit geifernd und leidenschaftlich über noch schwächere Mitmenschen zu erheben. Ja, in bester Stammtischmanier monsterhaft mutiert, um sich gegenseitig in qualvollsten Rachegedanken zu überbieten.

Doch, es ist zuweilen wirklich interessant, mal in öffentlichen Foren, einfach die schriftlichen Reaktionen zu betrachten, die im Schutz der Anonymität auf teils recht banale Nachrichten von angeblich normalen Menschen geäußert werden.

Nachfolgend habe ich hier mal als typisches Beispiel ein paar solcher Äußerungen zusammengefasst, die innerhalb weniger Minuten einer Nachricht von einer Person folgten, die einem größerem Publikum aus einem TV-Gesangswettbewerb bekannt war und wegen irgendwelcher Delikte einige Monate Knast auferlegt bekam.

Jede Zeile steht für eine jeweilige Aussage verschiedener Schreiber.

- *Hackfresse*
- *der Vollpfosten*
- *die dreckige Analgeburt*
- *dieser Assi*
- *superspacken*
- *möchtegern-Gangster*
- *Hässliches, asoziales Arschloch*
- *dieser Mann ist purer Abschaum*
- *Warum wird so etwas nicht Ausgewiesen???? Oder greift da der Artenschutz????*
- *Ab ins Loch, aber ganz schnell, und hoch den Popo.*
- *Hässlicher Rattenarsch.*
- *Der Sack soll sitzen - meinetwegen bis an sein Lebensende*
- *dieses Arschloch*
- *diese Dumpfbacke*
- *Außerdem habe ich Tränen in den Augen vor Freude, dass der endlich im Knast ist *hahaha*^^*
- *Dem soll man noch 10 Jahre mehr aufbrummen und dann ab in die Sicherheitsverwahrung.*
- *So ein Affe gehört nicht in die freie Wildbahn.*
- *Und hoffentlich findet der im Knast seinen Meister, der dem nicht nur die fiese Fresse stopft.*

- *Die fiese Laus*
- *dieser Depp*
- *diese Schweißperle*
- *Dieser Knallkopp*
- ***** ist das größte asoziale Stück Scheiße, das prominent geschimpft wird. Weg mit dem in den Knast.*
- *Diesem Typ sieht man seine Asozialität ja wohl schon an*
- *Diesem Volldepp sieht man doch förmlich die Blödheit aus den Augen springen*
- *Der Typ hat doch soviel Verstand wie 3 Meter Teerstraße*
- *Weg mit diesem Stück Dreck. Am besten mit anschließender Sicherheitsverwahrung.*
- *Weg damit, als Erwachsen wird er NIE mehr ändern, selbst die Zelle ist für ihm zu schade....*

Wie bereits erwähnt, ein Beispiel auf eine eher banale Nachricht. Entsprechend entmenschlicht steigern sich die Reaktionen, wie sie regelmäßig von Menschen entflammen, die stets auf gravierendere Gewaltveröffentlichungen, wie bei Kindesmisshandlungen erfolgen.

Dabei nehmen die Beteiligten nicht mal mehr wahr, dass ihre Strafphantasien gegenüber Tätern/innen, die sie zum Ausdruck bringen, oft ein weit grausameres Ausmaß erreichen, wie die Taten selbst, über die sie sich empören.

Ist im Prinzip ja nicht mal etwas Neues. Schließlich haben es nahezu alle Herrschenden damals wie heute recht geschickt verstanden, dem darbenden Volk Feindbilder zu projizieren, die gerade von jenen Menschen tiefer gequält und erniedrigt wurden, die selbst unter repressiver Knechtschaft standen und damit Gelegenheit erhielten, sich wenigstens zeitweise machtvoll über Schwächere zu erhöhen, sofern sie denn von der Obrigkeit zur Hetzjagd freigegeben wurden. (z.B. Vogelfreiheit im Mittelalter)

Das konnten Hexen, Andersgläubige, Homosexuelle, Vagabunden oder eben auch Kriminelle sein, von denen sich die regierenden Machthabenden bedroht oder belästigt fühlten.

Mit der Unzufriedenheit des Volkes gelang es der Obrigkeit schon immer, schwelende Aggressionen mit Ächtung von Außenseitern zu kanalisieren und sich gleichzeitig selbst geschickt aus der Schusslinie öffentlicher Kritik zu bringen.

Zum Zweck der Verächtlichmachung standen früher im Zentrum nahezu jeder größeren Ortschaft entsprechende öffentliche Pranger, dessen zeitgemäßer Gegenpart heute unsere modernen Medien übernommen haben, um die öffentliche Meinung zu beeinflussen und das Volk beschäftigt zu halten. Sendungsformate wie "Dschungelcamp; "Ich bin ein Star holt mich hier raus", bedienen in ähnlicher Weise niedrige Instinkte, sich selbst auf Kosten anderer über deren vorgeführte Einfalt oder ekelerregenden Erniedrigungen sich selbst erhaben zu fühlen.

Damals wie heute wird der selbstunzufriedenen Bevölkerung seitens dominierender Machteliten geradezu fortlaufend Material oder Feindbilder an die Hand geliefert, gegenüber diesen Delinquenten sich wie beim Mobbing schon bald genug Benachteiligte zu einem gegenseitig stärkenden Bündnis verschworen haben, um in der Erniedrigung anderer ihr eigenes Ego wenigstens zeitweilig machtvoll zu erheben.

Derartige Handlungsmuster sind nahezu in allen Gesellschaftsschichten in unterschiedlichen Ausprägungen präsent, weil jede Generation ihre eigenen Verletzungen in ihrer Unbewusstheit an die nächste Generation weiter vererbte. Dürfte insofern verständlich sein, da wir, von Ausnahmen abgesehen, weitgehend jene Handlungsweisen und Lebensmuster an unsere Kinder und Mitmenschen weitergeben, die wir selbst als Bestandteil unserer Normalität erfahren haben.

Die meisten Übel dieser Welt, egal ob Mord, Habgier, Herrschsucht, Neid, Konsumzwänge, Misshandlungen, Missbrauch, Mobbing, innerhalb von Familien, als auch der globalen Welt betrachtet, haben nahezu immer in den Verletzungen von Kinderseelen und weit verbreiteten Anerkennungsdefiziten ihren unheilvollen Ursprung.

Sobald wir diese gesellschaftliche Verseuchung in ihrer wahren Dimensionen endlich als gegeben anerkennen würden, hätten wir bereits den wichtigsten Schritt für einen wirksamen Kinderschutz und bürgerzugewandten Strukturwandel vollzogen. Denn Erkenntnis und Bewusstheit über bestehende Mängel, stehen stets am Anfang jeder erstrebenswerten Veränderung. Nur folgen wir auch immer der Vernunft?

Von Kindern erwarten wir Erwachsene mit aller Selbstverständlichkeit und zuweilen auch harter Unnachgiebigkeit die Flexibilität und Einsicht, um ihr Verhalten gemäß unseren Mahnungen und Aufforderungen zu verändern. Dies geschieht ja meist auch in bester Absicht und zu ihren eigenen Gunsten.

<u>Aber weisen auch wir als erwachsene Menschen noch eine ähnliche Flexibilität und Einsichtsfähigkeit auf, die wir unseren Kindern abverlangen?</u>

In Hinblick des zuvor geschilderten gesellschaftlichen Ist-Zustands, wie er ja auch von zahlreichen anderen aufmerksamen Mitmenschen immer wieder in verschiedensten Formen reklamiert wurde/wird, müssten wir uns eigentlich in Grund und Boden schämen, unseren Kindern nicht schon längst kindergerechtere Lebensbedingungen für ihre gedeihliche Entwicklung ermöglicht zu haben. Zumal ein solches Bemühen auf längere Sicht der gesamten Bevölkerung zugutekäme, um weitgehend friedsam, glücklich und selbstgenügsam Freud und Leid mit unseren Mitmenschen zu teilen.

Wenn sich bislang noch zu wenig hinsichtlich Bewusstseinsbildung getan hat, dann sind diese Versäumnisse wohl erkennbar auf den Umstand unserer Normalität zurückzuführenden, wie jeder von uns die bestehenden Mängelverhältnisse durchlaufen hat, ohne sich jemals der gesamtheitlichen Konsequenzen bewusst geworden zu sein.

Den eigenen zahlreichen in Kinderjahren durchlittenen Demütigungen, Zurückweisungen und anderweitigen Gewalterfahrungen durch Elternhaus, Schulen und Ausbildungszeit, hat garantiert jeder von uns schmerzlich gespürt, aber im Rahmen des natürlichen Überlebensinstinkts mehrheitlich selig verdrängen verklären können. Somit wird verständlich, warum kaum noch jemand ein sicheres Gespür gegenüber den empfindsamen Bedürfnissen eigener oder Kindern gegenwärtiger Zeit entwickeln kann.

Wer kennt nicht die hilflosen Rechtfertigungsversuche wie: „Eine Ohrfeige, bzw. Tracht Prügel hat noch niemanden geschadet". Oder: "Durch die erfahrenen Härten bin ich erst ein ganzer Mann/Frau geworden".

Und wie so manche sich selbst keine Weichheit oder Milde mehr zugestehen mögen, werden aus der eigenen Verhärtung heraus oft sogar noch jene Menschen verhöhnt, die sich um einen zuvorkommend freundlichen oder verständnisvollen Umgang mit ihren Mitmenschen bemühen.

Auch ich konnte mich bis zu meiner beginnenden Bewusstwerdung ab 2003/4 nicht von den angesprochenen Mängeln und Defiziten freisprechen, da auch mir meine katastrophalen Kindheitserfahrungen einfach nur als Teil meiner erfahrenen Normalität bewusst waren, die ich zuvor nie sonderlich hinterfragt hatte und daher kaum einen Anlass für erforderliche Bewusstseinsveränderungen erkennen konnte.

Doch wie Sie nun mit Blick auf die vorliegende Ausarbeitung erfahren haben, hat sich mein Selbstverständnis in der kritischen Auseinandersetzung meiner Vergangenheit drastisch verändert. Denn erst mit Blick auf die Frage, wie so eine familiäre Katastrophe (meine Ursprungsfamilie betreffend) entstehen konnte, hat sich mir in den weiterführenden Betrachtungen von Ursachen und Wirkungen ein vertiefendes Verständnis dafür eröffnet, welch einen unbewussten Umgang wir noch immer gesamtgesellschaftlich gegenüber unseren Kindern und ihren Bedürfnissen pflegen.

Das fängt schon mit der unbedachten Zeugung von Kindern an. Oder welchen Eltern ist bewusst, dass noch im Vorfeld einer Kindszeugung die gesunde oder ungesunde Ernährungsweise der Eltern in spe bereits Einfluss auf die gesundheitliche Entwicklung ihrer später gezeugten Kinder haben wird? Gleiches trifft auf die psychische Verfassung der Eltern während der Zeugung und Grundhaltung in Bezug auf etwaige Kinderwünsche während der Schwangerschaft zu.

Von daher braucht sich niemand über ADHS-Kinder wundern, wenn viele von ihnen nicht wirklich erwünscht waren.
Weiter geht's mit all so wichtigen Fragen einer sachgerechten Babypflege, Kindererziehung, Schul- bzw. - Bildungsterror, sowie Lebensermutigung während des Abnablungsprozesses in die Selbstständigkeit.

Hinterfragt gehört gleichfalls die raumgreifende familiäre Isolation sowie vernachlässigten Zuwendungen durch arbeits- und freizeitgestresste Mütter und Väter, die ihre „Brut" immer häufiger und früher fremdbetreut verwahren lässt und in der ohnehin spärlich verbliebenen Zeit bequemlichkeitshalber sich selbst überlassend mit Instantkost und anspruchsloser Medienunterhaltung abspeisen.

Übertrieben? Ich fürchte leider nicht. Wobei ich die Ursachen solcher Vernachlässigungstendenzen primär in den stetig gestiegene Arbeitsanforderungen in Verbindung mit terrormäßigen Werbemanipulationen erkenne, die zu völlig irrationalen Konsumansprüchen geführt haben, ohne dass die Politik oder besser unser politischen Volksvertreter zum Schutz ihrer Bürger korrigierend eingeschritten sind.

So erhoffe ich mir mit den zurückliegenden Ansichten, dass es mir gelungen ist, Mitlesenden die enorm gemeinschaftsschädigenden Folgen unserer allgemeinen Unbewusstheit verständlich zu machen. In dessen weiterer Folge das wichtige Fundament an Vertrauen und Sicherheit zerstört werden, auf dessen Basis alle intakten Gemeinschaften, von der Familie, bis hin zu komplexen Staatswesen ruhen.

Künftiger Wandel ist unverzichtbar

Spätestens ab diesem Augenblick, dürfte jedem Leser verständlicher geworden sein, dass es größerer und gut durchdachter Bemühungen bedarf, um allen Mitbürgern, insbesondere unseren Kindern, im Schutz unserer Staatsgemeinschaft eine höchstmögliche Förderung zu einem gesunden, glücklichen und selbstgenügsamen Leben zu bieten.

Denn wenn es unseren Kindern gut geht, sie sich anerkannt und angenommen fühlen, werden sie dieses Glück aller Voraussicht nach nicht nur als Erwachsene fortsetzen, nein, in bester Vorbildfunktion als ein friedvolles Erbe an ihre Kinder und Enkel weiterreichen können.

Ihr Beispiel wird Schule machen, denn wenn auch umstehende Menschen anliegender Staaten erkennen, wie glücklich ihre Nachbarn leben, werden sie schon aus eigenem Interesse diesem Beispiel folgen wollen. Wenn dergleichen bisher noch nicht gelang, dann aus besagten Gründen, die lediglich einer überschaubaren Korrektur bedürfen.

Denn nein, hierbei handelt sich gewiss nicht um unerreichbare Phantasien, aber es ist schon ein wenig Phantasie erforderlich, um sich vorstellen zu können, wie unsere Welt unter Beachtung einer kindergerechten Hinwendung aussehen könnte. Von dessen Veränderungen unsere gegenwärtige Elterngeneration wahrscheinlich noch nicht gleich sehr viel mitbekommen wird, da erst einmal die längerfristigen Voraussetzungen für ein erfolgreiches Gelingen geschaffen werden müssten.

Selbstverständlich werden die erforderlichen Maßnahmen mit einigem Zeit- und Kostenaufwand verbunden sein. Wer glaubt, dafür gäbe es keine finanziellen oder personellen Spielräume, sollte sich vor Augen führen, dass nicht nur unserem Staat in den kommenden Jahren allein aus ökonomischen Erfordernissen noch gravierende Wirtschaftskorrekturen bevor stehen, die mit weit höheren Kosten und sozialen Verwerfungen verbunden sein werden.

Hier mal ein kleines Beispiel: Von 100 BRD-Einwohnern besitzen bzw. fahren bereits mehr als die Hälfte einen eignen PKW. In China hingegen besitzen lediglich 5-6 von hundert Einwohnern einen PKW.

Wenn nur 20% aller Chinesen einen PKW fahren wollten, wäre der Weltmarkt an Stahl bereits heute vollständig leer gefegt. siehe:
http://de.statista.com/statistik/daten/studie/163407/umfrage/pkw-dichte-in-ausgewaehlten-laendern/

Weltweit stehen jedoch weit mehr Schwellenländer in den Startschuhen, um den hochentwickelten Industrieländern nachzuziehen. Daher ist schon heute abzusehen, dass die weltweiten Ressourcen ohnehin niemals ausreichen werden, um den Hunger der Weltbevölkerung um "Anerkennung" auch nur annähernd zu decken.

Hunger nach Anerkennung deshalb, weil der überwiegende Teil aller Konsumzwänge und Verbrauchsgüter meiner Überzeugung nach unmittelbar durch früh erworbene Anerkennungsdefizite genährt werden.

Von daher wird es ohnehin unvermeidlich werden, dass sich die Anspruchhaltung der Menschheit gegenseitig anpassen wird. Während die einen ihren Lebensstandard noch etwas erhöhen dürften, werden andere absehbar ihren bislang anerkennungslechzend überbordenden Lebensstil deutlich nach unten korrigieren müssen.

Insofern wird die Stärkung sozialer Tugenden künftig ohnehin noch eine sehr bedeutsame Rolle zufallen. Eben, weil es nicht ausreichen wird, eine glückselige Gesellschaft als Inselstaat zu etablieren.

Als fortschrittliches Land könnten wir in Vorbildfunktion den ersten Schritt wagen, um der Welt zu demonstrieren, dass es als Staatsgemeinschaft möglich ist, dass Leben aller Mitmenschen sogar weit glücklicher gestalten zu können, wenn wir es nicht mehr nötig haben, unsere ressourcenverschlingenden Anerkennungsdefizite durch die Anhäufung vermeintlicher Statussymbole kompensieren zu müssen.

Damit hätten wir nicht nur unseren Kindern einen wertvollen (Liebes) Dienst erwiesen, sondern der globalen Welt gleich mit.

Das wäre zumindest mal ein Vermächtnis, auf das Deutschland zu Recht stolz auf seine geleisteten Dienste sein darf.

Gemeinsam statt einsam unsere Zukunft aktiv mitgestalten

Dazu bedarf es aber nun mal erster Schritte und bin mir sicher, dass es nicht leicht wird, entgegen den dominierenden Wirtschaftsmächten ein allgemein sozialförderliches Bewusstsein des Handelns zu wecken. Von daher mache ich mir keine Illusionen, hier als Einzelperson etwas ausrichten zu können. Dazu ist niemand allein in der Lage. Aber wenn die hier dargelegten Gedanken von immer mehr Mitbürgern zur Kenntnis genommen werden und sich diese mit den dargelegten Inhalten solidarisieren, hätten wir eine realistische Chance, gemeinsam den Grundstein für eine friedsame und entspannte Welt für unsere Kinder und künftigen Gesellschaft zu setzen. Um den Stein des Handelns ins Rollen zu bringen, wird es erforderlich sein, möglichst viele Mitmenschen mit meinem, ich nenne es mal, „Bildungsmanifest" und seinen inhaltlichen Zielsetzungen bekannt zu machen. Sofern Sie sich damit solidarisieren, werden auch Sie bitte nur ein klein wenig aktiv.

1. Indem Sie andere Mitmenschen (Familie, Freunde Bekannte über die hier dargelegten Inhalte in Kenntnis setzen. Dazu bieten sich gleichfalls virtuelle Plattformen von Sozialmedien, wie Facebook, Twitter und dergleichen an, um eine möglichst breite Unterstützung zu erzielen.

2. Beteiligen Sie sich auf der gleichnamigen Begleitwebseite www.Bildungsnot.de an der einfachen Bürgerabstimmung.

3. Nutzen Sie die dort vorbereiteten Angebote, um auch gegenüber unseren politischen Akteuren, Verbänden und Vereinen Ihrem Wunsch nach Veränderungen eine Stimme zu geben

Dazu sind lediglich ein paar Mausklicks von 2 – 3 Minuten Dauer erforderlich. Leichter geht's wirklich kaum mehr, um sich aktiv an einem bedeutsamen Gesellschaftsumbruch zu beteiligen. Der Erfolg hängt in erster Linie von unserer eigenen Einsicht und Bereitschaft ab, uns dieses winzige Stück einzubringen. Dabei geht es zunächst um die kontinuierliche Einbindung meiner skizzierten Zielsetzungen in bestehende Lehrpläne hinsichtlich:

- **Gewaltprävention**
- **Eigen- und Sozialverantwortungsbildung** und
- **Elternvorbereitung**

um schon bald gegenwärtig gewaltbetroffene Kinder/Jugendliche zu erreichen und ihnen zu helfen, sich gegebenenfalls selbst als Gewaltopfer wahrnehmen und ihnen Hilfen zur Überwindung ihrer Verletzungen anbieten zu können. Schon die Umsetzung der drei Primärziele dürfte sich aller Voraussicht nach auch für die breite Bevölkerung bereits in überschaubaren Jahren für alle wohltuend auswirken.

da weniger:	dafür mehr:
- Leid	- Mut
- Neid	- Freude
- Stress	- Teilhabe
- Gewalt	- Vertrauen
- Suizide	- Sicherheit
- Habgier	- Gelassenheit
- Schulden	- Friedsamkeit
- Krankheit	- Gerechtigkeit
- Einsamkeit	- Zufriedenheit
- Kriminalität	- Freundlichkeit
- Scheidungen	- Verbundenheit
- Konsumzwang	- Selbstständigkeit
- Umweltbelastungen	- Selbstgenügsamkeit

Dies nur als Beispiele realer Gewinne, wie sie für jeden von uns bereits nach relativ kurzer Zeit durch unser aller aufmerksameres Bewusstsein spürbar werden dürfte.

Also BITTE, werden auch Sie ein klein wenig aktiv.

Ermutigen Sie Ihre Mitmenschen oder Bekanntenkreise gleichfalls, sich dieser Initiative aktiv anzuschließen. Denn je größer unsere Gemeinschaft und Verbundenheit zusammenwächst, desto eher wird uns der vernunftbetonte Umbruch auf allen gesellschaftlichen Ebenen gelingen.

Um die weiterführenden Ziele zu erreichen werden wir ohnehin auf zahlreiche Köpfe angewiesen sein, um auf regionaler Ebene erste alternative „Begegnungsstätten" einzurichten, in denen Kindern die Chance geboten wird, sich gemäß ihren eigenen Rhythmus und Begabungen weiter zu entwickeln.

Wie dies im Detail praxisgerecht umzusetzen ist, überlasse ich gern jenen Menschen, die auf Verwaltungsebene darin geübt sind, Detailfragen zu erörtern.

Wie so eine gelungene Lösung aussehen kann, habe ich mit der professionellen Ausarbeitung zur "Sicherstellung der Rechte Minderjähriger in Einrichtungen der Erziehungshilfe" beispielhaft auf meiner ex-Heimkinderseite zur Ansicht gestellt.
Siehe: **www.ex-heimkinder.de/Dokumente/Arbeitshilfe.pdf**

In ähnlicher Weise bin ich vom Inhalt als auch Struktur beeindruckt, was als Ergebnis eines Arbeitskreises zur Neueinführung einer Mitarbeiterbewertung innerhalb meiner Dienstbehörde herausgekommen ist, an dem ich als Mitinitiator beteiligt war, aber immer wieder nur staunen konnte, was in der detaillierten Ausarbeitung nicht alles neu berücksichtigt werden musste.

Mir blieb da im Arbeitskreis, wie in diesem Manuskript eher der Part des Ideengebers vorbehalten, um den Handlungsbedarf eines wichtigen Anliegens kenntlich zu machen.

Mit diesem Schriftwerk hier, war es mir wichtig, Mitlesenden vor dem Hintergrund meiner eigenen Erfahrungen die nötigen Rückschlüsse hinsichtlich Ursachen und Wirkungen herauszustellen.

Mit den gewonnenen Erkenntnissen fing ich an, nach konkreten Auswegen zu suchen, die mir logisch und geeignet erschienen, um zukünftigen Kinder- und Bürgergenerationen eine förderlichere Entwicklung zu ermöglichen. Denn träumten wir als Kinder nicht alle von mehr Respekt, Anerkennung, Zuwendung und zwangsfreien Lebensräumen, die uns ermöglicht hätten, zu tun wonach uns der Sinn stand, statt uns ständig unterzuordnen, sowie demütigende Strafen oder Zurückweisungen fürchten zu müssen?

Lassen Sie doch mal selbst Ihre Phantasie spielen, wie Sie gern als Kind oder auch heute noch als erwachsene Person gern gesehen und behandelt werden möchten? Wie würden Sie ihre Welt gestalten, wenn Ihnen dazu die Möglichkeit gegeben wäre? Nun ich fürchte, dass vielen unter uns selbst schon die Phantasie fehlt, um sich eine bessere Welt vorstellen zu können.

Trotz aller anfänglichen Lebenshürden, habe ich mir meine Phantasien und Ideale einer besseren Welt nicht nehmen lassen, um so ein Manuskript fertig zu stellen, wie Sie es hier nun in den Händen halten.
Über vier Jahre habe ich mit teils längeren Atempausen daran geschrieben. Denn auch mich überkamen zeitweise Zweifel, ob sich dieses Bemühen überhaupt lohnt, ohne erneut verletzend verlacht oder verspottet zu werden. Aber letztlich siegte meine Zuversicht, von vernunftbegabten Menschen verstanden zu werden.

Es gibt bereits beachtenswerte Alternativen

Im Juli 2013 hatte ich das vorliegende Schriftwerk bereits soweit fertig, um Ende 2013 zwei ersten Druckverlagen mein Manuskript oder besser gesagt, ein sogenanntes Exposé vorzustellen. Ich wusste schon, dass eine erste Reaktion bis zu einem halben Jahr und länger auf sich warten lassen konnte.

Große Chancen, um bei Buchverlegern auf Anhieb Gehör zu finden, rechnete ich mir angesichts der visionären Zielsetzungen und ungewöhnlichen Zusammensetzung aus Biografie und sachlichem Bildungsanliegen ohnehin nicht aus. So tat sich wie erwartet seitens der angeschriebenen Verlage lange Zeit erst einmal gar nichts.

Rückblickend erwies sich dieser Schwebezustand von Hoffen und Bangen nun sogar als zusätzlicher Gewinn. Denn was mir seither noch an weiteren Informationen bekannt wurde, war das Warten in jeden Fall Wert, weil es mir damit gelungen ist, an dieser Stelle mein Bildungsmanuskript noch einmal verständnissteigernd abzurunden.

Ende Oktober 2013 wurde im Internet ein neuer Dokumentarfilm („**Alphabet**") des österreichischen Regisseurs Erwin Wagenhofer beworben, in dem Bildungsmodelle verschiedener Ländern kritisch gegenüber gestellt wurden.

Zu jener Zeit fiel Deutschland bekanntlich trotz seines vermeintlich vorbildlichen Bildungswesens in vergleichenden Pisa-Studien immer wieder mit auffälligen Defiziten auf. Soll hier jetzt aber nicht Thema sein. In der empfehlenswerten Dokumentation erregte der Mitwirkende Hirnforscher Prof. Gerald Hüther, mit seinen interessanten Ansichten bezüglich unserer Gesellschaft meine besondere Aufmerksamkeit, weil er meinem Eindruck nach in einer ähnlichen Richtung wie ich zu denken schien. Bis dahin war mir dieser Mann noch vollkommen unbekannt. Da er mir mit dem, was er in dem Film sagte, so enorm aus dem Herzen sprach, googelte ich noch am selben Abend nach seinem Namen und fand von ihm auf Youtube eine größere Anzahl imposanter Vorträge.

Begeisterung pur. Denn nachdem ich mir einige seiner Beiträge angehört hatte, wusste ich, dass wir tatsächlich in sehr ähnlicher Weise über ein zeitgemäßes Bildungswesen dachten. Dabei versteht Professor Hüther weit formvollendeter wie ich, die einzelnen Aspekte auf den Punkt zu bringen. In einem seiner Vorträge verwendete er sogar mal das selbe Beispiel, mit dem auch ich beschrieb, um wie viel sinnvoller es sei, wenn Schüler/innen z.B. im Bau von Baumhäusern mathematische Berechnungen im wahrsten Sinn des Wortes in gelebter Praxis und in spielerischer Weise zu begreifen lernten. Ich bin mir sicher, dass derart erworbenes Wissen zeitlebens erhalten bleibt.

Meine größte Begeisterung bestand daher in der Erkenntnis, dass ich mit meinen gewagten Visionen doch nicht so falsch zu liegen schien, um wie ich bis dahin fürchtete, bei einer möglichen Veröffentlichung als weltfremder Spinner verlacht zu werden.

Von daher fiel mir ein großer Stein vom Herzen, mit meinen Ansichten nicht allein zu sein und bin heute sogar ein wenig stolz darauf, meine hier vorliegenden Resultate auch ohne akademische Weihen, durch beständiges Hinterfragen von Ursachen und Wirkungen vollkommen aus eigenen Überlegungen erarbeitet zu haben. Fortschrittliche Ideen, sind demnach kein Hexenwerk oder nur höher gebildeten Fachexperten vorbehalten. Nein, jeder von uns ist in der Lage, Visionen zu entwickeln, wenn wir uns nur trauen, sie auch zuzulassen. Auch die in dieser Hinsicht erkennbare „Zurückhaltung" erachte ich als eine der zahlreichen Folgeschäden unseres gegenwärtig erstickenden Bildungswesens.

Gelebte Vision in der Schweiz - Villa Monte Schule

Doch damit nicht genug.

Eine außerordentlich sympathische, wie auch emphatisch sensible Lehrkraft meines Gymnasiums, mit der ich mich schon sehr lange außergewöhnlich gut verstand, nahm sich meines Buchmanuskripts an. Ursprünglich hatte ich sie lediglich um ein erstes inhaltliches Feedback aus berufenem Mund gebeten. Doch so lieb wie sie war, nahm sie mit der Korrektur grammatikalischer Fehler, als auch inhaltlichen Änderungsanregungen gleich eine zeitaufwändige Lektorenaufgabe wahr. Dafür bin ich ihr mit Blick auf meine ausgewiesene Rechtschreibschwäche auch hoch dankbar.

Ein ganz besonderer Dank gebührt dieser, auch bei Schülern/innen überaus beliebten Pädagogin aber noch in ganz anderer Hinsicht. Denn nach den Faschingsferien 2014 überreichte sie mir mit dem Hinweis, dass mich da ein Artikel bestimmt sehr interessieren würde, eine pädagogische Fachzeitschrift.

In dem empfohlenen Artikel wurde eine „Schule" namens Villa Monte in der Schweiz vorgestellt. Das Besondere an dieser staatlich anerkannten Privatschule ist: Dort werden Persönlichkeiten von Kindern/Jugendlichen bereits seit 30 Jahren überaus erfolgreich in ähnlicher Weise gefördert, wie ich dies hier ausladend als gesellschaftsdienliche Alternative angesprochen habe.

Dort wird Schule längst nicht mehr als demütigende Leidensstätte ständiger Leistungserwartungen empfunden, in der sich Schüler wie auch Lehrkräfte im schablonenhaften Dreiviertelstundentakt gegenseitig erschöpfen, sondern als ein Ort fröhlicher wie auch anregender Begegnungen. Ein Ort, an dem sich Kinder mit größter Freude aufhalten, da ihnen, von den allgemeinen Hausordnungen abgesehen, von niemandem zwanghafte Leistungen abverlangt werden. Sie also völlig Freiheit haben, die Welt im Großen, wie dem Außengelände in naher Natur oder auch innerhalb des Hauses anhand einer unerschöpflichen Quelle an Angeboten auch im kleinen Detail entdecken zu dürfen.

Abgerundet wird das persönlichkeitsbildende Angebot durch jährliche Theaterspiele, an denen alle Kinder/Jugendlichen beteiligt sind, gemeinsamen Fahrradtouren nach Frankreich, wie auch einmal wöchentlich an der Essenszubereitung teilnehmen.

Wobei sich diesen "Schulkindern" eher nebenbei und in spielerischer Weise, im Rahmen ihres natürlichen Entdeckungsdrangs, in Spielen, Basteleien und selbstinszenierten Theaterstücken, all die normalen Lehrkenntnisse erschließen, für dessen Wissensvermittlung sich Kinder normaler Regelschulen gewöhnlich eher freudlos anstrengen müssen und sofort mit demütigenden Negativnoten bedacht werden, sobald sie den Erwartungshaltungen nicht entsprochen haben.

Schüler/innen unserer Regelschulen werden sich kaum vorstellen können, dass die Kinder und heranwachsenden jungen Menschen der Villa Monte Schule nichts sehnlicher als das Ende ihrer "Schulferien" herbeisehnen. Tja, so unterschiedlich kann Schule aussehen. Und besonders interessant:

An der Schule Villa Monte gibt es gar keinen Klassenunterricht!

Das pädagogische Personal beschränkt sich lediglich darauf, Fragen der Kinder zu beantworten, die sich im Laufe ihrer spannenden Entdeckungen ergeben, wenn es etwa in gruppendynamischen Prozessen darum geht, die Magie des Zusammenspiels von Zahlen oder Buchstaben zu entdecken. Erwachsene begleiten demnach die Kinder lediglich, um ihnen gegebenenfalls Hilfen bei Problemstellungen anzubieten oder die tausenden Fragen zu beantworten, die sich für Kinder im Laufe ihrer freiheitlichen

Entdeckung der Welt in ganz natürlicher Weise ergeben. Mehr bedarf es gar nicht, um Kindern das nötige Rüstzeug für ein selbstverantwortliches und vor allem selbstzufriedenes Leben auf den Weg zu geben.

Sie weisen später gegenüber regulären Schulabgängern zwar gelegentliche Lücken in einzelnen Fachbereichen auf, die aber im Zuge weiterführender Bildungswege, gewöhnlich rasch gschlossen werden können, weil diese Menschen dann bereits so konkrete Ziele vor Augen haben, aus der sie die Motivation ableiten, gegebene Wissenslücken im eigenen Interesse schnell zu schließen.

Dieser Leistungsschub fehlt unseren regulären Schulkindern, da sie ihre Schulen gewöhnlich nicht aus eigenem Antrieb besuchen, und darin eher Leistungsvorgaben und Erwartungen seitens Lehrkräften als auch Eltern zu erfüllen suchen.

Diese Lust freudvollen Entdeckens wurde den meisten Schulkindern hierzulande bereits allzugründlich in der Grundschulzeit verleidet oder in nachfolgenden Schuljahren restlos ausgetrieben. Von daher dürfen wir uns nicht wundern, warum nach relativ kurzer Zeit erlerntes Wissen unserer Kinder bereits wieder vergessen wird.

Logisch, weil im Gegensatz zur interessierten und damit freudvollen Beschäftigung mit einer Sache, im erzwungenem Regelunterricht die Freiwilligkeit und Spaß fehlen, um Erlerntes langfristiger zu behalten.

Gemäß einer 30-jährigen rückblickenden Erhebung haben nahezu alle Abgänger der Villa Monte Schule, später ihren Weg gemacht und empfinden ihr gegenwärtiges Leben mit über 95% aller Befragten als überaus glücklich.

Davon können andere Menschen nicht mal ansatzweise träumen und sollte uns zu denken geben, was wir unseren Kindern mit unseren Bildungszwängen antun.

Nämlich die Zerstörung bzw. Unreife

- der Lern- und Lebensfreude
- des Entdeckungsdrangs
- von Spontanität,
- der Kreativität,
- von Kritikfähigkeit
- von Aufrichtigkeit
- von Demokratieverständnis

Glück sieht nachweislich anders aus. Denn so unglücklich wie die Menschen in unserem Land sind, verhalten sie sich auch. Und zwar durchweg in allen gesellschaftlichen Bereichen. Egal ob in Familien, Nachbarschaft oder Arbeitsumfeld.

Dieser Zustand wird in der enorm gestiegenen Inanspruchnahme psychologischer Dienste klar nachvollziehbar unter Beweis gestellt.
Daher macht es schon Sinn, unseren Fokus mehr auf die Stärkung der individuellen Persönlichkeiten und Festigung unserer sozialen Umfelder und Umgangsformen im täglichen Miteinander zu setzen, statt unsere Gesellschaft immer weiter voneinander im konkurrierenden Wettstreit auseinander zu isolieren.

Dass unter diesen Voraussetzungen für die meisten Menschen Schule im Nachhinein nur mehr negativ besetzt ist, um einen möglichst weiten Bogen um alles zu machen, was auch nur annäherungsweise mit Schulbildung zu tun hat, könnte somit die fehlende Bereitschaft unserer Mitmenschen erklären, sich im eigenen Interesse stärker und kritischer in Bildungsangelegenheiten einzubringen.

Als stellvertretender Elternbeirats-Vorsitzender an der Schule meiner Kinder, als auch Mitglied im umfassenderen Stadtelternbeirat fiel mir schon immer die auffällige Diskrepanz seitens zahlreicher Eltern auf, die sich meist völlig zu Recht über die zahlreichen schulseitigen Willfährpraktiken gegenüber ihren Kindern beklagten, aber dennoch kaum den Mut aufbrachten, ihre Kritik an offizielle Stellen zu richten.

Dürfte aber insofern verständlich sein, wenn erfahrungsgemäß zu befürchten ist, dass Kinder für elterlichen Klagen oder sagen wir besser unbotmäßigen Kritiken gegenüber allzu selbstherrlichen Lehrkräften noch ärger mit Repressalien rechnen bzw. büßen mussten. Wie es z.B. in einem mir gut bekannten Fall vorkam, als man einer Schülerin ihrer Eigenwilligkeit wegen den qualifizierten Schulabschluss wegen eines einzigen fehlenden Punktes versagte. Dabei ist hinlänglich bekannt, dass Lehrkräften für derartige Entscheidungen großzügige Ermessensspielräume gegeben sind, von dem sie Abhängigkeit von Sympathien und angepasstem Verhalten mal mehr oder weniger Gebrauch machen.

Womit einmal mehr unter Beweis gestellt ist, in welch einer monströsen Kultur der Angst vor Demütigungen, Zurückweisungen und Repressalien unsere Gesellschaft noch immer gefangen ist, wenn Eltern nicht einmal mehr den Mut aufbringen, ihre Kinder aktiv zu schützen.

Aber noch einmal zurück zur Schweizer Schule.

Natürlich habe ich mir die Villa Monte Schule via Internet sofort näher angeschaut und ja was soll ich sagen. Glücklicher können Kinder offensichtlich kaum mehr aufwachsen.

Wer indes meint, dass es sich hierbei um eine Eliteschule handelt, dessen Schülereltern nur genug Scheine in die Hand nehmen brauchen, um ihren Sprösslingen elitäre Berufskarrieren zu erschließen, irrt gewaltig.

Denn obwohl die gegenwärtigen Kosten (2015) von umgerechnet etwa 1100 Euro im Monat für einen Ganztagesplatz anderes vermuten lassen, lässt sich mit Blick auf die im Buch Villa Monte aufgeführte Historie, was aus einer Anzahl ehemaliger Schüler/innen beruflich geworden ist, an der Beliebigkeit der erfassten Berufe sehr schön ablesen, dass Einkommen oder Ansehen bei der Berufsauswahl kaum ein auschlaggebendes Argument gewesen sein konnte.
Siehe: **http://villamonte.ch/images/pdf/Umfrage_2014.pdf**

Die jungen Menschen zogen klar erkennbar eine bewusste Berufswahl gemäß ihren Vorlieben und Begabungen vor, wie sie diese in der freizügigen Gestaltung ihres Alltag in der Villa Monte Schule in aller Ruhe entdecken und gemäß Vorlieben weiter vertiefen durften.

Mit der Entdeckung der Villa Monte Schule bekam ich somit:

1. den Beweis dafür geliefert, dass meine Visionen keine unrealistische Utopien darstellen.

2. Mit der Villa Monte Schule bereits seit 30 Jahren unter Beweis gestellt ist, dass solch ein freiheitliches Konzept tatsächlich weitgehend glückliche und in sich selbst ruhende Menschen hervorbringt.

GLÜCKWUNSCH

Die außergewöhnliche Schetinin Schule

Toi toi toi, erhielt ich Anfang 2015 Kenntnis von einer weiteren Schule mit einem überaus imposanten Lehrkonzept.

Hierbei handelt es sich um die russische Tekos Schule, besser unter Schetinin Schule bekannt, gemäß dem Gründer, dem Musiklehrer Herrn Michael Petrowitsch Schetinin.

Sie weist gegenüber völlig durchschnittlichen Kindern aus allen gesellschaftlichen Schichten eine ganzheitliche Lehrphilosophie auf. In dieser vertritt der feinsinnige Pädagoge Schetinin die ungewöhnliche These, dass alles Wissen bereits in allen Kindern angelegt ist und nur mehr abgerufen werden braucht, wenn sich wissbegierige Menschen, fast schon spirituell anmutend, auf gleicher Augenhöhe begegnen.

Dieses Modell funktioniert nachgewiesenermaßen tatsächlich, um innerhalb kürzester Zeit den Schülerinnen und Schülern in einer Spannbreite von einem bis maximal 4 Jahren allen Lehrstoff anzueignen, um zum Studium an weiterführenden Hochschulen, bzw. Universitäten befähigt zu werden.

So soll diese Schule bereits von der UNESCO dafür ausgezeichnet worden sein, da es einem 7-jährigen Schüler gelungen ist, binnen eines Jahres die Hochschulreife zu erreichen. (ohne Gewähr)
Die Mehrzahl der Abgänger belegen hingegen eher im Alter von 13/14 Jahren teils mehrfache Studiengänge an russischen Hochschulen. Regelschüler benötigen dazu im Vergleich auch in Russland gewöhnlich 11 qualvolle Jahre, um eine vergleichbare Bildungsreife zu erlangen.

Der Kern des Lehrkonzepts ist auch für meine Begriffe absolut überzeugend.

Zunächst wird neuen Kindern gleich zu Beginn anhand einer übersichtlichen Darstellung der komplette Lehrstoff vor Augen geführt, um die eigenen Fortschritte oder besser Erfolge ständig im Blick zu behalten. Dann erst geht's richtig los.

Anfangs wurden Kinder in einem ersten Schritt von Erwachsenen unterrichtet. Wobei die Lehrkräfte die Kinder nicht von oben herab belehren, sondern lediglich Aufgabenstellungen formulieren, die gemeinsam auf gleicher Augenhöhe gelöst werden.

Dabei ist es den Kindern völlig freigestellt, eigene Lösungsmuster zu entwickeln! Schon an dieser Stelle werden diese Kinder demnach inspiriert, ihre eigenen Erfolge auf selbstständiger Basis zu erarbeiten. So entsteht quasi von allein der Wunsch, erworbenes Wissen mit weiteren oder neuen Kindern zu teilen.

Da weiterführende Lehrinhalte erst behandelt werden, nachdem auch das letzte Kind des jeweiligen Arbeitskreises den gerade behandelten Lehrabschnitt vollständig verinnerlicht hat, um den Stoff weiter zu geben, entsteht eine absolut zwanglose Lehratmosphäre, in der anders als bei uns, niemand unter Druck gesetzt wird.

Es ist die Begegnung auf Augenhöhe ohne repressive Demütigungen oder ein mögliches Versagen fürchten zu müssen, da in diesem Konzept niemand versagen kann. Für mehr Infos bitte unter Google oder Bing suchen. So entsteht in der Kette von Aufnahme – Analyse – Aufbereitung und Weitergabe ein wahrlich überlegenes Lernkonzept, dessen Umsetzung ich unseren Regelschulen in der gegenwärtigen Zwangsunterrichtung umgehend zur Entlastung gegenwärtiger Schulkinder empfehlen möchte.

Das vollständige Konzept der Schetinin-Schule kann ich indes (noch) nicht zur Nachahmung empfehlen, obwohl die weitgehend autarke Selbstverwaltung der Schule gleichfalls große Bereicherungspotenziale enthält.

Einzig der militärisch straffe Beschäftigungscharakter des Vollzeitinternats schreckt mich davon ab, die Schetinin-Schule in ihrer Gesamtheit zu empfehlen. Denn obwohl überzeugend dargelegt wird, dass sich die Kinder/Jugendlichen dort sehr wohl fühlen, habe ich Probleme, diese Aussagen als gegeben anzunehmen.
Bis auf zwei Stunden am Tag ist die Zeit der Kinder und Heranwachsenden vom Aufstehen am Morgen bis zur abendlichen Bettruhe vollständig durchgeplant, wobei - bis auf gemeinsames Tanzen - strikte Geschlechtertrennung eingehalten, und niemandem Privatsphäre zugestanden wird.

So kann ich mir schwer vorstellen, dass diese Kinder ohne elterliche liebevolle Zuwendung, ohne Freiraum zum kreativen Spiel auch nur einfachen Relaxmöglichkeiten ihr Leben wirklich als glücklich empfinden. Kann aber auch nicht ausschließen, dass ich in dieser Hinsicht mental noch zu limitiert bin, um das ganzheitliche Konzept als Glückszustand für die Schüler/innen zu begreifen.

Da müssen wir wohl auf spätere Langzeitstudien warten, um etwas mehr über die biografische Fortsetzung dieser Schulabgänger/innen zu erfahren. Ich bin aber dennoch hocherfreut und überaus dankbar, dass ich mein persönliches Bildungsanliegen mit diesen neuentdeckten Aspekten noch so treffend ergänzen konnte. Womit hoffentlich nicht nur weiteres Bewusstsein über unser ineffektives und letztlich gesellschaftschädigendes Bildungssystem wachsen wird, sondern unbedingt auch die Bereitschaft steigen sollte, selbst einen aktiven Beitrag zum überfälligen Bildungsumbruch beizutragen.

Halten Sie sich bitte möglichst oft die gegenwärtigen Negativfolgen vor Augen, um sich die Motivation zum Handeln zu bewahren.
Auf der anderen Seite macht es Sinn, unseren Blickpunkt auch mal gezielt auf unser Land, seine Errungenschaften und gemeinsamen Werte zu richten. Den meisten unter uns ist zumindest die dritte Strophe unserer Nationalhymne bekannt. Aber wissen wir auch um deren inhaltlichen Bedeutung, wenn es gleich zu Beginn heißt: Einigkeit und Recht und Freiheit, für das Deutsche Vaterland?

Ich fürchte den meisten unter uns ist durch entsprechende geschichtliche Unterweisungen jeder Gedanke abhanden gekommen, den pathetischen Begriff Vaterland auf sich selbst oder unsere Mitmenschen zu beziehen.

Doch wenn wir den Wortlaut leicht modifizieren, indem wir Vaterland eher mit: Einigkeit und Recht und Freiheit für alle unsere umgebenden Frauen, Männer und Kinder, egal ob jung oder alt assoziieren, dann bekommen die Begriffe: Einigkeit und Recht und Freiheit für all unsere Mitmenschen, die unser Land ausmachen und gestalten gleich eine viel tiefere Bedeutung. Dann dürften wir uns vom nachfolgenden Text gleich viel eher angesprochen fühlen, wenn es heißt, gemeinsam mit Herz und Verstand nach unseren gemeinsamen Tugenden zu streben.

Also aktiv zu werden, da die Aufrechterhaltung von Einigkeit Recht und Freiheit gemäß Textwortlaut des Glückes Unterpfand ausmacht. In Neudeutsch, zu unser aller Glück beiträgt.

Daher möchte ich in Erinnerung an diese wichtigen Tugenden an alle Menschen, wie Mütter, Väter, Brüder, Schwestern, wie auch allen landesverbundenen Mitmenschen appellieren, lassen Sie sich bitte nicht mehr länger von oben herab manipulieren, um einseitige Wirtschaftsinteressen zu bedienen.

NEIN, weit wichtiger als jeder monetäre Gewinn, muss uns die freiheitliche und förderliche Entwicklung unserer Kinder am Herzen liegen, damit sie sich zu glücklichen und in sich selbst ruhenden Mitmenschen entwickeln dürfen.

Denn einzig in der sich gegenseitig fördernden und beschützenden sozialen Einheit liegt der wahre Gewinn aller Lebensgemeinschaften.

In Erinnerung an den wahren Sinnspruch, auf den ich in meinen Gewaltursachen-Erforschungen immer wieder gestoßen bin, gemäß dem nur verletzte Menschen andere Mitmenschen und im besonderen wehrlose Kinder verletzen, stellt diese zukunftsgerichtete Maßgabe, einen höchst bedeutsamen Beitrag zum Frieden, nicht nur in unserem Land, sondern sicher auch überall auf der Welt dar.

Schlussappell

In der Zusammenfassung meiner eigenen Erfahrungen, als auch Beobachtung unseres gesellschaftlichen Ist-Zustands, komme ich zu dem eindeutigen Ergebnis, dass der gewaltsame Tod von Kindern, Kindesmisshandlungen oder deren Vernachlässigungen gegenwärtiger Zeit, wie auch zahlreiche weitere Belastungskomponenten unserer Gesellschaft, noch immer aus der nicht enden wollenden Gewaltbetroffenheit nahezu aller oder aber wenigstens sehr vieler inzwischen erwachsener Menschen hervorgehen.

Innerhalb dessen unser unseliges Bildungswesen einen bedeutsamen Anteil hat, wenn es seit den Anfängen junge Menschen zu obrigkeitshörigen Abhängigen konditioniert und in massiver Weise die freiheitliche Entwicklung der individuellen Persönlichkeiten junger Menschen behindert, wenn nicht sogar gänzlich blockiert.

Die systembedingt verursachten seelischen Verletzungen werden meiner Überzeugung nach nur deshalb nicht wahrgenommen oder stillschweigend weiter toleriert, da wir alle dieses gleichgerichtete System der Unterdrückung durchlaufen haben und somit aufgrund fehlender Kenntnisse hilfreicher Alternativen bis auf den heutigen Tag als unverrückbare Bestandteile unserer Normalität verinnerlicht haben.

Damit dürfte auch verständlich werden, warum wir bislang nicht die Folgen der daraus resultierenden Anerkennungsdefizite wahrnehmen konnten, wenn wir mehrheitlich in ähnlicher Weise in dem Bemühen reagieren, die Defizite unserer einstigen Kindertage, durch Anhäufungen von Macht, Ansehen, Ehrungen und Vermögen zu kompensieren versuchen.

Mit dramatischen Folgen. Nicht nur in ökonomischer und ökologisch schädigender Weise, sonder in erster Linie deswegen, da uns über all das Hasten nach Anerkennung die Zeit und der Blick für die Bedürfnisse einer überlebensnotwendigen Sozialgemeinschaft verloren gegangen ist.

Wir uns demgemäß immer weiter voneinander isoliert haben und unter unserer fehlenden Zeit und Ruhe immer wieder aufs Neue wie ein Perpetuum Mobile, Kinder als auch immer mehr alte Menschen gewalttätig behandelt werden, wir sie vernachlässigen und zu oft sich selbst überlassen. Daran sollten wir gemeinsam im eigenen Interesse etwas ändern.

Was wir tun können?

Wir können mit der Verbreitung solcher Inhalte zu einem größeren Problembewusstsein beitragen, um weitere Menschen zu ermutigen, gleichfalls tätig zu werden, bis sich auch unsere öffentlichen Medien dieser Thematik mit ernsthaftem Interesse annehmen.

Wir brauchen interessierte Menschen, die zusammenfinden, um brauchbare Detaillösungen zu erarbeiten. Also bitte, empfehlen Sie diese oder andere hilfreiche Schriften auch in unsere sozialen Netzwerken, via Facebook, Twitter etc. weiter. Das ist das Mindeste, was jeder leisten kann.

Auf der Begleitwebseite **www.Bildungsnot.de** habe ich Möglichkeiten zum gemeinsamen Gedankenaustausch geschaffen.

Darüber hinaus können sich dort interessierte Mitmenschen daran beteiligen, unsere Bildungsverantwortlichen auf Bundes und Länderebenen zum Handeln aufzufordern. Wir sind das Volk.

Wenn das Volk der Souverän des Staates ist, dann sind wir für die politisch Handelnden die Auftraggeber und sollten daher darauf bestehen, dass sie ihren geleisteten Amtseid folgen, uns Bürgern zu dienen, statt auf unser aller Kosten herrschaftlich bedient zu werden.

Also macht bitte Euren Mund auf, rührt Eure Finger. Montagsdemos nicht nur für mehr Freiheiten von Erwachsenen, sondern noch viel mehr für die freie und gesunde Entwicklung unserer Kinder. Es kommt uns allen zu Gute. Fordert gleichfalls auf regionaler Ebene politisch Aktive auf, nach „Oben" hin tätig zu werden. Hier können wir jetzt mit aller Entschlossenheit im demokratischen Geist unter Beweis stellen, dass die Macht tatsächlich vom Volk ausgeht.

Natürlich wird sich die etablierte Obrigkeit zieren und winden, um den für sie bequemen Status Quo aufrecht zu erhalten. Aber wenn wir uns in der Überzeugung einig sind, warum wir diese wichtigen Änderungen benötigen, kann nichts und niemand uns daran hindern, diesen gesellschaftsförderlichen Bildungsumbruch durchzusetzen.

Dummerweise sind wir bereits gesellschaftlich dermaßen voneinander isoliert, um selbst auf regionaler Ebene kaum noch wirksame Interessenverbände auf die Beine zu stellen. Deshalb hoffe und baue ich darauf, dass dieser Aufruf wenigstens über unsere modernen Sozialmedien ausreichend verbreitet wird, um zu einer gemeinsamen Sprache zu finden. Also macht bitte mit und beteiligt Euch aktiv für eine, sinnvollere, selbstgenügsamere, gesündere, naturverbundenere und vor allem friedfertigere Welt.

Obwohl schon so oft bemüht und abgedroschen, eröffnete sich diese Welt nun mal für jeden von uns als hilfeabhängige Kinder. Lasst mal eure Phantasie spielen, um zu erfassen, wie unsere Welt beschaffen sein sollte, um jedem Kind die Möglichkeit zu bieten, glücklich und behütet diese immer noch einmalig schöne Welt in all ihren tollen Facetten entdecken und erleben zu dürfen. Mehr bedarf es doch gar nicht, um zu erfassen, was zu tun ist. Wenn ich an der einen oder anderen Stelle einen zu provokanten Ton angeschlagen habe, dann geschah dies nur in bester Absicht, um wenigstens einen Teil der hier eingebrachten Ideen irgendwann mal in der Realität wiederzufinden.

Kann aber auch sein, dass auch Sie noch so fest und tief in Ihrem früh angelegten geistigen Gefängnis verwurzelt sind, um sich mit meinen Gedanken und Zielen noch ein wenig schwer tun.

Aber wenn ich Sie hiermit zumindest schon mal anregen konnte, um über unser aller Leben und - im besonderen - dem unserer Kinder nachzudenken, dann habe ich schon viel erreicht. Denn wenn der Same des Interesses erst einmal auf fruchtbaren Boden gefallen ist, wird auch Sie dieses Thema aller Voraussicht nach nicht mehr loslassen und Sie werden Verständnis dafür aufbringen, warum ich mich in der einen oder anderen Zeile wiederholt habe.
Nicht jedes Thema konnte ich im gewünschten Rahmen vertiefen, ohne die Geduld der Mitlesenden über Gebühr zu strapazieren. Ich denke aber mal, dass mein Kernanliegen verständlich geworden ist. So bleibt mir nur mehr darauf zu hoffen, dass die Zeit und unser aller wachsendes Verständnis unsere zukünftigen Kindergenerationen besser zu schützen und fördern weiß, damit sich unsere Welt im Kleinen, wie auch im globalen Ganzen zu einem Ort glücklicher und friedfertiger Lebensgemeinschaften weiter entwickeln wird.

Wir haben es in der Hand, die Welt zu verändern, indem wir anfangen, mehr Bewusstheit über uns selbst und Interesse für unsere umgebende Gemeinschaften zu entwickeln. In diesem Sinne wünsche ich uns allen eine erfolgreiche Bewusstwerdung.

*Wenn ein einziger Lehrer nicht in der Lage ist,
Schüler/innen in allen Fächern zu unterrichten,
wie kann dann von einem einzigen Schüler
erwartet werden, dass er alle Fächer erlernt?*

(unbekannter Verfasser)

„Was willst du eigentlich mal werden?"

Das ist so, als würde man fragen:
„Wen willst du eigentlich mal lieben?"

Einen Beruf sucht man nicht aus wie einen Toaster – man findet ihn wie die große Liebe!

Entnommen aus:
http://www.berufswege.com/start